21世纪高等学校电子商务专业系列教材

电子商务运营管理

张宝明　樊重俊◎编著

清华大学出版社
北京

内 容 简 介

本书在全面介绍电子商务运营与管理的基本概念、基本流程、方式方法和相关工具的基础上,重点就跨境电子商务、网上开店、商品管理、数据分析、交易管理、安全管理、信任管理和支付管理等相关内容进行分析。

本书在把握电子商务发展趋势、学以致用的前提下,突出电子商务运作、网络交易、数据分析和信任管理的地位。特色之处在于既注重知识体系的完整性,又注重理论与实践的紧密结合,具有很强的指导性和操作性。

全书共分为 8 章,第 1 章主要介绍电子商务及其运营的基本概念、商业模式、跨境电商流程和电子商务管理制度;第 2、3 章主要介绍电子商务平台的功能与结构,网上开店的流程及其业务的运作,商品前、中、后台的管理等;第 4 章主要介绍电子商务数据分析的基本理论和基本方法,例如知识图谱、机器学习、数据挖掘与大数据处理等;第 5~8 章主要介绍交易管理、安全管理、信任管理和支付管理的相关内容。

本书可作为电子商务、国际商务、信息管理、市场营销、计算机应用、国际贸易等专业的本科生和研究生教材,也可作为相关领域的经济和金融管理从业人员的参考用书。

本书封面贴有清华大学出版社防伪标签,无标签者不得销售。
版权所有,侵权必究。举报: 010-62782989,beiqinquan@tup.tsinghua.edu.cn。

图书在版编目(CIP)数据

电子商务运营管理/张宝明,樊重俊编著. —北京: 清华大学出版社,2022.6
21 世纪高等学校电子商务专业系列教材
ISBN 978-7-302-60623-9

Ⅰ. ①电… Ⅱ. ①张… ②樊… Ⅲ. ①电子商务-运营管理-高等学校-教材 Ⅳ. ①F713.365.1

中国版本图书馆 CIP 数据核字(2022)第 064528 号

责任编辑: 闫红梅 安 妮
封面设计: 刘 键
责任校对: 韩天竹
责任印制: 刘海龙

出版发行: 清华大学出版社
网　　址: http://www.tup.com.cn, http://www.wqbook.com
地　　址: 北京清华大学学研大厦 A 座　　邮　编: 100084
社 总 机: 010-83470000　　邮　购: 010-62786544
投稿与读者服务: 010-62776969, c-service@tup.tsinghua.edu.cn
质量反馈: 010-62772015, zhiliang@tup.tsinghua.edu.cn
课件下载: http://www.tup.com.cn, 010-83470236

印 装 者: 三河市铭诚印务有限公司
经　　销: 全国新华书店
开　　本: 185mm×260mm　　印 张: 18.25　　字 数: 443 千字
版　　次: 2022 年 8 月第 1 版　　印 次: 2022 年 8 月第 1 次印刷
印　　数: 1~1500
定　　价: 59.80 元

产品编号: 091340-01

前　言

在后疫情时代和双循环经济发展的背景下,数字经济的作用和地位日益突出。作为数字经济的先锋代表,电子商务以其先天的高效便捷、开放平等和跨时空等互联网属性,大大降低流通成本,提升企业品牌竞争力,带动实体经济的发展,激发经济发展新动能,推动贸易主体、贸易形态、商业模式、组织方式的重大变革,促进世界经济贸易的普惠发展。毫无疑问,作为电子商务的业务核心,电子商务的运营与管理在其中起了关键作用。

当前,电子商务具有这样的一些特点:一是直播带货、社交电商、小程序电商等新模式更好地满足了消费选择多元化、消费内容个性化的需求,持续促进了消费新增长;二是个性化、定制化商品备受青睐,品牌品质商品、"中国风"国货精品成为网购新风尚;三是跨境电商政策体系不断完善,电商平台国际布局逐步升级,跨境电商继续引领外贸新业态;四是电商扶贫成效加速显著,社区拼团、短视频直播等新业态加速下沉,农村电商模式不断创新;五是在线服务消费市场稳健增长,餐饮、旅游、文娱、家政、医疗、教育等多个细分领域百花齐放;六是网络零售向智能制造领域延伸,B2B(Business to Business,企业与企业之间的)电子商务向产业链深度延伸,制造业潜力得到释放,智能定制新消费模式加速酝酿。以上六点充分表明,电子商务具有广阔的发展前景。当然,在电子商务高速发展的过程中,也有许多问题有待解决,如诚信问题、平台垄断问题、数字资产的拥有权问题、不正当竞争问题等,需要政府、教育部门和企业人士等继续共同努力。

在电子商务的发展过程中,教育部门需要跟上社会发展潮流,转变思想理念和教学方法,创新人才培养模式,细化培养目标。在此过程中,也需要将电子商务的相关教材做专、做深和做实,鼓励错位竞争,从不同方向、不同层次提升电子商务的教材水平。

纵观现有电子商务教材,尤其是电子商务运营管理的教材,尽管种类繁多,但能将运营和管理结合起来,融合理论与实战的教材并不多,与经济学原理结合起来的教材更少。一些教材过分注重运作技能训练,对网上开店的内容论述过多,对网络市场运营的全流程,特别是交易环节和信用环节的论述较为缺乏,缺少对电子商务运营理论的完整阐述和数字价值的分析;另一些教材,对平台功能阐述较多,但对如何利用这些功能完成相关的业务以及方式方法阐述较少,尤其缺少对平台上数字及其价值的利用、分析和挖掘。这些书籍缺少一定的深度和广度,内容较为单一,难有全面的教学效果,比较适用于高职、高专教学,不太适用于本科和研究生教学。为此,上海理工大学专门组织了一批专家,对亟须编写的教材进行筛选,并筹集资金,利用上海理工大学"高峰高原建设"项目和校企合作项目"上海张江国家自主创新示范区人才培养产学研联合实验室教材和实验室建设计划"的机会,设立教育教学项目,扶植教材编写。同时,为加强和规范学校教研项目的管理工作,发挥各类教育教学项目和项目经费匹配资助的积极作用,学校设立了"精品本科"系列教材建设项目。本书正是上海理工大学"精品本科"系列教材和校企合作项目的成果之一。

本书特色：以业务为导向,突出电子商务的业务运作过程和管理方法,展示网上开店的完整运营流程；以数据为关键生产要素,重视电子商务平台上沉淀的数据价值,详细阐述数据搜集的内容、数据分析挖掘的方式方法；关注信任管理,将信息管理从安全管理中独立出来,进行专门讲解,以顺应市场要求。本书内容涉及平台建设、技术、市场、销售、内容建设、数据分析、电子商务战略、物流建设、信用体系和纠纷处理等内容。

本书在作者讲授"电子商务运作与管理"课程的基础上,结合现有电子商务运营管理的发展成果。全书共分为8章,分别为概述、店铺运营、商品管理、运营数据分析、交易管理、安全管理、信任管理和支付管理,内容涉及跨境电子商务、境外网购、网上开店、商品管理、数据采集、数据分析、机器学习、定价交易、网上拍卖、加密与解密、数字签名、数字证书、信任管理机制、信用评价和电子支付等。

本书在把握电子商务发展趋势、学以致用的前提下,突出电子商务运作、网络交易、数据分析和信任管理的地位。特色之处在于既注重知识体系的完整性,又注重理论与实践的紧密结合,具有很强的指导性和操作性。

本书可作为电子商务、国际商务、信息管理、市场营销、计算机应用和国际贸易等专业的本科生和研究生教材,也可作为相关领域的经济和金融管理从业人员的参考用书。

本书第1~6章由张宝明编写,第7、8章由樊重俊编写。张宝明、樊重俊负责全书的修改及统稿。

在本书的编写过程中得到了上海理工大学管理学院的大力支持,同时还得到了龚叶菲、于晓东、杨洁和夏悦等研究生的帮助,在此表示衷心的感谢。

由于编者水平有限,书中难免存在不当之处,敬请各位同行和广大读者批评指正。

张宝明
2022年6月

目　　录

第1章　概述 ··· 1
 1.1　电子商务及其商业模式 ·· 1
  1.1.1　电子商务的含义与特征 ·· 1
  1.1.2　电子商务商业模式创新 ·· 7
 1.2　电子商务运营管理 ·· 10
  1.2.1　电子商务运营模式 ··· 10
  1.2.2　电子商务运营管理 ··· 17
 1.3　跨境电子商务与境外网购 ·· 19
  1.3.1　跨境电子商务 ·· 20
  1.3.2　在直邮网站上进行购物 ··· 28
  1.3.3　通过转运网站进行购物 ··· 30
  1.3.4　通过返利网站进行购物 ··· 30
  1.3.5　推介网站 ·· 34
 1.4　电子商务法 ··· 35
 习题与思考 ··· 35

第2章　店铺运营 ··· 36
 2.1　电子商务应用模式的发展 ·· 36
  2.1.1　电子商务应用模式的演变 ·· 36
  2.1.2　数智技术 ·· 37
  2.1.3　数智技术在电子商务中的应用 ·· 38
 2.2　电子商务平台功能介绍 ··· 39
  2.2.1　平台功能介绍 ·· 39
  2.2.2　中台功能设计 ·· 40
 2.3　网上开店 ·· 44
  2.3.1　网上开店的基本流程 ·· 44
  2.3.2　市场调查与分析 ·· 45
  2.3.3　精准定位与策略设置 ·· 48
  2.3.4　店铺开设 ·· 49
 2.4　店铺运作管理 ·· 51

2.4.1　店铺运作 ……………………………………………………………… 51
　　2.4.2　店铺管理 ……………………………………………………………… 54
　　2.4.3　数据分析——生意参谋平台 ………………………………………… 55
习题与思考 ………………………………………………………………………………… 59

第3章　商品管理 …………………………………………………………………………… 60
3.1　前台商品管理 ……………………………………………………………………… 60
　　3.1.1　用户画像 ……………………………………………………………… 60
　　3.1.2　商品推荐 ……………………………………………………………… 63
3.2　中后台商品管理 …………………………………………………………………… 65
　　3.2.1　商品组织 ……………………………………………………………… 65
　　3.2.2　商品计划 ……………………………………………………………… 68
　　3.2.3　商品采购 ……………………………………………………………… 69
　　3.2.4　商品陈列 ……………………………………………………………… 70
　　3.2.5　库存管理 ……………………………………………………………… 71
习题与思考 ………………………………………………………………………………… 75

第4章　运营数据分析 ……………………………………………………………………… 76
4.1　数据分析概述 ……………………………………………………………………… 76
　　4.1.1　数据分析的作用 ……………………………………………………… 76
　　4.1.2　数据分析的目的 ……………………………………………………… 76
　　4.1.3　数据分析的步骤 ……………………………………………………… 76
　　4.1.4　数据分析常用方法 …………………………………………………… 77
　　4.1.5　指标体系 ……………………………………………………………… 79
　　4.1.6　数据分析工具与技能 ………………………………………………… 81
　　4.1.7　数据分析举例 ………………………………………………………… 81
4.2　知识图谱 …………………………………………………………………………… 87
　　4.2.1　知识图谱概述 ………………………………………………………… 87
　　4.2.2　知识图谱的构建理论 ………………………………………………… 93
　　4.2.3　知识图谱的应用 ……………………………………………………… 96
4.3　机器学习 …………………………………………………………………………… 98
　　4.3.1　基础知识 ……………………………………………………………… 99
　　4.3.2　基于贝叶斯的线性分类 ……………………………………………… 105
　　4.3.3　Logistic 回归分析 …………………………………………………… 107
　　4.3.4　支持向量机 …………………………………………………………… 112
　　4.3.5　决策树分析 …………………………………………………………… 116
　　4.3.6　主成分分析 …………………………………………………………… 120
　　4.3.7　线性判别分析与奇异值分解 ………………………………………… 124
　　4.3.8　人工神经网络 ………………………………………………………… 129
4.4　数据挖掘与大数据处理 …………………………………………………………… 134
　　4.4.1　数据挖掘 ……………………………………………………………… 134

4.4.2　大数据处理 …………………………………………………… 136
　习题与思考 ……………………………………………………………………… 138
第5章　交易管理 ………………………………………………………………… 139
　5.1　商品交易方式 …………………………………………………………… 139
　　5.1.1　商品交易方式的演变 ………………………………………… 139
　　5.1.2　商品交易方式的种类 ………………………………………… 140
　　5.1.3　商品交易方式的选择 ………………………………………… 141
　　5.1.4　影响商品交易方式的因素 …………………………………… 143
　5.2　商品交易定价 …………………………………………………………… 144
　　5.2.1　传统商品的交易定价 ………………………………………… 144
　　5.2.2　网络产品的交易定价 ………………………………………… 145
　5.3　网络产品交易 …………………………………………………………… 149
　　5.3.1　网络产品交易的发展 ………………………………………… 149
　　5.3.2　网络产品定价交易 …………………………………………… 149
　5.4　拍卖交易 ………………………………………………………………… 150
　　5.4.1　拍卖的含义 …………………………………………………… 150
　　5.4.2　拍卖类型 ……………………………………………………… 151
　　5.4.3　传统拍卖的定价方式 ………………………………………… 154
　　5.4.4　网络产品拍卖 ………………………………………………… 155
　　5.4.5　双向拍卖 ……………………………………………………… 160
　　5.4.6　集合竞价 ……………………………………………………… 162
　　5.4.7　一口价拍卖 …………………………………………………… 165
　　5.4.8　扬基拍卖 ……………………………………………………… 167
　　5.4.9　逢低买入 ……………………………………………………… 167
　5.5　网上招标与协议采购 …………………………………………………… 170
　5.6　在线洽谈与专场交易 …………………………………………………… 172
　5.7　现货与期货交易 ………………………………………………………… 173
　　5.7.1　现货交易 ……………………………………………………… 173
　　5.7.2　期货交易 ……………………………………………………… 175
　　5.7.3　期权交易 ……………………………………………………… 177
　5.8　商品互换 ………………………………………………………………… 180
　5.9　信用交易与委托交易 …………………………………………………… 182
　　5.9.1　信用交易 ……………………………………………………… 182
　　5.9.2　委托交易 ……………………………………………………… 183
　习题与思考 ……………………………………………………………………… 184
第6章　安全管理 ………………………………………………………………… 185
　6.1　电子商务的安全需求 …………………………………………………… 185
　6.2　信息的保密性技术 ……………………………………………………… 191
　　6.2.1　加密与解密技术 ……………………………………………… 191

6.2.2 对称加密与解密 192
　　6.2.3 非对称加密与解密 194
　　6.2.4 门限秘密共享 198
6.3 数据完整性技术 199
6.4 不可否认技术 199
　　6.4.1 数字签名 199
　　6.4.2 数字时间戳 200
6.5 身份认证技术 200
　　6.5.1 数字证书 201
　　6.5.2 认证中心 203
　　6.5.3 安全协议 203
6.6 PKI 技术 206
6.7 口令身份验证 207
　　6.7.1 常规口令验证 207
　　6.7.2 动态口令验证 208
习题与思考 209

第 7 章 信任管理 210

7.1 信任概述 210
　　7.1.1 信任与信用 210
　　7.1.2 信任与信用一致性 211
7.2 信任管理 213
　　7.2.1 信任管理含义和内容 213
　　7.2.2 信任管理机制 217
　　7.2.3 信任管理模型——Oauth 模型 229
7.3 信用评估 231
　　7.3.1 信用评估特点 231
　　7.3.2 信用评估体系不足 232
　　7.3.3 信用评估体系建设 232
　　7.3.4 信用评价方法 233
7.4 隐私保护 240
　　7.4.1 隐私保护概述 240
　　7.4.2 位置隐私威胁 241
　　7.4.3 位置隐私保护技术分析 243
　　7.4.4 大数据时代的隐私保护 246
习题与思考 250

第 8 章 支付管理 251

8.1 网络支付系统 251
　　8.1.1 中国现代化支付系统 251
　　8.1.2 跨境人民币清算模式 255

  8.1.3 CIPS 支付结算 …………………………………………………… 257
8.2 网上银行 ……………………………………………………………………… 259
  8.2.1 网上银行概述 ……………………………………………………… 259
  8.2.2 网上银行功能与经营管理 ………………………………………… 262
  8.2.3 网上银行面临的挑战 ……………………………………………… 266
  8.2.4 网上银行的安全 …………………………………………………… 267
8.3 第三方支付 …………………………………………………………………… 269
  8.3.1 第三方支付含义 …………………………………………………… 269
  8.3.2 第三方支付发展 …………………………………………………… 270
  8.3.3 第三方支付清算方式 ……………………………………………… 271
8.4 跨境电商网络支付 …………………………………………………………… 272
  8.4.1 跨境外汇支付业务试点 …………………………………………… 272
  8.4.2 跨境电商第三方支付流程 ………………………………………… 274
8.5 移动网络支付 ………………………………………………………………… 276
  8.5.1 扫码支付 …………………………………………………………… 276
  8.5.2 闪付支付 …………………………………………………………… 277
习题与思考 ………………………………………………………………………… 278

第1章 概 述

电子商务作为数字经济的代表和新型的商业形态,一经兴起,便得以迅猛发展,成为拉动经济发展的重要引擎和推动贸易主体、贸易形态、商业模式、组织方式等发生变革的重要动力。作为电子商务的核心业务之一,电子商务运营与管理在其中发挥了重要作用。

1.1 电子商务及其商业模式

电子商务是计算机网络应用的又一次革命,不仅反映了现代经济活动的发展态势,而且反映了信息技术和数智技术在商务活动中的地位和作用。

1.1.1 电子商务的含义与特征

1. 电子商务的概念

电子商务的概念有狭义和广义之分。

狭义的电子商务(Electronic Commerce)是指交易的当事人或参与人,利用现代信息技术和计算机网络技术,进行货物贸易、服务贸易和知识产权贸易等各类商业活动的过程。

广义的电子商务(Electronic Business)是指交易的当事人或参与人,通过电子手段和各种电子工具从事包括狭义电子商务、电子政务、电子军务、电子教务、电子公务和电子医务等业务活动的过程。涉及的内容不仅包含电子技术和商业交易本身,还包含企业管理、业务流程重造、金融、税务、教育和医疗等社会层面事务。

对于电子商务,许多国际组织、知名企业和领军人物,在电子商务的不同发展时期,曾有过不同的解释。例如,1996年12月16日,联合国国际贸易法委员会通过了《电子商务示范法》,强调了电子商务具有特殊性,在商业交易中需要使用数据电文作为交易信息的载体。这里,"数据电文"指经由电子手段、光学手段或类似手段生成、存储或传递的信息,如电子数据交换(Electronic Data Interchange,EDI)、电子邮件、电报、电传或传真等。1997年11月6日,在第一届世界电子商务会议中提出,电子商务是指实现整个贸易活动的电子化,业务范围包括信息交换、售前售后服务(如提供产品和服务的细节、产品使用技术指南、回答顾客意见)、销售、电子支付(如使用电子转账、信用卡、电子支票、电子现金)、运输(如商品的发送管理和运输跟踪,以及可以电子化传送的产品的实际发送)、组建虚拟企业(组建一个物理上不存在的企业,集中一批独立中小公司的权限,提供比任何独立公司多得多的产品和服务)、公司和贸易伙伴可以共同拥有和运营共享的商业方法等。经济合作与发展组织(Organization for Economic Corperation and Development,OECD)认为,电子商务应当包括两方面:一是交易活动或形式,二是能够使交易活动进行的通信设施。交易活动或形式所涵盖的范围可以是广义的,也可以是狭义的:前者包括大部分不同层次的商务活动,如工程设计、商务、交通、市场、广告、信息服务、结算、政府采购、保健、教育等;后者仅包括通过电子化实现的零售或配送等。除此之外,IBM公司认为,电子商务实际上是解决3C等问题的过程,包括以下几点：如何进行信息管理(Content)，以便在网络中更好地利用现有信息；如何进行协作(Collaboration)，以便人们更加便捷、有效地合作共事；如何进行商务交易(Commerce)，以便获得利润，求得生存。

2．电子商务与传统商务的差异

电子商务与传统商务存在很大的差异，主要表现在以下四方面。

(1) 二者的运作过程不同。传统商务由交易前准备、贸易磋商、合同与执行、支付与清算等环节组成。在交易之前，交易双方需要了解有关产品或服务的供需信息，然后就具体的交易内容进行口头或书面协商。协商的过程实际上是单据的传递过程，单据包括询价单、订购合同、发货单、运输单、发票和验收单等。协商结束后，交易双方需要以书面形式签订具有法律效力的商贸合同，以便监督执行，并在产生纠纷时根据合同由相应机构进行仲裁。另外，在支付过程中，传统的商务活动一般使用支票和现金。

相比而言，电子商务虽然也有交易前准备、贸易磋商、合同与执行、支付与清算等环节，但其运作方法完全不同。在电子商务模式中，供需信息一般通过网络传输，交易双方进行信息沟通快速且高效。在磋商过程中，交易双方往往使用电子单据取代书面单据，在第三方授权的情况下，这些电子单据具有法律效力，可以作为纠纷时的仲裁依据。另外，电子商务一般采用网上支付的方式。

(2) 二者的主体不同。在传统商务中，制造商是商务的中心；而在电子商务中，销售商则成了商务的主体。传统商务下，制造商需要负责市场调研、新产品开发和研制，以及产品的销售，因而一切活动都离不开制造商。但是在电子商务环境下，销售商为主导负责销售环节，包括产品网站的建立与管理、网页内容的设计与更新、网上销售的所有业务及售后服务的设计、组织与管理等，制造商不再起主导作用。

(3) 二者的商品流转机制不同。传统商务下的商品流转是一种"间接"的流转机制。制造商生产出来的商品需要经过一系列的中间商才能到达用户的手中。这种流转机制无形中给商品流通增加了许多无谓的环节，也增加了相应的流通、运输和存储费用，加上各个中间商都要获取自己的利润，这样直接抬高了商品的零售价。电子商务的出现，使得每一种商品都能够建立最直接的流转渠道，制造商可以直接把商品送达给用户，也能直接从用户那里得到最有价值的需求信息。

(4) 二者涉及的时空范围和商品范围不同。传统商务涉及的时空范围和商品范围是有限的，而电子商务涉及的地理范围和时间则是无限的，是超越时空的。

3．电子商务的发展过程

电子商务的发展经过了以下4个阶段，每一阶段都有相应的特征。

1) 早期发展阶段

20世纪60年代以后，随着信息技术的发展，各种类型的信息系统在企业内部得到了广泛应用。不少企业利用信息技术开发了一系列的生产及管理系统，如业务处理系统(Transaction Processing System, TPS)、管理信息系统(Management Information system, MIS)、决策支持系统(Decision Support System, DSS)、物资需求计划(Material Resource Planning, MRP)、企业资源计划(Enterprise Resource Planning, ERP)、计算机集成制造系统(Computer Integrated Manufacturing System, CIMS)等。这些系统的开发与应用，不仅实现了企业内部价值链的增值，而且为电子商务的产生与发展打下了基础。

20世纪70年代末和80年代初,美国和西欧等一些发达国家开发并应用电子数据交换(Electronic Data Interchange,EDI)技术进行国际贸易,由此形成了全球"无纸贸易"的热潮。20世纪90年代初,随着互联网的迅速普及以及客户需求和全球竞争热度的增加,大量企业网站出现,企业利用万维网进行产品宣传和售后服务成为热潮,在这样的情况下,产生了电子商务。

电子商务的出现,为企业及时收集、加工和发布信息创造了有利条件,也为企业提高售前和售后服务的水平提供了良好环境。但是应该看到,由于技术的限制,早期的电子商务存在许多缺陷:电子商务网站系统与企业原有的信息系统未能进行有效整合,致使信息孤岛现象不断出现,企业宝贵的数据资源发挥不出整体效益;缺少安全方面的技术保证,资金流、商务流和信息流难以集成在一起,商品流通速度得不到有效提高,交易成本居高不下。这些缺陷制约了电子商务的发展。

2) 起步期阶段

1995年以后,传统贸易信息在互联网上的交流和传播带来了无限商机,加上相关技术如安全技术、多媒体技术、中间件技术、支付技术和物流管理技术等的发展与完善,以及政府政策的支持和引导,一种以因特网为基础、以交易双方为主体、以银行电子支付和结算为手段、以客户数据为依托的全新的电子商务模式产生了。

全新的电子商务模式产生之后,立即吸引了一大批网络创业者和风险投资资金,一大批知名电子商务网站不断涌现。1997—1999年,先后产生了美商网、化工网、8848、阿里巴巴、易趣网和当当网等,电子商务发展出现了第一个高潮。

值得一提的是,1996年12月16日,联合国第85次全体会议通过了第51/162号决议,正式颁布了《贸易法委员会电子商业示范法及其颁布指南》(以下简称《电子商务示范法》)。《电子商务示范法》的颁布,规范了电子商务活动中的各种行为,极大地促进了世界电子商务的发展,并为各国电子商务立法提供了一个范本。

3) 徘徊期阶段

2000—2002年,互联网经济泡沫破灭,依靠风险投资但未找到盈利模式的电子商务受到了严重影响,经历了冰与火的严峻考验。一大批网站突然倒闭,幸存下来的一些网站,如8848、美商网、阿里巴巴等,也进入残酷的寒冬阶段,依靠"会员+广告"模式勉强度日。

2003年,一场突如其来的非典疫情拯救了寒冬中的电子商务。据网经社和艾瑞网的调查显示,2003年中国电子商务网站明显增加,应用电子商务的企业会员数量不断上升,不少网站实现了营收平衡,表明电子商务已快速复苏。

这一时期无疑是电子商务发展的徘徊期。为了早日走出徘徊期,相关组织做了不少工作。2001年5月10日,联合国促进贸易和电子商务中心(UN/CEFACT)与结构化信息标准发展组织(OASIS)正式批准了EBXML(Electronic Business eXtensile Markup Language)标准,为拓展全球性的电子商务交易市场奠定了基础。2002年1月24日,联合国第56届会议通过了《联合国国际贸易法委员会电子签字示范法》(以下简称《电子签字示范法》),这是联合国继《电子商务示范法》后通过的又一部涉及电子商务的重要法律。该法试图通过规范电子商务活动中的签字行为,建立一种安全机制,以促进电子商务在世界贸易活动中的全面推广。

4) 稳步发展期阶段

随着互联网环境的改善以及电子商务理念的普及,2006年后,电子商务进入稳步发展的阶段。各类电子商务平台会员数量迅速增加,大部分 B2B 电子商务网站开始盈利。而专注于 B2B 电子商务业务的网盛生意宝和阿里巴巴的成功上市所引发的"财富效应",更是激发了人们对电子商务的热情。IPO 的梦想、行业良性竞争和创业投资热情高涨这"三驾马车",推动了电子商务不断稳步向前发展。

在稳步发展期间,电子商务的应用范围不断扩大,利用电子商务改进企业的管理方式已经成为热潮。传统不合时宜的金字塔式的企业管理方式在电子商务的热潮下,顺利地向扁平化、弹性化、柔性化方向发展。不仅如此,还出现了新的组织形式——虚拟组织,在虚实结合的组织变革中,企业可以创造更多的价值。同时,在电子商务的作用下,企业的人力资源管理方式也发生了积极变化,呈现出个性化和高效率的特征,利用内部网进行员工培训与交互学习,为企业节约了不少成本。更为重要的是,一种新的财务管理方式——即时结算也已产生,这对企业实时监控财务状况、经营成果和现金流量,以及应对市场行情的变化,具有重大意义。

4. 中国电子商务发展现状

随着信息技术、4G/5G 通信技术和智能手机的发展,中国电子商务应用进入了大发展和大繁荣时期。据中国互联网络信息中心(http://www.cnnic.net.cn/)统计,截至 2020 年 12 月底,我国网民规模达到 9.89 亿,互联网普及率为 70.4%;手机网民规模为 9.86 亿,网民中使用手机上网的比例为 99.7%;我国 IPv4 地址数量为 38 923 万,IPv6 地址数量为 57 634 块/32;移动互联网接入流量消费达 1656 亿吉字节(GB),App 数量为 345 万;域名总数为 4198 万,网站总数为 443 万,其中 CN 分类域名数量如表 1-1 所示。

表 1-1　CN 分类域名数量

域　　名	数量(个)	占域名总数比例
.CN	16 274 907	85.8%
.COM.CN	2 136 939	11.3%
.NET.CN	285 579	1.5%
.ORG.CN	150 474	0.8%
.ADM.CN	85 281	0.4%
.GOV.CN	17 930	0.1%
.AC.CN	12 341	0.1%
.EDU.CN	6422	0.0%
其他	181	0.0%
合计	18 970 054	100.0%

同时,网络应用百花齐放,主要表现为以下四方面。

(1) 基础类应用。接入功能更多,应用场景更宽,用户黏性更强,用户使用率更高。其中,网络新闻用户规模达 7.43 亿,较 2015 年 12 月增长 31.6%;即时通信用户规模达 9.81 亿,较 2015 年 12 月增长 57.2%;搜索引擎用户规模达 7.70 亿,较 2015 年 12 月增长 35.9%。

(2) 商务交易类应用。打通线上线下渠道。其中,网络购物用户规模达 7.82 亿,较 2015 年 12 月增长 89.3%;网络支付用户规模达 8.54 亿,较 2015 年 12 月增长 105.3%。

(3) 网络娱乐类应用。类型推陈出新,短视频应用的出现使网络视频行业更加活跃,网络视频平台视频自制水平得到显著提升,逐渐成为用户观看视频的首选。其中,网络音乐用户规模达 6.58 亿,较 2015 年 12 月增长 31.3%;网络视频用户规模达 9.27 亿,较 2015 年 12 月增长 83.9%。

(4) 公共服务类应用。在线医疗、远程办公等应用不断涌现,功能日益满足人们生活需要,网约车行业不断发展壮大,在线教育行业蓬勃发展,逐渐成为线下教育的有力补充,并对提升偏远贫困地区教育质量起到了重要作用。其中,截至 2020 年 12 月,网约车用户规模达 3.65 亿;在线教育用户规模达 3.42 亿,较 2015 年 12 月增长了 210.2%。

总之,当前中国电子商务发展态势良好,用户规模稳定增长,应用模式不断得到创新,具体网络应用状况如表 1-2 所示。

表 1-2 网络应用状况

应用类型	时间与状况				年增长率
	2020 年 3 月		2020 年 12 月		
	用户规模/万	网民使用率	用户规模/万	网民使用率	
即时通信	89 613	99.2%	98 111	99.2%	9.5%
搜索引擎	75 015	83.0%	76 977	77.8%	2.6%
网络新闻	73 072	80.9%	74 274	75.1%	1.6%
远程办公			34 560	34.9%	
网络购物	71 027	78.6%	78 241	79.1%	10.2%
网上外卖	39 780	44.0%	41 883	42.3%	5.3%
网络支付	76 798	85.0%	85 434	86.4%	11.2%
互联网理财	16 356	18.1%	16 988	17.2%	3.9%
网络游戏	53 182	58.9%	51 793	52.4%	−2.6%
网络视频	88 821	94.1%	92 677	93.7%	9.0%
短视频	81 786	87.0%	77 325	88.3%	12.9%
网络音乐	63 513	70.3%	65 825	66.6%	3.6%
网络文学	45 538	50.4%	46 013	46.5%	1.0%
网络直播	55 982	62.0%	61 685	62.4%	10.2%
网约车	36 230	40.1%	36 528	36.9%	0.8%
在线教育	42 296	46.8%	34 171	34.6%	−19.2%
在线医疗			21 480	21.7%	

当然,在肯定成绩的同时也应看到,电子商务发展所需要的市场经济环境和运行环境还有待进一步完善,主要表现在:一些企业在庞大市场的支持下,滥用市场支配地位、大数据杀熟和强迫二选一等进行市场垄断。由于对买卖双方的行为缺乏有效约束,诚信问题已成为制约电子商务向传统行业渗透的主要影响因素;同时也由于缺少真正有效的产业合作关系,电子商务产业链上各个环节还没有实现成熟的配合,影响了其整体作用的发挥。另外,电子商务厂商有时还存在有意或无意的不正当竞争行为,如在网上散布虚假信息和攻击竞争对手等,恶化了电子商务的运行环境。因此,需要继续采取一些措施:加强电子商务标准、技术和法律建设,在严格执行《信息安全法》《电子商务法》的基础上,早日出台《数据安全法》和《个人隐私保护法》,并修改《反垄断法》等;加强信用监管,建立并完善电子商务信用

评价体系,提高电子商务企业的准入门槛和准入机制,制止电子商务厂商不正当竞争行为等,以保证电子商务的顺利发展。

5. 电子商务的特征

从电子商务的概念及发展阶段可以看出,电子商务具有以下5个特征。

1) 从发展背景来看,电子商务具有数字经济的特征

电子商务以使用数字化的知识和信息作为关键生产要素、以现代信息网络作为重要载体、以信息通信技术的有效使用作为提升效率、降低成本、优化经济结构,具备数字经济的相关特征。

(1) 数据成为生产要素。农业经济时代的生产要素主要是土地和劳动,工业经济时代的关键生产要素是资本和技术,而在数字经济时代,数据已成为关键性的生产要素。

(2) 促进实体经济与数字化深度融合。数字化算力的提升,有效地提高了实体经济的运行效率,满足了摩尔定律、梅特卡夫法则和马太效应的相关要求。

(3) 信力问题日益突出。人类在过度依赖技术发展的同时,也会给自身安全造成极大的风险,人工智能会带来法律和伦理问题,算法歧视与偏见会极大地损害人类心理健康和环境利益,挑战人类文明。

(4) 专业化分工不可避免,协同与合作成为企业商业行为的常态。随着知识复杂性的增加,任何一个组织都会因为资源与能力的限制而无法掌握商业化所需要的全部知识,从而使知识成为了一种关键性的互补资产。

(5) 价值的创造不再由某个或某些特定的主体完成。价值从单向流动的价值链形态向双向流动的价值网络形态转变,跨界合作与竞争变得越来越容易发生,与拥有互补资产的企业进行战略联盟越来越成为企业发展的常态。

2) 从交易形式来看,电子商务具有价值创新的特征

电子商务把互联网作为商品销售渠道,与线下渠道形成差异化竞争策略。以购买体验来讲,它与线下渠道互有长短,但是电子商务具有关键的低成本优势,能为用户创造更大的价值。

3) 从市场角度来看,电子商务覆盖头部市场和长尾市场

头部市场代表畅销产品,长尾市场代表小众的利基市场。利基市场的空间分布较为分散,只有依靠互联网柔性服务技术才能将多品种、小批量的碎片化需求聚集在一起,实现范围经济性。此外,电子商务使产品的配销变得越来越容易,加上推荐系统的使用,使得消费者能够了解到以往不怎么引人注意的产品。这样,人们的需求就能从需求曲线的头部,也就是最热门的产品,转向由长长的尾部所代表的聚合购买力,满足平民化、个性化、碎片化和差异化需求,如图1-1所示。

总之,虚拟化的产品展示、自动化的购买流程降低了销售成本,再加上海量用户规模和高频购买,使得小众的产品具有规模效应。

4) 从业态角度来看,电子商务改变了传统业态,数字化催生了新零售、新商业和新贸易

新零售相较于传统零售,其特点表现为:以消费者为中心、以智能化店铺管理为支撑进行店铺运营。对于用户体验的重视是电子商务成功吸引海量用户高频购买的前提,这种体验不仅体现于软件操作层面,还贯穿商品查找、支付、交付和售后服务的全过程,如扫码看商品信息、人脸识别、自助结账、电子支付、店内导航等。智能化的店铺管理通过数字化推动店

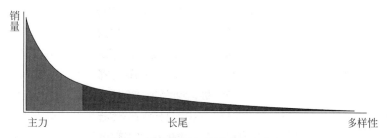

图 1-1 头部市场和长尾市场曲线图

铺管理流程,如电子价签、智能补货、智能货架、实时客流分析等,不断优化和提升。

新商业,则是通过数字连接产业链各节点及消费者,使价值链不再单向线性传递,而是网状双向传递。

而新贸易(又称数字贸易)依靠网络技术、信息技术和数据技术重构了国内与国际贸易,产生了全新的网络销售、在线服务、全球价值链的数据流,实现了全球化的智能制造、服务和应用。

5) 从参与主体的角度来看,电子商务使消费者地位得到了反转

电子商务汇集起来的庞大用户数,使得个性化产品也能拥有不小的市场。这样,在商品的设计与生产、自身权益保护方面,消费者也开始拥有发言权,从而使消费者的地位得到反转,由此也推动了制造企业的流程再造,服务渠道职能的强化,使得商业服务更加贴近商业本质。

1.1.2 电子商务商业模式创新

商业模式是企业进行商业化、市场化运作,获得竞争优势,提升企业价值的过程和方式。

一项技术创新的商业化需要其他能力与资产的配合,例如制造、营销、售后服务及其他的互补技术等。因此,资产、价值、交易、组织结构、活动等运营方式和过程也成为了商业模式的组成部分。

1. 商业模式的定义

目前对商业模式尚无统一定义。一般基于经济层面、运营层面、战略层面三个层次对商业模式进行定义:经济层面一般将商业模式直接描述为企业的经济模式或盈利模式,其本质就是企业获取利润的方式;运营层面一般基于一种或几种视角,包括组织结构视角、交易视角和活动视角;战略层面一般基于价值链视角。

(1) 基于组织结构运营视角。在此视角下,商业模式是指关于如何组织企业,以及如何以赢利的方式创造和分配价值的一种通用性描述。该定义强调了架构、方式和关系,涉及资产与资源。换句话说,该定义给出了各利益方之间横向和纵向的连接框架及其所产生的物流、信息流、资金流、知识流,以及在这个框架下所隐含的制度、程序、惯例、治理等。因此,也可以说,商业模式是企业与外部消费者、供应商、互补者、合作者和其他外部利益相关者之间,以及企业内部单元与部门之间结构化的、相互依赖的运营关系的集合,体现为一些具体的程序和契约,嵌入在缄默的行动惯例中。或者说,商业模式是由一些具体的选择(choices),例如政策选择、资源选择、治理选择和由这些选择所带来的后果(consequences)组成。这里的政策选择指那些可以影响整体运营的行动方案,资源选择指是否使用某种有形资产的决

策,治理选择指赋予对政策和资产决策权的契约安排结构,如经典的 make-or-buy 问题。

(2) 基于交易视角。在此视角下,商业模式则是一种结构性的模板,它描述了中心企业如何与要素和产品市场上的其他相关者进行交易。换句话说,商业模式是对交易内容、交易结构和交易治理的描述。

交易内容指被交易的物品或信息以及推动交易所需的资源和能力。交易结构指参与交易的各方、各方的连接方式、交易发生的顺序、推动交易的交易机制等。交易治理指信息、资源与物流被相关各方所控制的方式(即规定了由谁做),也指组织的法律形式,以及对交易参与者的激励。对交易内容、交易结构和交易治理进行不同的设计会使商业模式表现出不同的设计主题,如效率性设计和新颖性设计等。

基于交易视角的商业模式定义存在两点不足:一是只考虑了企业之间的连接,没有考虑企业内部的连接,从而忽略了组织系统(组织内部)在商业模式中的限制作用;二是聚焦交易而忽略了关系(尤其是包含社会性、政治性与人际维度等因素的人员交互)作为商业模式的一部分。距离、信任、关系强度、意愿等都是决定关系各方信息流质量与数量的关系特征,信息在各方之间进行交换,而交易则依赖于人与人之间的关系。

因此,有时人们又将商业模式定义为对活动(activity)以及企业内外部执行这种活动的组织单元的一种配置(configuration)。在这个定义中,有两点需要注意:一是将商业模式的定义下沉到活动层面,当然也包括活动之间的链接(linkage);二是定义中的组织单元是指执行活动的个体或群体,即将人的因素也考虑在商业模式的定义中。因此,商业模式有两个并列的系统:活动系统和关系系统,如图 1-2 所示。

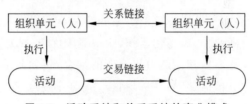

图 1-2　活动系统和关系系统的商业模式

(3) 基于价值链视角。在此视角下,商业模式由价值主张、价值创造、价值传递和价值实现 4 部分构成。

价值主张是企业通过其产品或服务所能为顾客带来的独特价值,是顾客所能感知到的一系列既得利益的总和,表明了一个特定的商业模式所要向外输出的价值内容。

价值创造是企业为了保证价值主张的实现而开展的一系列关键的价值业务活动,如采购、生产、仓储等。也就是企业通过一定的资源能力和各种内部价值环节,将其资源和能力转化为产品和服务,在投入产出过程中,实现价值增值,即产出大于投入,为此需要优化流程,提高效率,降低成本和费用。

价值传递是企业将其创造的价值传递给其顾客的过程,也是将产品或服务进行交易的过程。

价值实现指企业的收入可以弥补其支出,实现可持续性盈利和价值增值。企业的价值实现必须考虑盈利模式和价值维护两方面。盈利模式指企业获取利益的来源和方法,其描述了企业如何从提供的产品或服务中获取收益,必须综合考虑收入来源、定价、成本等因素。价值维护的目的是使目标市场的需求规模能支撑企业的持续发展,否则价值实现活动无法持久,不能保持企业的持续经营。

总之,商业模式的各个视角定义存在复杂关系,构成了一个统一的整体,如图 1-3 所示。

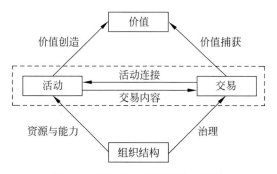

图 1-3　商业模式定义的整合模型

2．商业模式的创新

商业模式的创新指将其他创新成果商业化、市场化,获得竞争优势,提升企业价值的过程。内容包括复杂资源优化重组、价值链重置、战略网络形成、企业核心能力开发等。其实质是来自交易效率、用户效用差异化、资源与能力的培养和组合、企业战略网络的密度、中心度、规模和治理等。也就是说,企业依据价值主张对商业模式中的元素,如资源基础、销售渠道、收入模式等进行重新设计,从而完成商业模式创新。

简言之,商业模式创新就是企业以一种新的、更有效的方式赚钱。

1）商业模式创新的类型

按创新程度,可以将商业模式创新分为渐进性创新和突破式创新；按创新意图,可以将其分为前摄性创新和反应性创新；按创新来源,可以将其分为原始性创新和二次创新。

2）商业模式的构成

商业模式主要由五部分构成,分别是协作网络、内部基础、产品、收益和市场。企业的内部基础包括企业内部价值链及其结构、核心能力和成本。控制资金流、信息流和物流赋能企业协作网络,即企业运营流程,从而形成核心产品并开拓、占领市场。

3．电子商务的商业模式创新

电子商务的商业模式创新主要体现在交易技术、交易结构和权利契约三方面。

1）交易技术

交易技术主要表现为以技术降低成本、简化支付和优化体验,促进了海量用户频繁交易,激活了增量市场。

2）交易结构多元

电子商务提供了 B2B 等丰富的交易渠道,既涵盖了传统的批发和零售,又包括新型的团购、个人预售和集体定制,形成了多样化的交易渠道。

3）权利契约平等

权利契约平等即消费者地位反转。在电子商务环境中,消费者拥有对商品和服务的评价权利,这种权利直接影响商家的信誉和商品的销量,尤其是团购和 C2B（Consumer to Business,消费者与企业之间的）电子商务模式的出现,使得用户对于产品的设计与生产也拥有一定的发言权。

此外,电子商务的创新并未改变商务的逻辑,却使得商品更加贴近商业服务的本质——对接生产者和消费者。电子商务的核心,不仅仅在于互联网技术,更在于互联网逻辑。

1.2 电子商务运营管理

运营是指为实现客户价值和盈利目标所采取的各种具体的方式与方法,包含了运作与营销。范围包括业务范围界定、企业在产业链的位置定位、生产要素的使用和企业文化建设等。其核心是减成本、降库存、促销售。

1.2.1 电子商务运营模式

电子商务运作模式很多,按照不同的要素,例如主体、网络和区域等,可以将电子商务分成不同的类型。

1. 按参与对象分类

主要可以分为企业与消费者之间的(Business to Consumer,B2C)电子商务、企业与企业之间的(Business to Business,B2B)电子商务、企业与政府之间的(Business to Government,B2G)电子商务、消费者与消费者之间的(Consumer to Consumer,C2C)电子商务和企业与员工之间的(Business to Employee,B2E)电子商务。

1) B2C 电子商务

B2C 电子商务是指企业(包括网上组织的虚拟企业)或商业机构通过网络向个人消费者直接销售产品和提供服务的电子商务形式。B2C 电子商务中交易的产品非常丰富,交易种类多种多样。可以销售书籍、鲜花、服装、食品、家用电器等实体产品,也可以销售音乐、电影、软件和知识等数字产品,并能提供各种服务。既可以在网上进行直销,以减少中间环节,如戴尔公司直接在网上销售计算机;也可以通过所谓"水泥+鼠标"的形式,将实体店和网络平台结合起来,实现协同效应。

图 1-4 列出了商品网上直销的流程。可以看出,网络商品直销过程可以分为以下 6 个步骤:

(1)消费者进入互联网,查询在线商店或生产商主页中的商品;

(2)消费者通过购物对话框填写姓名、地址以及购买商品的品种、规格、数量和价格,下发订单;

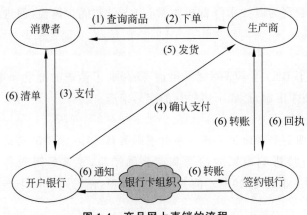

图 1-4　商品网上直销的流程

(3) 消费者选择支付方式,利用信用卡或借记卡、电子货币、电子支票等进行支付;

(4) 在线商店或生产商的客户服务器检查支付方服务器,确认支付是否认可;

(5) 在线商店或生产商的客户服务器确认消费者付款后,通知销售部门送货上门;

(6) 消费者的开户银行将支付款项传递到生产商的签约银行,并发给消费者收费清单。

为保证交易过程中的安全,需要有一个认证机构对参与网络交易的各方进行认证,确保参与交易的各个主体身份真实。这样,网上直销的流程演变为图1-5。

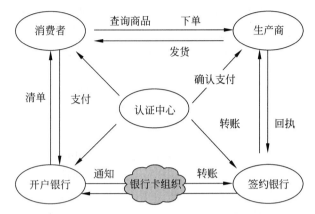

图 1-5 存在认证中心的商品网上直销的流程

案例 1-1

淘宝和亚马逊的运营模式对比

淘宝网是亚太地区较大的网络零售、商圈,由阿里巴巴集团在 2003 年 5 月创立,是中国深受欢迎的网购零售平台,拥有近 5 亿的注册用户数,每天有超过 6000 万的固定访客,同时每天的在线商品数已经超过了 8 亿件,平均每分钟售出 4.8 万件商品。其业务发展方向包括社区化、内容化和本地生活化三方面。

淘宝网采用 B2C 和 C2C 的混合运营模式,充分赋予大数据个性化、粉丝工具、视频和社区等工具,搭台让卖家唱戏,并利用优酷、微博、阿里妈妈和阿里影业等阿里生态圈的内容平台,紧密打造从内容生产到内容传播、内容消费的生态体系。

亚马逊公司(Amazon)是全球商品品种最多的网上零售商和全球第二大互联网企业,成立于 1995 年,位于华盛顿州的西雅图。其名下包括 Alexa Internet、A9、Lab126 和互联网电影数据库等子公司,平台为客户提供数百万种独特的全新、翻新及二手商品,如图书、影视、音乐和游戏、数字媒体下载、电子数码、家居园艺用品、玩具、婴幼儿用品、食品、服饰、鞋类和珠宝、健康和个人护理用品、体育及户外用品、汽车及工业产品等。

淘宝和亚马逊在运营模式上有很大的不同。

(1) 产品文化。淘宝注重的是卖家的操作技巧、商品的美化装饰和营销能力。亚马逊则更注重产品本身,把产品的质量和潜力放在首位,其对商品的真假和质量有着更为严格的把控,对欺瞒作弊的商家有着更为严重的惩罚。

(2) 平台操作。传统的淘宝无货源模式一般是利用采集软件采集 1688 或淘宝联盟上其他商户的商品,然后根据自己的需要修改信息并上传店铺。操作过程很简单,人人都能做到。亚马逊无货源模式，则是利用 ERP 系统从 1688、天猫和淘宝等国内业务平台收集货物，然后通过系统后台修改商品规格属性，优化后一键上传到亚马逊商店，最后再根据地方翻译系统翻译成适合的本地语言，如英语、意大利语和法语等。

（3）利润获取。上传淘宝店铺的商品价格一般都是在原价的基础上乘以 1.1~2.5。以 1.8 为例，进价 10 元的商品，售价为 18 元，减去 6 元的邮费，纯利润 2 元，店铺淘客的利润一般在 20% 左右。相较而言，亚马逊针对国外市场，更加重视信息产业和重工业的发展，相对忽视轻工业的发展，消费标准和收入水平也相对更高，所以在国内进价 10 元的商品，放在亚马逊平台上售价为 10 美元很正常，这相当于 66 元。减去 15% 的平台费、20 元邮费和进价，单笔利润一般可以在 30%~50%。

（4）客户服务。亚马逊平台上没有客户服务，卖家和买家沟通的唯一方式是通过电子邮件，这减少了售前沟通的问题，也省去了不懂英语的卖家不能及时沟通的麻烦。

2）B2B 电子商务

B2B 电子商务是指商业机构（或企业、公司）间，使用各种类型的网络平台销售产品或提供服务，实现包括信息发布、贸易磋商与撮合、接受与签约、支付、物流信息传递与运输跟踪、单证交换、促销等业务的电子商务形式。

与 B2C 交易相比，B2B 电子商务的主要目的在于节省费用和提高效率，而不是单纯地为了改进客户服务。B2B 电子商务一般交易数量大且金额高，对主体的可靠性要求高，需要各种类型的中介组织支持和协助，如信息中介、金融中介和物流中介等。因此，B2B 电子商务的交易流程比较复杂，需要经过以下 4 个阶段。

（1）交易前的准备。卖方需要根据自己所销售的商品，做好交易前的准备工作。例如，召开商品新闻发布会，制作广告进行宣传，全面进行市场调查和市场分析，制定各种销售策略和销售方式，了解各个买方国家的贸易政策，利用因特网和各种电子商务网络发布商品广告，以寻找贸易伙伴和交易机会，扩大贸易范围和商品所占市场的份额。其他参加交易各方，如中介方、银行金融机构、信用卡公司、海关系统、商检系统、保险公司、税务系统和运输公司，也都为进行电子商务交易做好准备。同样，对于买方，也需要做一些准备工作，如根据自己要买的商品，准备购货款，制订购货计划，进行货源市场调查和市场分析，反复进行市场查询，了解各个卖方国家的贸易政策，修改购货计划和进货计划，确定和审批购货计划，按计划确定购买商品的种类、数量、规格、价格、购货地点、交易方式和交易对象等。

（2）交易谈判和合同签订。这一阶段主要指买卖双方对所有交易细节进行谈判，将双方磋商的结果以口头形式或以文件形式（即以书面文件形式和电子文件形式签订贸易合同）确定下来，电子商务的特点是可以签订电子商务贸易合同，交易双方可以利用现代电子通信设备和通信方法，经过认真谈判和磋商后，将双方在交易中的权利、所承担的义务，以及对所购买商品的种类、数量、价格、交货地点、交货期、交易方式和运输方式、违约和索赔等合同条款，全部以电子交易合同做出全面详细的规定。合同双方可以利用（EDI）进行签约，也可以通过数字签名等方式签约。

(3) 交易处理。这一阶段主要指买卖双方签订合同后到合同开始履行前办理各种手续的过程,也是双方贸易前的交易准备过程。交易中要涉及有关各方,即可能涉及中介方、银行金融机构、信用卡公司、海关系统、商检系统、保险公司、税务系统和运输公司等,买卖双方要利用 EDI 与有关各方进行各种电子票据和电子单证的交换,直到办理完可以将所购商品从卖方按合同规定开始向买方发货的一切手续为止。

(4) 履约和索赔。这一阶段是从买卖双方办完所有手续之后开始的,卖方要备货、组货,同时进行报关、保险、取证和信用等,然后将商品交付给运输公司包装、起运和发货,买卖双方可以通过服务器跟踪发出的货物,银行也按照合同处理双方收付款,进行结算,出具相应的银行单据等,直到买方收到自己所购商品,完成整个交易过程。索赔是在买卖双方交易过程中出现违约时,需要进行违约处理的工作,受损方要向违约方索赔。

由于 B2B 电子商务的复杂性,目前 B2B 已衍生出许多不同的模式,如集中采购、集中销售、竞价拍卖、招标和网上交易市场等。

B2B 网上交易市场是一种跨越组织的系统或中介,不仅可以汇聚采购商和供应商,匹配供需双方,而且可以精简商业流程,促进供应链集成,提高产品合作开发和计划预测的水平。图 1-6 列出了 B2B 网上交易市场的交易流程。

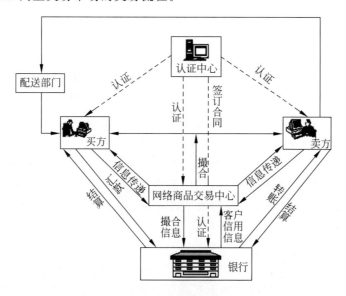

图 1-6 B2B 网上交易市场的交易流程

B2B 网上交易市场的交易流程分为以下 9 个步骤:

(1) 买卖双方将各自的供应和需求信息通过网络告知网络商品交易中心,网络商品交易中心通过信息发布服务向参与者提供大量的、详细准确的交易数据和市场信息;

(2) 买卖双方根据网络商品交易中心提供的信息,选择自己的贸易伙伴;

(3) 网络商品交易中心从中撮合,促使买卖双方签订合同;

(4) 买方在网络商品交易中心指定的银行办理转账付款手续;

(5) 指定银行通知网络商品交易中心买方货款到账;

(6) 网络商品交易中心通知卖方将货物发送到离买方最近的交易中心配送部门;

(7) 配送部门送货给买方;

(8) 买方验证货物后通知网络商品交易中心货物收到;

(9) 网络商品交易中心通知银行买方收到货物,银行将买方货款转交卖方,卖方将回执送交银行,银行将回执转交买方。

通过网上交易市场进行交易,具有以下 3 个突出的优点。

(1) 网上交易市场为买卖双方提供了一个巨大的世界市场。以能源一号网(http://train2.energyahead.com/)为例,该交易市场不仅为全球客户提供了大量的产品信息,还提供了丰富的交易模式,如固定目录价格、拍卖、反向拍卖、询价、撮合等,注册会员只需使用浏览器,就可以在能源一号网上进行全过程的交易。在能源一号网上,买方可以查阅产品目录、查找产品信息、询价、进行反向拍卖、参与谈判、下订单、生成合同、管理结算单等;卖方也可以建立和更新产品信息、进行拍卖、参与谈判、管理订单、确认合同等。

(2) 网上交易市场可以有效地解决传统交易中"拿钱不给货"和"拿货不给钱"两大难题。在买卖双方签订合同前,网上交易市场可以协助买方对商品进行检验,只有符合质量标准的产品才可入网,这就杜绝了假冒伪劣商品,使买卖双方不会因质量问题产生纠纷。在合同签订之后,合同内容会出现在网络系统中,网上交易市场的工作人员可以对合同进行监控,注视合同的履行情况。如果出现一方违约现象,系统将自动报警并终止合同执行,避免了买方或卖方的经济损失。如果合同履行顺利,货物到达后,网上交易市场中的交割员也可以协助买方共同验收,在买方验货合格后再将货款转到卖方账户,这样卖方也不用再担心货款拖欠问题。

(3) 在结算方式上,网上交易市场一般采用集中统一的结算模式,即在指定的商业银行开设统一的结算账户,对结算资金实行统一管理。集中统一的结算模式能有效避免多形式、多层次的资金截留、占用和挪用,提高了资金的风险防范能力。例如,阿里巴巴网站的支付宝和 eBay 易趣网站的安付通等都采用这样的结算模式。

当然,在肯定网上交易市场优点的同时,也应看到其在发展过程中也存在一些问题。例如,尽管有不少系统已经使用电子合同,但纸质合同还在广泛使用,如何完全过渡到电子合同,还有一些技术和法律障碍有待解决。再如,在网上交易市场整个交易的过程中,涉及资金二次流转,在此情况下,确定交税主体和交税额度等存在一定的困难,有待进一步研究。

3) B2G 电子商务

B2G 电子商务指企业与政府在网上实现的各项事务活动,如政府采购(发标、投标、评标)、税收、商检、管理条例发布、政策法规颁布等。

4) C2C 电子商务

C2C 电子商务指消费者与消费者之间通过互联网进行拍卖、转让销售、信息发布与知识搜索服务等电子商务形式。

5) B2E 电子商务

B2E 电子商务指企业员工利用企业提供的互联网工具,来实现相关服务的电子商务形式,如员工自助服务、电子学习、沟通、社区服务、知识管理与创新等。

2. 按线上与线下结合程度分类

按照线上与线下结合程度和互动关系不同,可以将电子商务分为线上与线下相分离的电子商务和线上与线下相结合的电子商务。

一般的电子商务都属于线上与线下相分离的电子商务,但随着移动电子商务的发展,近年来出现了一种称为线上与线下相结合(Online to Offline,O2O)的电子商务形式。

O2O概念是2010年8月由AlexRampel提出的,但实际模式在之前就有存在。例如,2006年沃尔玛公司曾提出SitetoStore B2C战略,即通过B2C完成订单的汇总及在线支付,顾客到4000多家连锁店取货,该模式就是O2O模型。随着高朋网(Groupon)火爆全球,O2O模式被越来越多的人关注,团购、优惠券、电子票、App和微信公众号热度不减,一些互联网巨头、传统零售商、生活服务类门店、电信运营商、银行业和耐用品企业纷纷涉足O2O。

目前,运作比较成功的O2O国外网站有Uber、JHilburn、Jetsetter、Zaarly、Getaround和TrunkClub等,国内网站有携程旅行网、大众点评网等。

李向东在《传统企业迈过电商最后一道坎》一文中将O2O定义为:将线下商务机会与(移动)互联网结合在一起,使互联网成为线下交易的前台,以提供商务信息,聚集有效购买群体,实现在线支付,然后凭借相应证据去线下实体店完成消费。可见,O2O把信息流、资金流放在线上,把物流和商流放在线下;依靠线上推广交易引擎带动线下交易,增加了商户的参与感和用户的体验感。

O2O存在这样一些特点:首先,要求有实体店存在,消费者最终要到实体店中消费;其次,需要通过互联网推送消息,即通过O2O网站发布打折、优惠等信息;再次,需要在线支付的支持,消费者先在网站上进行在线支付,然后到实体店提取产品或享受服务;最后,要求推广效果可查,每笔交易可跟踪。

另外,根据盈利模式不同,可将O2O分为3种类型,即广场模式、代理模式和商城模式。在广场模式下,网站为消费者提供产品或服务(如发现、导购、搜索和评论等信息服务);通过向商家收取广告费获得收益,消费者有问题需找线下的商家。这种模式的典型网站有大众点评网、赶集网等。在代理模式下,网站通过在线上发放优惠券和提供实体店消费预订服务等,把互联网上的浏览者引导到线下消费;网站通过收取佣金分成获得收益,消费者有问题找线下商家。使用这种模式的典型网站有拉手网、美团网、窝窝网等。而商城模式则指由电子商务网站整合行业资源做渠道,用户可以直接在网站购买产品或服务。企业向网站收取佣金分成,消费者有问题找线上商城。这种模式的典型网站有到家美食会、易到用车等。

3. 按网络类型分类

按照网络类型不同,可以将电子商务分为基于企业内部网(Intranet)的电子商务、基于企业外部网(Extranet)的电子商务、基于互联网(Internet)的电子商务、基于移动网(Wireless Network)的电子商务和基于电子数据交换网的电子商务等。

4. 按交易地理范围分类

按照交易时交易对象所跨越的地理范围不同,可将电子商务分为本地电子商务、区域电子商务、国家电子商务和跨境电子商务。

跨境电子商务,又称国际电子商务,其交易流程类似于传统的国际商务。就贸易而言,需要进行交易前的准备(如市场调研、刊登广告、参加展会、网上发布或浏览信息、联系商家等)、交易洽谈与合同签订、履约和交易善后四个阶段。但跨境电子商务与传统的大宗商品贸易方式有所不同,前者在交易方式、货物运输和支付结算等方面与后者差异较大。

传统贸易在履约时,依据不同的贸易形式和支付方式(如 CIF、CFR、FOB 和信用证支付等),履约环节会多种多样。例如,采用 CIF 和信用证支付时,出口商需要备货、落实信用证、租船订舱、安排运输、办理保险、报关与税务和制单结汇等。但对于跨境电子商务,流程相对要简单得多,跨境电子商务一般在网上使用信用卡支付,采用类似于传统国际贸易条款中的 DDU(Delivered Duty Unpaid,进口国目的地的未完税交货)方式进行交易。尽管如此,跨境电子商务货品多数是以个人物品的形式通过航空邮件的方式出境,存在难以快速通关、结汇不够规范及不能退税等一系列问题。

目前,现行管理体制、政策、法规及现有环境条件无法满足跨境电子商务的发展要求。为此,2013 年国务院下发了《国务院办公厅转发商务部等部门关于实施支持跨境电子商务零售出口有关政策意见的通知》,明确了对跨境电子商务零售出口的支持政策,并提出六大扶持政策,包括建立适应电子商务出口的新型海关监管模式,建立相应的检验监管模式,支持企业正常收结汇,鼓励银行机构和支付机构为跨境电子商务提供支付服务,实施相适应的税收政策,以及建立电子商务出口信用体系等。

5. 按营销方式分类

按营销方式不同,可以将电子商务分为传统电子商务、网红电子商务和社交零售。

网红电子商务(以下简称网红电商)是围绕网红而衍生的一种电子商务模式,如直播、电竞和电商等领域均有网红身影。网红电商的特点:①去中心化,多向互动能打破单向传播束缚;②虚拟近距离化,能产生有温度的网红。因此,网红电商不仅能改善传统营销模式中效率低的状况,还能解决客户如何精准营销的问题。利用网红引导消费者、以"网店+微博+直播"为营销渠道的电商模式,能更好地将粉丝流量转化为销量。

网红电商的营销模式在于四方面:①在营销内容上,利用新品展示日常生活;②在营销渠道上,支持多平台联动;③在营销对象上,有更多忠实受众且能精准营销;④在营销效果上,复购率高、互动率强。

目前,网红电商的产业链条和盈利模式日益多元化,触角在不断扩展、延伸,已逐渐从现象化向产业化过渡,呈现出模式化的营销思路。然而,如何留住粉丝、增强粉丝黏性、提高粉丝的购买率,探索可持续发展的商业模式,仍将是网红电商需要注意的问题。

社交零售指运用社交工具及场景赋能零售,以个体自然人为单位通过社交工具或场景,利用个人社交圈的人脉进行商品交易及提供服务的新型零售模型。这里,社交工具指传统互联网和移动互联网中常用的例如微信、微博、QQ 等线上社交工具;社交场景指家庭、小区、公司、体验馆等线下具备社交属性的场景。

6. 按行业特征分类

按行业特征不同,可以将电子商务分为消费互联电子商务和产业互联网电子商务。

随着"眼球经济"转向"价值经济",产业互联网已经到来。智能终端迅速兴起,云计算和大数据普遍使用,宽带网络带来的体验改善逐渐加强,社会各行业逐步互联网化;同时,传统的消费互联网巨头在个人客户上积累起来的运营经验在产业互联网中将优势不再,在行业经验、渠道、网络和产品认知上存在不足,行业进入壁垒。

产业互联网主要以生产者为主要用户,通过在生产、交易、融资和流通等各个环节的网络渗透从而达到提升效率、节约能源等目的。产业互联网在与传统企业融合中的最大特点是,将原有以企业为导向的规模型设计转向以用户为导向的个性化设计。从产品功能研发到产品包装设计,每部分都通过互联网思维与用户建立关联,进行广泛互动,从而形成有效的生产制作方案。

产业互联网核心内容是通过互联网、大数据、云计算对接以核心企业为龙头、串联上下游企业及合作伙伴的产业生态圈和生产性服务业。其中,大数据是产业互联网的核心,是连接产业生态圈和生产性服务业的纽带。这些大数据包括产业生态中的供应链数据、企业经营数据、物流数据、市场交易数据等。所以,在产业互联网时代,应关注产业生态圈、生产性服务业、核心企业、大数据的发展。

综上所述,电子商务按照不同的分类标准可分为不同的类型,具体如表1-3所示。

表1-3 电子商务分类

分类标准	分类
参与对象	B2C电子商务、B2B电子商务、B2G电子商务、C2C电子商务、B2E电子商务
线上与线下结合程度	线上与线下相分离的电子商务、线上与线下相结合的电子商务
网络类型	基于企业内部网的电子商务、基于企业外部网的电子商务、基于互联网的电子商务、基于移动网的电子商务、基于电子数据交换网的电子商务
交易地域范围	本地电子商务、区域电子商务、国家电子商务、跨境电子商务
营销模式	传统电子商务、网红电子商务、社交零售
行业特征	消费互联电子商务、产业互联网电子商务

1.2.2 电子商务运营管理

1. 运营管理的主要内容

电子商务的运营管理内容主要包括投入、相关要素整合、产出、有效控制和信息反馈。

1) 投入

要完成电子商务的预定目标,需要进行包括原材料、人力资源、资金、信息等在内的投入,需要对流程、业务进行详细的计划和合理的预算,然后才能通过业务运营和流程管理与控制达到预定目标。所以,投入是电子商务运营管理取得效果的关键。

2) 相关要素整合

相关要素包括:需求调查和预测、产品设计和开发、产品/服务质量管理、采购管理、库存管理、调度管理、供应链管理、人力资源管理、客户关系管理、流程再造和咨询和服务等要素。

不同的电子商务企业包含的要素不尽相同,电子商务运营管理需要整合多种要素整体考虑。

3) 产出

有投入就应有产出。有了一定的投入之后,就要以最有效的电子商务技术、最有效的流程以及最合理的规则,把投入转化为目标产出,即最终产品、服务和收益。

4) 有效控制和信息反馈

在整个电子商务运营管理过程中,不管是投入阶段、流程阶段还是产出阶段,都可能出现一些与计划和目标不符的偏差。为了提高企业的运营效率和盈利能力,需要在运营的过程中,根据信息反馈不断矫正偏差,寻找并控制每一流程中每一阶段所出现的偏差。对于一些偏差大的业务,可能还需要重新规划任务或流程,不断改进现有的流程和系统,必要时还需与咨询顾问进行合作。

电子商务运营具有以下 4 个特征。

（1）目标性。电子商务运营具有明确的目标，即通过对电子商务运营流程的有效设计和控制实现收益与效率。

（2）整体性。电子商务运营中的关键因素很多，这些因素不能单一考虑，而需要进行整体管理。特别随着电子商务日益发展到整个供应链的协同，电子商务运营中诸因素更需要看成是一个整体，不管是内部要素还是外部要素，都要统一起来。

（3）创新性。电子商务运营的目的之一是不断发现现有电子商务流程中的问题，并对发现的问题不断进行流程的再造和优化。这是一个不间断的持续过程，体现着电子商务运营管理的创新性。

（4）职能性。电子商务运营中包含管理的各项职能，例如计划、组织、控制、协调和激励等，体现了电子商务运营的基本特征。

2．运营管理的具体事务

主要包括以下方面的事务：

（1）负责网店整体规划、营销、推广、客户关系管理等系统经营性工作；

（2）负责网店日常改版策划、上架、推广、销售、售后服务等经营与管理工作；

（3）负责网店日常维护，保证网店的正常运作，优化店铺及商品排名；

（4）负责执行与配合公司相关营销活动，策划店铺促销活动方案；

（5）负责收集市场和行业信息，提供有效应对方案；

（6）制订销售计划，带领团队完成销售业绩目标；

（7）维护客户关系，处理相关客户投诉及纠纷问题；

（8）平台/店铺建设，包括平台/店铺设计、视频剪辑、产品拍照；

（9）引流推广，包括流量推广、店铺托管、网络营销、新零售；

（10）运营管理，包括数据分析、交易管理、促销管理、商品管理、订单管理和客户管理；

（11）运营服务，包括代运营、客户服务、仓储物流、供销管理、质检品控、知识产权；

（12）品牌管理，包括品牌设计、品牌营销、企业服务、法律服务和财税服务。

3．平台提供的运营管理功能

以金和盛跨境电商平台为例，如图 1-7 所示。

1）门户层

包括移动端（如 App）、PC 端、PDA 端和智能电视端等销售渠道。

2）面向用户功能

包括多语言选择、会员中心、商品收藏、购物车、支付和评价等功能。

3）面向商户功能

（1）商品管理：包括商品基础信息管理、商品类别管理、商品一键采集、多点采集、采集插件、在线编辑、一键翻译、一键美图、批量导出、批量编辑和一键刊登等。

（2）库存管理：包括出入库管理、调拨管理、货位管理和盘点等。

（3）会员管理：包括会员等级管理、会员标签管理、会员卡管理、储值卡管理和会员沉淀识别等。

（4）物流管理：包括物流仓对接、商品集散、收货、专业客服人员服务、商品核验、商品

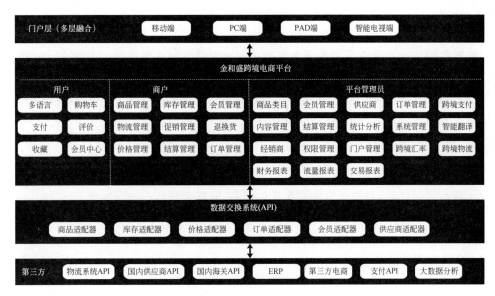

图 1-7 金和盛跨境电商平台运营管理功能

拆检、核验无误二次打包、发货清关和国际物流对接等。

(5) 促销管理：包括电商促销与活动功能，如商品促销、会员营销、订单营销、会员积分、优惠券及赠品等。

(6) 退换货管理：包括退换货类型管理、退换货接受、清点、检验、故障鉴定与处理方式和索赔与费用结算等。

(7) 价格管理：包括商品价格收集、分类、汇总、分析、制定、评估，以及成本分析与分摊等。

(8) 结算管理：包括结算条件配置、服务费配置及管理、结算单生成、订单状态管理和对账单的自助查看与确认等。

(9) 订单管理：包括订单自动同步、订单查询、添加、审核、店铺绑定、国际运单自动生成和系统同步管理等。

另外，在一些其他跨境平台上，还会存在采购管理（包括采购订单、采购退换货、补货提醒、供应商管理）、单据报表（包括销售单据、销售报表、采购单据、财务报表和分析报表的统计与生成等）、财务管理（包括财务确认、对账核销、物流对账、月末结账、发票管理和收支单导入等）、客户服务（包括服务接待统计、服务跟踪提醒、发货通知、到达提醒、签收提醒、订单催收、售后关怀和生日营销）等相关功能。

4) 面向平台管理员功能

主要包括商品类目管理、会员管理、供应商管理、内容管理、结算管理、经销商管理、统计分析等相关功能。

1.3 跨境电子商务与境外网购

据网经社电商大数据库监测数据显示，2019 年中国跨境电子商务行业渗透率为 33.29%，相比 2018 年 29.5% 提升了 3.79%。跨境电子商务在推动传统外贸转型发展中的作用日益凸显。

据《中国电子商务知识产权发展研究报告(2020)》称,2020年虽然受全球新冠肺炎疫情影响,但互联网协助跨境电子商务成为推动中国外贸复苏的重要路径。据测算,海淘直接相关的跨境电子商务交易总额,预计将在2022年恢复到20.5万亿元。

此外,境外购物网站也日益红火。在境外网站上,消费者不仅可以买到国内没有的商品,还能买到质量更可靠或价格更低的商品。

1.3.1 跨境电子商务

跨境电子商务(以下简称跨境电商)指分属不同关境的交易主体,通过电子商务平台达成交易、进行支付结算,并通过跨境物流送达商品、完成交易的一种国际商业活动。

跨境电商具有与传统国际贸易显著不同的五大新特征,即多边化、直接化、小批量、高频度和数字化。

1. 跨境电商类型

1) 按商品流向分为跨境电商出口和跨境电商进口

(1) 跨境电商出口。跨境电商出口可细分为 B2B、B2C、第三方服务商平台三种类型。其中,出口跨境 B2B 平台有生意宝(TOOCLE3.0)、阿里巴巴国际站、环球资源网、焦点科技、聚贸、外贸公社、敦煌网、大龙网等;出口跨境 B2C 平台有 Club Factory、SHEIN、JollyChic、全球速卖通、亚马逊、eBay、Wish、兰亭集势、米兰网、DealeXtreme、跨境通、有棵树、傲基科技、小笨鸟、安克创新等;第三方服务商平台有一达通、易单网、世贸通、PayPal、四海商舟、飞书互动、卓志跨境供应链、递四方、出口易、汇通天下、飞鸟国际、Moneybookers、MoneyGram、中国邮政、UPS、TNT、顺丰速运、DHL、FedEx 等。

(2) 跨境电商进口。跨境电商进口主要有 M2C、C2C、B2C、特卖会和社交类平台。其中,M2C 包括天猫国际、洋码头等,是网上的大卖场,让商家入驻平台,交易由商家与消费者进行,平台负责解决支付问题和信息沟通;C2C 是买手模式,由平台方通过资质审核在海外招募买手,由买手筛选商品再放到平台上向消费者售卖,典型代表有全球购、洋码头扫货 App、街蜜等;B2C 模式的代表有京东、顺丰和洋葱,优势是采购价格低,容易以便宜的价格吸引消费者,满足跨境电商"既要便宜又好"的本质;特卖会以唯品会和考拉海购为代表,这种模式本身的性质符合海淘的特征,海淘本身的货源采购通常都是不确定的,符合特卖会的本质,卖完结束。唯品会和考拉海购的区别是,考拉海购是自营,唯品会是供应商压货;而社交、导购类的代表都是小而美的公司,例如小红书、小桃酱、什么值得买等,由于这种模式很轻,极度依赖外部供应商,供应链外包,很难把控质量及时效。

2) 按海关报关代码,分为直购进口模式、网购保税进口模式、B2C 一般出口模式和 B2B 出口模式

(1) 直购进口模式。直购进口因其海关报关监管方式代码为 9610,故又称 9610 进口模式,主要基于上海口岸,为境内消费者打造了一条从境外直接购买价廉物美商品的阳光通道。消费者可直接在相关的跨境电商平台上选购商品并进行交易、支付,最后交纳行邮税(在 2016 年跨境电子商务 B2C 零售进口税收政策真正实施之前)即可。

按照物流方式,直购进口模式又可分为海外直购和集货直邮。其中,海外直购是指商家在消费者下单之后通过跨国物流公司一单一单发回国内,一般是通过空运或海运等物流方

式将货发到境内机场口岸,由代理的清关公司接货,集中安排清关,直接派送。而集货直邮则是商家在接到订单之后将货物集中存放在海外的集货仓,达到一定包裹量之后再统一发回国内,入境后再将大包拆成小包。这里,建立集货仓的目的是使原来分散的、小批量的、规格质量混杂的不容易进行批量运输和销售的货物,经过集货仓处理,形成批量运输的起点,从而实现大批量、高效率、低成本和快速的运营。

物品由跨境物流企业从境外运输进境后,以个人物品的方式向跨境试点服务平台(如上海跨境贸易电子商务通关管理平台)申报(需三单合一、9610代码、交行邮税)后送至消费者手中;同时,电子税单也将投递至消费者注册时使用的电子邮箱。

消费者、电商平台、商品、店铺、订单数据等需在跨境试点服务平台(如上海跨境贸易电子商务服务平台)上实名注册、备案或保存;商家、支付企业、物流企业等需提前在海关备案。电商清单汇总,以月度为单位形成《出口货物报关单》向海关 H2010 系统进行集中申报报关。

目前,两种类型的直购进口模式还存在一定的缺点与问题。例如,两种模式成本都较高,效率也较低,消费者从下单到收货需要一周以上的时间。另外,有些商家没有清关资质、产品备案、按 HScode 归类填写申报,成本较高,影响了商家报关的积极性,结果造成 9610 进口申报量很少,大部分是大包拆小包、以个人物品的方式走邮政或快递,逃避行邮税。

(2) 网购保税进口模式。网购保税进口模式,其海关监管方式代码为 1210,故又称 1210 模式,主要依托海关特殊监管区域的政策优势,在货物一线进境时,海关按照海关特殊监管区域(目前只在国内现有的 9 个试点城市特殊监管区或 B 型保税物流中心执行)的相关规定,办理货物入区通关手续;在二线出区时,海关再按照收货人需求和有关政策办理通关手续。

网购保税进口模式可细分为保税集货模式和保税备货模式。其中,保税集货模式是指跨境电商根据消费者在跨境电子商务平台上产生的订单,先在国外采购货物,统一打包,以集货方式进境;然后在保税物流中心由物流企业根据消费者订单信息将商品分别粘贴运输面单,由报关企业汇总申报,经海关清单核放、查验放行后配送到消费者手中。它与保税备货模式的区别在于,保税集货模式无须将未出售的货物预先囤积在仓库内,可极大地降低资金成本和销售风险,劣势则是没有保税备货模式发货快。而保税备货模式是指商家通过大数据分析提前将热卖商品囤放在国内的保税区,消费者下单之后,直接从保税区发货,其监管流程为:货物到岸→报关报检→进海关监管仓→商家销售产品→数据通过试点平台向海关申报→海关审核→发货→消费者收货。

保税备货模式的优点在于物流速度快、成本低和商品真实性有保障。这样,一方面可以节省商家的物流和人力成本,物流速度还几乎与国内订单无异;另一方面,通过保税模式进入仓库的货物,可以以个人物品的方式清关,在税收和检验检疫的环节都享有优势,也能防止假货。

所以,保税备货的商品价格往往较为便宜,究其原因在于:①货物批量从海外集装箱运进来,运费便宜;②一般都是进口批发商开展电子商务销售,中间渠道较少;③竞争激烈,价格透明;④货物进口,按道理要交关税增值税,但是通过跨境试点服务平台,货物进入保税区以后,是保税状态(暂时不交关税增值税,出区的时候要缴纳),发货的时候因为有订单、支付单、运单这三单以及消费者实名认证信息(身份证号码和姓名),所以目前是按照个人物品的方式出区的,征收行邮税(暂不征收关税增值税)。这样,若100元的纸尿裤,按货物的方式走,关税增值税是20元左右;但若按个人物品的方式走,按照销售价格150元、行邮税10%计算,税费是15元,低于50元的免征额度,所以免征。另外,保税备货的商品一般很少有假货,原因在于:①商家要入驻跨境试点平台,要在保税区注册企业,向海关申请试点资质,海关审批通过才能做;②商家所有的销售数据必须通过跨境试点服务平台向监管单位申报,跨境试点服务平台上有企业备案(备案后才能获取三单报送的接口说明和代码)、商品备案、店铺备案、订单数据、消费者信息数据等,商家无法暗箱操作;③货物进入保税区要报关报检,商检介入;④货物到岸以后,在销售出去之前,商家完全碰不到自己的货物,全流程处于监管范围内;⑤如出现假货,那么商品追回体系会立即启动,追责简单轻松。

当然,保税备货模式也同样存在一定的问题,主要在于:①"化整为零"走私犯罪。一些不法商家或个人利用他人身份证刷单,给进口商店或港货店供货(即商用而不是个人自用),这样进口商店或港货店就能节省若干搭建平台的成本,但却给国家带来了不少税收损失。②商检政策不稳定。目前,商检总局还没有出台统一的针对进口跨境电商的政策文件,导致各个试点城市对于备货商品的品类范围有不同的审核标准。例如有些保健品在上海可能不能做,但在广州就能做,有些商品在1月份不能做,到了2月份可能就可以做了。这种政策的不稳定性给备货的电商企业带来了不少麻烦:政策一收紧,保税区的货不能发,只能通过海外直邮,之前给消费者承诺的到货时间无法兑现,损害了客户的购物体验。③保税备货还存在一系列的天然缺陷,如资金占用成本、仓储成本以及滞销风险、汇率风险。因为备货,必然会涉及资金占用,一旦销售周期过长,就会增加保税区仓储成本,更为严重的是,如果滞销,电商企业需要自行处理掉库存。此外,由于国际汇率经常会发生令人意想不到的变化,这也会带来不必要的风险。④有些消费者不认可保税区发货。相信不少进口跨境卖家都深有感受,有些消费者疑虑很多,他们宁可多等上几天,也不购买从境内发出的国外商品。确实,曾经有企业通过保税区"一日游",将国内商品包装成海外商品来销售。因此,这些消费者的担忧不无道理,这也使得保税备货模式存在一些信任风险。

为支撑跨境贸易电子商务的进出口模式,上海正在建设3个平台,分别是上海跨境贸易电子商务公共服务平台、上海海关跨境贸易电子商务通关管理系统、海关H2010系统,分别由东方支付和上海海关负责,目前已基本成型。

上海跨境贸易电子商务公共服务平台主要负责企业和商品的备案以及相关信息的收集,将电商、物流、支付企业的订单以及物流、支付信息收集汇总成向海关申报的清单;上海海关跨境贸易电子商务通关管理系统负责审核企业和商品的信息,分析风险;上海海关跨境贸易电子商务通关监管系统负责每月将清单集成一份报关单,按规申报,签发并打印报关单、证明联和退税联等文件。

(3) B2C一般出口模式。过去从事出口贸易,一些中小型电商宁愿放弃常规的贸易出口报关程序,将商品"伪装"成个人物品,以快件或邮寄的方式通关,这样做是为了节省商品件数过多形成的报关成本,但物流时效难以保证,也无法享受到出口退税政策的优惠。

"一般出口模式"是专为这种情况设计的,它重点解决以快件或邮件方式通关的跨境贸易电子商务中存在的难于结汇及出口退税等问题,对出境货物按照"清单核放+汇总申报"方式实施监管服务,具体过程如下:

① 出口商品在网上成交后,生成由交易订单、支付单、物流单三单组成的电子清单,由上海跨境贸易电子商务服务平台收集后传输至海关核对数据;

② 审核清单,通过审核后,经商品电子清单布控、清单单证放行、商品分拣查验等步骤后,商品离境;

③ 清单汇总报关,电商以月度为单位形成《出口货物报关单》通过电子口岸向海关 H2010 系统进行集中申报,海关按照一般出口货物有关规定监管。

B2C 一般出口模式的出口报关流程包括 5 个阶段,具体如下:

① 跨境电商企业/平台(报关主体)向跨境试点服务平台填报申报清单(即视为报关);跨境试点服务平台向海关系统进行申报;海关系统进行审单(订单、运单、支付单、申报清单比对)等操作;

② 商品离境后由物流企业登录跨境试点服务平台进行离境信息确认;

③ 跨境电商企业(报关主体)在跨境试点服务平台上定期集中勾选已离境商品信息(发起出口归并集中申报),并告知报关企业;

④ 报关企业登录电子口岸进行报关(与传统模式相同),并告知跨境电商企业(报关主体)报关单编号;

⑤ 跨境电商企业(报关主体)登录跨境试点服务平台回填报关单编号,海关审核后进行强制通关,并打印报关单退税联、结汇联。

(4) B2B 出口模式。跨境电商 B2B 出口的海关监管方式代码分别为 9710 和 9810,按出口金额大小分为两种报关方式:单次金额超过 5000 元人民币的需通过 H2018 通关管理系统通关(报关单模式),单次金额不超过 5000 元人民币且不涉证、不涉检、不涉税的,可以选择通过 H2018 通关管理系统通关(报关单模式)或通过跨境电商出口统一版系统通关(清单申报模式)。

报关单模式对物流公司没有资质要求,清单申报模式对物流企业有资质要求,要求物流企业具有快递业务经营许可证。清单申报模式与报关单模式二者的区别在于,清单申报流程简单,申报要素少,通关时间短,但是对物流公司有资质要求,且必须具有监管场所的海关才适用清单申报,深圳目前符合要求的只有蛇口海关和邮局海关;报关单申报要素更多,通关时间更长,但是对物流公司没有要求,对海关没有要求,可全国通关。

截至 2020 年 7 月 1 日,海关总署已批准北京、天津、南京、杭州、宁波、厦门、郑州、广州、深圳、黄埔、上海、福州、青岛、重庆、成都、西安等 22 家海关开展跨境电商 B2B 出口监管试点,其海关监管代码分别为 9710 和 9810。其中,9710 适用于跨境电商 B2B 直接出口的货物,9810 适用于跨境电商出口海外仓的货物。

2. 跨境电商流程

涉及跨境物流、通关、支付等配套体系。一般来讲,跨境物流关系着成本,通关服务关系着效率,支付服务关系着安全。

1) 物流

对于传统国内仓,电商企业可以选择邮政包裹、商业快递、专线物流等方式进行运输,每种方式在成本、运输效率、时效性等方面都有所不同,能够满足不同商家的多样化需求,如表 1-4 所示;对于海外仓,电商企业可以提前把商品送到海外仓库备货,达成交易后可以直接从海外仓发货,成本低的同时效率高。

表1-4 不同物流模式的比较

物流模式	优点	缺点	价格与时效（以0.5kg到美国为例）
中国邮政小包	邮政网络基本覆盖全球，比其他任何物流渠道都要广，价格便宜	重量（限重2kg）尺寸限制；不便于海关统计，也无法享受出口退税；速度较慢；丢包率高	53.3元，20～50天（速卖通）
DHL/FedEx/UPS/TNT四大国际快递直邮	速度快、服务好、丢包率低，适合高附加值、体积小的产品，发往欧美发达国家非常方便	价格昂贵，且价格资费变化大	90～280元，3～7天（速卖通）
EMS及国内快递公司国际快递业务	速度较快，费用低于四大国际快递巨头	对市场的把握能力有待提高，路线有限	85元，10～20天
专线物流	集中大批量货物发往目的地，通过规模效应降低成本	相比邮政小包运费较高，且在国内的揽收范围相对有限	俄罗斯快线/专线：55元/票起，8～15天；英国快线/专线：23元/票起，5～9天（速卖通）
传统外贸物流+海外仓	传统外贸方式走货到仓，物流成本低；可提供灵活可靠的退换货方案，提高海外客户的购买信心；发货周期较短	有库存压力；对卖家在供应链管理、库存管理、动销管理等方面提出了更高的要求	从当地海外仓发货，价格即当地快递价格，平均时间1～7天（Gearbest）

目前亚马逊提供的FBA业务就是海外仓模式的延伸。FBA全称Fulfillment by Amazon,即亚马逊提供的海外仓储及代发货业务,国内供应商仅需将商品运输到Amazon在中国的库房FBA即可,后续的运输、通关等流程由Amazon负责,省去了其中烦琐高昂的物流流程,减少了供应商的物流时间和费用。

2）通关

跨境出口电商的特点是具有大量的碎片化包裹,因此批量化处理出关包裹、提高出关效率至关重要。2014年7月之后,海关总署相关的跨境电商通关服务平台陆续上线,这些平台可以将跨境电商碎片化的包裹整合起来集中处理,采用"清单核放,汇总申报""电子报关,无纸化通关"等简化通关方法。

(1) 杭州跨境贸易电子商务服务平台以服务小额跨境电子商务出口业务为主,兼顾进口。出口方面,实施"集中申报"模式,将电子商务跨境贸易纳入一般贸易货物管理;进口方面的通关业务模式为"保税进口",通过跨境贸易电子商务平台,境外销售商将境外商品集中报关进入保税区,在保税物流中心分批申报出区。

(2) 宁波跨境贸易电子商务服务平台仅是与海关系统对接、实现进口信息共享的整合平台。

(3) 上海跨境电子商务公共服务平台(www.shcepp.com,取代跨境通)、通关服务平台(www.eport.sh.cn,上海电子口岸网)、通关管理平台,目前仅限于进口业务,重点服务直邮进口和保税进口,实现保税仓库到个人消费者的直接销售,自动完成海关流转,具有质量有保证、税费有清单、物流有速度、售后有保障的优势。

(4) 郑州的跨境贸易电子商务平台——E贸易,是一个综合性服务平台。

3) 支付

对于国外消费者而言,除了传统的银行转账、信用卡支付等方式外,新兴的第三方支付例如 PayPal、Payoneer、Worldfirst、支付宝国际版等平台的出现,大大简化了其在线支付流程,优化购物体验;对于国内电商而言,第三方支付机构的"收结汇"服务可以帮助电商兑换外汇以及结算人民币,方便快捷。

截至 2020 年,拥有跨境支付牌照资格的支付平台数量达到 30 家。

3. 清关

无论是跨境电商还是境外网购都会涉及清关。从海关监管机制上看,跨境电商是一种特有的海关清关通道,区别于常规的个人快件清关通道、一般贸易清关通道等。跨境电商清关结构如图 1-8 所示。

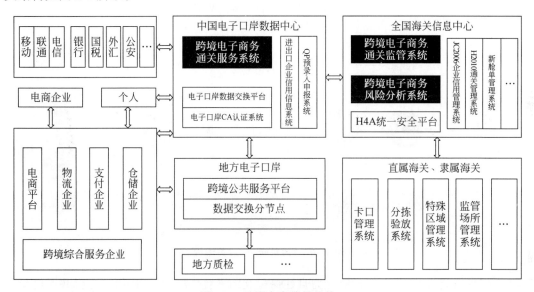

图 1-8 跨境电商清关结构

1) 电子清关监管规则

(1) 三单合一。在清关流程上要求"三单合一",具体是指"对于通过跨境电商入境的商品过往海关时需要三单合一,即支付单、订单、物流单三单要一致匹配"。

支付单由具备支付资质的企业推送给海关,订单和物流单由跨境电商平台或提供保税仓仓储物流服务的第三方公司推送给海关,海关核对三单信息,核验放行后才可进行境内段配送。"三单合一"清关流程如图 1-9 所示。

"三单合一"的监管要求,在国家层面有效提升了跨境电商监管力度,在征缴海关税费方面提供了强有力的工具保障,但同时也提高了跨境电商行业的进入门槛,由于需要和第三方支付、物流、保税仓以及电子口岸进行系统对接,一定的技术开发能力成为业务开展的基础。

(2) 四单合一。有些关区仅要求三单(订单、支付单、运单),而有些关区(如成都、郑州)则要求"四单",除了订单、支付单、运单外,还需要由代理清关公司报送"清单";同时订单、运单、支付单等均可由代理清关公司代为报送,但需要先向海关部门进行申请审核。"四单合一"清关流程如图 1-10 所示。

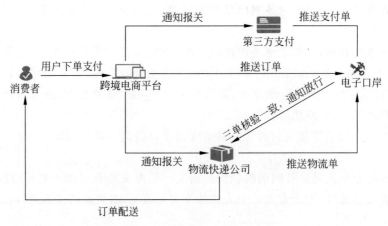

图 1-9 "三单合一"清关流程

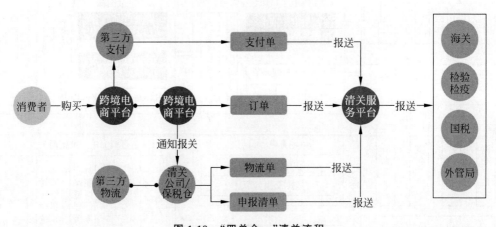

图 1-10 "四单合一"清关流程

在保税备货模式下,对于没有能力自建保税仓的平台,需要与区内第三方公共保税仓合作,商品运达境内关区完成商检后,进入第三方保税仓。一般情况下,区内保税仓公司通常均具备代理清关资质,能够完成订单申报、代缴税费等工作,同时区内保税仓公司通常有合作的境内物流公司。因此,第三方代理清关公司往往承担着仓储、订单作业、清关、物流配送等各项服务能力。

跨境电商对应的订单、支付单、物流单、清单报送海关系统后,根据相应的业务规则校验对应订单是否放行,只有查验放行的订单才可以进行后续分拣、配送阶段。

2) 三单信息报送内容

订单和支付单的报送内容如下。

(1) 订单:订单编号、电商平台代码、电商平台名称、电商企业代码、电商企业名称、商品价格、运杂费、非现金抵扣金额、代扣税款、实际支付金额、订购人姓名、订购人证件类型、订购人证件号码、支付企业代码、支付企业名称和支付交易编号。

(2) 支付单:支付企业代码、支付企业名称、支付交易编号、订单编号、电商平台代码、电商平台名称、支付人证件类型、支付人证件号码、支付人姓名、支付人电话和支付金额。

海关系统会按照以下规则对信息进行校验,确认是否放行:①订单、支付单、物流单匹配一致；②电商平台、电商企业备案信息真实有效；③订购人姓名、身份证号码匹配查验一致；④订购人年度购买额度≤20 000 元，单笔订单实际支付金额≤2000 元；⑤单笔订单单个商品数量小于 8 个，商品总数量小于 25 个；⑥订单商品价格、代扣税金、实际支付金额等计算正确（允许 5% 误差）；⑦订单实际支付金额与支付单支付金额、支付人信息等一致（对于税费，代理清关公司在海关设置有保证金账户，订单放行同时会对保证金进行扣减）。

一般贸易进口与跨境电商进口报关过程对比具体如图 1-11 所示。

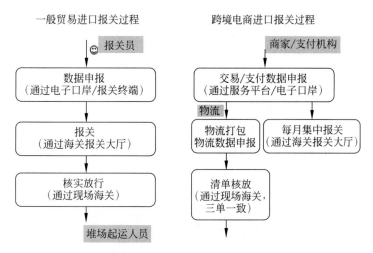

图 1-11　一般贸易进口与跨境电商进口报关过程对比

4. 跨境电商政策

2018 年年底出台了一系列法规，为 2019 年 1 月 1 日之后，中国跨境电子商务零售进口业务告别长达两年半的"过渡期"，迈入以《电子商务法》为主导的"跨境电子商务新纪元"做好了充分的政策和法规准备。2019 年 12 月底，财政部等 13 个部门联合发布《关于调整扩大跨境电子商务零售进口商品清单的公告》，将自 2020 年 1 月 1 日起调整扩大跨境电商零售进口商品清单。增加了冷冻水产品、酒类电器等 92 个税目商品。

具体内容如下：

(1) 明确定义跨境电商零售进口的概念和适用范围。跨境电商零售进口是指中国境内消费者通过跨境电商第三方平台经营者自境外购买商品，并通过"网购保税进口"（海关监管方式代码 1210）或"直购进口"（海关监管方式代码 9610）运递进境的消费行为。商品应符合：①属于《跨境电子商务零售进口商品清单》内，限于个人自用并满足跨境电商零售进口税收政策规定的条件；②通过与海关联网的电子商务交易平台交易，能够实现交易、支付、物流电子信息"三单"比对；③未通过与海关联网的电子商务交易平台交易，但进出境快件运营人、邮政企业能够接受相关电商企业、支付企业的委托，承诺承担相应法律责任，向海关传输交易、支付等电子信息。

不在此范围的，不管是否采用电子商务形式，都不能适用跨境电商零售进口的相关政策规定（例如大多数商品的跨境综合税为 11.9%）。例如，在海外电商平台网站（例如亚马逊美国）"海淘"的商品只能按照行邮物品监管，需要缴纳行邮税，彩妆的税率为 50%，箱包的税率为 25%，食品、电子产品的税率为 15%。

(2) 进口税收政策，提高交易限值，强调个人自用。

(3) 加强"网购保税＋线下自提"模式监管。"网购保税＋线下自提"模式是指试点电商企业可将网购保税进口商品在实体"体验店"进行展示展销,消费者完成线上下单,经过身份验证、跨境支付、三单信息核对、缴纳跨境税等一系列合规购买流程后,可以在"体验店铺"当场提货或选用其他境内物流方式完成购买的模式。

实践中,跨境电商会将"体验店"设置在远离海关保税区的中心城区,并利用一般进口商品代替跨境零售进口商品,进行偷逃税。海关对此难以监管,为此财关税〔2018〕49号《关于完善税收政策的通知》强调"原则上"不允许。

(4) 零售进口商品清单全面整合和增加。

(5) 零售商品不执行首次进口审批备案要求。

(6) 紧密结合《电子商务法》,细化权利义务责任。

1.3.2 在直邮网站上进行购物

有许多境外网站,提供国际直邮服务,客户可以直接在此网站上进行"海淘"。以亚马逊网站(https://www.amazon.com/)为例,其境外网购过程一般分为以下几个步骤。

(1) 注册成为 Amazon 会员。打开 Amazon 主页(https://www.amazon.com/),单击 Sign In,在打开的注册页面中,输入邮箱地址,并确认自己不是会员而是新顾客,如图 1-12 所示。

图 1-12　Amazon 注册页面(1)

进入下一步之后,输入姓名、邮箱、联系方式及密码,如图 1-13 所示。

图 1-13　Amazon 注册页面(2)

填写好注册信息后,单击 Create account,会自动跳转到登录页面,这说明已经注册成功。

(2)登录,编辑信用卡信息。登录进去之后,单击 Your Account,查看自己的账户信息,如图 1-14 所示。

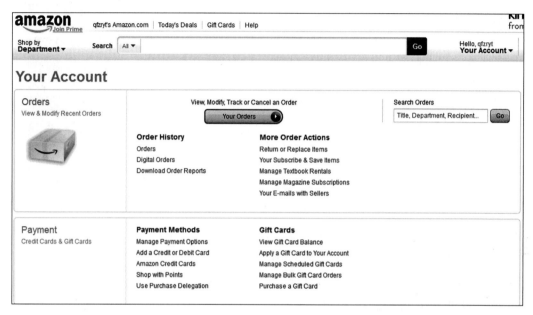

图 1-14　个人账户信息

单击 Add a Credit or Debit Card,添加信用卡信息。在添加信用卡页面,输入信用卡号(VISA、MASTER、AMERICAN EXPRESS 等)、持卡人姓名、信用卡有效期、信用卡其他信息(信用卡背面的 3 个数字),再输入收货地址等信息,如图 1-15 所示。

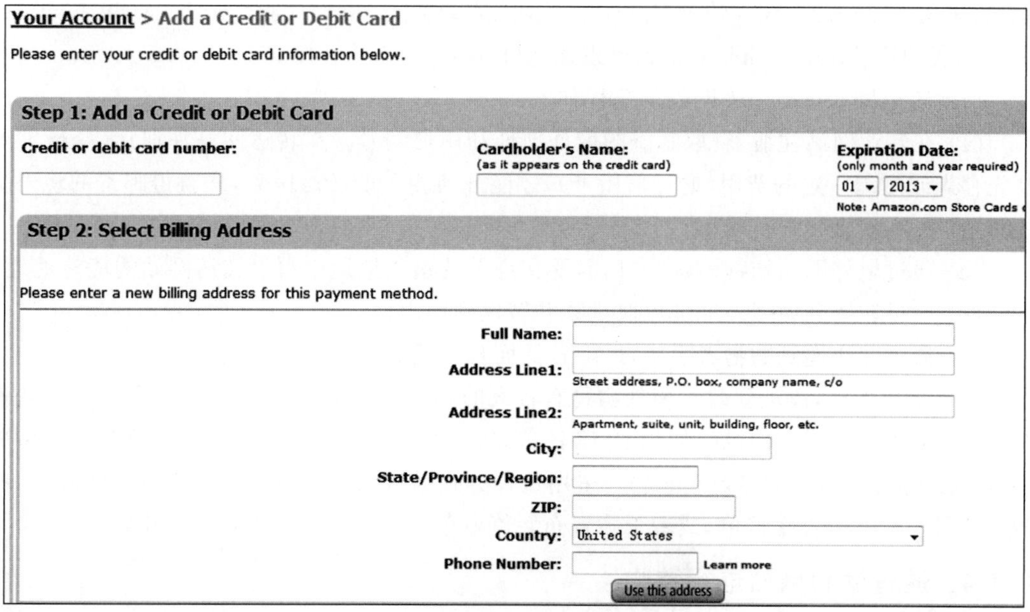

图 1-15　添加信用卡

(3) 网上购物。设置完信用卡和收货地址信息之后,即可进入购物车界面。在购物车界面,可利用搜索区域来搜索自己需要的物品,选择好物品、数量和礼品之后,可放入购物车。当然也可以在首页的商品类别中单击 All 或在页面顶部的导航栏输入关键词,来搜索感兴趣的商品。

(4) 结账。单击 Proceed to Checkout,如图 1-16 所示,进行结账。在随后出现的页面中,确认收货地址,选择好邮寄方式;进入下一步后,再确认运输方式和信用卡信息。运输方式包括所有物品是否一起托运,哪些货先出,以及货运方式(货运方式包括普通船运、加急船运、空运三项)等。接着,显示订单中全部信息,包括收件地址、信用卡信息、是否包裹、货运方式等,等待确认;确认无误后,单击"完成"。完成之后,将会在注册时候填写的邮箱中收到订单邮件。

(5) 查看和修改订单信息。在个人账户信息页面中,单击 Your Orders,查看已经付款的订单信息。订单详情页面显示是否发货、预计发货时间、预计到达时间等。在未发货之前,可以更改付款方式,删除订单中的物品,更改运输方式,更改收件地址等。

图 1-16　结账页面

1.3.3　通过转运网站进行购物

所谓转运,即在商家和客户之间,增加一个中转机构,让商家在无法通过既有物流方式把商品送到客户手中的时候,利用此中转机构,间接送达客户手中。而这样的中转机构,即为转运网站。转运网站是第三方物流公司,有代收转寄的功能。

目前,常用的转运网站有飞洋快递(http://www.sfgce.com/)、斑马物联网(http://www.360zebra.com/)、汉邦快递(http://www.aplus100.com/)、百通(http://www.buytong.cn/)、天翼快递(http://tykd.com/)、风雷速递(http://transfer.thunderex.com/)等。

通过转运网站进行境外购物的流程如下:

(1) 在转运网站注册、获取邮寄的境外地址和用户编号。在转运网站注册后,一般需要预先存入或缴纳一定的费用(通过信用卡),才能开通相关的转运服务,并获得邮寄的境外地址和用户编号。

(2) 通过境外网站购物。购物时,需要在订单的送货地址中写上转运网站的境外地址。

(3) 通过转运公司境外地址收取货物并转发到国内。

(4) 清关并快递到购物者手中,风险较低而且比代购商家便宜。

需要指出的是,海关新政对境外购物有较大的影响。中国海关总署规定,所有境外快递企业,从 2012 年 3 月 28 日起,使用 EMS 清关派送的包裹,不得按照进境邮递物品办理清关手续;而在此之前,绝大多数转运公司采用这种方式进行派送。随着海关新政的实施,一些转运公司已经不敢轻率接单,或者干脆宣布暂停业务、增加收费、调整进口口岸等。

1.3.4　通过返利网站进行购物

大部分境外 B2C 电子商务网站都有推介机制,如果消费者通过某个发布的推介链接去购物,则这个推介链接的发布者可以获得购物金额一定百分比(一般为 5%～10%)的佣金。返利网站(如 https://www.extrabux.cn/、https://www.mrrebates.com/、https://vipon.amztracker.com.cn/等)就是利用这套机制,在提供相关推介链接而得到佣金的同时,也会将一部分佣金返还给购物者。这样,既保证了自身的利润,又可以使购物者降低成本,实现双赢。需要注意的是,返利一般是返回到购物者的 PayPal 账户中,因此购物者需要预先注册一个国际 PayPal 账户(https://www.paypal.com/c2/home),注册使用的邮箱、地址应与返利网站中一致。

(1) 在返利网站中注册。以 https://www.mrrebates.com/为例,如图 1-17 所示。

图 1-17 返利网 mrrebates 首页

单击 Register,在注册页面中填写邮件地址、密码、收货地址(必须是美国国内地址,因此这里只能填写转运公司的地址,如 address: 2401 Ogletown Rd suite A,city: Newark,state: Delaware,zipcode: 19711),如图 1-18 所示。首次注册时,返利网站 mrrebates 会赠送客户 5 美金。

(2) 登录返利网站,查看账户信息。登录进入 mrrebates 后,单击页面上的 Account Summary,可以看到账户中已经有赠送的 5 美元了,如图 1-19 所示。

一般讲,购物 3～4 天后,mrrebates 就会将返利金额返回到购物者的账户中(属于 Pending Rebates);如果过了很久也没有,购物者应在 Account Summary 中单击 Click Summary,之后通过 Click ID 去主动申补。Pending Rebates 属性的返利需要 90 天才能转为 Available Rebates 状态(不同网商有不同的规定),因为美国退货的周期一般是 90 天,商家只有在确认不会退货的情况下,才会真正返利给返利网站。

(3) 从返利网站进入购物网站。购物者直接去购物网站购物,返利网站是不会返利的,需要从返利网站进入购物网站。从 mrrebates 进入购物网站 Vitacost,可以得到 5%返利。在账户信息页面中,从搜索栏中输入购物网站的名称,例如 Vitacost,单击 search,就会显示有关 Vitacost 的推介链接,如图 1-20 所示。

(4) 在购物网站中购物。Vitacost(http://www.vitacost.com/)(图 1-21)购物网站是一家销售个人保健用品的公司,产品涉及洗浴及个人护理、植物及草药、紧急情况/生存及户外活动、食品和杂货、非处方药、体育、营养品等。其特点是,通过推介链接进行购物可以返

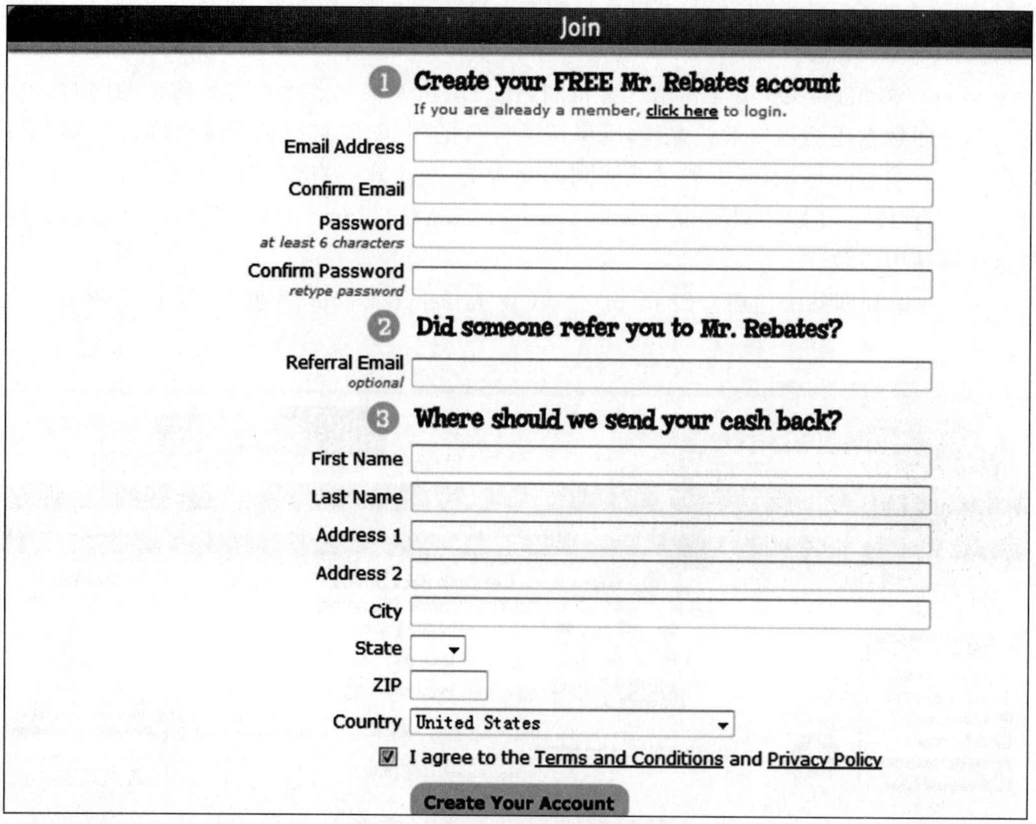

图 1-18 在返利网 mrrebates 中注册

图 1-19 mrrebates 账户信息页面

利,包裹 3.3 磅①以内提供直邮中国的服务,但不能追踪,超过 3.3 磅,要等 20 天以上,存在丢包的风险。

单击 Click Here Now!,注册一个账户,填写姓名、邮箱等信息。注册完成后会收到一封邮件(Vitacost Rewards)和 10 美元的优惠码。

---

① 1 磅≈454 克

图 1-20　查找推介链接

图 1-21　Vitacost 购物网站

单击 Log In,登录进入 Vitacost,如图 1-22 所示。

单击 My Account→Manage Address,填写(或修改)收货地址,如图 1-23 所示。这里,若通过转运网站进行转运,则 Address 1 填写转运网站的地址;若直邮中国,则 Address 2 填写中国收货地址,并留下手机号,以便联系。

接下来,就可以在 Vitacost 网站中选购物品。物品放入购物车后,生成订单,选择送货地址(默认为之前注册的地址,但可以更改)和运输方式,填写信用卡资料,完成支付。

(5) 运单追踪。支付完成后,邮箱会收到两封邮件,分别是确认订单和出货单。在出货之后,进入 Vitacost 中的账户,可以查看包裹的快递单号,注意直邮中国的单号是 GM 开头。通过查询网址 http://webtrack.dhlglobalmail.com/,就能追踪到包裹在美国境内的运输情况;若包裹超过 3.3 磅,在搜索结果画面右下角有个 Delivery Partner 号码,将此号码输入到 http://www.dhl.de/en/privatkunden.html,在结果页面中若出现 UPU code/matchcode 号码,该号码即为中国邮政的包裹单号,可以直接打 11185 去中国邮政查询。

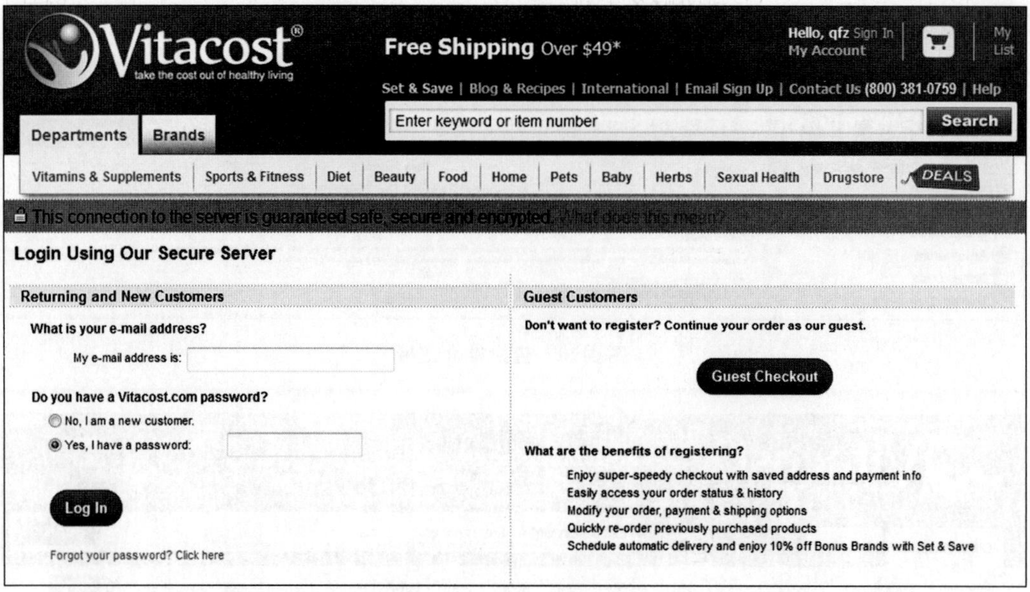

图 1-22 Vitacost 注册页面

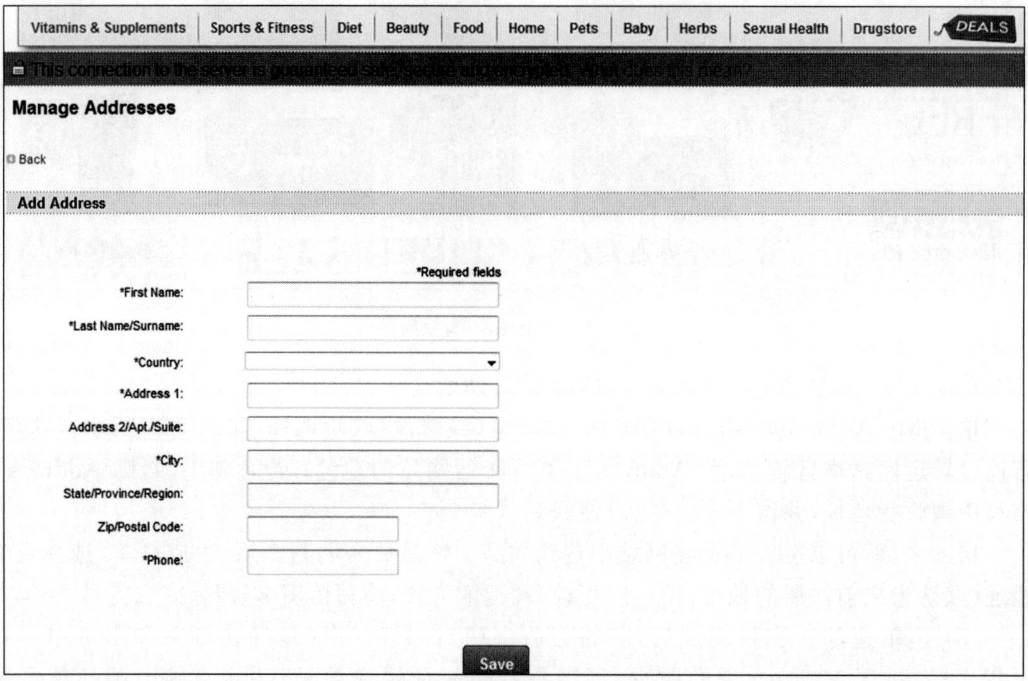

图 1-23 Vitacost 收货地址管理

1.3.5 推介网站

在境外购物中,除了购物网站、转运网站、返利网站外,有时还会出现推介网站。大大小小的推介网站,也是"海淘"产业链中不可忽视的一个环节。

转运网站必须懂得物流,还得在境外注册公司;返利网站也得和大量境外 B2C 电子商务公司合作,并且必须有返利的财务安排。二者都有入门门槛。相比之下,商品推介网站只需要注册一个网站,甚至博客或者是微博就可运作,门槛是最低的。

目前,推介网站的盈利模式可分为三类。一是传统的收取广告费,如果网站流量比较大,可以通过放置谷歌或者百度广告联盟的广告获利,但这一模式收入相对较低。二是放置购物网站的推介链接,这一模式就与返利网站的模式相似,但它并不将返利与消费者分成,所以收益可能更高;当然,缺点在于"海淘"老手看到推介的商品后,往往会自行通过返利网站进入获得返利,从而绕过推介网站。三是放置返利网站的推介链接。例如 Extrabux 就有类似的项目,如果好友通过邀请注册了 Extrabux,那么就可以获得 5 美元以及好友未来返利金额的 5% 的奖励。基于这种原因,经常可以在网站、博客、微博上看到对于此类网站的介绍,当通过相关链接单击注册时,撰写这些的介绍者就可以获得推介收入了。

1.4 电子商务法

为了保障电子商务各方主体的合法权益,规范电子商务行为,维护市场秩序,促进电子商务持续健康发展,2018 年 8 月 31 日第十三届全国人民代表大会常务委员会第五次会议通过了《中华人民共和国电子商务法》(以下简称《电子商务法》,全文可参见 http://www.mofcom.gov.cn/article/zt_dzswf/),并自 2019 年 1 月 1 日起施行。

《电子商务法》明确规定:对关系消费者生命健康的商品或者服务,电商平台经营者对平台内经营者的资质资格未尽到审核义务,或者对消费者未尽到安全保障义务,造成消费者损害的,依法承担相应的责任。电商平台经营者违反本法规定,对平台内经营者侵害消费者合法权益行为未采取必要措施,或者对平台内经营者未尽到资质资格审核义务,或者对消费者未尽到安全保障义务的,由市场监督管理部门责令限期改正,可以处五万元以上五十万元以下的罚款;情节严重的,责令停业整顿,并处五十万元以上二百万元以下的罚款。

依据《电子商务法》,电子商务经营者搭售商品或者服务,应当以显著方式提请消费者注意,不得将搭售商品或者服务作为默认同意的选项;电子商务经营者按照约定向消费者收取押金的,应当明示押金退还的方式、程序,不得对押金退还设置不合理条件。消费者申请退还押金,符合押金退还条件的,电子商务经营者应当及时退还;电子商务经营者根据消费者的兴趣爱好、消费习惯等特征向其提供商品或者服务的搜索结果的,应当同时向该消费者提供不针对其个人特征的选项,尊重和平等保护消费者合法权益。

习题与思考

1. 何谓电子商务?有何特点?
2. 电子商务类型有哪些?举例说明。
3. 境外网购的方式有哪些?试在境外网站上进行购物。
4. 电子商务管理制度主要有哪些?相关报备流程是什么?

第 2 章　店 铺 运 营

随着电子商务的发展，消费需求不断提升，网上购物人群越来越多。网上店铺凭借着经营门槛低、成本低的优势，吸引了一大批投资者和创业者。建设并运营好网上店铺，成为了现代商业的重要任务。

2.1　电子商务应用模式的发展

电子商务是在网络环境和大数据环境中，基于一定的技术基础而产生的一种商务运作方式和盈利模式。技术对电子商务的形态、模式和发展起到了巨大的作用。如今，数智化技术越来越多地在电子商务中得到应用。

2.1.1　电子商务应用模式的演变

1. 信息化下的电子商务应用模式

20 世纪 70—80 年代，传统 IT 技术曾给企业，特别是大企业带来了显著的效率和效益。典型的如沃尔玛公司在当时所采用的 IT 技术使得该公司很快发展成为一个全球规模、反应迅速的商业生态系统。传统 IT 技术解决方案面对的问题是如何提升企业内部经营效率，各种系统和软件封装起来是一套封闭的技术体系和应用形态。在信息化时代，许多企业前前后后推出了各种信息化应用系统，如企业资源管理(ERP)、客户关系管理(CRM)和办公自动化系统(OA)等，标志着企业进入全面数字化转型时代。

在企业数字化转型时代，无论是企业资源管理、客户关系管理，还是排产计划、工艺设计等，都是基于大众化、规模化导向的相对确定性需求。在传统的信息化时代，电子商务企业经营的核心理念是以产品为中心，致力于解决产品的成本、质量、效率、交付，技术供给方提供给客户的是硬件、软件及产品解决方案，实现的是业务数据化。

在信息化时代下，电子商务应用模式存在以下六方面的问题：

(1) 用户的会员信息、消费行为信息等都被烟囱式的系统建设方式拆分到不同的系统中，数据共享困难；

(2) 以内控为主，业务响应周期长，无法满足外延客户运营需求，无法形成持续的能力沉淀；

(3) 开发效率低，开发困难，要修改一个地方就要将整个应用全部部署，编译时间和回归测试周期过长，且各个团队开发的程序最后需要一起整合；

(4) 各系统中各模块之间耦合度太高，其中一个模块升级其他模块都得升级；

(5) 技术架构不统一，厂商依赖程度高；

(6) 不能灵活地进行分布式部署，系统的扩展性差，维护成本高。

2. 数智化下的电子商务应用模式

20 世纪 80—90 年代，特别是 90 年代后，随着商业流程复杂度的提高，传统 IT 技术难以有效应对;加之移动互联网的发展,人类获取信息的终端得以从固定场景转变为移动场景,数据采集、数据存储、数据运算量都比以前有了指数级的增长,同时在电子商务和社交等场景下,数据交互的频度也不断提高,致使电子商务应用模式不断发生变化,对技术的要求也越来越高。

首先,从客户需求和市场来看,客户需求越来越高,也越来越趋于个性化,市场竞争越来越激烈,导致产品越来越复杂,电子商务企业的研发、设计、生产、营销业务和管理也越来越复杂,成本越来越高。

其次,业务和管理复杂性的上升,最终带来的结果,就是倒逼和推动了传统IT技术架构向云架构的迁移。这一进程从21世纪初开始已有二十二年,在未来十年还将全面加速。随着亚马逊、谷歌、阿里巴巴、Facebook等巨型生态系统的出现,这一进程又得到了进一步加速。

目前,随着数字技术的发展,"数字化"正加速向"数智化"演进,即向着"数字化+智能化"的方向演进,是在数字化的基础上的更高诉求。

2.1.2 数智技术

数智技术尽管是从信息化、数字化技术发展而来,但和数字化技术有着很大的区别。

从经营理念上看,数字化以企业内部管理为核心,满足相对确定化的需求,而数智化则以客户运营为核心,围绕客户的个性化需求;从痛点解决上看,数字化主要是为了提升企业的经营效率,而数智化则是寻找企业创新迭代的支撑点;从建设目的上看,数智化的应用和发展都是为了更好地解决人的需求问题、企业竞争与发展问题。

1. 技术核心诉求的区别

1)从提升运营效率到支撑创新

从技术所要解决的核心问题看,数字化企业思考的问题大多是技术如何支撑和提高企业内部经营管理效率;今天,对数智化企业而言,技术要解决的核心问题从"提升效率"转向了如何支撑产品创新、业务创新、组织创新和管理创新。

在消费端,围绕用户为中心永远是数智化应用的第一驱动力,用户的需求、痛点、体验感都是企业需要深度关注的。以人为本,满足人的个性化需求,让人的生活更丰富舒心,让人有更多的时间去做更有价值的事,是数智化的最终目标。

在供给端,围绕组织的人为中心是数智化产品应用的主要驱动力,增效降本、增质溢价能为企业带来实实在在的改变。而这需要去影响组织的人,让组织中的人产生更多的价值,改变和优化做事的流程,改善、改变、颠覆、创新已有的商业模式。

2)从封闭技术体系走向开放技术体系

传统的IT技术主要是用数据库、表单等产品将企业各个维度的数据和流程串联、存储起来,以提升企业的经营绩效;而今天数智化,需要变革系统开发流程、逻辑、工具和方法,对传统的IT技术进行整体升级,对相关业务和数据进行在线运作,实现与供应商、代理商以及客户的数据集成,利用数据来改善和洞察业务,驱动企业商业和业务模式转型,运用"云+AIoT"等技术构建一套实时感知、响应、服务客户的新架构体系,构建基于全局优化的开放技术体系。

2. 需求特征的差异

数字化时代,信息产业发展迅速,新的模式、新的应用和新的软件不断涌现,出现了如电子商务、电子政务、远程教育等应用模式以及与此相适应的网络产品和管理软件。然而，就这一时期的用户需求而言，其应用和产品大都是基于大众化、规模化的客户需求而开发的。

相比而言，在智化转型时代，企业面对的是更加不确定的、个性化、碎片化、精细化的市场需求。例如，对于手机产品，其组成越来越复杂，从原来单纯的机械产品，逐渐变为智能互联产品，产品中增加了传感器、通信模块、计算机模块、软件等；就需求而言，从大批量生产、大批量定制发展到个性化定制。以上实际上都反映了消费需求日益走向个性化、智能化，反映了消费者需要更加个性化的定制方式、贴近自身的实际需求和更加愉悦的消费体验。这对企业的研发、设计、生产和管理提出了挑战。

3. 经营理念的转变

数字化时代，企业关注的是产品的成本、质量、功能、款式和产品生产速度和交付周期等相关内容；数智化时代，企业关注的问题更多是如何以客户运营为核心，如何提高客户全生命周期的体验，如何构建一套以消费者运营为核心的技术体系。

4. 技术交付形态

正如前面所言，传统 IT 时代，技术供给方提供给客户的是硬件、软件及产品解决方案，实现的是业务数据化；今天，数智化企业需要的不仅是硬件、软件、解决方案，还需要一套面向客户全生命周期服务的运营方案，实现数据业务化。

总之，"数字化"与"数智化"的本质区别不仅仅在于技术诉求的不同，更在于支撑技术体系的差异，在于数智化电子商务企业面临的市场特征、经营理念、技术交付形态的差异性。

2.1.3 数智技术在电子商务中的应用

1. 数智化应用的核心要素

在数智化应用的过程中，人们会比较关注数据、算法、算力三个要素，而对于电子商务企业来说，还需要特别关注场景要素。因此，在应用的过程中需要关注数据、算法、算力、场景四个关键要素。

数据是数智化应用的基础。电子商务企业信息化的完成，基本上完成了业务数据化的阶段，积累了大量的数据。不管是从业务部门、数据部门、企业本身，都需要考虑把数据沉淀积累、存储，集中进行数据的治理和管理，梳理数据资产价值，让数据在业务部门之间流动起来，使数据互联互通，形成数据合理的透明化和客观化应用。让公司内外数据在数据部门团队对数据统一的管理、治理、分析、挖掘等再创造下，使数据价值充分赋能各个业务部门。

算法是数智化应用的创新源泉。如果说数据是石油，那么算法就是加工石油的工艺。公司内外数据有非结构化数据、半结构化数据、结构化数据，需要逐步建立公司数据的认知、理解、创新的数据分析和挖掘的规则体系，能够从数据的原油中提炼出高价值的各类应用石油。算法是推进数据分析与挖掘的重要手段，AI 平台是推进数据算法的应用支撑。

算力是数智化应用的保障。对于汽车行业来说，一方面是每天源源不断在路上行驶车辆传递回来的数据，如何快速将数据计算结果反馈到车辆的执行端，将是制约自动驾驶的主要因素之一，因此各大自动驾驶公司都在不断提升车辆的算力；另一方面，汽车制造工厂的冲压、焊装、涂装、总装的机器与设备不断产生大量数据，如何将大量数据快速在算法模型中处理完成，及时反馈到设备端，这也是制约设备智能化主要因素，因此各个智能制造供应商提出设备边缘计算，用来提升设备数据的计算能力。

场景是数智化应用的目标。对于数智化应用的电子商务公司来说,数智化驱动业务发展是最主要的目标。以用户为中心,根据各条业务线从用户的痛点、难点、需求点出发,将用户的各个需求点场景化,做好数智化应用的场景化,体现用户需求价值、体验价值和业务场景价值,既能帮助用户满足需求,又能帮助业务解决问题,同时帮助公司代理新的智能化产品和服务。

2. 数智技术在电子商务中的应用

人们谈起数智化应用的价值,不约而同会想到数据价值的赋能,而数智化在电子商务中的价值着重体现在业务数据化和数据业务化。

业务数据化实现的本质是业务的信息化和网络化,业务只有实现信息化,业务所需要的数据才会被存储起来,而数据的网络化,就是推动数据的互联互通,实现各个业务线之间的数据交叉应用,从而才能打通电子商务企业内外部数据的任督二脉。

数据业务化是在电子商务企业实现数字化和网络化的基础上,实现数据要素对业务流程、组织、效率、模式的改善、改变和颠覆。特别是数据智能应用,实现新的业务重构,做到从感知、学习、决策和适应,执行整体方面的流程重构,提高业务效率,降低成本,提供新的产品形态和服务产品。因此,数智化应用价值的赋能,业务数据化和数据业务化是相辅相成,必不可少的。

数智技术在电子商务中的应用架构如图2-1所示。

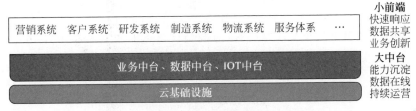

图 2-1 数智技术在电子商务中的应用架构

2.2 电子商务平台功能介绍

电子商务平台是进行网上商务活动的虚拟空间和保障商务运营顺利进行的管理环境,是协调与整合信息流、物流、资金流并保证其有序、关联、高效流动的重要场所。企业、商家、政府、消费者等相关主体利用电子商务平台提供的网络基础设施、支付功能、安全功能、管理功能等,就能有效地实现 B2B、B2C、C2C、O2O、B2M、M2C、B2G 和 C2G 等相关应用。

2.2.1 平台功能介绍

电子商务平台的功能架构分为前、中和后台。

前台是指与企业终端用户直接产生交互的业务平台,例如人们日常使用的移动应用(App 应用)、门户网站等,要求能对用户的需求做出最快的反馈,对相关功能做到快速迭代。中台是在提炼、整合前后台各个业务板块共性功能需求的基础上,优化打造出的组件化的资源包,开放给前台各业务部门使用,以最大限度地减少"重复造轮子"。后台是指企业各个后端管理系统所组成的支撑平台,如企业内的核心数据库、各个运维系统(如 ERP、CRM

系统)等,强调的是功能稳定。

阿里巴巴的前台内容包括淘宝、天猫、1688、聚划算、闲鱼等业务,而后台则是大量的数据库运维管理系统,例如订单管理数据库系统、仓库管理数据库系统等。

实际上,淘宝、天猫以及聚划算等业务板块虽然相互独立,但是用户人群基本相同,用户下了订单还是需要用同样的方式去处理,因此没有必要针对不同的业务板块来做单独的功能开发,可以共用一套中台的商品系统、用户系统和订单管理系统等。

2.2.2 中台功能设计

中台的核心功能主要包括商品中心、订单中心、营销中心、支付中心、会员中心、客服中心、运营中心、评价中心、店铺管理、采购中心、财务管理、WMS系统、物流中心和风控中心。具体的业务流程及相应的数据结构如下。

1. 商品中心

用户浏览网上商城时,尽管映入眼帘的是品类繁多的商品,但是当选择分类或者直接搜索,或者按条件筛选时,系统都能从商品中心中找出用户想要的商品;在浏览商品时,商品主图、详情图、规格等信息,也能让用户获得更多有关商品的信息。

商品中心管理的核心是商品数据。从前端来讲,商品中心给商品展示、订单、营销活动提供商品数据支撑;从后端来讲,商品中心给订单发货、仓库管理、供应商管理、采购提供基础数据支撑。因此,商品中心的设计主要包括以下三方面。

(1)品类管理,主要包括品牌管理(具体包括中英文名、可供品类、产地)、属性管理(针对类目添加相关属性和属性值)、类目管理(后端类目树重中之重,确定时要考虑全面,属于基础数据,后续更改比较麻烦)等。大致框架如图2-2所示。

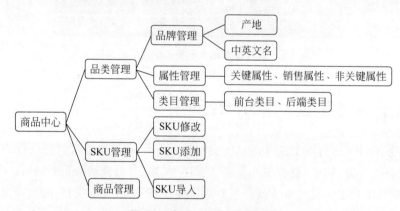

图2-2 商品中心设计框架图

(2)SKU(Stock Keeping Uint,库存量单位)管理,包括SKU添加、SKU导入等。在添加SKU时,通过供应商去关联采购,进而影响仓库中SKU的库存;也可以在添加SKU时暂不选择供应商,然后在采购系统中添加关联。还可以通过销售属性去关联SPU(Standard Product Unit,标准化产品销售单位)与SKU,同一SPU在前端显示时可以共用同一商品详情,只是通过规格属性映射到具体的SKU。

(3)商品管理。商品中心后端的基础数据,会被许多子系统调用,对于电商公司来说是重中之重。商品中心提供接口数据来进行仓库管理、采购管理、库存管理、订单管理。设计出一种可扩展的商品中心数据结构,会给企业业务的发展带来很大的益处。

商品信息主要由类目、标题、品牌、商品属性、规格(京东定义为销售属性)、价格、库存、SKU信息(毛重、长宽高等)、商品图、商品详情描述和物流信息等组成。至于经常看到的服务标签(白条、极速退款)、商品标签(热销)、活动标签(满减、优惠券)、价格标签(拼团价、活动价)和同类商品等都是在商品信息之上的包装层信息。

2. 订单中心

订单中包含商品、优惠、用户、收货信息、支付信息等一系列的订单实时数据。通过订单中心,可实现对线上订单、线下订单及第三方订单的管理,如支持订单下单与接收、订单审核、订单自动合并与拆分、自动匹配仓库、库存控制、自动匹配快递、订单跟踪、订单签收和结算与支付等订单生命周期中一系列的协同作业。

因此,订单中心的核心主要包括订单下单、订单拆单、订单售后、退款退货、线下服务订单和订单数据统计等功能。其中,订单的拆单管理尤为重要。

拆单有两个层次,第一次是在提交订单后、支付之前拆单,形成拆分的订单,第二次是在下单之后、发货之前,去拆分发货单(SKU层面)。两次拆单的原则不同,第一次拆单是为了区分平台商家、方便财务结算;第二次拆单是为了按照最后的发货包裹进行拆单,如不同仓库、不同运输要求的SKU、包裹重量体积限制等因素(第二次拆单有些步骤也可以放在第一步)。

整个拆单流程如图 2-3 所示。

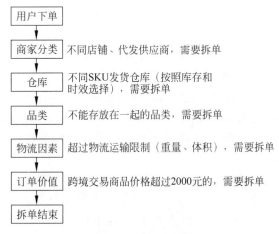

图 2-3 拆单流程图

在提交订单之后、支付之前的拆散订单,需要即时显示给用户,如图 2-4 所示。若用户中断支付,再回到支付环节,就需要分开支付。这样,用户就能知道不同的包裹发过来的是分属不同的子订单。

3. 营销中心

促销是最常见的电商运营手段,每到重要节日,类似双十一、618、情人节等,商家在线上或是线下都会展开疯狂的促销大战,通过各种形式吸引消费者。促销对提高客单量、客单价、复购率甚至注册量都有一定的好处。但促销有利有弊,对平台来说不一定都是好事,频繁的促销容易让顾客产生疲劳,透支未来收入,甚至会降低品牌定位。

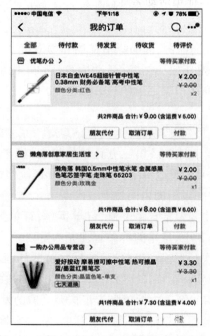

图 2-4 提交订单之后、支付之前的订单拆分

1）促销的类型

促销类型包括满减促销、单品促销、套装促销、赠品促销、满赠促销、多买优惠促销和定金促销等。

（1）满减促销：购物者只要购买相应商品到规定价格即可得到一定的减价优惠。它主要有两种形式：阶梯满减、每满减。其中，阶梯满减，如满 100 元减 10 元、满 300 元减 50 元、满 500 元减 80 元；每满减，如设置每满 200 元减 20 元，则订单金额 230 元只需实付 210 元，订单金额 430 元只需实付 390 元。

（2）单品促销：在特定时间内购买指定商品享受一定的价格优惠。例如，促销期间商品 6 折，原价 100 元，购买时价格为 60 元。

（3）套装促销：商品组合套装以优惠价出售。例如，A 商品 50 元，B 商品 80 元，A＋B 商品套装促销价却为 100 元。

（4）赠品促销：购买主商品之后赠送商品（可多个）。

（5）满赠促销：有满××元送××商品、满××元加价××元送××商品，与赠品促销的区别在于以相应商品订单的价格来区分，可分阶设置。例如，满 300 元送自拍杆，满 500 元送充电宝，满 1000 元送高端耳机等。

（6）多买优惠促销：有 M 元任选 N 件、M 件 N 折 2 种优惠形式。它主要是参考了一些线下卖场的促销形式。

（7）定金促销：在商品正式售卖之前采用预付定金的促销模式，提前交定金可享受优惠价。定金预售有多种方法，如定金预购（相当于定金就已经确认订单）、定金杠杆（如定金 10 元可抵扣 30 元）等。

2）促销的后端设计

促销的后端设计主要包括活动条件、主商品信息和赠品信息等。

（1）活动条件：主要包括促销活动名称、促销时间、限购数量、促销范围（如全网、App、微信商城）、会员级别（全员或新注册用户或某等级会员）、活动备注、活动规则。活动规则最核心的设置是满减设置，例如满 800 元减 60 元，3 件 150 元等。

（2）主商品信息：选择参加活动的商品，可按 SPU、分类、品牌等来选择参加促销的商品；除此之外，还要判断当前所选商品是否参与其他促销活动，以及是否存在冲突。例如，A 商品参加 4 月的活动，满 400 元减 20 元；再次设置该商品参加满 400 元减 50 元的活动，就应与该商品已参加活动冲突，不可设置。

（3）赠品信息：选择参加活动的赠品，赠品一般有数量限制，用户可在多赠品中选择几件。商家也可设置赠品全送。为减少系统复杂度，减少用户理解难度，建议采用赠品全送的规则。另外，对于满赠促销的形式，若要设置分级赠品（满 300 元送自拍杆，满 500 元送充电宝，满 1000 元送高端耳机），就需要对赠品分开进行设置。

3）促销的前端展示

促销的前端展示主要涉及前端商品详情页、购物车和订单详情页等。

（1）在前端商品详情页，如图 2-5 所示，需要判断商品对应的所有促销活动，例如加价购、满赠、赠品等。

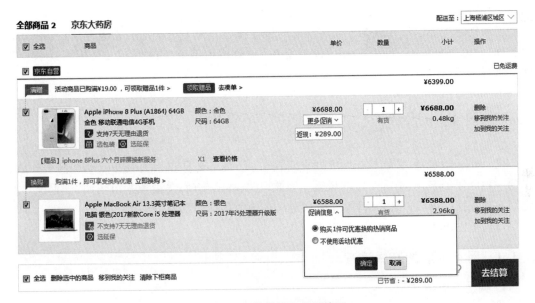

图 2-5　促销前端商品详情页

（2）在购物车，除了展示促销信息（满赠、满减、套装、换购）外，还需要让用户在多优惠并存只能选其一的情况下，选择、修改促销方案。

（3）在订单详情页，需要判断当前所选商品的促销信息（促销价、赠品、换购商品等），将所有相关商品记入订单信息中，算出促销价格。

4）优惠券的设计

优惠券是指在规定的时间内购买相应类别和额度的商品，结算时满足一定条件时，可减免或抵扣一定金额的信用凭证。优惠券是一种常见的促销方式，通过发放优惠券，可引导用户购买相应的商品，达到促销、提高客单价的目标。

无论在线上还是线下,优惠券的使用范围都比较广泛,如滴滴出行发的专车券、外卖平台发的外卖券、淘宝的优惠券等。同时,优惠券有一定的使用门槛。

(1) 优惠券类型。按照使用门槛,优惠券可分为现金券、满减券等。其中,现金券不限制订单金额,可以直接使用,而满减券订单金额需要满足一定的最低额度才可使用,例如满100元减10元优惠券。按照适用范围,优惠券可分为单品券、品类券、品牌券。其中,单品券一般只针对少量特殊的商品才可使用,购买优惠券指定商品时即可使用,品类券是对指定类别的商品才可使用(个别特殊商品除外),品牌券是对指定品牌的商品才可使用(个别特殊商品除外)。一般按照品类或者品牌设置优惠券范围,是比较常见的方式。按照发放的主体,优惠券可分为平台优惠券和店铺优惠券。

平台优惠券,优惠由平台承担,例如平台活动优惠券、平台注册的新人优惠券、平台积分兑换的优惠券;而店铺优惠券,是由平台上的店铺自己发放的优惠券,例如淘宝上的店铺优惠券、京东的店铺优惠券等。

(2) 优惠券的生命周期。包括制券、发券、核销券、统计结算等过程。从优惠券的生命周期角度,来设计优惠券是最恰当的。

(3) 优惠券的显现。优惠券出现的地方主要有5处:用户优惠券列表、订单提交页、购物车、商品详情页、领券中心(或优惠券分享链接)。

前端优惠券展示的难点在于商品详情页和购物车。为了更好地促进用户消费,帮助用户省钱,避免用户下单之后看到相关优惠没有享受到产生不平衡心理,需要使用高效率的算法来进行计算、匹配。

2.3 网上开店

网上开店,顾名思义就是在网上开设店铺,进行商品交易和相关服务活动。网上开店,作为一种商业形态,也具有一定的风险。因此,在具体实施时,需要重视市场调查,重视对关键因素和数据的分析;只有这样,才能制定出正确的目标和实施策略,才能获得成功。本节主要以阿里巴巴和淘宝为例,介绍网上开店的相关知识。

2.3.1 网上开店的基本流程

1. 网上开店特点

作为电子商务的一种形式,网上开店具有很多特点。

(1) 网上开店方便快捷,启动资金低。实体店铺需要耗费大量的时间和成本进行店铺装修,而网上店铺只需轻点鼠标,就可轻松开设,初期投入成本低。

(2) 网上交易迅速,互动性强。买卖双方通过互动,达成意向后可以立刻进行交易、支付,快递可快速将商品送到买家手中,交易过程简单迅速。

(3) 网上店铺打理方便。商品的上架、下架都在网上进行,单击鼠标即可完成,维护成本低,管理方便,不会造成商品积压。

2. 网上开店基本流程

网上开店一般需要经过以下8个基本过程。

1）市场调研与分析

市场调研与分析包括战略定位和策略设置。战略定位需要了解用户需求,找准目标人群并针对目标人群做出产品选择。策略设置则包括成本核算及定价。

2）组建团队

团队的组建包括人才招聘、人才输送、人力资源外包以及线下培训。

3）建设旺铺

旺铺建设包括旺铺装修、产品包装、图片设计处理、拍摄服务以及产品上线测试。

4）拉动流量

在开店初期,可以通过产品推广以及全网营销的方法来提高人气,增加店铺的浏览量。卖家可以到各大网站、论坛或通过各种聊天工具来推广宣传自己的店铺。此外,也可以发动网下的各种渠道进行宣传。

5）运营管理

运营管理包括商品管理、订单管理、客户管理、促销管理。

6）促进成交

促进成交的工具包括客服工具、店铺分析(用户画像、用户分层、运营策略制定)、办公协同(千牛工作台)、软件服务、产品检测与认证以及管理体系认证。

7）保证顺畅

保证业务过程的顺畅,涉及代运营、供销管理、一拍档、物流服务、法律服务、财税服务、小工具、咨询资讯、验货服务以及验厂服务。

8）融通资金

资金融通也是重要的一环,融资工具有网商贷、一达通流水贷、超级信用证等。其中,网商贷是阿里巴巴针对阿里巴巴会员(多为中小企业)的纯信用贷款,其无抵押、免担保,利率大大低于市场同类产品的特点,可以帮助阿里巴巴会员快速解决资金难题,稳健开发市场。一达通流水贷是面向使用阿里巴巴一达通出口基础服务的客户,通过一达通出口1美元,可获得1元纯信用额度,以出口额度积累授信额度的无抵押、免担保、纯信用贷款服务,该服务由阿里巴巴联合多家银行共同推出,真正实现"信用=财富",助力中国外贸中小企业的发展。

针对传统信用证操作太过专业、卖家有时会担心信用证有问题的缺点,阿里巴巴还提供了超级信用证,由阿里巴巴专家负责审证、制单、交单,这样不但可以规避信用证软条款、不符点,同时还可以对开证国家和银行做风险资质专业评估,以全面把控风险。

2.3.2 市场调查与分析

网上开店,作为一种商业形态,也具有一定的风险。因此,在具体实施时,需要重视市场调查,特别是需求的调查,重视对关键因素和数据的分析。在分析洞察市场之后,才能准确定位市场和店铺,才能确定自己所要运营的产品。

1. 市场调查

市场调查就是用科学的方法,在目标的指引下,系统性地收集、记录、整理和分析市场情况,了解市场现状及其发展趋势,以便为相关决策者进行市场预测和制定政策提供客观依据。市场调查种类繁多,形式不一,涉及的因素和内容多种多样。按照调查目的的不同,可将其分为探索性调查、描述性调查和因果关系调查。

探索性调查,是指在问题内容与性质不太明确的情况下,为了界定问题的内容和性质,确定调研方向与范围而预先进行的小规模调查活动。例如,X品牌的商品去年市场份额下降了,为什么?相关人员不能确定。是经济衰退影响所致?广告支出减少所致?销售代理效率低下所致?还是消费者习惯改变所致?显然,可能的原因很多,无法——查证,只好用探索性调查来寻求最可能的原因。探索性调查特别有助于把一个大而模糊的问题表达为小而明确的子问题,但子问题通常都是以假设的形式出现;若要明确,还需进一步调查。对应前面例子,假设经过探索性调查,得出的子问题是:"X品牌是一种价格经济的商品,起初是为了与低成本的品牌竞争;但随着经济发展,有钱家庭更多,他们更愿意把钱花在高品质的商品上,这是X品牌市场份额下降的可能原因。"

描述性调查,是指对问题所涉及的不同影响因素进行客观的数据采集和记录,以便了解发展现状。大多数的市场调查都属于描述性调查,如市场潜力和市场占有率调查、产品结构和消费人群结构调查、竞争企业的状况调查等。通过描述性调查,可以发现各个因素之间的关联关系,但并不能确定哪个因素是因、哪个因素是果。与探索性调查相比,描述性调查目的更加明确,研究的问题更加具体,需要对调查中"谁(Who)、什么(What)、什么时候(When)、为什么(Why)和怎样(How)"因素做出明确的回答。例如,某个网店为了营销的需要,想了解客户在收入、性别、年龄和教育水平等方面的特征,采用描述性调查,得到该店的客户70%是年龄在18~44周岁之间的白领妇女,且经常会带着家人、朋友一起来购物。

因果关系调查,是指为了研究市场现象与影响因素之间客观存在的联系而进行的调查。通常是在描述性调查的基础上,搜集影响市场现象各种因素的有关资料,进而研究市场现象间相互联系的趋势、程度及规律性。

市场调查过程一般分为3个阶段。

第一阶段,确定调查类型和目标。调查任务一经下达之后,首先需要确定本次调查的类型,属于探索性调查?描述性调查?还是因果关系调查?在此之后,再确定本次调查的目标,即本次调查想获得的结果。

第二阶段,选择调查方法,设计调查问卷,并进行实际调查。常用的调查方法有访问法、观察法和实验法。其中,访问法又称询问法,包括登门访问、意见征询、座谈会、信函调查、网络调查和电话调查等;观察法,包括点数观察、现场观察和顾客反映观察;实验法,包括试销实验、展销实验和试用实验等。不同调查方法有其不同的优点和缺点,例如,电话调查的优点是费用低,迅速及时,但调查者很难详细说明提问内容,对方也无法准确了解产品;入户访问的优点是提问灵活,问题深入,能详细说明问题,并能获得准确具体的信息,但往往费用高,时间长;而网上调查虽适合对分散人群进行调查,但往往缺乏代表性,不易得到回复。所以,在进行市场调查时,应灵活选用这些方法。

第三阶段,对调查数据进行汇总分析,撰写调查报告,必要时还需进一步追踪调查。依据调查目的和调查类型的不同,调查报告中涉及的内容也不同。总体上,典型的市场调查报告内容会涉及市场总体规模、细分市场规模、市场饱和度、竞争格局、主要竞争品牌、市场集中度、销售渠道、成本与价格、顾客特点、重点企业发展状况和产业链上下游状况等。要获得这些内容,往往需要采集国家有关职能部门发布的数据,如统计局、海关、工商、税务以及相关行业协会。

2. 市场分析

在完成市场调查之后,接下来需要运用科学方法和手段,对影响未来市场需求的各种因素和相关数据进行分析,以便预测市场未来的发展趋势。分析内容涉及两个层面,一个是企业战略层面,包括市场机会、竞争对手、竞争优势和劣势等;另外一个是市场层面,如具体的产品、价格、渠道和促销等。分析时,可采取多种类型的分析模型和相关数学工具。

1) 市场分析的目的

市场分析是围绕一定商业目的而展开的经济行为。针对电商环境,可以从以下四方面展开市场分析:分析市场规模的大小及其变化;分析品类的发展方向;分析消费者的消费层次;寻找行业发展的周期规律。

2) 市场分析的维度与方法

围绕市场分析的目的与意义,需要采取一定的市场分析维度与方法。

(1) 市场容量分析:包括市场容量分析的意义(即有助于设定科学的销售目标)、内容及方法(如品类的热销品牌排名、销售额、成交额累加等)、行业趋势(如成交同比分析、环比分析、行业所处阶段分析)。

(2) 品类结构设计:包括品类结构分析的意义、方法等。

(3) 产品生命周期分析:包括生命周期分析的意义、方法(如类目访客分析、收藏及加购次数分析、交易指数变化分析)和影响品类生命周期的因素(如季节变化因素、传统节日及特殊时间因素、平台活动节奏)。

(4) 消费者结构分析:包括搜索行为分析、搜索属性分析、买家人群画像等。

(5) 竞争分析:包括竞争分析的目的和意义、竞争分析的维度和方法(如行业集中度、竞争品牌、竞争对手)等。

3) 市场分析的模型

常见的分析模型有细分市场模型、顾客行为模型等。

(1) 细分市场模型。细分市场主要依据人口统计特征、消费者需求差异、市场区域、产品结构、渠道类型,识别人群的需求差异、满足程度和市场容量等要素。

市场细分包括以下4个步骤:①选定产品市场范围。公司应明确自己在某行业中的产品市场范围,并以此作为制定市场开拓战略的依据;②列举潜在顾客的需求。可从地理、人口心理等方面列出影响产品市场需求和顾客购买行为的各项变数;③分析潜在顾客的不同需求。公司应对不同的潜在顾客进行抽样调查,并对所列出的需求变数进行评价,了解顾客的共同需求;④制定相应的营销策略。调查、分析、评估各细分市场,最终确定可进入细分市场,并制定相应的营销策略。

(2) 顾客行为模型。顾客行为模型包括AIDMA、AISAS、SICAS等。

AIDMA模型是1920年美国营销广告专家Samuel Roland Hall在其著作中阐述广告宣传对消费者心理过程影响的缩写。该理论认为,消费者从接触信息到最后达成购买,会经历5个阶段:Attention(引起注意);Interest(引起兴趣);Desire(唤起欲望);Memory(留下记忆);Action(购买行动)。

AISAS模型是由电通公司针对互联网与无线应用时代消费者生活的变化,于2005年提出的一种全新的消费者行为分析模型。电通公司注意到目前营销方式正在从传统的AIDMA营销法则逐渐向含有网络特质的AISAS发展。理论模型如下:Attention(引起注意);Interest(引起兴趣);Search(信息搜寻);Action(购买行动);Share(与人分享)。

SICAS模型基于用户关系网络,即用户与好友、用户与企业相互连通,自由对话。理论模型如下:Sense(感知);Interest&Interactive(引起兴趣并形成互动);Connect & Communicate(相互连通并自由对话);Action(购买行动);Share(与人分享)

2.3.3 精准定位与策略设置

在做好充分的市场调查和分析后,需要对店铺经营的一些关键问题,如目标人群、产品和价格等,进行市场定位和策略设置。

1. 目标人群定位

网络市场中,随着产品数量的丰富、质量的提高和品种的增多,顾客挑选余地越来越大;加上生活水平的提高,顾客的消费偏好也越来越不同。为了赢得顾客,占领市场,各家店铺展开了激烈竞争。想要在这样的环境下获胜,目标人群定位相当重要。

在定位目标人群时,可以根据地理、人口、心理、消费行为、社会风气、风俗习惯和利益等要素,对市场进行细分,然后结合自己的使命、目标和能力,确定自己的人群。这里,地理要素,包括地理位置、市场容量、市场密度和气候等因素;人口要素,包括年龄、性别、收入水平、文化程度、职业特点、种族和家庭生命周期等特征;心理要素,包括个性、动机和生活方式;顾客行为要素,可按不同类型产品的购买量或消费量来划分;利益因素,根据顾客从产品中寻求的利益识别顾客。例如,对于自行车市场,可根据地理要素将其细分为国内市场和国际市场,其中国内市场还可进一步细分为华中市场、西南市场、东北市场等;也可根据消费行为不同,将其细分为普通自行车市场、山地自行车市场和比赛用自行车市场等。

总之,在定位目标人群时,需要根据市场的不同要素,对市场进行细分,然后再去选择自己的目标人群。

2. 产品定位与策略设置

网上开店与网下开店相比,有很大不同。在网下,影响销售业绩的主要因素是店铺位置,只要店铺位置不差,有一定的人流量,不管做什么生意,卖什么产品,效果一般不会太差。而在网上,由于网络所具有的公开和方便快捷性,信息不对称性得到很大改善,加上平台转换成本的低廉,使得一些产品适合在网上销售,而另外一些产品不适合在网上销售,产品成为影响网上销售业绩的首要因素。因此,网上开店首先要进行产品定位。

产品定位的方法有行业定位(定位不同的行业)、大众化定位(如人卖亦卖、红海聚集、杂货类型、追踪爆款)、差异化定位(如理念差异、盈利模式差异、风格差异)、产品细分(如一级类目向二级类目扩展、横纵和纵横、细分风格、精细化二级类目或三级类目)等。

一般来说,在网上销售,最好找具有以下特征的商品进行销售。一是体积较小,以方便运输,降低运输的成本。二是附加值较高,价值低过运费的单件商品是不适合网上销售的。三是具备独特性或时尚性,特色商品到哪里都受欢迎,若能找到时尚又独特的商品,如自制饰品、玩具DIY、服饰定做等,将更吸引眼球。店铺销售不错的商品往往都是独具特色或者十分时尚的。四是价格较合理,如果价格和网下相同甚至高于网下,就不会有人在网上购买了。五是通过网站了解就能激起浏览者的购买欲,而不是非要亲自见到才可以达到购买所需要的信任。六是稀缺性的商品,网下没有,只有网上才能买到,例如外贸订单产品、直接从国外带回来的产品或者私人收藏品。外贸产品因其质量、款式、面料、价格等优势,一直是网上销售的热门品种,一些收藏爱好者把自己的藏品拿到网上销售,与志同道合者分享收藏的快乐。

网上开店,关键要有货品来源,能直接批发到特色货品,有自己特殊的进货渠道,以保证自己的商品独一无二;同时还要维护好与批发商的关系,保证销售中不断货,不然的话影响发货,买家会不满意。

3. 价格策略设置

价格策略设置是依据产品的价格特征,把产品价格确定在某一区域。价格策略设置一般有三种方式。一是借助于良好的品牌优势、质量优势和售后服务优势,把不低于竞争者产品质量水平的产品价格,定在竞争者产品价格之上,即高价策略。二是在产品质量和售后服务部分或全部不如竞争者时,把产品价格定得远远低于竞争者价格,即低价策略。三是市场平均价格策略,即把价格定在市场同类产品的平均水平上。

当然,除了以上3种价格策略外,还有歧视定价策略(包括一级价格歧视、二级价格歧视、三级价格歧视)、渗透定价策略(即初期采取低价格、零价格甚至负价格以吸引客户,扩大用户基础)、捆绑定价策略等。

网上店铺没有店租金压力,少有工商税务的烦恼,具有绝对的成本优势,所以宜采用低价策略,将价格设置得比网下更便宜。当然,价格策略不是一成不变的,在不同的销售阶段,可以灵活设置价格。销量大时,可以适当降低价格,或采取变相降价的措施,如积分优惠等。有时,为了抑制竞争对手,树立品牌形象,也会采用低价策略的方法。

2.3.4 店铺开设

1. 店铺设计与装饰

根据商品经营特点,需要对包括店名、店标在内的店铺内容进行设置,以便吸引买家眼球;同时,为了广而告之,方便搜索,让更多的买家能有所了解,需要精心设计店铺的公告栏和店铺介绍。有时,为了彰显个性,突出风格,还会对店铺的框架类型和相关样式进行针对性的设置,必要时还可对一些细节进行装饰。

2. 拍摄商品图片

对于店铺经营者而言,大多没有专业的相机,也不具备专业的摄影技术,在拍摄商品时,很容易出现差错。例如,有的人将图片拍得太小;有的人将商品拍得变了形;有的图片背景杂乱;有的图片清晰度太低;所有这一切,硬生生地把昂贵的东西拍成了地摊货,名牌精装拍成了高仿,毫无美感,难以激起买家的购买欲望。因此,需要掌握商品拍摄的一些基本方法。

1) 布光

店铺商品图片不是艺术照,并不需要太精致的布光,清晰、美观即可。因此,可以在室外自然光下拍摄,也可以在人造光下拍摄。室外光线有时多变,不太容易控制,对于需要拍摄大量商品的店铺经营者来说,可以直接在室内拍摄。室内拍摄时,需要一张桌子,黑、白两大张卡纸和一张光滑玻璃板或者亚克力板,固定好拍摄位置;然后,进行布光。布光时,最好使用两盏灯,放在商品的上方;如果使用一盏灯,图片中不但会出现明显的影子,而且拍出的商品欠缺立体感。

2) 背景选择及曝光补偿

如果商品是浅色的,应该将它放置在深色背景上拍摄,这样可以更好地突出主体,使之轮廓清晰，容易引起大家的注意。但要注意，有时当背景为黑色的时候，照片主体往往显得过于明亮，提示曝光过度；而当背景为白色的时候，图片有时又会显得过于灰暗，所以拍摄过程中要拿捏好一个度。基本原则是，遵循"白加黑减"原则，调节曝光补偿功能，当背景色彩较浅的时候，适当增加曝光；当背景色彩较深的时候，适当减少曝光。

3）防止变形

普通相机的镜头是有畸变的，如果被拍摄物体离相机太近，画面中央区域就会变大，使拍摄的物体图像产生变形。为了避免这种情况发生，可以调节一下焦距，使用镜头的较长焦段，离物体远一些再拍，这样就能防止出现变形的照片。

在拍摄了商品图片后，接下来还需要对图片进行后期处理。可用光影魔术手或Photoshop等软件，对图片大小进行裁剪，对有缺陷的地方进行美化处理，或者打上Logo水印等，在此不再详述。

3．商品上架

一切布置妥当后，就可以将商品上架了。商品上架时，在遵循"新、精、平"的原则下，尽量将店铺布置得琳琅满目，商品丰富，这样有利于吸引顾客。否则，过于简单的几件商品，会赶走许多潜在的顾客。

4．撰写产品说明

商品上架后，需要及时撰写产品说明。内容应当包括品牌、商品名称、规格及包装方式、销售的包装数量、功能、使用条件等内容。产品说明应具体、详细，不能过于简单。草草几个字或几句话，让人看后云里雾里，会影响店铺形象；详细的说明，不但体现了对买家的尊重，也是对自己产品的尊重，无形中会吸引一部分买家，特别是一些不太懂行但对产品有兴趣的新手，使其对商品产生兴趣，对店铺产生信任。

5．物流

网上开店，免不了要与物流（或快递）公司打交道。在选择物流（或快递）公司时，价格当然是需要考虑的问题，但更应该选择安全可靠、诚信度高的公司，以保障物流安全，让买卖双方放心。

目前，国内一些知名的快递公司，如大通、汇通、运通、韵达、大田、顺丰、龙邦、中外运、民航快递等，都有不错的信誉，网点遍布全国。

6．店铺客服

店铺客服的主要任务是解答顾客提问和提供售后服务。店铺客服的方式多种多样，有通过聊天工具、电话，解答买家提问的；有通过专门的客服软件——在线顾客服务系统（如阿里旺旺），来进行导购服务，接受并解答顾客投诉的。

对于店铺客服人员来说，应做好以下工作：

（1）熟悉产品，了解产品相关信息。客服是联系店铺和顾客的桥梁。对于客服来说，熟悉自己店铺产品是最基本的工作，只有熟悉产品特征、功能、注意事项等，才能顺利解答顾客的提问。

（2）接待顾客。接待顾客不但要热情，还要善于引导，引导顾客进行附带消费；当遇到顾客讨价还价时，既要阐明立场，又要能随机应变。

（3）及时查看"宝贝"数量。店铺页面上的库存跟实际库存有时是有出入的，所以客服需要到ERP系统（如店铺管家）中及时查看商品的实际库存量，这样才不会耽误发货。

（4）核对顾客的收件信息。在顾客下单付款之后，需要与顾客核对收件信息，如收件地址等；这样不但可以降低损失，而且也可以让顾客感到做事很用心。与此同时，还可以提供快递公司的名单，让用户选择，毕竟每个快递公司的服务水平是不一样的。

（5）修改备注。如果顾客订单信息或是收件信息有所变动，客服就需要将这些变动标示出来，以便他人及时了解，也便于在随后的 ERP 系统中做单时，能直接抓取。一般情况下，默认用小红旗来备注，里面写上变动事由、修改人工号和修改时间。

（6）发货通知。货物发出去之后，需要用短信提醒顾客，以增加顾客对店铺的好感。对于拍下商品未付款的顾客，也可发送"催单"短信提醒一下。

（7）处理货到付款的订单。对于货到付款的订单，一般价格比店铺上显示的价格要高一点，这时客服需要联系买家，在征得买家同意的情况下，再通知制单人员打单发货。

（8）评价顾客。交易完成之后，需要对顾客进行评价。

（9）中差评处理。当发现有顾客中差评的时候，需要与顾客进行沟通，以解决问题。

为了有效地进行客服管理，一些店铺会制定专门的《店铺客服手册》，对店铺进行流程化管理。其中包括《商品明细及销售准则》《快递选择原则及资费标准》《销售、售后处理流程》《消保计划相关条款》《客服附加守则》《公司运营管理制度》等多套行为准则。客服按照《店铺客服手册》工作，就能为顾客提供良好的服务。

2.4 店铺运作管理

2.4.1 店铺运作

店铺运作的内容涉及商品管理、引流与营销推广、店铺运营服务等。

1. 商品管理

1）货品规划

货品规划就是根据市场分析、竞品分析、产品测试分析的数据结果及企业的营销目标、策略，规划各类别的产品结构占比、各款产品的定价及营销定位，以指导货品的组织和生产。目的是通过数据分析，明确消费者的产品需求，组织产品的开发及生产，从而降低产品的滞销率。

货品规划的方法一般有类目覆盖、属性覆盖和系列规划等。

2）货品来源

货品来源主要包括自己进货和代销两种，可根据商品价位、数量、市场需求、质量和持续优化策略的需要来灵活选择。

自己进货（自己有货源、有渠道或有亲戚朋友开工厂）需要自己拍摄商品图片并上架。而代销、一件代发（没货源，做分销代理，占淘宝 80%）的优势和特点是无须进货，不要押金，无代理费，由平台供货，可直接铺货到店铺里销售，卖出后可由总部直接发货给买家并负责售后和退换货；商品都标好了建议零售价，可直接上架销售（当然也可自行修改价格），软件有离线托管店铺的功能。

3）商品上架

货品可以利用一键传淘宝、淘宝助理、"店宝宝"、千牛工作台来一键铺货，或单击"店铺管理"→"宝贝管理"→"发布宝贝"来进行铺货。

一键传淘宝针对的是 1688 商品。使用该功能可以快速将 1688 中的商品传到商家的淘宝店铺。在 1688 中,商品详情页中出现"传淘宝"字样,单击"传淘宝"会出现确认代销窗口,确认后该商品就会传到淘宝店铺中的"仓库中的宝贝"。淘宝卖家也就可以在"卖家中心"中的"仓库中的宝贝"看到该商品了。

4）店铺装修设计

店铺装修设计可利用淘宝自我设计（单击"店铺管理"→"店铺装修"）,也可使用第三方软件（如"店宝宝"、千牛工作台）,套用 SDK 高级模板,或购买淘宝店铺模板,再或者下载网上的普通模板（rar 文件）,自己进行装修。

5）运营管理工具的使用

淘宝店铺上提供的工具包括店铺分析、促销管理、商品管理、订单管理、客户管理以及客服工具,具体如见图 2-6 所示。

图 2-6 淘宝店铺运营管理工具

2. 引流与营销推广

引流对优化排名有很大的帮助,是明显缩短网站优化排名时间的绝佳途径。线上引流有如下 5 种方法。

1）淘宝系引流法

淘宝系引流法通常有商品低价、店铺收藏、购物车活动、关键词优化（提高搜索的质量得分）、淘宝客（联盟推广并能获取佣金,能快速冲量）、钻展（广告位竞价投放平台,能洗人群标签）、直通车广告（能带动搜索,提升销量和销售额,打造爆款）、首页推荐（手淘首页猜你喜欢的流量很大,淘宝通过分析每一个客户的喜好,为客户推荐可能喜欢的宝贝,所以是系统主动抓取宝贝来给不同的人群进行宝贝推荐）。

2）百度系产品引流法

百度系产品的建设对百度搜索引擎有着额外的友好性,对做百度网站排名优化的网站十分有利。百度贴吧用户数最多、百度百科更全面、百度知道更大众化、百度经验更具有权重性、百度文库更人性化，尽管各有优势，但时间允许的话建议全部都做，不放过任何机会，当然直接单击百度产品上有关自己网站的超链接进行访问是十分困难的，但依然可以通过不同程度的描述性文字或相关软文引流到网站上。

3) QQ系产品引流法

QQ是许多用户使用的主流工具之一，工作上尤其需要。利用QQ寻找目标用户群有着不一样的优势，QQ群是目标用户最集中的地方，QQ邮件可群发信息给潜在用户，QQ空间主要展示形象并提供信任度，QQ好友常交流可逐一击破引流到网站上。

4) 软文引流法

软文的好处有很多，不仅可以优化网站，还能有精准的引流效果，又可投稿各大网站平台，二次引流的同时提高品牌的知名度，能够更好地吸引目标用户，转化来的目标用户成为潜在用户的概率极高，但软文的写作有一定难度。

5) 多元化引流法

多元化引流法最常见的就是网站图片打水印，关键词、品牌词、联系方式等都可以作为水印内容，一般不建议水印太大，最好是不显眼、不影响图片本身的美观性。另外还有资源类下载，可以将自身现有的资源整合，免费提供他人下载的同时在里面打上广告。

另外还有视频引流，视频引流的效果其实很好，因为用户喜欢看视频多过看文字，制作营销视频上传到优酷、土豆、乐视、抖音等几十种视频网站，并在播放期间偶尔出现广告，当然如果是稀缺性的视频，还可以设置播放密码，然后设置需要访问网站获取播放密码，这样会有更好的引流效果。

3. 店铺运营服务

店铺运营涉及的服务包括代运营、仓配物流、供销管理、质检品控、知识产权，如图2-7所示。

图 2-7　淘宝店铺运营服务

2.4.2 店铺管理

任何一个卖家,都需要管理自己的库存、订单、合同、客户关系、物流等。为了能够有效地管理,需要 ERP 管理系统的支持。如果说网上店铺是面向客户的前台系统,那么 ERP 管理系统则是面向卖家自己的后台系统。

1. 店铺管家

店铺管家是一款专为电子商务打造的 ERP 软件,分为个人版和企业版等多种。个人版由 4 个功能模块构成,分别是:订单管理、仓库管理、顾客管理和统计报表。其运行界面如图 2-8 所示。

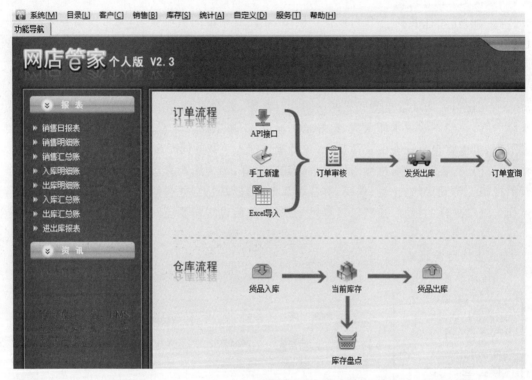

图 2-8 店铺管家个人版

企业版面向 B2C 电子商务企业、C2C 电子商务团队卖家,是业内应用最广泛的电子商务后台系统。系统以订单处理为主线,进销存为核心,涵盖了订单处理、CRM、WMS、SCM、办公 OA、售后服务等业务模块。系统采用三层架构,可无缝接入淘宝、拍拍等主流网购平台。

店铺管家企业版由 7 个核心功能和 6 个辅助功能模块构成。7 个核心功能模块分别如下。

(1) 订单管理。包含订单流程化操作管理、多方式订单登记、确认订单、收款发货、等待完成。

(2) 采购管理。包含采购开单、采购计划、采购订单、采购退货、采购查询、供应商优化。

(3) 库存管理。包括入库管理、出库管理、库存盘点、组装拆卸和实时库存。

(4) 顾客管理。包括顾客分类、会员登记、顾客档案、积分管理、预存款管理和邮件及短信应用。

(5) 账款管理。包括收支管理、应收应付、货运月结、查账管理、经营成本和现金银行。

(6) 售后服务。包括退换管理、维修服务、顾客回访。

(7) 办公管理。包括来电管理、记事本、任务管理、站内信息和员工管理。

6个辅助功能模块分别如下。

(1) 外部接口。包括订单同步接口(可以自动从相关平台,如从淘宝获取订单信息)、库存同步接口。

(2) 系统层数据与权限管理。包括多种方式的数据导入、导出、备份、归档,以及多用户权限配置。

(3) 基础目录与系统设置。包括店铺目录、员工目录、收支账户目录、收支项目目录、发货方式目录、包装方式目录及币种汇率配置、订单审核通过的基本设置等。

(4) 操作习惯与自定义。包括自定义工具栏、锁定工具栏、自定义报表配置、快递单设计、订单解析模板和订单标记等。

(5) 业绩考核。包括按店铺、按员工不同工作属性设置不同的业绩提成指标和参数,系统自行统计员工绩效。

(6) 统计分析与数据挖掘。包括销售、采购、仓库、售后、顾客和账款等科目的明细、汇总统计;综合运营表现、货品、顾客、成本等内容的分析与数据深挖掘。

2. 店铺管理工具——千牛工作台

千牛工作台是阿里巴巴官方出品的卖家一站式工作台,集成了卖家中心、阿里旺旺卖家版、插件中心及其他功能,分为计算机和手机两个版本,具有即时沟通、客服接待、掌上店铺、商品管理、店铺流量实时监控、智能回复等功能,淘宝、天猫和1688的卖家都可使用。利用它不仅能接单、改价、发货、评论,还可以查物流、管商品和看报表。

千牛工作台的运行界面如图2-9所示。

图2-9 千牛工作台运行界面

2.4.3 数据分析——生意参谋平台

生意参谋诞生于2011年,最早是应用在阿里巴巴B2B电子商务市场的数据工具。2013年10月,生意参谋正式走进淘系,升级成为阿里巴巴商家端统一数据产品平台。它集数据作战室、市场行情、装修分析、来源分析、竞争情报等数据产品于一体,是商家统一数据产品平台,也是大数据时代下赋能商家的重要平台。

1. 生意参谋功能介绍

生意参谋功能架构包括首页、实时直播、经营分析、市场行情、自助取数、专题工具和帮助中心。

1) 首页

首页全面展示店铺经营全链路的各项核心数据,包括店铺实时数据、商品实时排行、店铺行业排名、店铺经营概况、流量分析、商品分析、交易分析、服务分析、营销分析和市场行情。首页界面如图2-10所示。

图2-10 生意参谋首页界面

2) 实时直播

实时直播提供店铺实时流量交易数据、实时地域分布、流量来源分布、实时热门商品排行榜、实时催付榜单、实时客户访问等功能,还有超炫的实时数据大屏模式。实时直播界面如图2-11所示。

3) 经营分析

经营分析以商家电商经营全局链路为主思路,结合大环境,对经营的各个环节进行分析、诊断、建议、优化、预测。经营分析界面如图2-12所示。

4) 市场行情

市场行情以行业分析、竞争情况为切入点,对市场行情进行分析。行情专业版目前包括三大功能,即行业洞察、搜索词分析、人群画像。行业洞察具备行业直播、行业大盘分析、品牌分析、产品分析、属性分析、商品店铺多维度排行等多个功能;搜索词分析可以查看行业热词榜,还能直接搜索某个关键词,获取其近期表现;人群画像直接监控三大人群,包括买家人群、卖家人群、搜索人群。

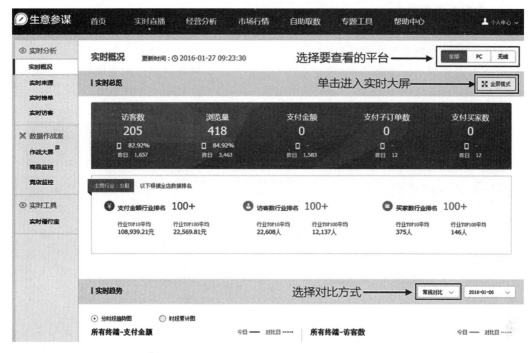

图 2-11 生意参谋实时直播界面

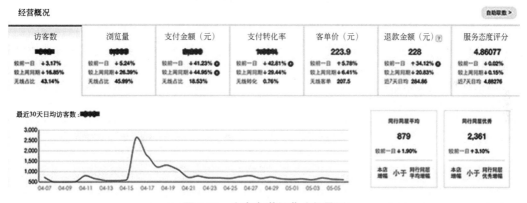

图 2-12 生意参谋经营分析界面

5）自助取数

自取数据是可供商家自由提取数据的工具，可提供不同时段（如自然天、自然周、自然月）、不同维度（如店铺或商品）的数据查询服务。

6）专题工具

专题工具目前提供竞争情报、选词助手、行业排行、单品分析、商品温度计和销量预测等专项功能。

7）帮助中心

帮助中心主要包括功能介绍、视频课程、指标注释、来源注释和常见问题等五大版块。内容丰富，形式多样，可帮助商家快速提升数据化运营能力。

2. 生意参谋使用方法

（1）在浏览器或千牛工作平台中打开"生意参谋"。

（2）在顶部导航菜单中单击"流量"。

（3）单击左侧面板菜单中的"流量看板"，这时可在右侧看到流量的总体数据，如图2-13所示。

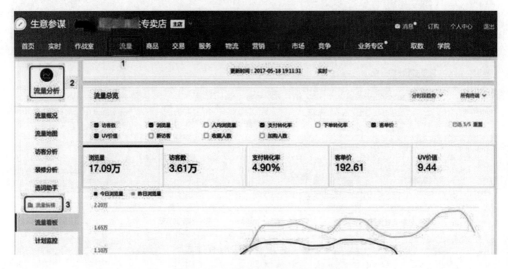

图 2-13　生意参谋流量看板界面

（4）单击左侧面板菜单中的"访客分析"，右侧可看到"访客分布"和"访客对比"数据，页面下还有详细的店铺7天的访客地域数、下单买家所在的地域分析（以后可以根据地域分析来选择直通车投放的地区）、访客的特征分析（如访客个人的淘气值、性别、消费层级等）、进店关键词等，如图2-14所示。

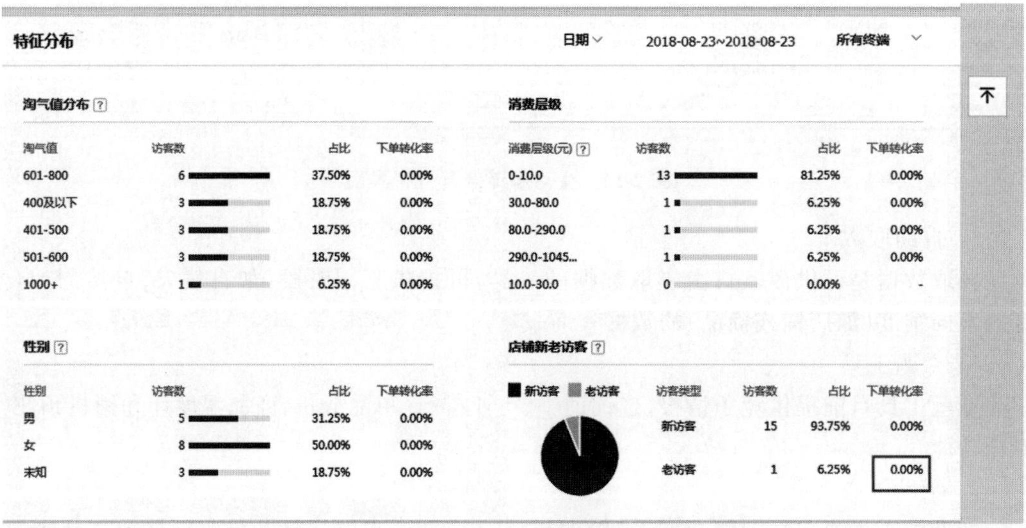

图 2-14　生意参谋访客分析界面

习题与思考

1. 如何设计电子商务系统的架构与功能？
2. 网上开店基本流程是什么？
3. 试查看某个网店的资料，分析网店定位，并回答以下问题：①网店的创设时间、店铺所在地、评价数、好评率及消费者承诺履行情况；②依据网店中的商品数量、结构、特性、价格定位、装修风格以及评价内容等，分析网店面向的消费群体。
4. 举例说明网上店铺的引流与营销推广方式。
5. 生意参谋有哪些功能？

第3章 商品管理

商品管理是对商品"订、销、存、补"行为进行计划、组织、协调和控制,以便满足顾客需求并达到企业财务目标。商品管理的工作涉及前、中和后台,具体包括前台的商品销售和商品推荐,中后台的商品组织、商品计划、商品采购、商品陈列、库存管理、商品分析与预测等,需要借助于 ERP 等系统。

3.1 前台商品管理

在电子商务的交易过程中,为了更好地销售商品,实现售前的精准营销、售中的个性化推荐和售后的增值服务,人们越来越依赖用户画像和商品推荐。

3.1.1 用户画像

用户画像就是对用户信息进行标签化处理。商家收集消费者在购物活动中产生的各类数据后,对散乱的数据进行归类和分析,概括出一个消费者的具体形象,从而能更好地了解消费者的心理,挖掘更多的利润增长点。

1. 人物画像的目的

人物画像的主要目的是分析人物行为,最终为每个人物打上标签以及该标签的权重。在电子商务的交易过程中,为了更好地销售商品,实现售前的精准营销、售中的个性化推荐和售后的增值服务,人们越来越依赖用户画像技术。

2. 人物画像的作用

用户画像可以给商家提供丰富的信息,帮助企业了解行业热点、市场竞争状况、商业排名等信息,以便为上游的产品、运营、决策人员提供更好的决策;能通过用户标签信息了解消费者的社会属性、生活习惯、消费行为等,抽象出一个用户的商业全貌,使商家精准划分、归类不同用户群体,从而为推荐、广告、搜索等下游产品线提供方便;能还原用户真实活动路径,勾勒用户行为特征,从而便于快速找到目标客户,发现客户需求,使产品的服务对象更加聚焦和专注;可以为广告宣传、渠道规划、营销方案等商业决策提供依据,提高决策效率,避免产品设计人员草率地代表用户。总之,有助于售前精准营销、售中个性化推荐、售后的增值服务等。

3. 人物画像的数据

进行人物画像最重要的是数据,数据一般分为以下几类。

(1) 人物数据:包括静态数据和动态数据。静态数据指人物相对固定的数据,例如身份证号码、姓名、年龄、求学经历等;动态数据指人物的行为操作的记录,出于对象主观意识进行的选择。

(2) 被选择对象数据:即句子主谓宾中宾语的特征属性。

(3) when/where 数据:用于记录何时、何地(或通过何种途径)获得的该数据,用于标识此条数据的重要程度。

(4) 人物厌恶数据:用于记录人物对象明确表示厌恶或禁止的数据。

4. 人物画像的方法

(1) 传统画像方法包括 Alen Cooper 的"七步人物角色法",Lene Nielsen 的"十步人物角色法"等。

(2) 数据分析技术包括德尔菲法、统计方法(通过数据的集中趋势、离散趋势和相关关系来确定行为与角色之间的紧密程度)、聚类分析(计算不同角色之间的目标或行为的相似程度及其差异程度)。

(3) 现代方法为大数据画像。过程主要分为基础数据收集、行为建模和构建画像,如图 3-1 所示。

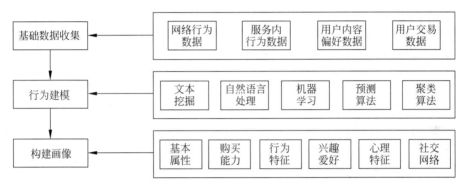

图 3-1 大数据画像过程

5. 人物画像的主要工作

1) 标签化

按照应用目的,可将标签分为营销增强标签、用户洞察标签、渠道优化标签、产品创新标签、个性推荐标签等;按照处理过程、标签获取的方式,可将标签分为事实标签、模型标签、预测标签。这样,在不同维度上就产生了更加复杂的标签,如图 3-2 所示。

用户标签可以从原始数据中提取;兴趣偏好可通过访问网页的域名、title 等结构化信息,或通过访问网页的正文内容抽取;性别可通过身份证、浏览记录、购物信息建模。

2) 计算标签权重指数

权重的计算方法一般遵循以下两条基本原则。

一是行为成本和标签的权重呈正相关,即行为成本越高,标签权重也应越高。例如,购物的行为成本要大于收藏的行为成本,而收藏的行为成本又大于浏览的行为成本(即购物>收藏>浏览),因而购物标签的权重应大于收藏标签的权重,而收藏标签的权重又应大于浏览标签的权重。

二是行为越符合当下的表现,标签的权重就越高。在实际计算过程中,可通过引入衰减因子来达到 (即标签权重 = $\sum$ 衰减因子 / 时间间隔 × 某时刻标签权重)。

3) 获得画像,并为用户建模

画像构成包括标签类型、元素、目标动机、语录等。元素包括基本元素(姓名、照片、个人信息、经济状况、工作信息和计算机互联网背景)和丰富元素(居住地、工作地点、公

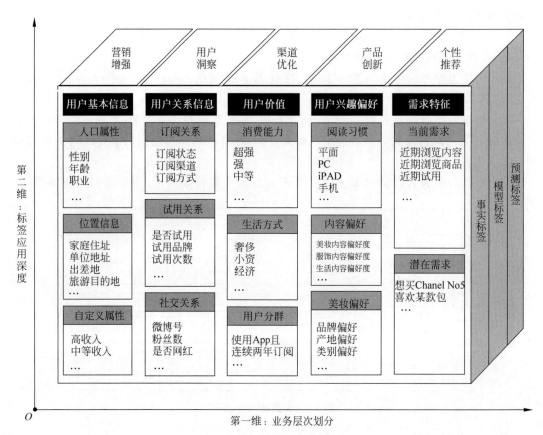

图 3-2 网状关系的不同维度

司、爱好、家庭生活、朋友圈、性格和个人语录等)。例如,海淘用户画像可分为主力用户、资深用户。

用标签为用户建模包括时间、地点、人物三个要素,简单来说就是什么用户在什么时间什么地点做了什么事。

4)用户画像使用与效果评估

(1)售前用户需求洞察与精准营销。传统营销方法涉及品牌建设与口碑营销,以获取新用户。其中,口碑传播可利用丰富的媒体和媒介,来传达品牌核心的价值及信息,在消费者有一定了解认知之后,再做转化。也可利用粉丝经济即类似 YouTube 的内容创作,与平台产生关联;在这种情形之下,转化率不是一个优先的考量,而是能通过这个方法,带来多少新的客户。而现代精准营销方法利用大数据洞察用户需求,结合用户画像进行精准营销。精准营销指当卖家利用数据预测到什么品类的商品在哪个市场即将流行,那么就可将供应链与营销往哪个方向倾斜。这样,当营销策略与卖家观察到的主轴商品有较高的重叠性时,产品售卖出去的成功率才会高,库存及其风险才会降低。

(2)售中个性化商品推荐。在商品销售过程中,商家往往会通过平台提供的个性化的商品推荐系统,打造个性化推荐栏,通过推荐引擎来深度挖掘消费者的行为偏好,智能地向消费者展示符合其兴趣偏好和购买意图的商品,使得消费者能快速、容易地找到自己所需要的商品,从而提高了消费者的购物体验。不仅如此,个性化推荐栏有时还能辅助消费者进行决策,从而提高了购物的效率。

(3) 售后注重个性化服务。针对不同客户,提供不同的服务。

3.1.2 商品推荐

网上商品推荐的方法多种多样,主要有以下 4 种。

1. 热门推荐

具体可按"单击量"或者"销量"来做排序,即优先推送阅读人数最多、购买人数最多的产品。各种类型的"热搜""热销"类榜单就是如此。这种方法的缺点在于,采用单一指标推荐最大的问题,是没有"个性化"。没有"个性化"会导致两个显著的后果:一是用户体验相对较差,用户内心深处"想要变得不同"的需求没有被激发出来;二是马太效应明显,本身得到曝光的产品会持续得到曝光,而处于长尾上的商品则持续得不到曝光,大量质量不错的产品或内容其实被闲置了。

2. 基于物品信息和用户信息的推荐

基于物品(item)信息的推荐,顾名思义是依据物品信息来做推荐,关键是对物品的基本属性、类别、标签等进行标注,通过对物品信息进行深度分析,为用户推荐与之前浏览记录相似的物品。在这个过程中,要推荐的物品的形态清楚了,但用户的画像仍然是模糊的。而基于用户(user)信息的推荐,关键是根据用户的行为日志来刻画他的偏好。通过观察用户喜欢浏览什么,来为这个用户建立他的偏好模型,然后向他推送他偏好的那些内容。在这个过程中,用户画像有些清晰了,但是用户仍然是个体化的,不同用户之间的相似性、用户行为的社会性并没有得到比较好的体现,推荐的精度也没有得到很好的提升。

以上几种推荐方法,称为传统的基于表层语义标签的推荐方法。其过程是,第一步是对用户打标签,例如"15~20 岁,男性";第二步是根据这些标签来映射用户所偏好的物品。其缺点是,首先,根据用户信息打出的标签不一定准确,例如用户填的注册年龄,不一定是真实的年龄;其次,通过标签来对其偏好的物品进行映射,准确度也不高。例如男性中确实有很大部分喜欢体育类内容,但是要给所有男性都推送体育类内容吗?这样的推荐精准度是比较差的。

3. 协同过滤

协同过滤的核心是利用群体智慧进行关联分析。具体来讲,可分为基于物品的协同过滤和基于用户的协同过滤。

基于物品的协同过滤的思路是,在一大群人中,发现看商品 A 的人多数都会看商品 B,这说明商品 B 和商品 A 有相似度(或可信度),那以后碰到单击商品 A 的人,就可以为他推荐商品 B。例如,对于表 3-1 所示的一组数据,可通过关联规则,依据支持度来计算各商品之间的可信度,如 $Confidence(A \geqslant C) = support(A,C)/support(A) = (3/7)/(5/7) = 60\%$,从而依据可信度进行推荐。这在 Amazon、Netflix 等网站中广泛应用,为用户推荐了不少同领域的更深入的物品。

基于用户的协同过滤的思路是,在一群人中,若发现用户 A 和用户 B 都喜欢看好莱坞大片,例如他们都看了变形金刚、木乃伊、神奇女侠,这说明用户 A 和用户 B 偏好相同。若后面用户 A 又看了加勒比海盗,那么可以把加勒比海盗也推荐给用户 B。具体计算时,可采用杰卡德(Jaccard)相似系数: $J(A,B) = |A \cap B| / |A \cup B|$ 来进行计算。

表 3-1 一组用于协同过滤的数据

客户	交易号	商品	商品之间关系的可信度
甲	5007	A,B,C	
	5005	A,C	
乙	5003	C,D	Confidence(C≥A)=?
	5004	B,D,E	Confidence(B≥C)=?
	5002	A,B,D	…
	5006	A,D,E	
丙	5001	A,B,C	

基于用户的协同过滤倾向于推荐范围更宽泛而热门的内容,在特定场景下运用能实现跨领域、令人耳目一新的效果。在商业实战中,协同过滤通常会和对物品以及用户的深度分析相结合,并进行进一步的模型融合,从而得到一个精准度更高的效果。

协同过滤推荐的缺点在于,首先,很多对于购物行为推荐的关键点都没有考虑,例如时间序列,购物行为一定要注意对于时效性的分析,跨度达到几个月的推荐不会有好的效果。其次,没有注意推荐商品的属性,只考虑了商品的关联性,没有考虑商品是否为高频或者是低频商品,例如说用户 A 上个月买了个手机,下个月就不大会继续购买手机,因为手机是低频消费品。因此,基于关联规则的推荐很多时候最好是作为补充,真正想提高准确率还是要依靠机器学习算法训练模型的方式。

4. 隐语义模型

隐语义模型的核心是,超越这些表层语义标签的维度,通过机器学习技术,挖掘用户行为中更深层的潜在关联,从而避免人工贴标签粗放、主观的缺点,使得推荐精准度更高。目标瞄准的是:客户对什么类别商品最感兴趣?哪种商品最能代表该类别?

隐语义模型 LFM 原理:假设数据集中有 3 个 user,4 个 item,LFM 建模的分类数为 3。R_{ij} 表示的是 user i 对 item j 的兴趣度,P_{ij} 表示的是 user i 对 class j 的兴趣度,Q_{ij} 表示的是 item j 在 class i 中的权重(权重越高越能作为该类的代表)。

这样,用户 U 对物品 I 的兴趣度为 $R_{UI} = P_U Q_I = \sum_{k=1}^{K} P_{UK} Q_{KI}$,如图 3-3 所示。这里,矩阵 P 和矩阵 Q 中参数值可通过神经网络的训练方法来求取,具体过程如下。

	商品1(item)	商品2(item)	商品3(item)	商品4(item)			种类1	种类2	种类3			商品1(item)	商品2(item)	商品3(item)	商品4(item)
用户1	R_{11}	R_{12}	R_{13}	R_{14}	=	用户1	P_{11}	P_{12}	P_{13}	×	种类1	Q_{11}	Q_{12}	Q_{13}	Q_{14}
用户2	R_{21}	R_{22}	R_{23}	R_{24}		用户2	P_{21}	P_{22}	P_{23}		种类2	Q_{21}	Q_{22}	Q_{23}	Q_{24}
用户3	R_{31}	R_{32}	R_{33}	R_{34}		用户3	P_{31}	P_{32}	P_{33}		种类3	Q_{31}	Q_{32}	Q_{33}	Q_{34}
	R						P					Q			

图 3-3 用户 U 对物品 I 的兴趣度

(1) 首先,用户有过行为(也就是喜欢)的 item 称为正样本,规定兴趣度 $R_{UI} = 1$;再从 item 全集中随机抽样,选取与正样本数量相当的样本作为负样本,规定兴趣度 $R_{UI} = 0$。因此,兴趣的取值范围为[0,1]。这样,得到一个训练 user-item 集 $K = \{(U, I)\}$,其中如果

(U,I) 是正样本,则 $R_{UI}=1$,否则 $R_{UI}=0$。

(2) 定义损失函数为

$$C = \sum_{(U,I)\in K}(R_{UI}-\hat{R}_{UI})^2 = \sum_{(U,I)\in K}\left(R_{UI}-\sum_{k=1}^{K}P_{UK}Q_{KI}\right)^2 + \lambda\|P_U\|^2 + \lambda\|Q_I\|^2$$

其中,$\lambda\|P_U\|^2+\lambda\|Q_I\|^2$ 是用来防止过拟合的正则化项,λ 需要根据具体应用场景反复实验得到。

(3) 最优化损失函数,求取参数。这里,先通过求参数 P_{UK} 和 Q_{KI} 的偏导数来确定最快的下降方向,求解公式如下:

$$\frac{\partial C}{\partial P_{Uk}} = -2\left(R_{UI}-\sum_{k=1}^{K}P_{U,k}Q_{k,I}\right)Q_{kI} + 2\lambda P_{Uk}$$

$$\frac{\partial C}{\partial Q_{kI}} = -2\left(R_{UI}-\sum_{k=1}^{K}P_{U,k}Q_{k,I}\right)P_{Uk} + 2\lambda Q_{kI}$$

然后迭代计算,不断优化参数(迭代次数事先人为设置),直到参数收敛(其中,α 是学习速率,α 越大,迭代下降越快;α 和 λ 一样,也需要根据实际的应用场景反复实验得到,如取分类数 $F=100,\alpha=0.02,\lambda=0.01$)。

$$P_{Uk} = P_{Uk} + \alpha\left(\left(R_{UI}-\sum_{k=1}^{K}P_{U,k}Q_{k,I}\right)Q_{kI}-\lambda P_{Uk}\right)$$

$$Q_{kI} = Q_{kI} + \alpha\left(\left(R_{UI}-\sum_{k=1}^{K}P_{U,k}Q_{k,I}\right)P_{Uk}-\lambda Q_{kI}\right)$$

值得一提的是,在商品推荐中,一个推荐算法只有具备了这五个要素,即自我进化、快速建模、模型融合、开放架构以及性能、效果、资源的良好平衡,才能算是一个好的推荐算法。

3.2 中后台商品管理

中后台商品管理的目的在于让用户快速地找到商品(主要是通过关键词搜索与类目搜索,商品管理为其提供了基础);为同类型产品提供标准的属性、属性值,便于统一产品,使用户得到决策必要的消息;方便管理商品的上下架。中后台商品管理涉及商品组织、商品计划、商品采购、商品陈列、库存管理等。

3.2.1 商品组织

商品组织是指在企业营销规划目标的基础上,选择合适的商品,进行组合,并编写商品结构表。

商品结构表,是按照商品的不同属性,进行分类汇总并给予对应编号。它的特点是依据商品属性来对商品进行分类,从大分类到中、小分类,最终为单个商品。商品结构表是以顾客的需求而设置的,它的每一个分类都代表着顾客的一种特定需求,依据它对商品进行计划、引进和淘汰,就可以做到有的放矢,不会混乱。事实上,可以将商品结构表看成一个巨大的棋盘,每一个分类是一个棋盘格,等待着不同属性的棋子(商品)落入其中;当棋盘格占满时,表示提供齐了顾客所需要的商品,而当棋盘格空出时,表示可以引进一个新商品。在商品进出的过程中,商品结构始终整齐。

商品结构表一般具有以下作用:

(1) 充分满足顾客需求。因为商品结构表的设计出发点就是以顾客需求为导向的,这是商品结构表的基础功能,也是最重要的功能。

(2) 为商品结构调整提供依据。必须在商品结构表的指导下引进单品,才能保证合理的商品结构。偏离商品结构表的盲目引进和淘汰行为,是十分危险的,会出现分类商品要么超标,顾客有太多选择等于无从选择;要么空缺或不足,顾客没有选择。持续地盲目引进,会严重影响商品配置的合理性,削弱商品形象和竞争力。

(3) 及时发现当前商品结构中存在的问题。定期对每个分类商品进行清理,会在分类表上发现商品、价格、品牌、厂商结构上的不合理性,有利于进行针对性的改正。

(4) 监控采购的商品作业。商品结构实际上是由采购操控的,要引进什么商品淘汰什么商品,引进多少淘汰多少,引进哪个厂家,都是由采购在执行。如果采购员专业度不够或有意为之,就会缺少监督带来问题。有了规范的商品结构表,采购员就可以自行检查,主管也可对其进行监督规范。

商品结构表的制作,有时需要资深的采购专家参与,因为他们具有丰富的操作经验和市场经验,具备一定的前瞻性。商品结构表一经制定并发布,原则上不得随意更改,一般一年一调。商品结构表的示例如表 3-2 所示。

表 3-2 商品结构表

分类编号	分类名称			预计单品数量/件				实际单品数量/件				单品数量差额/件				供应商数量/家
				总数量	高	中	低	总数量	高	中	低	总数量	高	中	低	
45	计算机部			417				316				101				5
450		计算机硬件		63				55				8				3
4501			计算机	15				12				3				6
45010				台式计算机	10	10000以上	5000~10000	2000~5000	8	10000以上	5000~10000	2000~5000	2	10000以上	5000~10000	2000~5000	5
					3	5	2		3	3	2		0	2	0	

从表 3-2 可以看出,商品结构表具有以下 5 个要素。

(1) 商品分类编号或编码。商品编号是指给商品赋予一个代码,而商品编码是指给商品赋予一个符号(如一维码或二维码)。对商品进行分类编号或编码,一方面是为了方便商品管理,另一方面也是为了方便买家浏览。

在对商品编号时,一般都是按照商品种类、规格、包装、颜色等几方面,采用多级分类的原则进行,从大类到小类。这样,产生的代码不但清晰易记,而且唯一。例如,在表 3-3 中的分类编号中,用 1 代表杂货(食品)部门,10 代表杂货部门中的烟酒饮料这个科(组),100 代表杂货部门烟酒饮料科中碳酸饮料大分类,1000 代表杂货部门烟酒饮料科碳酸饮料大分类下的可乐中分类,10001 代表杂货部门烟酒饮料科碳酸饮料大分类可乐中分类下的低糖可乐小分类,再下的代码就是具体的单品了。

表 3-3 商品多级分类编号方法

第 1 个数字	第 2 个数字	第 3 个数字	第 4 个数字	第 5 个数字	简　称
部门	科	大分类	中分类	小分类	
1					杂货处
1	0				烟酒饮料
1	0	0			碳酸饮料
1	0	0	0		可乐
1	0	0	0	1	低糖可乐

在编码时,可以参照国际物品编码协会(European Article Numbering,EAN)所制定的规则进行,也可按照行业规则进行。实际工作中,常用二维码(2D Code-abbreviated)对商品信息进行编码。利用二维码生成器,可将多达 1850 个字母或 500 多个汉字商品信息,编制在黑白相间的图形中;通过图像输入设备或光电扫描设备,进行自动识读和处理。例如,在店铺中,常用手机摄像头扫描二维码,以方便地获取商品信息、优惠券或参与抽奖等。需要注意的是,在扫描二维码时,为了防止出现不良信息或有害链接,应选用相关软件(如快拍二维码、360 安全卫士)进行实时监控,以防上当受骗。

(2)商品分类名称。这与商品分类编号相对应。

(3)单品数量。之所以要事先规定单品分类的数量,目的是防止因采购人专业度和喜好的不同,出现不应有的商品进多进少的问题,便于以后计划和采购,使之只能在这个框架中做相应的变动调整。

(4)小分类价格带。所谓价格带,就是某一分类商品从最高到最低价格之间的高、中、低价位差异及不同价位的单品容量。设置价格带的目的,是使不同购买能力的顾客都能买到中意的商品,以兼顾各个档次的顾客需求。

(5)供应商数量。每个小分类单品数量有限,采购供应商的选择也就有限。如果选择过多的供应商,则会稀释销量,不仅对供应商的业绩贡献不大,而且会增加管理难度和成本;如果供应商太少,销售过于集中,则会削弱采购对大供应商的控制力。所以,应根据分类大小和特性,合理地设置供应商数量。

在制作商品结构表的过程中,应重点考虑以下 4 个因素。

(1)顾客需求。满足顾客需求的商品才能卖出去,再好的商品如果不是顾客需要的,都不能引进。在进行组织、计划时,应先进行市场调查,充分了解顾客需求,这样才能从众多的提供商中挑选出需要的商品。因此满足顾客需求是商品引进与淘汰的第一原则。

(2)价格带。任何商品都有价格,通常厂商研发的产品是一系列的,规格、包装不一,价格也不一样。要想在众多的单品中选出合适的商品,必须了解现有的价格带状况,才能确定引进商品的价格和数量,避免发生不必要的价格混乱和数量混乱。好卖的价位多引进,不好卖的价位少引进。

(3)陈列面积。有的店铺陈列面积可能受到限制,所以要按陈列面积的大小来设定单品数量,既要保证品项齐全又要保证陈列合理。

(4)市场状况。网上市场都有一定的特色,销售的商品结构有所差异,在做商品结构表的时候综合考量。

3.2.2　商品计划

商品计划是指在现有商品组成结构的基础上,就现时的商品销售状况和采买金额,对需要采购的商品及其构成进行分析,制订出商品的采购、上货时间、陈列、销售、折扣处理、资金回笼等一系列计划表。

商品计划不同于商品企划,前者是根据销售现状马上要实施的工作,而后者只是未来的打算,需要用发展的眼光来确定。在做商品计划时,需要了解企业现状,熟悉商品销售现状,了解企业销售能力和销售对象。

商品计划的核心在于4项基本决策:购买何种商品,存储多少商品,何时存储和存储在哪里。

(1) 购买何种商品。其含义包括两方面。首先,必须决定购买何种质量的商品。是应该购买高档、昂贵的商品,还是应该购买中档、中等价位的商品;是否需要引入低档、廉价商品;是否经营促销性商品(低价抛售的商品,或用于增加客流量的特价商品)。其次,决定购买何种类型的商品以及何种创新程度的商品。在决定购买何种类型的商品时,应考虑目标市场、流行趋势、形象、竞争、顾客细分、顾客反应、成本、盈利、风险、约束性决策和衰退期商品的撤出等几方面的因素。

例如,对于时尚类品牌商品来讲,其销售往往会形成季节和流行曲线,因此在决策时,可以考虑以下几个因素:

① 该时尚品是全新的吗?
② 该时尚品在其他店铺上的声誉如何?
③ 该时尚品的品牌知名度如何?
④ 该时尚品的目标市场是什么?
⑤ 该时尚品的价格范围适合目标市场吗?
⑥ 该时尚品是否广泛地利用了广告?
⑦ 消费者是否将该时尚品作为一种长期趋势?

需要指出的是,一般店铺在制订商品更新计划时,往往需要撤下一些现有陈列的商品。在做决策时,应采用结构性准则,而不是凭直觉来撤换现有商品。这些准则包括:

① 根据销售额、价格和利润的下降,替代品的出现,选择可撤销的商品;
② 收集和分析有关该商品的详细财务、销售、库存等相关数据;
③ 考虑不撤下该商品的其他可用策略,如削减成本、改变促销方式、调整零售价格等;
④ 撤下策略做出后,要重视事后服务、存货等方面的问题。

(2) 存储多少商品。在确定购买何种商品之后,接着就要决定存储多少商品了。因此,存储商品的品种宽度和深度是下一步要计划的。品种宽度是指店铺经营的不同商品大类的数量;品种深度是指店铺经营的任何一大类商品的多角化程度。在制订品种宽度和深度计划时,商品的销售额和利润是必须估测的。如果增加商品,总销售额会增加吗?总利润呢?应该看到多角化的投资成本。

另外,也应重视陈列空间的大小。每一品种的商品需要多少空间?有多少空间可利用?由于店铺陈列空间的有限性,应将其分配给那些能产生最大客流量和销售额的商品。

制订计划时,还必须区分延伸品、互补品和替代品的比例。这些商品一般是为了产生更大的客流量,扩大利润空间,提高整体销售额。但是在商品组合合理的情况下,过多的替代品造成了太多的重复,只会造成主要商品的销售困难。

最后,应编制基本存货清单(针对销量稳定的常规商品)、存货模型(如时尚类商品)和确保不脱销商品计划(针对畅销商品)。时尚类商品存在需求不稳定、款式变化快、规格和花色繁多的特点,制订商品计划比较困难,因而采用一定的存货模型(包含存货政策、存货量、订货点等因素,类型有定量订购模型、定期订购模型等)是目前店铺通常采用的手段,通过它可以确定许多流行商品的规格和花色,还可以确定少数不太流行的商品的规格和花色。

(3) 何时存储商品。接下来应当确定每一种商品在什么时间存储,必须计划出一年内的商品流转规律。为了恰如其分地订购商品,必须预测一年内的商品销量和其他各种因素:高峰季节、订货和送货时间、例行订货和特殊订货、库存流转率、折扣和存货处理的效率。必然地,一些商品在一年内存在高峰季节。对这些商品,在高峰期内应备有大量存货,过季时期应减少存货。

库存流转率,对订货频率的影响极大。如果一旦出现采购节拍的不一致,往往会导致库存的激增或不足。

店铺应根据订货和送货时间,来计划采购。需要明白,处理一份订单要花多少时间?订单被送到供应商后,多长时间才能收到送货?这两段时间加起来,才能更好地确定再次进货的提前时间。另外,还应明白,例行订货和特殊订货的计划有所不同。例行订货只涉及库存常用品和其他规则销售的商品,货物可按周或按月有规律地收到,因此,计划时碰到的问题很少;而特殊订货涉及不规则销售的商品,不但需要付出许多时间计划,而且还要与供应商密切沟通,其送货日期往往也是特意安排的。

(4) 在何地存储商品。有的店铺有多个存储库房和仓库,将多少商品存储在库房,多少商品存储在仓库,也需要进行选择。

3.2.3 商品采购

商品采购是指企业为实现销售目标,在充分了解市场需求的情况下,根据企业的经营能力,运用适当的采购策略和方法,通过等价交换,取得适销对路商品的经济活动过程。它包括两方面的内容:一方面采购人员必须主动地对用户需求做出反应;另一方面还要保持与供应商之间的互利关系。

采购类型种类繁多。以采购方式不同,可分为直接采购(包括集中统一采购、分散独立采购)和委托采购。

(1) 集中统一采购。由采购经理或采购部门全权负责商品采购,各商品部只负责填报订货单和销售。集中统一进货具有许多优点:①由少数人员负责全店采购,统一使用资金,能降低成本,节省费用;②能有效防止进货渠道过于分散,可以获得大批量进货的折扣优势;③有利于其他部门的人员集中精力,做好商品销售与服务工作。

当然,集中统一采购也有不足之处,集中表现为进货与销售有时脱节,内部调拨不畅等。因此,必须加强商品采购的计划性。

集中统一采购方式,一般适用于中小型零售企业,大型零售企业则不宜采用。

(2) 分散独立采购。这种方式是由各部分直接负责商品采购,零售企业只控制全局平衡,根据销售状况来调节资金的分配和使用。分散独立进货方式优点表现为:①各部门了解自己的销售动态和消费者的偏好,有利于及时组织适销对路的商品,节省了时间;②有利于加速资金周转,提高经营效果;③能充分发挥各部门的工作主动性和积极性。

但是,这种进货方式也有其缺陷和不足,如采购业务比较分散,总体采购成本加大,统一管理困难,服务质量难以提高。

分散独立采购方式比较适合规模较大、就近采购的零售企业。

(3)集中与分散相结合采购。这种方式一般适合大型零售企业。其特点是就近采购时,由各部门分散进货;而到外地采购时,则由企业集中统一进货。这种方式既有利于零售企业集中统一使用资金和组织采购人员,又可以充分发挥各部门的积极性,如果在采购时加强计划性和衔接性,就可以起到前面两种进货方式所难以起到的作用。

(4)委托采购。这种方式主要适用于中小型零售企业。其规模相对较小,在所购商品种类较多而批量较小时,由于繁杂的手续和没有专人负责进货,可委托中间商代为采购,以降低成本,提高效率。

采用委托采购方式时,必须对采购商品质量、规格、品种进行严格检查,对不符合采购标准的坚决退货。

以采购价格决定方式的不同,采购可分为招标采购、询价现购、比价采购、定价收购等。招标采购是将商品采购的所有条件(例如商品名称、规格、数量、交货日期、付款条件、罚则、投标押金、投标厂商资格和开标日期等)详细列明,公开招标。询价现购时,采购人员选取信用可靠的厂商,将采购条件讲明,并询问价格或寄以询价单并促请对方报价,比较后进行现价采购。比价采购是指采购人员对不同厂商提供的价格进行比对,然后决定采购对象。定价收购是在购买的商品数量巨大而市场供应不足时,由企业订定价格,以现款收购。

在商品采购的过程中,企业需要根据进货渠道和商品来源的不同,结合自身的实际情况,灵活确定采购方式。

3.2.4 商品陈列

与实体商店不同,网络店铺中的商品一般采用数字化的方式进行陈列,即数字化陈列。只有这样,才能与顾客进行沟通交流。

在数字化陈列之初,店铺人员首先需要掌握商品销售情况,以便更好地规划上货时间,并为补货找到依据与参考。

在做数字化陈列时,应讲究一定的策略。一般是将库存较大且畅销的系列商品,陈列在较好的位置,即主力销售区域。将一些好卖且量大的单款做重点展示,放在正挂或店内模特身上。

在销售一段时间之后,要及时计算销售占比,并依据占比,及时调整陈列面积。如一周内,冬装销售了多少?春装销售了多少?

假如一周内销售100件时装,其中冬装销售了60件,春件销售了40件,那么冬装占比就是60%,春装占比则是40%。这时,就需要相应地将春装的陈列面积调整为40%~50%,以避免出现商品销售占40%,而陈列面积只占20%的情况。

另外,对于处于生命周期末端的商品,可加大陈列的面积,重点出样。因为现在不卖,以后就卖不出去了,会成为库存品;对于一些生命周期较长的商品,哪怕是畅销品,有时也可减少陈列面积。这是因为它的生命周长,迟早会卖完;对于一些季节性的商品,在季末销售不动时,应减少陈列面积,或直接下架;而对于一些换季开始畅销的商品,应加大陈列面积,甚至重复出样,使其销售最大化。

在数字化陈列的过程中,应注意收集关键数据,以便分析陈列变动效果。一些应收集的关键数据,如表3-4所示。

表3-4 数字化陈列应收集的关键数据

类型	视觉效果				陈列款式取舍	
指标	进店客流	整套适穿率	进店男女比例	男女货品销售比例	款类销售流通	款类
评估内容	橱窗陈列效果	店内货品搭配效果	店铺形象性别倾向	分区陈列倾向	陈列维护时间	陈列搭配出样的首选款式

3.2.5 库存管理

库存管理(Inventory Management)是指在商品流转过程中,对仓库或货位中的商品数量进行管理,因而其主要任务就是预测、计划、执行和控制库存操作(如进货、补货、退货、拣货的方式、方法、时间和数量)。通过库存管理,不仅可以缩短货物配送时间,保证服务质量,防止断档脱销,而且还能消除或避免销售波动的影响,降低物流成本,减少损失。

库存管理方式众多,形式多种多样。常见的方式有以下几种。

1. 供应商库存管理

供应商库存管理(Vendor Managed Inventory,VMI)在商品分销系统中广泛使用。供销商通过将各个零售商的销售信息和库存管理结合起来,根据销售市场的变化,来优化库存的补货频率和批量,以提高零售预测的准确性,缩短供销商提前订货的时间。

2. 客户库存管理

相对于VMI,客户库存管理(Custom Managed Inventory,CMI)认为,库存应该归零售商管理。因为零售商在配送系统中最接近消费者,最了解消费者的消费习惯,最能准确地预测消费者的需求变化,因而也最有发言权。

3. 联合库存管理

联合库存管理(Jointment Managed Inventory,JMI)是介于供应商库存管理和客户库存管理之间的一种库存管理方式。顾名思义,就是由供应商与客户共同管理库存,进行库存决策。它结合了对产品制造更为熟悉的供应商,以及掌握消费市场信息、能对消费者消费习惯做出更快更准确反应的零售商的优势,能更准确地对供应和销售做出判断。在配送系统的上游,通过销售点提供的信息和零售商提供的库存状况,依靠联合库存管理系统,供应商能够更加灵敏地掌握消费市场变化,灵活应对市场趋势。在配送系统的下游,通过联合库存管理系统的可视性,销售点也可以更加准确地控制资金的投入和库存水平。

在联合库存管理方式中,由于减少了需求的不确定性和应对突发事件所产生的高成本,因此相关的利益攸关方都能从中获益。但由于是独立的组织,零售商同样需要制定自己的库存决策。

为了能很好地进行库存管理,销售人员需要依托库存管理系统,及时对商品销售情况进行统计分析,列出如库存量、销售排名、畅销排名、补货明细等内容。在库存管理过程中,经常需要列出的商品数量指标和时间指标有以下几项。

(1) 月销量：商品平均每月的销量。

(2) 安全存量：为了保证销售而不至于断货的最低库存量。其计算公式为安全存量＝日均销量×紧急补货所需的时间。

(3) 最高存量：在保证销售的情况下，能加快商品周转的最高库存量。其计算公式为最高存量＝日均销量×(正常补货所需的时间＋补货周期)＋安全存量。

(4) 补货周期：前后两次补货间隔的时间(天数)。

(5) 补货点：当商品的可销售量到了某存量水平(大于安全存量，小于最大库存量)时，需要进行补货的数量点。其计算公式为补货点＝日均销量×正常补货所需的时间＋安全存量。

(6) 补货量：补货时，可以补充的数量。其计算公式为补货量＝最大库存量－现有可销售量＋日均销量×正常补货所需的时间。

(7) 紧急补货点：当商品可销量等于(或小于)安全存量时，视为紧急补货点。其计算公式为紧急补货点＝安全存量＝平均日销量×紧急补货所需的时间。

(8) 紧急补货量：紧急补货时，可以补充的数量。其计算公式为紧急补货量＝最大存量－现有可销售量＋日均销量×到货日期。

商品数量指标和时间指标关系如图 3-4 所示。

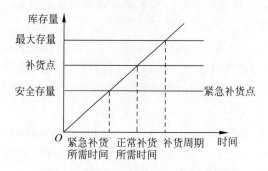

图 3-4　商品数量指标和时间指标关系

例如，某商品的日均销量为 20 个/日，补货周期为 7 天，正常补货所需时间为 5 天，紧急补货时间为 3 天，则安全存量＝20×3＝60 个，最高存量＝20×(7＋5＋3)＝300 个，补货点＝20×(5＋3)＝160 个，补货量＝300－160＋20×5＝240 个，紧急补货点＝60 个，紧急补货量＝300－60＋20×3＝300 个。

案例 3-1

亚马逊公司的库存管理

亚马逊(www.amazon.com)是世界上最著名的网上商店，其库存管理采用库存与货位相绑定的形式，基本原则是：①检货区与存货区分离；②货位与库存数量绑定。将检货区和存货区分离，带来的好处是，一方面可以缩短检货员的检货路径，另一方面可以使存货区采用立体存储方式，提高了存储密度。

亚马逊库存管理采用 Bin 系统(货位系统)，操作流程如下。

(1) 收货。收货时实际是将采购订单看作一个货位，运货车看作另外一个货位，收货员将货品逐个从采购订单的货位转移到运货车的货位上。这样操作,不仅精度高,而且效率也高。

(2) 上架。上架实际上就是将货品从待上架的货位(运货车),转移到存储用的货位上的过程。

上架操作按批次进行,每一个运货车作为一个批次,一个批次中包含多次上架操作。每一次上架操作只涉及一个SKU(Stock Keeping Unit,最小存货单位)。在操作时,需要输入系统的信息为上架SKU、目标货位、上架数量(批次号中已经包含了运货车货位的信息)。

在Bin系统下,由于货位和货品数量相绑定,因此在上架操作时,不要求将一个SKU一次性地放到同一个货位上,而是可以根据货架的实际剩余情况灵活安排到两个、三个甚至更多的货位上。

由此可见,在Bin系统下,上架员具有相当的灵活性,看到哪里有空隙,就可以将货品放到哪里。这样的仓库,虽然看起来会很凌乱,货架上放着各种各样的东西,杂乱无章,但实际上所有的信息都存储在货位系统中,可以随时满足各种库存操作要求。

(3) 盘点。在Bin系统下,每一个存储货位中,分别有几个SKU,每个SKU有多少数量,这些信息都存储在货位系统中。并且,由于每一次库存实物操作都与系统信息相对应,因此实物与系统信息能保持同步更新。

在此情况下,盘点可以在任意时间进行,可以对任意货位操作;另外,在盘点的同时还可以进行上架、检货等操作,这对盘点精度完全没有任何影响。这是其他系统所无法做到的。

(4) 检货。在Bin系统中,由于货位与货品数量绑定,因此在生成检货批次的同时,可以指定检货货位。

例如,订单中需要10个SKU A货品,而当前可用库存共计有23个SKU A货品,这23个货品分别位于Location A、B、C上,分别有8个、9个、6个,则系统可使用其中的10个,例如从Location A、B上分别占用8个和2个,则Location A上的8个货品以及Location B上的2个货品,其库存属性会设置为"订单占用库存"。

检货时,根据所有已占用库存货位的位置,自动规划出检货路径。检货时,只能检出"订单占用库存",而不能检出普通库存。

检货时检出的货品,放在检货容器中,检货容器同样也是一种特殊的货位。

(5) 出货。出货时,订单中包含的货品,从检货容器中转移到包裹,包裹号一样可以追踪。

综上所述,Bin系统将货品、货位、数量的绑定关系做到了极致。这样做的好处,不但支撑起了亚马逊每年400亿美元的销售规模,并且今后完全可以支持更大的规模。

当然了,Bin系统虽然实现了库存管理的精密化,但是也付出了非常高的成本。首先,Bin系统数据库虽然结构相对较简单,但是数据量很大,任何的库存转移操作都必须与系统同步,造成了数据库的读写负荷极大,必然要求数据库系统具备很高的可靠性和稳定性;其次,库存转移操作与信息系统同步,需要昂贵的移动设备,每个操作人员都必须配备,投资成本巨大。以最常用的 RF 移动扫描枪为例,一台就要将近 8000 元,设备成本非常高。

总体上,Bin 系统的要点如下。

(1) 仓储中,用于存放货物的物理空间都标记为货位,货位与货品、货品库存数量绑定。

以收货过程为例,在 Bin 系统中,操作人员在收到采购订单货物后,将其放在运货车(托盘或者小车)上,这时运货车就是一个容器。运货车有自己的编号(即相当于货位编号),在此运货车上的所有货品与其数量都绑定了起来。

运货车和采购订单是多对多的关系,也就是说,若采购订单比较大,其货品可以放在多个运货车上,而采购订单较小时,也可以将多个采购订单放在同一个运货车上。

在使用 Bin 系统后,明显可以看到两个好处:

① 以前收货时,往往在清点货物并确认数量之后,才在系统中确认收货数量;而采用 Bin 系统后,可以认为采购订单就为一个货位,而收货动作就是将货品从采购订单的货位中转移到运货车的货位上。因此收货操作时,可以采用一边扫描一边收货的方式。这样做,不但将收货和点数结合了起来,提高了工作效率,更为重要的是,扫描的过程实际上就是点数的过程,收货人员可以将精力放在检查货品是否合格上,提高了收货质量。

② 收货后,由于运货车上的货品及其数量在系统中已有记录,上架员可以直接上架。上架时直接按照运货车的数据即可,而不用去匹配采购订单数据。这样做,减轻了上架员的工作量,提高了精确度。

(2) 不同的货位,有不同的属性,对应不同的操作任务。

货品在库存中,实际是处于不断流转的过程中,涉及的操作有收货、上架、存储、检货、发货,其中检货、发货有可能是由于订单、调拨、退货的需求而发起。将各个操作环节中涉及的货位设置为不同的属性,进行相对应的操作。

也就是说,收货使用的货位只能用于收货及其相关的操作,即如果是上架,就不能用于检货;退货检货时使用的货位也只能用于退货检货,而不能用于订单检货。

这样规定后,某一货位只能用于与其属性相关联的操作,而不能被滥用,减少了操作中的错误。例如,收货完成后,收到的货品只能放到收货处的运货车上,而不能放到检货使用的运货车中,这样不会发生错乱。

(3) 数据结构设计,SKU 与 Location 是多对多的关系,某一 SKU 可以存放于多个 Location,某一个 Location 也可以存放多个 SKU。

每一个 SKU 在每一个 Location 中的数量都做了记录。另外,还需要再引入当前库存属性的概念,对应库存结构中所指的几种分类,如表 3-5 所示。

表 3-5 库存数据结构

SKU	货位	数量	属性
SKU 1	Location 1	Q1	属性 1
SKU 1	Location 2	Q2	属性 2

续表

SKU	货位	数量	属性
SKU 2	Location 2	Q_3	属性 3
SKU 3	Location 2	Q_4	属性 4
...	...	...	...

（4）任何货位变更的操作，都必须与信息系统同步。例如，在移货（货品从一个货位上移到另外一个货位）操作中，需要输入系统的参数有：移动货品 SKU 编号、移动货品数量、源货位、目标货位。将某一个 SKU A 从 Location A 移动 N 个到 Location B，在移货操作前后，信息系统中相关货位的数据记录，如表 3-6 所示。

表 3-6 移货操作中信息变化情况

移货操作	SKU	货位	数量
之前	SKU A	Location A	数量 1
	SKU A	Location B	数量 2
之后	SKU A	Location A	数量 $1-N$
	SKU A	Location B	数量 $2+N$

再例如，在检货时，若检查一件货品（实物），需要在系统中输入货品所在货位、货品 SKU 编号、货品的数量。在实际的检货操作中，往往是系统指定了货位，操作人员按照系统的提示走到某个货位，取下货品，扫描 SKU 即可完成检货操作。

习题与思考

1. 举例说明商品管理的主要内容。
2. 数字化陈列商品一般要遵循哪些策略？
3. 亚马逊库存管理有哪些特色？

第 4 章　运营数据分析

数字经济时代,数据分析能力对于运营人员越来越重要。利用数据处理与分析技术,不仅可以洞察用户行为,建立多渠道的营销体系,而且可以使相关人员获得整体的系统思维框架,脱离单纯的"取数""做表""写报告"的困扰,从而能更好地指导企业业务运营。例如,通过数据明确现有用户的画像,找到行业用户的核心关注点,进而实行精细化的运营以提升用户的复购;通过梳理数据,整理出可以实际指导业务的指标,用以指导用户增长和转化;通过数据分析用户体验产品的核心路径,引导更多用户体验到产品核心,成为"高转化可能"的用户等。

4.1　数据分析概述

4.1.1　数据分析的作用

对于运营来说,产品思维和营销策划能力是最重要的。然而,数据分析能力对于运营人员也是非常重要的。对于运营而言,数据分析的作用主要包括以下 3 点:

(1) 具体化地描述当前产品的状态、用户的状态,发现问题,帮助做出运营决策;

(2) 验证所做的运营策略是否有效;

(3) 探索与预测未来的可能性,实现产品与运营的优化。

数据分析的 3 个作用是逐级递进的,从现有行为挖掘数据,通过数据反推行为,再通过数据预测未来。数据分析不可能脱离产品,所有分析的数据源自产品与用户行为,分析的结论又服务于产品和激活用户行为。这样,通过对数据进行洞察、分析,反推客户的需求,然后创造更多符合需求的增值产品和服务,并重新推荐给用户使用,从而形成了一个完整的业务闭环。

4.1.2　数据分析的目的

越来越多的公司在大数据部门或业务部门设立数据分析岗位,对于企业来讲,数据分析可以辅助企业优化流程,降低成本,提高营业额,并为所有职场人员做出迅捷、高质、高效的决策,提供可规模化的解决方案。而对于产品和运营而言,数据分析的最终目的就是解决问题。借助于数据分析手段,可以帮助决策者和运营人员重点关注利润、成本、产品增长、用户增长和需求等指标,做出合理的判断和抉择。

4.1.3　数据分析的步骤

所有商业数据分析都是以业务场景为起始思考点,以业务决策为终点。其分析流程一般分为以下 5 个步骤。

(1) 挖掘业务含义。理解数据分析的背景、前提以及想要关联的业务场景是什么,明确分析的目标。即在做数据分析之前,需要知道为什么要做数据分析以及想要达到什么效果。

例如,为了对用户进行分层,评估产品改版后的效果较旧版提升了多少,或通过数据分析找到产品迭代的方向等。

(2) 制订分析计划。包括如何对场景拆分,如何推断。

(3) 拆分查询数据。从分析计划中拆分出需要的数据,真正落地分析本身。

(4) 提炼业务洞察。根据数据,洞察、判断、提炼、分析,得出结果。

(5) 做出商业决策。根据结果,做出商业决策。

例如,某互联网金融理财类网站,市场部在百度和 hao123 上都有持续的广告投放,吸引网页端流量。最近内部人士建议尝试投放神马移动搜索来获取流量,或评估是否加入金山网络联盟进行深度广告投放。在这种多渠道的投放场景下,如何进行深度决策?按照以上所述的 5 个分析步骤,具体处理过程如下。

(1) 挖掘业务含义。首先要了解市场部想优化什么。对于渠道效果评估,重要的是业务转化。是否发起"投资理财"要远重要于"用户访问数量"。所以无论是神马移动搜索渠道还是金山网络联盟渠道,重点在于如何通过数据手段衡量转化效果。当然也可以进一步根据转化效果,优化不同渠道的运营策略。

(2) 制订分析计划。以"投资理财"为核心转化点,分配一定的预算进行流量测试,观察对比注册数量和最终转化的效果,以及这些人重复购买理财产品的次数,进一步判断渠道质量。

(3) 拆分查询数据。既然分析计划中需要对比渠道流量,那么就需要各个渠道的流量追踪、落地页停留时间、落地页跳出率、网站访问深度以及订单等类型数据,以便进行深入分析和落地。

(4) 提炼业务洞察。根据搜集的数据,对比神马移动搜索和金山网络联盟投放后的效果,根据流量和转化两个核心 KPI,观察结果并推测业务含义。如果神马移动搜索投放效果不好,可以思考产品是否适合移动端的客户群体;或者仔细观察落地页表现是否有可以优化的内容等,需找出业务洞察。

(5) 做出商业决策。根据数据洞察,指引做出投放渠道的决策。例如停止神马移动搜索的投放,继续跟进金山网络联盟进行评估;或优化移动端落地页,更改用户运营策略等。

4.1.4 数据分析常用方法

1. 数字和趋势

数字和趋势是展示信息最基础的方法。通过直观的数字或趋势图表,迅速了解市场的走势、订单的数量、业绩完成的情况等,从而直观快速地看懂数据,做出准确和实时的决策。例如,将网站的访问用户量(UV)和页面浏览量(PV)等指标汇聚到统一的数据看板(Dashboard),并且实时更新,这样核心数字和趋势一目了然,如图 4-1 所示。

2. 维度分解

当单一的数字或趋势过于宏观时,可以通过不同的维度对数据进行分解,以获取更加精细的数据洞察。但在选择维度时,需要思考其对于分析结果的影响。例如,当监测到网站流量异常时,可以通过拆分地区、访问来源、设备、浏览器等维度,发现问题所在,这样就能聚焦相应的问题,如图 4-2 所示。

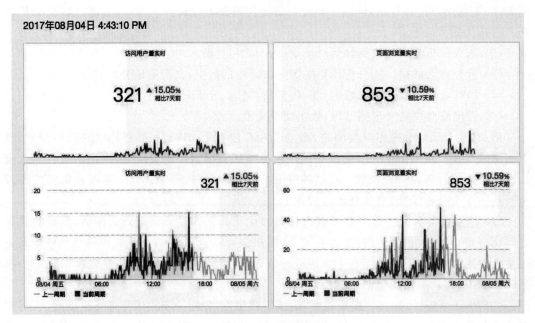

图 4-1 趋势图表

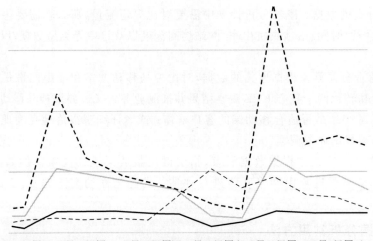

图 4-2 数据分解

3. 用户分群

针对符合某种特定行为或背景信息的用户,进行归类处理,并进行用户画像。如针对"北京"用户群体,可画出他们购买产品的频度、类别、时间、支付失败等特征,这样就可以进行针对性的用户运营和产品优化。

4. 转化漏斗

绝大部分商业变现的流程,都可以归纳为漏斗,通过漏斗分析可以还原出用户转化的路径以及每个转化节点的效率(如整体转化率、单步转化率、流失率、流失的用户特征等)。

5. 行为轨迹

数据指标本身往往只是真实情况的抽象,例如,网站分析如果只看访问用户量(UV)和页面浏览量(PV)这类指标,是无法全面理解用户如何使用该产品的。通过大数据手段,还原用户的行为轨迹,有助于发现用户的实际体验、具体问题,今后能根据用户使用习惯设计产品、投放内容。

例如,某位用户在某电子商务平台上的详细行为轨迹为:从打开官网、首页,再到商品详情页,最后又回到官网首页。通过分析上述用户行为轨迹,可以发现平台存在的一些产品和运营的问题(例如是否商品不匹配等),从而为决策提供依据,如图4-3所示。

图4-3 行为轨迹

6. 留存分析

在流量饱和的时代,留住一个老用户的成本要远远低于获取一个新用户。可以通过数据分析理解留存情况,也可以通过分析用户行为或行为组与回访之间的关联,找到提升留存老用户的方法。如在 LinkedIn 上,添加联系人就成为留存用户的核心手段。

7. A/B 组测试

A/B 组测试用来对比不同产品设计/算法对结果的影响,或用来完成对不同渠道、内容、广告创意的效果评估。

8. 数学建模

当一个商业目标与多种行为、画像等信息有关联性时,通常会使用数学建模、数据挖掘的手段进行分析,预测该商业的结果。

4.1.5 指标体系

信息流、物流和资金流是电子商务的3个最为重要的资源。而电子商务信息系统最核心的能力是大数据能力,包括大数据处理、数据分析和数据挖掘能力。

无论是电子商务平台(如淘宝)还是在电子商务平台上销售产品的卖家,都需要掌握大数据分析的能力。越成熟的电子商务平台,越需要通过大数据能力驱动电子商务运营的精细化,更好地提升运营效果,提升业绩。构建系统的电子商务数据分析指标体系是电子商务精细化运营的重要前提。电子商务数据分析指标体系分为8类指标,包括总体运营指标、网站流量指标、销售转化指标、客户价值指标、商品类指标、市场营销活动指标、风险控制指标和市场竞争指标。不同类别指标对应电子商务运营的不同环节，如网站流量指标对应的是网站运营环节，销售转化、客户价值和市场营销活动指标对应的是电子商务销售环节。

1. 总体运营指标

总体运营指标包括流量类指标、订单产生效率指标、总体销售业绩指标和整体指标。其中流量类指标包括访问用户量（UV）、页面浏览量（PV）和人均页面访问数。订单产生效率指标包括总订单数量和访问到下单转化率。总体销售业绩指标包括成交金额（GMV）、销售金额和客单价。整体指标包括销售毛利和毛利率。

2. 网站流量指标

网站流量指标包括流量规模类指标、流量成本类指标、流量质量类指标和会员类指标。其中流量规模类指标包括访问用户量（UV）和页面浏览量（PV）。流量成本类指标包括访客获取成本。流量质量类指标包括跳出率、页面访问时长和人均页面访问数。会员类指标包括注册会员数、活跃会员数、活跃会员率、会员复购率、会员平均购买次数、会员回购率和会员留存率。

3. 网站销售转化指标

网站销售转化指标包括购物车类指标、下单类指标、支付类指标和交易类指标。其中购物车类指标包括基础类统计（如加入购物车次数、加入购物车买家数和加入购物车商品数）和转化类统计（如购物车支付转化率）。下单类指标包括基础类统计（如下单笔数、下单金额和下单买家数）和转化类统计（如浏览下单转化率）。支付类指标包括基础类统计（如支付金额、支付买家数和支付商品数）和转化类统计（如浏览-支付买家转化率、下单-支付金额转化率、下单-支付买家数转化率和下单-支付时长）。交易类指标包括成功类统计（如交易成功订单数、交易成功金额、交易成功买家数和交易成功商品数）、失败类统计（如交易失败订单数、交易失败订单金额、交易失败订单买家数和交易失败商品数）和退款统计（如退款总订单量、退款金额和退款率）。

4. 客户价值指标

客户价值指标包括客户指标、新客户指标和老客户指标。其中客户指标包括累计购买客户数和客单价。新客户指标包括新客户数量、新客户获取成本和新客户客单价。老客户指标包括消费频率、最近一次购买时间、消费金额和重复购买率。

5. 商品类指标

商品类指标包括产品总数指标、产品优势性指标、品牌存量、上架和首发。其中产品总数指标包括 SKU 数、SPU 数和在线 SPU 数。产品优势性指标包括独家产品收入比重。品牌存量包括品牌数和在线品牌数。上架包括上架商品 SKU 数、上架商品 SPU 数、上架在线 SPU 数、上架商品数和上架在线商品数。首发包括首次上架商品数和首次上架在线商品数。

6. 市场营销活动指标

市场营销活动指标包括市场营销活动指标和广告投放指标。其中市场营销活动指标包括新增访问人数、新增注册人数、总访问次数、订单数量、下单转化率和 ROI。广告投放指标包括新增访问人数、新增注册人数、总访问次数、订单数量、UV 订单转化率和广告投资回报率。

7. 风险控制指标

风险控制指标包括买家评价指标和投诉指标。其中买家评价指标包括买家评价数、买家评价卖家数、买家评价上传图片数、买家评价率、买家好评率和卖家差评率。投诉指标包括发起投诉(申诉)数、投诉率和撤销投诉(申诉)数。

8. 市场竞争指标

市场竞争指标包括市场份额相关和网站排名。其中市场份额相关包括市场占有率、市场扩大率和用户份额。网站排名包括交易额排名和流量排名。

4.1.6 数据分析工具与技能

数据分析常用的工具有统计分析、可视化辅助工具、大数据处理框架、数据库、数据仓库/商业智能、数据挖掘工具、人工智能、挖掘算法和编程语言。

(1) 统计分析，如大数定理/抽样推测规律/秩与检验/回归分析/方差分析等。
(2) 可视化辅助工具，如 Excel/PPT/Xmind/Visio。
(3) 大数据处理框架，如 Hadoop/Kafka/Strom/ELK/Spark。
(4) 数据库，如 SQLite/MySQL/MongoDB/Redis/Cassandra/Hbase。
(5) 数据仓库/商业智能，如 SSIS 数据仓库/SSAS 多维数据集/SSRS 数据报表/DW2.0。
(6) 数据挖掘工具，如 Matlab/SAS/SPSS/R/Python。
(7) 人工智能，如知识图谱/机器学习。
(8) 挖掘算法，如数据结构/一致性/常用算法。
(9) 编程语言，如 Python/R/Ruby/Java。

4.1.7 数据分析举例

下面分别对数据收集、数据分析的方法及常用模型进行举例说明。

1. 数据收集

在正式进行数据分析前，做的准备工作之一就是收集数据。收集数据，首先要做好数据埋点。所谓"埋点"，就是在正常的功能逻辑中添加统计代码，将自己需要的数据统计出来。目前主流的数据埋点方式有两种：一是自己研发，开发时加入统计代码，并搭建自己的数据查询系统；二是利用第三方统计工具。常见的第三方统计工具有以下 2 种。

(1) 网站分析工具，如 Alexa、中国网站排名、网络媒体排名(iWebChoice)、Google Analytics、百度统计。
(2) 移动应用分析工具，如 Flurry、Google Analytics、友盟、TalkingData、Crashlytics。

那么通过哪些数据指标能帮助人们更好地选取数据呢？主要有以下 5 个。

(1) 新增：新用户增加的数量和速度，如日新增、月新增等。
(2) 活跃：有多少人正在使用产品，如日活跃(DAU)、月活跃(MAU)等。用户的活跃数越多，越有可能为产品带来价值。
(3) 留存率：用户多长时间内使用产品，如次日留存率、周留存率。
(4) 传播：平均每位老用户会带来几位新用户。
(5) 流失率：一段时间内流失的用户占这段时间内活跃用户数的比例。

2. 数据分析

完成数据收集的工作后，接下来需要对收集的数据进行分析，如进行商品销售分析。

商品销售分析是通过对一段时间内的全部商品或特定商品的销售数量与销售金额进行分析,并出具一定数量的分析报告,以加快商品周转,提高资金的使用效率,减少库存,降低成本。在进行销售预测时,一般需要考虑外部和内部两方面的因素。其中,外部因素包括需求动向、经济变动、同业竞争动向、政策变化;内部因素包括营销策略、销售政策、销售人员、供货状况。常见的分析方法主要有 ABC 分析法、商品周转率分析法、交叉比率分析法、贡献度分析法等。

另外,在数据资料收集完之后,还需要运用定性和定量的方法对未来销售状况进行预测。定性预测可采用市场调研法和判断分析法,定量预测可采用趋势预测分析法、算术平均法、移动加权法、指数平滑法和因果预测分析法(包括回归分析法和时间序列法)。

案例 4-1

某个网站产品功能效果和运营状况分析

在分析网站产品效果时,需要重点关注上线的功能是否受欢迎、用户是否会重复使用、流程优化效果和留存状况。如何来定量分析以上一些关注的指标呢?

对于功能是否受欢迎,可以使用新功能活跃用户数/同期活跃用户数来进行衡量;用户是否会重复使用,可使用重复使用比例(第 N 天继续使用用户数/第一天使用用户数)来衡量;对于流程优化效果,可使用转化率(走到下一功能用户数/上一功能用户数)、完成率(完成一功能的用户数/第一步功能的用户数)来衡量;对于留存状况,可使用留存率(次日留存率、7 日留存率、21 日留存率、30 日留存率)来进行衡量。

对于网站运营状况,可使用漏斗分析法、AARRR 用户增长模型、交叉分析法、RFM 用户模型和八角用户行为模型等,对市场容量、行业消费趋势、品类结构、产品(行业)生命周期、消费者结构、竞争状况、库存状况等来进行衡量。

1. 漏斗分析法

漏斗分析法是用来分析从潜在用户到最终用户的过程中用户数量的变化趋势,从而寻找最佳的优化空间。漏斗分析法可用于优化购物流程。漏斗模型刻画了用户从进入网站到最终购买商品的变化过程(理想化的漏斗模型)。对数据进行汇总,若"浏览商品"同行业的转化率是 45%,而某网站只有 40%,就需要分析原因,有针对性地优化和改善。实际用户行为复杂,需要对路径进行优化,如图 4-4 所示。

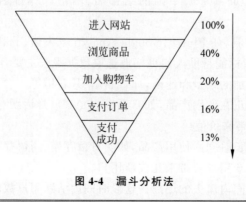

图 4-4 漏斗分析法

2. AARRR 用户增长模型

AARRR(Acquisition、Activation、Retention、Revenue、Refer)是硅谷的一个风险投资人戴维·麦克鲁尔于 2008 年创建的,分别是指获取、激活、留存、收入(即变现)和推荐,如图 4-5 所示。AARRR 模型主要用于衡量引流渠道的好坏,或用来对用户分层。该模型强调了数据驱动的用户增长的运营策略,不过该模型也存在一定的问题。

图 4-5 AARRR 模型

(1) 如果在产品初期无法获得多维度的用户数据,如何能低成本获取多维度的高价值用户行为数据(增长成本)?

(2) 除了通过长期数据监控做用户增长的运营分析,有没有其他周期更短的更高效的能增长用户的方案(增长效率)?

(3) 每一层漏斗都会漏掉不满足目标条件的用户,为了能获取同样数量的最终的目标用户,在获取层如何能直接找到高质量和高潜力的目标用户(增长质量)?

为了解决 AARRR 用户增长模型的这些问题,这就需要结合其他模型来帮助设计其用户增长策略(例如八角用户行为模型)。

具体来看 AARRR 用户增长模型的 5 个阶段。

(1) 获取用户:让潜在的用户首次接触到产品,或者可以更宽泛地理解为"吸引流量"。其途径多样,如搜索引擎发现、单击网站广告进入、看到媒体报道下载等。

(2) 激发活跃:获取到用户后下一步是引导用户完成某些"指定动作",使之成为长期活跃的忠诚用户。"指定动作"可以是填写一份表单、下载一个软件、发表一篇内容、上传一张照片,或是任何促使他们正确而高效使用产品的行为。

(3) 提高留存:用户来得快,走得也快。产品缺乏黏度,导致的结果是一方面新用户不断涌入,另一方面他们又迅速流失。通常留住一个老用户的成本要远远低于获取一个新用户的成本。因此提高用户留存,是维持产品价值、延长生命周期的重要手段。

(4) 增加收入:商业主体都是逐利的,绝大多数创业者最关心的就是收入。即使是互联网时代的免费产品也应该有其盈利模式。

(5) 传播推荐:社交网络的兴起促成了基于用户关系的病毒传播,这是低成本推广产品的全新方式,运用妥当将可能引起爆发式增长。

如果单从数据表面来看,如图 4-6 所示,渠道 A 会更划算,但实际这种结论是有问题的,用 AARRR 用户增长模型具体分析如图 4-7 和图 4-8 所示。

渠道 A 的单个留存用户成本是 60 元,单个付费用户成本是 300 元;而渠道 B 的单个留存用户成本是 20 元,单个付费用户成本是 33 元,这样对比下来,明显渠道 B 的优势

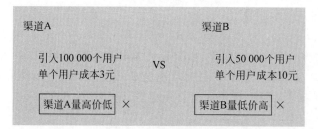

图 4-6 渠道对比

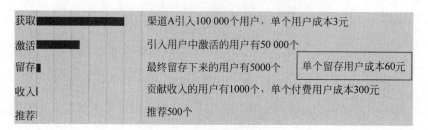

图 4-7 渠道 A 数据分析

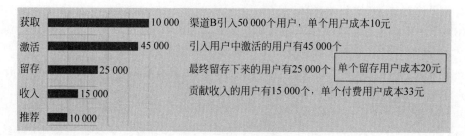

图 4-8 渠道 B 数据分析

远远大于渠道 A。

3. 交叉分析法

交叉分析法是把纵向对比和横向对比综合起来,对数据进行多角度的结合分析的一种方法。例如表 4-1 中数据,从"客户端+时间"来看,可得出如下结论:iOS 端每个月的用户数在增加,而 Android 端在降低,总体数据几乎没有增长。基于此,人们需要分析 Android 端二季度新增用户数据为何下降,这时加入渠道维度。

表 4-1 "客户端+时间"iOS 和 Android 对比

客户端	时间			总计
	4 月	5 月	6 月	
iOS	36 000	45 000	60 000	141 000
Android	150 000	140 000	130 000	420 000
总计	186 000	185 000	190 000	561 000

若从"客户端+时间+渠道"来分析,数据如表 4-2 所示,则 Android 端 A 预装渠道占比较高,且呈下降趋势;其他渠道的变化不明显。因此得出结论:Android 端在二季度新增用户降低主要是由于 A 预装渠道降低。综合来看,交叉分析的主要作用是从多个角度细分数据,从中发现数据变化的具体原因。

表 4-2 "客户端+时间+渠道"iOS 和 Android 对比

客户端	渠道	时间			总计
		4 月	5 月	6 月	
iOS	App Store	35 000	43 500	58 000	136 500
	越狱渠道	1000	1500	2000	4500
	总计	36 000	45 000	60 000	141 000
Android	A 预装渠道	100 000	80 000	70 000	250 000
	B 市场渠道	40 000	49 500	48 500	138 000
	C 地推渠道	6000	6000	7000	19 000
	D 广告渠道	4000	4500	4500	13000
	总计	150 000	140 000	130 000	420 000
总计		186 000	185 000	190 000	561 000

4. RFM 用户模型

RFM 用户模型是衡量客户价值和客户创利能力的重要工具和手段。依据 RFM 的 3 个指标最近一次消费(Recency)、消费频率(Frequency)、消费金额(Monetary),或最后一次登录、登录频率、产品使用时间 3 个指标,对用户进行定性分析,以确定各用户群体的行为特征。RFM 用户模型可用来对用户分层。具体方法是,每个指标按照实际情况,分成 5 档,共形成 125 类的用户。然后为了执行方便,把 125 类的用户归纳成 8 类(如图 4-9 所示),最后针对不同用户制定不同的有效运营策略。

类别	R	F	M
重要价值用户	高	高	高
重要发展用户	高	低	高
重要保持用户	低	高	高
重要挽留用户	低	低	高
一般价值用户	高	高	低
一般发展用户	高	低	低
一般保持用户	低	高	低
一般挽留用户	低	低	低

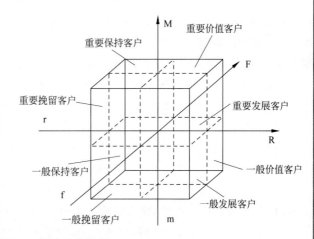

图 4-9 客户价值分类

5. 八角用户行为模型

八角用户行为模型使用八角形状,由对应的八个维度的核心驱动力构成。八大核心驱动力可以帮助人们去设计一个在用户不同的使用阶段具有不同的产品形态和侧重点的产品,让用户乐于使用产品,获得更多的用户价值转化,最终形成一个不断完善的产品体系,为用户提供更多高质量的产品和服务。该模型可应用于产品的用户增长策略设计,如图 4-10 所示。

以拼多多"好友砍价"为例,如图 4-11 所示。

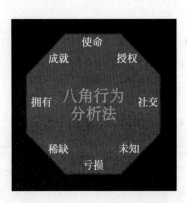

图 4-10　八角用户行为模型

图 4-11　拼多多"好友砍价"

(1) 使命：发起者提供的使命目标是在有限时间内完成砍价任务。用户的物质欲望驱使用户去完成使命,砍价任务进程中又会不断强化用户的使命感。

(2) 成就：成就在于用户通过动用自己人脉完成砍价任务,成功 0 元拿到任务奖品。成就本身并不在于获得礼物,更在于用户自身人脉价值的物质映射,给用户成就感。

(3) 拥有：奖品图片与简介详情页驱使用户,完成任务即可拥有该商品。

(4) 稀缺：还剩××小时结束的提示语不停地提示用户,奖品是稀缺的,必须在时间要求内完成砍价。提升用户的参与紧迫感与投入度。

(5) 逃避：逃避在于两方面,一方面,用户可以逃避传统购买的方式获得奖品；另一方面,任务奖品由平台选择并提供,让用户逃避了去主动筛选商品并购买的过程,直接触达购买行为。

(6) 未知：已砍××元是用户在任务进程中已知的要素,但最终任务结束能够砍掉多少元是未知的,对于未知的好奇心驱使用户去参与任务。

(7) 社交：顾名思义,"好友"砍价是基于微信社交链建立的逻辑,没有好友关系社交链,任务无法开展。同时,社交链的利用也提升了活动的门槛与趣味性。

(8) 授权：帮助好友进行砍价的用户,为砍价活动创造了自己的用户价值。不同用户砍掉的金额不同,每一个用户砍掉的金额都是崭新的,这更是创造的奥义。

4.2 知识图谱

4.2.1 知识图谱概述

知识图谱这一概念由 Google 首先提出,通俗来讲,知识图谱用点表示现实世界中的实体,用边表示实体间的关系。近年来,随着认知智能技术的深入发展,知识图谱的内涵也愈加丰富,已成为大数据时代的一种重要的知识表示形式。

1. 知识图谱的含义

知识图谱可被视为一种大规模的语义网络,其主要以结构化三元组的形式表示并存储现实世界中的实体、概念,以及它们之间的各种语义关系。

遵循图的表示形式,知识图谱可表示为 $G=(E,R)$,其中 $E=\{e_1,e_2,\cdots,e_{|E|}\}$,表示实体的集合;$R=\{r_1,r_2,\cdots,r_{|R|}\}$,表示关系的集合;$G$ 中的每个元素称为事实、关系实例或三元组实例,主要表现为三元组的形式 (h,r,t),其中 $h\in E,t\in E,r\in R$,分别称为头实体(Head Entity)、尾实体(Tail Entity)以及它们之间的关系。

当在描述某个实体或概念的属性时,三元组中的关系也被称为属性,相应地,尾实体也被称为属性值。当前已公开的知识图谱包括 WordNet、FreeBase、DBpedia。Google 也公开表示已将知识图谱应用到自己的搜索引擎中,国内的百度也拥有自己的知识图谱——百度知心,搜狗也将自己的知识图谱——知立方应用到搜狗搜索引擎中。

当然知识图谱不只是可以运用在搜索引擎中,还能应用到营销中:企业最重要的是挖掘潜在用户,有用户企业才有利润。当今时代营销最重要的一点就是要理解用户。知识图谱可以结合多个数据源挖掘实体间的关系,更好地理解用户。例如可以利用知识图谱发现有共同喜好的组织,从而可以指定针对某一组织的营销策略,总之,知识图谱可以帮助公司理解用户。

知识图谱还会经常在商业运营及金融保险中出现,尤其是在智能金融(AIFin)中。通过将人工智能核心技术(机器学习、知识图谱、自然语言处理、计算机视觉)作为主要驱动力,为金融行业的各参与主体、各业务环节赋能,以助力金融场景实现智能化,推动金融行业产品创新、流程再造、服务升级,从而实现金融业务的智能化。

2. 知识图谱的作用

1) 知识是比数据更为重要的资产

知识图谱的核心在于"知识"。在大数据的时代,数据与信息过载已成为常态,而知识作为对信息加工提炼后的结果,是比数据更为重要的资产,对于人类的认知与决策将产生重要的指导意义。如果将数据比作石油,那么知识就好比是石油提纯后的萃取物。石油固然能够输出直接的价值,然而其深加工后的萃取物才是真正的精华所在。

2) 知识图谱是实现机器认知智能的重要基石

所谓认知智能,是指让机器具备与人类一般的认知世界的能力,人们之所以认为知识图谱是实现机器认知智能的重要基石,主要源于它在以下三方面的突出能力。

(1) 知识图谱有助于提高机器对海量信息的组织与管理能力。知识图谱主要是基于人工智能符号主义的思想,将现实世界中海量的信息表达为人类认知世界的形式,即实体、概念以及关系,将这些符号化的表示赋予机器,可为机器有效组织与管理这些信息提供关键性的支持。

(2) 知识图谱有助于增强机器对自然语言的理解能力。之所以说机器难以理解人类的自然语言,其本质原因在于自然语言自身的复杂性、歧义性与模糊性。从技术上来说,知识图谱中的关系抽取技术正是为实现上述自然语言理解任务而诞生的。通过开放关系抽取方法,可从文本中抽取实体以及实体之间表现为自然语言形式的关系。

(3) 知识图谱有助于提升机器自身的学习与推理能力。机器能够通过知识图谱符号化的表示方法对客观世界中海量的信息进行建模与表示,在获得广泛认知的过程中提高自身的学习能力。

3. 知识图谱的构建方式

知识图谱的构建方式一种是以 Freebase、Yago2 为代表的 Curated KBs,直接从维基百科和 WordNet 等知识库中抽取大量的实体及实体关系而形成的一种结构化的、策划过的知识库;另一种是以 Stanford OpenIE、卡耐基梅隆大学的 Never-Ending Language Learning (NELL) 为代表的 Extracted KBs,直接从上亿个非结构化网页中抽取实体关系三元组(如"Obama""was also born in""Honolulu")的知识库。

知识库与图谱的构建流程一般需经过知识获取、知识抽取、知识融合、知识验证、知识计算与应用 5 个阶段。

(1) 知识获取:数据爬取与存储,即从不同来源、不同结构的原始数据源中爬取数据,并存入 MongoDB、MySQL、PostgreSQL 等数据库。建议优先爬取权威的、稳定的、数据格式规整且前后一致、数据完整的网页,优先考虑免登录、免验证码、无访问限制的页面,并爬取时间、来源(source)或网页地址(URL)。

(2) 知识抽取:对爬取的数据进行实体命名识别(name entity recognition)或标注、关系抽取、识别、实体统一(entity resolution)和指代消解,最后得到大量的三元组。当然,三元组还是一种较为基础的知识表示方式,进一步还可以将三元组中的内容(包括实体和关系)表示为稠密的低维向量,以实现对实体和关系的分布式表示。

对不同种类的数据抽取需要采用不同的技术。对于纯文本数据,会涉及许多自然语言处理技术,如分词、词性标注、分布式语义表达、篇章潜在主题分析、同义词构建、语义解析、依存句法、语义角色标注、语义相似度计算等。而对于分布在互联网上的知识,目前常常以分散、异构、自治的形式存在,另外还具有冗余、噪声、不确定、非完备的特点,清洗并不能解决这些问题,因此需要从这些知识出发,通过融合和验证的步骤,将不同来源、不同结构的数据融合成统一的知识图谱,以保证知识的一致性,如图 4-12 所示。

(3) 知识融合:目的是能够将不同的知识图谱融合为一个统一、一致、简洁的形式,为使用不同知识图谱的应用程序间的交互建立可能。换句话说,就是对从不同数据源获取的知识(三元组)进行整合,构建数据之间的关联。内容包括本体匹配(也称为本体映射)、实体对齐(也称实体匹配)、冲突消解、规范化等。知识融合的难点在于:①实现不同来源、不同形态数据的融合;②海量数据的高效融合;③新增知识的实时融合;④多语言的融合。

(4) 知识验证:包括关系的补全(enrichment)、纠错、外链、更新各部分,确保知识图谱的一致性和准确性。一个典型问题是,知识图谱的构建不是一个静态的过程,当引入新知识时,需要判断新知识是否正确,与已有知识是否一致,如果新知识与旧知识间有冲突,那么要

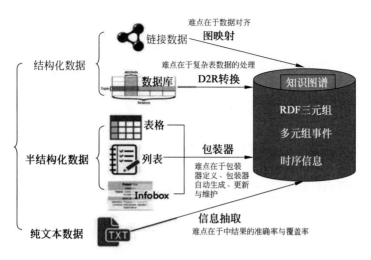

图 4-12 知识抽取

判断是原有的知识错了,还是新的知识不靠谱？这里用到的证据可以是权威度、冗余度、多样性、一致性等。如果新知识是正确的,那么要进行相关实体和关系的更新。

（5）知识计算与应用：主要是根据图谱提供的信息得到更多隐含的知识,如通过本体或者规则推理技术可以获取数据中存在的隐含知识；通过链接预测预测实体间隐含的关系；通过在知识网络上计算获取知识图谱上存在的社区,提供知识间关联的路径等,这样可以产生大量的智能应用,如专家系统、推荐系统、语义搜索、问答等。

4. 相似度的计算

1）属性相似度的计算

属性相似度的计算有多种方法,常用的有编辑距离（如 Levenshtein 距离、Wagner and Fisher 距离、Affine Gaps 距离等）、集合相似度计算（如 Dice 系数、Jaccard 系数）、基于向量的相似度计算（如 Cosine 相似度、TF-IDF 相似度）等。

（1）Levenshtein 距离。它又称最小编辑距离,目的是用最少的编辑操作将一个字符串转换成另一个。例如,要将 Lvensshtain 变为 Levenshtein,需要插入 e、删除 s 和将 a 替换成 e,共需经过 3 次编辑操作,因此二者之间的 Levenshtein 距离为 3。

Levenshtein 距离是典型的动态规划问题,可以通过动态规划算法计算,具体公式为

$$\begin{cases} D(0,0) = 0 \\ D(i,0) = D(i-1,0) + 1, \quad 1 < i \leqslant N \\ D(0,j) = D(0,j-1) + 1, \quad 1 < j \leqslant M \\ D(i,j) = \min \begin{cases} D(i-1,j) + 1 \\ D(i,j-1) + 1 \\ D(i-1,j-1) + 1 \end{cases} \end{cases}$$

其中,$D(i-1,j)$ 表示对长度分别为 N、M 的两个字符串 x 和 y 中的前者做一次操作,加 1 表示的是插入、删除和替换操作的代价。

（2）Wagner and Fisher 距离。它是 Levenshtein 距离的一个扩展,将 Levenshtein 距离模型中的代价赋予了不同的权重,即

$$\begin{cases} D(0,0)=0 \\ D(i,0)=D(i-1,0)+\mathrm{del}[x(i)], \quad 1<i\leqslant N \\ D(0,j)=D(0,j-1)+\mathrm{del}[y(j)], \quad 1<j\leqslant M \\ D(i,j)=\min\begin{cases} D(i-1,j)+\mathrm{del}[x(i)] \\ D(i,j-1)+\mathrm{ins}[y(j)] \\ D(i-1,j-1)+\mathrm{sup}[x(i),y(j)] \end{cases} \end{cases}$$

其中,del、ins 和 sub 分别指删除、插入和替换的代价。

(3) Affine Gaps 距离。在上面两种算法的基础上,引入了 gap 的概念,将上述的插入、删除和替换操作用 gap opening 和 gap extension 代替,具体可表示为

$$\mathrm{Cost}(g)=s+e\times l$$

其中,s 是 gap opening 的代价,e 是 gap extension 的代价,l 是 gap 的长度。

例如,若要计算 Lvensshtain 与 Levenshtein 间的 Affine Gaps 距离,首先将两个单词首尾对齐,将对应缺少的部分视为 gap,这样上面和下面的单词相比少了第一个 e 和倒数第三个 e,这是 2 个 gap,下面与上面的单词相比则少了一个 s 和 a,这又是 2 个 gap。加在一起一共 4 个 gap,每个 gap 的长度为 1,因此 Affine Gaps 距离为 $(s+e)\times 4$。

(4) Dice 系数。用于度量两个集合的相似性,因为可以把字符串理解为一种集合,因此 Dice 距离也会用于度量字符串的相似性,其计算公式为

$$\mathrm{Dice}(S,T)=\frac{2\,|\,S\ \text{与}\ T\ \text{相同元素个数}\,|}{|\,S\,|+|\,T\,|}$$

(5) Jaccard 系数。它适合处理短文本的相似度,定义为

$$\mathrm{Jaccard}(S,T)=\frac{|\,S\cap T\,|}{|\,S\cup T\,|}$$

可以看出,Jaccard 系数与 Dice 系数的定义比较相似,都是用符号来分割单词,将文本转换为集合。

当然,除了可以用符号分格单词外,还可以考虑用 N-Gram 分割单词,用 N-Gram 分割句子等来构建集合,计算相似度。

(6) TF-IDF 相似度。主要用来评估某个字或者某个词对一个文档的重要程度,定义为

$$\mathrm{tf}_{ij}=\frac{n_{ij}}{\sum_k n_{kj}}\cdot \mathrm{idf}_i$$

这里,$\mathrm{idf}_i=\log\dfrac{|D|}{1+|j:t_i\in d_j|}$。

例如,某个语料库中有 5 万篇文章,含有"健康"的有 2 万篇,现有一篇文章,共 1000 个词,"健康"出现了 30 次,则 TF-IDF$=30/1000\times\log(50\,000/(20\,000+1))=0.012$。

2) 实体相似度的计算

实体相似度一般是根据属性相似度向量来得到实体的相似度。其计算可从三方面入手,即聚合、聚类和表示学习。聚合一般可使用加权平均、手动制定规则、分类器,聚类可通过层次聚类、相关性聚类、Canopy+K-means 聚类等。

(1) 聚合。可采用加权平均方法,即对相似度得分向量的各个分量进行加权求和,得到最终的实体相似度为 $\omega_1\mathrm{sim}(x_1,y_1)+\cdots+\omega_N\mathrm{sim}(x_N,y_N)$。

(2) 聚类。聚类又可分为层次聚类、相关性聚类、Canopy+K-means 等。

层次聚类（Hierarchical Clustering）通过计算不同类别数据点之间的相似度，来对在不同层次的数据进行聚类，最终形成树状的聚类结构。这里的相似度可采用两个类中最邻近距离算法（nearest-neighbor）、最远距离算法或均值算法。

对于相关性聚类，设 r_{xy} 表示 x、y 被分配在同一类中，p_{xy} 代表 x、y 是同一类的概率（即 x、y 之间的相似度），$W_{xy}^+(=p_{xy})$ 和 $W_{xy}^-(=1-p_{xy})$ 分别是切断 x、y 之间的边的代价和保留边的代价。相关性聚类的目标就是使用最小的代价找到一个聚类方案：

$$\min \sum [r_{xy} W_{xy}^- + (1-r_{xy}) W_{xy}^+]$$

它是一个 NP-Hard 问题，可用贪婪算法近似求解。

对于 Canopy+K-means 聚类，初始时有一个大的列表（list），其中列表中每个点都看成是一个 Canopy，设置阈值 $T1$、$T2$。随机选择列表中的某个点 P，并计算列表中其他的点到 P 的距离 d，把所有距离 d 小于 $T1$ 的点生成 Canopy，但除去列表中 d 小于 $T2$ 的点。如此往复这个过程就得到了聚类结果。生成 Canopy 的过程就像以 $T2$ 为中心抠下来一块，然后剩下的环就是 Canopy。这样一块一块地抠，最终使列表为空。

5. RDF 数据模型与 RDF 数据存储方法

RDF（Resource Description Framework）是资源描述框架，它是 W3C 推荐的数据模型，可以用来描述万维网上的不同资源以及它们之间的关系。RDF 数据模型主要由以下几部分组成：资源（resource）、属性（property）、RDF 陈述（RDF statement）。其中，最核心的部分就是 RDF 陈述，即 RDF 三元组（主语，谓语，宾语）。下面简单介绍这几部分。

(1) 资源。它既可以是具体的事物也能是抽象的概念，例如具体的人，具体的台灯，或者是抽象的概念——物理、音乐等。RDF 中的每个资源用 URI（统一资源标识符）标识，URI 可以为万维网的每一个资源赋予一个唯一的 ID，是万维网的重要组成部分。浏览器中使用的 URL 就是 URI 的一种。

(2) 属性。它描述了资源间的联系，例如母子、包含，属性也用 URI 来标识，如此一来，万维网可以唯一标识不同的资源以及资源间的关系。

(3) RDF 陈述。即（主语，谓语，宾语）的 RDF 三元组，它描述了资源的属性及其属性值。知识图谱是由 RDF 三元组组成的集合，知识图谱也可以用 URI 标识，图的结构就是由点和带有标签的有向边组成，一条 RDF 三元组就对应图中的两个点和一条有向边，两点分别代表主语和宾语，有向边的标签就是谓语。

利用 RDF 数据模型，可对知识图谱进行数据存储，具体方法包括以下 4 种。

(1) 三列表。在关系数据库中构建三列表（主体，属性，客体），将所有 RDF 三元组放到这个三列表中。这样，若要回答一个 SPARQL 查询，则可以将 SPARQL 转换为 SQL 语句，最简单的方法就是 SPARQL 语句中有几个三元组模式就将数据表做几次自连接。

例如 SPARQL 语句：select ?X,?Y where{?X rdf:type ?Y,?Y ub:name "abc"}，就可以转换成这样的 SQL 语句：

select T1.subject,T1.object FROM T as T1,T at T2 where T1.Property="type" and T2.Property ="name" and T2.object="abc" and T1.object=T2.subject

这种方法很简单，但是如果 RDF 三元组个数比较多，那么 SQL 做自连接的代价非常高,效率极低。

(2) 水平存储。这种方法一个 RDF 实体需要一行存储,列是所有 RDF 的属性名。该方法回答关于某个实体的属性值查询时效率极高。但缺点显而易见,由于并不是每个实体的每个属性值都不空,因此加大了存储的复杂度。而且若某个实体在一个属性上有多个值,那这种存储方法无法表示。还有,若增加或删除某一属性,则代价较高。

(3) 属性表。将 RDF 的实体根据 type 分类,每一类采用水平存储策略。这样可以有效地降低列数。属性表改善了水平存储策略,减少了自连接,提高了查询速度。但属性表并没有广泛应用,一是因为大部分查询涉及多个属性表的连接,二是因为 RDF 数据结构性差,即便 type 相同的实体属性也并不总是一样,空值的问题还是存在。而且属性表还是没有解决一个属性上有多个属性值的问题。

(4) 二元存储。即垂直分割技术。在该技术下,三元组表被重写为 N 个包含两列的表,N 为 RDF 数据属性的个数。每张表以属性名命名,第一列存储所有属性为文件名的 RDF 三元组的主体,第二列存储对应的客体。该方法按照主体进行排序,可以快速定位主体。而且需要对主体做连接时,由于主体已经排好序,所以可以做 merge-join。在空间足够的情况下,还可以建立一个按照客体值进行排序的副本,这样又可以加速不同的连接。二元存储的优势在于不用重复存储属性值,并且查询时只需考虑查询条件涉及的属性,减小了搜索空间。同时,还很好地解决了多值问题:一个实体在某一属性上有多个取值,只需存储为多行即可,而且不存在空值问题。当然表的数量大幅增加,导致更新维护复杂。

多条 RDF 三元组对应的图就形成了知识图谱。

6. 知识图谱数据爬取

假设某个网页(http://www.mininova.org/tor/2676093)的内容如下:

```
...
< h1 > Darwin - The Evolution Of An Exhibition </h1 >
< h2 > Description:</h2 >
< div id = "description">
    Short documentary made for Plymouth City Museum and Art Gallery regarding the setup of an exhibit about Charles Darwin in conjunction with the 200th anniversary of his birth.
...
< div id = "specifications">
  < p >
    < strong > Category:</strong >
      < a href = "/cat/4"> Movies </a > &gt; < a href = "/sub/35"> Documentary </a >
  </p >
  < p >
    < strong > Total size:</strong >
    150.62 megabyte
  </p >
...
```

则可利用 Scrapy 程序及 Xpath 表达式的方法来进行数据爬取,程序示例如下:

```
from scrapy.contrib.spiders import CrawlSpider, Rule
from scrapy.contrib.linkextractors import LinkExtractor
    class MininovaSpider(CrawlSpider):
```

```
name = 'mininova'
allowed_domains = ['mininova.org']
start_urls = ['http://www.mininova.org/today']
rules = [Rule(LinkExtractor(allow = ['/tor/\d + ']), 'parse_torrent')]
def parse_torrent(self, response):
    torrent = TorrentItem()
    torrent['url'] = response.url
    torrent['name'] = response.xpath("//h1/text()").extract()
    torrent['description'] = response.xpath("//div[@id = 'description']").extract()
    torrent['size'] = response.xpath("//div[@id = 'info - left']/p[2]/text()[2]").extract()
    return torrent
```

4.2.2 知识图谱的构建理论

1. 将关系和实体表示成向量

为了预测某个实体与另一个给定实体是否具有特定的关系,一类方法旨在将知识图谱的实体和关系都转换成向量,在向量空间做推理显然方便许多。一个具有代表性的方法就是 TransE,由 Bordes 等人提出,主要思想是当知识图谱中存在三元组 (h,r,t) 时,将三元组转换成向量,被转换的向量分别表示为 $\boldsymbol{h}$、$\boldsymbol{r}$、$\boldsymbol{t}$,TransE 希望 $\boldsymbol{h}+\boldsymbol{r}\approx \boldsymbol{t}$,如图 4-13 所示。

$\boldsymbol{h}+\boldsymbol{r}$ 与 $\boldsymbol{t}$ 的距离用 $d(h+r,t)=\|h+r-t\|_2$ 表示,TransE 算法通过梯度下降算法优化目标函数:

$$L = \sum_{(h,r,t)\in S(h',r,t')\in S'_{(h,r,t)}} [\gamma + d(h+r,t) - d(h'+r,t')]_+ \qquad (4\text{-}1)$$

其中,S 表示知识库中的三元组集合,S' 表示 S 中任何一个三元组主体或客体被随机替换成其他实体(不能同时被替换)。$[x]_+$ 表示只有 $X\geqslant 0$ 时才保留该值,γ 是一个间隔参数。构建结果希望 L 越小越好,也就是 $h+r$ 与 t 的距离越小越好,$h'+r$ 与 t' 的距离越大越好。

TransE 在链接预测上表现优越,但是在处理一对多(1-m)、多对一(m-1)、多对多(m-m)的关系上表现欠缺。由于 TransE 的思想是对于任何三元组 (h,r,t) 希望 $h+r=t$,这就使得当一个实体和一个关系对应多个实体时,如(美国,总统,拜登)(美国,总统,特朗普),拜登和特朗普两个实体对应的向量相同。为了解决这个问题,TransH 提出了解决办法:实体在不同关系下有不同的表示。TransE 和 TransH 学习到的向量如图 4-14 所示。

图 4-13 TransE 学习到的向量

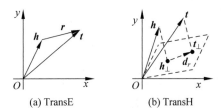

图 4-14 TransE 和 TransH 学习到的向量的比较

在 TransH 中,每个实体在不同的关系 r 有不同的表示,如图 4-14(b)所示,w_r 是关系 r 的超平面的法向量,TransH 首先将 $\boldsymbol{h}$ 和 $\boldsymbol{t}$ 投影到 r 对应的超平面上:

$$\boldsymbol{h}_\perp = \boldsymbol{h} - \boldsymbol{w}_r^{\mathrm{T}} \boldsymbol{h} \boldsymbol{w}_r, \quad \boldsymbol{t}_\perp = \boldsymbol{t} - \boldsymbol{w}_r^{\mathrm{T}} \boldsymbol{t} \boldsymbol{w}_r \qquad (4\text{-}2)$$

定义距离函数为

$$f_r(\bm{h},\bm{t}) = \| (\bm{h} - \bm{w}_r^T \bm{h} \bm{w}_r) + \bm{d}_r - (\bm{t} - \bm{w}_r^T \bm{t} \bm{w}_r) \|_2^2 \tag{4-3}$$

利用梯度下降法，TransH 最小化目标函数为

$$L = \sum_{(h,r,t)\in\Delta}\sum_{(h',r',t')\in\Delta'_{(h,r,t)}} [f_r(\bm{h},\bm{t}) + \gamma - f_{r'}(\bm{h'},\bm{t'})]_+ \tag{4-4}$$

其中，Δ' 是 Δ 的头实体或尾实体替换成其他的实体得到的三元组集合。目标函数希望 Δ 中元组的距离小于 Δ' 中元组的距离。

总体而言，TransE 和 TransH 模型都假设实体和关系是语义空间中的向量，因此相似的实体在同一实体空间中会非常接近。然而，相比 TransE 而言，TransH 在链接预测上的效果提高了不少，它相对于 TransE 模型每个实体有固定的表示（向量）而言改进很大。由于存在各种不同类型的实体，不同的关系可关注实体的不同方面，例如在三元组（location，contains，location）中，关系是 contains，在三元组（person，born，date）中，关系是 born，这两种关系非常不同。

为了解决上面这个问题，可以使用两个不同的空间，即实体空间和多个关系空间（关系特定的实体空间），来构建实体和关系模型，并在对应的关系空间中进行转换，此方法即是 TransR，如图 4-15 所示。

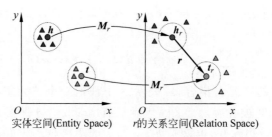

图 4-15　TransR 的基本思想

2. 神经张量网络

如图 4-16 所示，该方法旨在为每一个关系 R 训练一个神经网络，输入为两个实体，输出为这两个实体存在关系 R 的概率。例如预测（cat，has_part，tail）三元组存在的概率时，首先将 cat 转换为 ca 对应的词向量 $\bm{e}_1$，将 tail 转换为 tail 对应的词向量 $\bm{e}_2$，将 $\bm{e}_1$ 和 $\bm{e}_2$ 作为输入送给张量神经网络，张量神经网络输出 $\bm{e}_1$ 和 $\bm{e}_2$ 存在关系 has_part 的概率。张量神经网络的结构如下：

$$g(\bm{e}_1, R, \bm{e}_2) = \bm{u}_R^T f\left(\bm{e}_1^T \bm{W}_R^{[1:k]} \bm{e}_2 + \bm{V}_R \begin{bmatrix} \bm{e}_1 \\ \bm{e}_2 \end{bmatrix} + \bm{b}_R\right) \tag{4-5}$$

其中，$\bm{W}_R^{[1:k]} \in R^{d \times d \times k}$，$\bm{e}_1^T \bm{W}_R^{[1:k]} \bm{e}_2$ 的结果是 K 维向量，$\bm{V}_R \in R^{k \times 2d}$，$U \in R^k$，$b_R \in R^k$。$f$ 为激活函数，目标函数为

$$J(\Omega) = \sum_{i=1}^{n} \sum_{c=1}^{C} \max(0, 1 - g(T^{(i)}) + g(T_c^{(i)})) + \lambda \| \Omega \|_2^2 \tag{4-6}$$

T 表示真实存在的三元组，T_c 表示 T 中的头实体或者尾实体被随机替换成其他实体的三元组。算法通过批量随机梯度下降法学习神经网络的参数。

另一个效果比较好的方法是利用图卷积神经网络做知识图谱上的实体分类和链接预

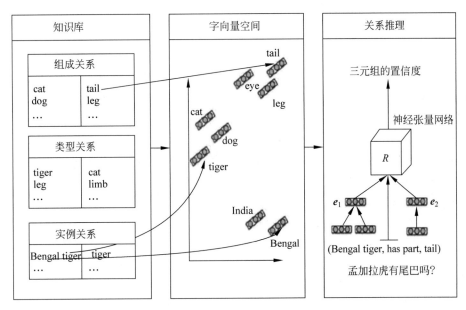

图 4-16 张量神经网络做链接预测的过程

测。该方法让每个实体在第 l 层关联 d 个神经元,神经网络的结构由式(4-7)给出,假设人们知道所有实体在第 l 层的输出,用式(4-7)求第 i 个实体在第 $l+1$ 层的输出,其中:$h_i^{(l)} \in \mathbf{R}^{d(l)}$。

$$h_i^{(l+1)} = \sigma\left(\sum_{r \in \mathbf{R}} \sum_{j \in N_i^r} \frac{1}{c_{i,r}} \mathbf{W}_r^{(l)} h_j^{(l)} + \mathbf{W}_0^{(l)} h_i^{(l)}\right) \tag{4-7}$$

其中,第一个求和式表示考察所有关系 r,第二个求和式表示考察与 i 实体有关系 r 的 j 实体,每个关系 r 共用同一个权值矩阵 $\mathbf{W}_r$,最后一项表示第 i 个实体在第 $l+1$ 层与第 l 层的自身有一个自连接。图卷积神经网络如图 4-17 所示。

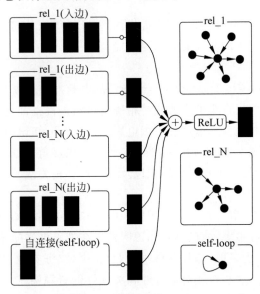

图 4-17 图卷积神经网络

对于关系 rel_1,针对实体,入边 rel_1 和出边 rel_1 被看作两种不同的关系,选用的激活函数为 ReLU,每个实体在第一层的输入为 one-hot 向量。该网络轻松地解决了实体分类与半监督学习问题,一些实体的类型已知,另一些实体的类型未知,用已知类型的实体作为训练集,有多少种类型神经网络的输出层就有多少个输出神经元,希望类型对应的神经元输出的值越接近 1、其他神经元的输出越接近 0 越好。该网络应用于链接预测的方法也很简单,使用了 DistMult 学习到的知识图谱的关系对应的矩阵 $\boldsymbol{R}_r(d \times d)$,把每个实体在最后一层的输出看作是这个实体对应的向量,为三元组 (e_s, R_r, e_o) 打分,训练神经网络的时候希望知识图谱中存在的三元组 (s, r, o) 的分数越高越好,知识图谱中不存在的三元组 (s', r, o') 的分数越低越好,利用梯度下降法便可以为每个实体学习到一个向量。

3. 其他方法

其他方法还包括结构嵌入表示法、混合推理、常识知识补全、基于信息检索的方法、基于张量分解的方法、基于路径的推理方法等,这里不一一展开介绍。

4.2.3　知识图谱的应用

知识图谱为互联网上海量、异构、动态的大数据表达、组织、管理以及利用提供了一种更为有效的方式,使得互联网的智能化水平更高,更加接近人类的认知思维。

1. 智能搜索

用户输入查询后,搜索引擎不是先去寻找关键词,而是首先进行语义的理解。例如,对查询分词之后,对查询的描述进行归一化,从而能够与知识库进行匹配。查询的返回结果是搜索引擎在知识库中检索相应的实体后给出的完整知识体系。

2. 深度问答

问答系统是信息检索系统的一种高级形式,能够以准确简洁的自然语言为用户提供问题的解答。多数问答系统更倾向于将给定的问题分解为多个小的问题,然后逐一去知识库中抽取匹配的答案,并自动检测其在时间与空间上的吻合度等,最后将答案进行合并,以直观的方式展现给用户。

苹果的智能语音助手 Siri 能够为用户提供回答、介绍等服务,就是引入了知识图谱的结果。知识图谱使得机器与人的交互看起来更智能。

3. 社交网络

Facebook 于 2013 年推出了 Graph Search 产品,其核心技术就是通过知识图谱将人、地点、事情等联系在一起,并以直观的方式支持精确的自然语言查询,例如输入查询式"我朋友喜欢的餐厅""住在纽约并且喜欢篮球和中国电影的朋友"等,知识图谱会帮助用户在庞大的社交网络中找到与自己最具相关性的人、照片、地点和兴趣等。Graph Search 提供的上述服务贴近个人的生活,满足了用户发现知识以及寻找最具相关性的人的需求。

4. 垂直行业应用

从领域上来说,知识图谱通常分为通用知识图谱和特定领域知识图谱。

在金融、医疗、电商等很多垂直领域,知识图谱正在带来更好的领域知识、更低的金融风险、更完美的购物体验。更多地,如教育科研行业、图书馆、证券业、生物医疗以及需要进行大数据分析的一些行业。这些行业对整合性和关联性的资源需求迫切,知识图谱可以为其提供更加精确规范的行业数据以及丰富的表达,帮助用户更加便捷地获取行业知识。

从应用中所使用的方法角度来说,知识图谱可应用于以下几方面。

1)基于规则的方法

基于规则的方法可应用于不一致性验证、基于规则的特征提取、基于模式的判断和强连通图。

(1)不一致性验证。

通过一些规则去找出潜在的矛盾点,从而识别出风险。如 P2P 中,若李明和李飞两个人都注明了同样的公司电话,但实际上从数据库中判断这两人其实不在同一个公司上班,这就是一个矛盾点,就有可能存在欺诈可能,如图 4-18 所示。

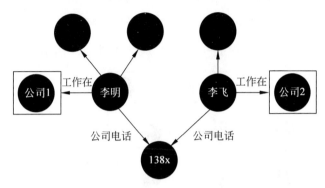

图 4-18　不一致性验证

(2)基于规则提取特征。

基于规则从知识图谱中提取一些特征(通过深度搜索)。如二度关系搜索中有两个实体触碰了黑名单,表示可能存在风险,如图 4-19 所示。

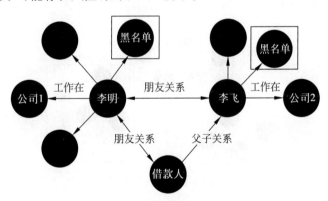

图 4-19　基于规则提取特征

(3)基于模式的判断。

这种方法比较适用于找出团体欺诈,它的核心在于通过一些模式来找到有可能存在风险的团体或者子图(sub-graph),然后对这部分子图做进一步的分析。例如图中存在三个实体共享了很多其他的信息,可以看作是一个团体,值得对其做进一步的分析,如图 4-20 所示。

(4)强连通图。

强连通图意味着每一个节点都可以通过某种路径到达其他节点,也就说明这些节点之

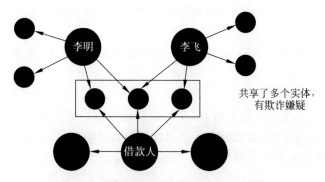

图 4-20　基于模式的判断(多点共享信息)

间有很强的关系,把它标记出来,做进一步风险分析,如图 4-21 所示。

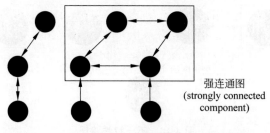

图 4-21　强连通图

2) 基于概率的方法

基于概率的方法如社区挖掘、标签传播、聚类等,也可应用于商品推荐、模式识别、风险分类等。其中,社区挖掘的原理如图 4-22 所示,在此不再详述。

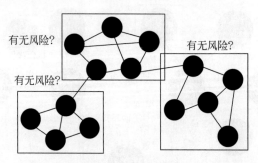

图 4-22　社区挖掘

4.3　机器学习

机器学习(machine learning),是指通过计算机,利用已有的经验数据得出某种模型,并利用模型来预测未来的一种方法,这种方法类似于人类的思考方式。也就是说,机器学习的一个主要目的就是把人类思考归纳经验的过程转化为计算机对数据的处理计算得出模型的过程,如图 4-23 所示。

Mitchell(1997)将机器学习定义为:"一个计算机程序,在学习经验的过程中,改善了具体算法的性能。

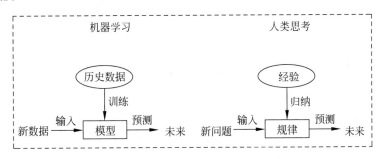

图 4-23 机器学习与人类思考方式对比

机器学习的算法类型分为监督学习、无监督学习、弱监督学习(包括半监督学习、强化学习)等几类,如图 4-24 所示。

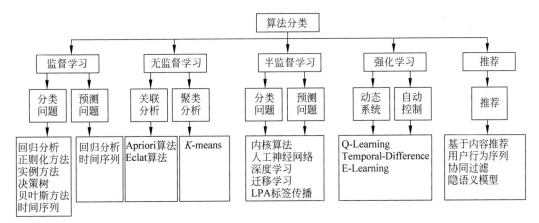

图 4-24 机器学习算法分类

监督学习是利用一组已知类别的样本来调整模型(分类器)的参数,使其达到所要求性能的过程,常用于训练神经网络和决策树。若所给的学习样本不带有类别信息,则属于无监督学习。

半监督学习(semi-supervised learning)是模式识别和机器学习领域研究的重点问题,是监督学习与无监督学习相结合的一种学习方法,它主要考虑如何利用少量的标注样本和大量的未标注样本进行训练和分类的问题。

强化学习的特点是通过与环境的试探性(trial and error)交互来确定和优化动作的选择,以实现所谓的序列决策任务。在这种任务中,学习机制通过选择并执行动作,导致系统状态的变化,并有可能得到某种强化信号(奖励或惩罚),从而实现与环境的交互。

除此之外,还存在推荐算法,具体方法有基于内容的推荐、协同过滤推荐、基于关联规则的推荐、基于效用的推荐、基于知识的推荐和组合推荐。

4.3.1 基础知识

机器学习中的基础知识涉及概率论、数理统计(如因子分析、主成分分析、相关分析、回归分析)、线性代数、矩阵论、最优化和凸优化理论等。

1. 方差与协方差

方差衡量了随机变量与其数学期望(即均值)之间的偏离程度,计算公式为 $D(\boldsymbol{X}) = E[\boldsymbol{X} - E(\boldsymbol{X})]^2 = E(\boldsymbol{X}^2) - [E(\boldsymbol{X})]^2$;统计学上的无偏估计方差为 $S^2 = \dfrac{\sum_{i=1}^{n}(x_i - \bar{X})^2}{n-1} = \dfrac{1}{n-1}(\boldsymbol{X} - \bar{\boldsymbol{X}})(\boldsymbol{X} - \bar{\boldsymbol{X}})^{\mathrm{T}}$。这里 $\boldsymbol{X} = \begin{pmatrix} x_{11} & x_{21} & \cdots & x_{n1} \\ \vdots & \vdots & \ddots & \vdots \\ x_{1p} & x_{2p} & \cdots & x_{np} \end{pmatrix} = (x_1, x_2, \cdots, x_n)$ 为 n 个具有 p 维特征的样本组成的向量,其中 $x_i = \begin{pmatrix} x_{i1} \\ \vdots \\ x_{ip} \end{pmatrix}$;$\bar{X}$ 为各样本点的均值。

协方差衡量了两个变量的相关程度(亲疏),表示的是两个变量的总体的误差,计算公式为 $\mathrm{Cov}(\boldsymbol{X}, \boldsymbol{Y}) = E\{(\boldsymbol{X} - E(\boldsymbol{X}))(\boldsymbol{Y} - E(\boldsymbol{Y}))\}$,协方差越大,表明两个变量越相似(亲密),协方差越小,表明两个变量之间相互独立的程度越大;统计学上无偏估计协方差为 $\mathrm{Cov}(\boldsymbol{X}, \boldsymbol{Y}) = \dfrac{\sum_{i=1}^{n}(x_i - \bar{X})(y_i - \bar{Y})}{n-1} = \dfrac{1}{n-1}(\boldsymbol{X} - \bar{\boldsymbol{X}})(\boldsymbol{Y} - \bar{\boldsymbol{Y}})^{\mathrm{T}}$。

有时,两个变量之间的相关程度也可用皮尔逊相关系数(Pearson 系数)来表示,计算公式为 $\rho_{XY} = \dfrac{\mathrm{Cov}(\boldsymbol{X}, \boldsymbol{Y})}{\sqrt{D(\boldsymbol{X})}\sqrt{D(\boldsymbol{Y})}}$。协方差未消除量纲,不同变量之间的协方差大小不能直接比较,与之相比,相关系数消除了量纲,可以直接比较不同变量之间的相关程度。

若设 $\boldsymbol{X}^{\mathrm{T}} = (X_1, X_2, \cdots, X_n)^{\mathrm{T}}$ 为 $n \times p$ 维矩阵,称矩阵 $\boldsymbol{\Sigma} = \begin{pmatrix} c_{11} & \cdots & c_{1p} \\ \vdots & \ddots & \vdots \\ c_{p1} & \cdots & c_{pp} \end{pmatrix}$ 为协方差矩阵,其中 $c_{ij} = \mathrm{Cov}(X_i, X_j)$,它说明了样本中变量间的亲疏关系。统计学上的无偏估计协方差矩阵为 $\boldsymbol{\Sigma} = \begin{pmatrix} x_{11} & x_{21} & \cdots & x_{n1} \\ \vdots & \vdots & \ddots & \vdots \\ x_{1p} & x_{2p} & \cdots & x_{np} \end{pmatrix} \begin{pmatrix} x_{11} & \cdots & x_{1p} \\ x_{21} & \cdots & x_{2p} \\ \vdots & \ddots & \vdots \\ x_{n1} & \cdots & x_{np} \end{pmatrix} = \boldsymbol{X}\boldsymbol{X}^{\mathrm{T}}$,其中 $\boldsymbol{X}$ 为中心化了 n 个 p 维的样本数据。

2. 相关分析

两个变量之间可能存在确定性关系或者不确定性关系。为了分析两个变量之间的不确定性关系,采用相关分析的统计方法,可以实现用一个变量去预测另一个变量。

相关分为线性相关和非线性相关,也可分为完全相关、不完全相关、完全不相关。其中,线性相关是最常用的相关分析方法,类型包括基本相关、偏相关等。

(1) 基本相关。两个变量之间存在线性相关,可用皮尔逊相关系数或斯皮尔曼相关系数来进行衡量。

首先,衡量变量 Y 与 X 之间线性相关的程度,可采用皮尔逊相关系数 r。这里,

$$r = \frac{\sum_{i=1}^{n}(x_i - \overline{X})(y_i - \overline{Y})}{\sqrt{\sum_{i=1}^{n}(x_i - \overline{X})^2 \sum_{i=1}^{n}(y_i - \overline{Y})^2}}$$

适用条件：要求两个变量是连续的、散点图中呈直线分布；总体都应符合正态分布（在取大样本进行正态分布非参数检验时）。同时，对其显著性要求，可通过 t 检验来进行衡量。

例如，若 14 个学生英语成绩与每个学生掌握的单词量的相关系数 r 是 0.98，若要检验其显著性，可以选择 $a=0.05$，根据自由度 $df=14-2=12$，查找 t 分布表得 $t_{\frac{0.05}{2}}=2.1788$。由 $t=\frac{r\sqrt{n-2}}{\sqrt{1-r^2}} \to t(n-2)$，有 $\frac{0.98\sqrt{14-2}}{\sqrt{1-0.98^2}}=17.2792$。因为 $t > t_{\frac{0.05}{2}}$，所以 Pearson 线性相关系数是显著的。

其次，为了反映两个定序（或等级）变量之间的相关程度，可采用斯皮尔曼（Spearman）相关系数。在计算斯皮尔曼相关系数时，预先需要对两个配对测量的变量 X 和 Y 的测量值求秩，在求得它们在各自序列中的秩后，再采用与皮尔逊相关系数相同的公式来求取斯皮尔曼相关系数。

(2) 偏相关（partial correlations）。两个变量之间的偏相关程度，通过偏相关系数来进行衡量。偏相关系数描述了"当控制一个或几个附加变量的影响时，两个变量之间存在的相关性"。

当剔除了一个变量 Z 后，两个变量 X、Y 之间的偏相关系数为

$$r_{XY,Z} = \frac{r_{XY} - r_{XZ}r_{YZ}}{\sqrt{(1-r_{XZ}^2)}\sqrt{1-r_{YZ}^2}}$$

当剔除了两个变量 Z_1、Z_2 后，两个变量 X、Y 之间的偏相关系数为

$$r_{XY,Z_1Z_2} = \frac{r_{XY,Z_1} - r_{XZ_2,Z_1}r_{YZ_2,Z_1}}{\sqrt{(1-r_{XZ_2,Z_1}^2)}\sqrt{(1-r_{YZ_2,Z_1}^2)}}$$

需要说明的是，相关分析只是测试了变量之间是否有关系，但谁影响谁，即它们之间是否存在因果关系，还需要进一步做回归分析。此外，即使存在不显著的相关系数，也并不代表变量之间就没有关系。有时只是由于样本数据太小、误差太大而不能检验出。

3. 距离公式

在机器学习的算法中，经常需要度量两个向量之间的距离（有时也成为损失或误差）来决定它们的归属。常用的数值向量距离度量方法如下。

1) 布雷柯蒂斯相异度

布雷柯蒂斯相异度（Bray-Curtis dissimilarity）是生态学中用来衡量不同种类的物种组成差异的一种测度，由 J. Roger Bray 和 John T. Curtis 提出。其计算基于样本中不同物种组成的数量特征（多度、盖度、重要值等）。计算公式为 $\dfrac{\sum_{i=1}^{n}|x_i - y_i|}{\sum_{i=1}^{n}|x_i + y_i|}$。例如，若 $\boldsymbol{X}=[1,2,0]$，$\boldsymbol{Y}=[0,1,0]$，则 braycurtis($\boldsymbol{X},\boldsymbol{Y}$)=0.5。

2）坎贝拉距离

坎贝拉距离（Canberra distance）是用来衡量两个向量空间的区间，1966 年被提出，1977 年被 G. N. Lance 和 W. T. Williams 重新提出，是曼哈顿距离的加权版本，目前已被用作比较排名列表和计算机安全中的入侵检测的测量。计算公式为 $\sum_{i=1}^{n}\frac{|x_i-y_i|}{|x_i|+|y_i|}$。

3）切比雪夫距离

切比雪夫距离（Chebyshev distance）是向量空间中的一种度量，两个点之间的距离定义是其各坐标数值差绝对值的最大值。以数学的观点来看，切比雪夫距离是由一致范数（uniform norm）（或称为上确界范数）所衍生的度量，也是超凸度量（injective metric space）的一种。计算公式为 $\max_i|x_i-y_i|$。例如，$\boldsymbol{X}=[5,3,9]$，$\boldsymbol{Y}=[0,1,6]$，则 chebyshev$(\boldsymbol{X},\boldsymbol{Y})=5$。

4）曼哈顿距离

曼哈顿距离（Manhattan distance）由 19 世纪的赫尔曼·闵可夫斯基提出，用于计算两个点在标准坐标系上的绝对轴距总和。计算公式为 $\sum_{i=1}^{n}|x_i-y_i|$。例如，$\boldsymbol{X}=[5,3,9]$，$\boldsymbol{Y}=[0,1,6]$，则 cityblock$(\boldsymbol{X},\boldsymbol{Y})=10$。

5）欧几里得距离

欧几里得距离（Euclidean distance）又称欧氏距离，用于度量欧几里得空间中两点间直线距离。计算公式为 $d(\boldsymbol{X},\boldsymbol{Y})=\sqrt{\sum_{i=1}^{n}(x_i-y_i)^2}$。

6）闵可夫斯基距离

两个向量之间的闵可夫斯基距离（Minkowski distance）又称闵氏距离，定义为 $\|\boldsymbol{X}-\boldsymbol{Y}\|_p=\left(\sum_{i=1}^{n}|x_i-y_i|^p\right)^{1/p}$ 或 $\|\boldsymbol{X}-\boldsymbol{Y}\|_p=\left(\sum_{i=1}^{n}w_i|x_i-y_i|^p\right)^{1/p}$。

可以看出，当 $p=1$ 时，就是曼哈顿距离；当 $p=2$ 时，就是欧氏距离；当 $p\to\infty$ 时，就是切比雪夫距离。

7）马氏距离

马氏距离（Mahalanobis distance）表示数据的协方差距离，设随机变量 $\boldsymbol{X}$ 和 $\boldsymbol{Y}$ 的协方差矩阵为 $\boldsymbol{S}$，则马氏距离为 $\sqrt{(\boldsymbol{X}-\boldsymbol{Y})\boldsymbol{S}^{-1}(\boldsymbol{X}-\boldsymbol{Y})^{\mathrm{T}}}$。

注：若协方差矩阵是单位矩阵（各个样本向量之间独立同分布），则马氏距离公式就写为 $\sqrt{(\boldsymbol{X}-\boldsymbol{Y})(\boldsymbol{X}-\boldsymbol{Y})^{\mathrm{T}}}$，也就是欧氏距离。若协方差矩阵是对角矩阵，公式变成了标准化欧氏距离，即 $\sqrt{\sum_{i=1}^{n}\left(\frac{x_i-y_i}{s_i}\right)^2}$。

8）相关系数距离

相关系数距离（Correlation distance）定义为 1 与相关系数的差，即 $D_{\boldsymbol{X},\boldsymbol{Y}}=1-\frac{(\boldsymbol{X}-\overline{\boldsymbol{X}})(\boldsymbol{Y}-\overline{\boldsymbol{Y}})}{\|\boldsymbol{X}-\overline{\boldsymbol{X}}\|_2\|\boldsymbol{Y}-\overline{\boldsymbol{Y}}\|_2}$。

若相关系数为 Pearson 相关性系数，则 $D_{\boldsymbol{X},\boldsymbol{Y}}=1-\rho(\boldsymbol{X},\boldsymbol{Y})=1-\frac{\mathrm{Cov}(\boldsymbol{X},\boldsymbol{Y})}{\sqrt{D(\boldsymbol{X})}\sqrt{D(\boldsymbol{Y})}}$。

9) 余弦相似度距离

余弦相似度距离(Cosine distance)定义如下:两个向量之间的相似性有时可用向量之间的夹角的余弦值来度量,即 $\cos\theta = \dfrac{\boldsymbol{X} \cdot \boldsymbol{Y}}{\|\boldsymbol{X}\| \|\boldsymbol{Y}\|}$。所以,余弦相似度距离 $= 1 - \dfrac{\boldsymbol{X} \cdot \boldsymbol{Y}}{\|\boldsymbol{X}\|_2 \|\boldsymbol{Y}\|_2}$。

10) K-L 散度

K-L 散度(Kullback-Leibler divergence)又称为相对熵或信息散度,用来度量两个概率分布 P 和 Q 非对称性的差别,常用来表示使用基于 Q 的编码来编码来自 P 的样本平均所需的额外的位元数。典型情况下,P 表示数据的真实分布,Q 表示数据的近似分布。计算公式为

$$KL(p \| q) = E_{x \sim p}\left[\log \frac{p(x)}{q(x)}\right] = -\sum_{i=1}^{n} p(x_i) \log \frac{q(x_i)}{p(x_i)} = H(p,q) - H(p)$$

或

$$KL(p \| q) = -\sum_{x \in X} p(x_i) \log \frac{q(x_i)}{p(x_i)} = H(p,q) - H(p)$$

这里,$H(X,Y) = -\sum_{i=1}^{n}\sum_{j=1}^{m} p(x_i,y_j) \log q(x_i,y_j)$ 为联合信息熵,$H(X) = E_{x \sim p}[I(x)] = -E_{x \sim p}[\log p(x)] = -\sum_{i=1}^{n} p(x_i) \log p(x_i)$ 为信息熵(又称香农熵)。

因为对数函数是凸函数,所以 K-L 散度的值为非负。同时,K-L 散度有时又被称为 K-L 距离,但它并不满足距离的性质:①K-L 散度不是对称的;②K-L 散度不满足三角不等式。

11) J-S 散度(Jensen-Shannon divergence)

J-S 散度度量了两个概率分布的相似度,基于 K-L 散度的变体,解决了 K-L 散度非对称的问题。一般地,J-S 散度是对称的,其取值是 0~1 之间。其值定义如下:

$$JS(P_1 \| P_2) = \frac{1}{2} KL\left(P_1 \middle\| \frac{P_1+P_2}{2}\right) = \frac{1}{2} KL\left(P_2 \middle\| \frac{P_1+P_2}{2}\right)$$

4. 回归与分类问题的损失函数

损失函数的一般表示为 $L(y,f(x))$,用于衡量真实值 y 和预测值 $f(x)$ 之间不一致的程度,一般损失函数越小,模型的性能就越好。为了便于比较不同类型的损失函数,常将其表示为单变量的函数。在回归问题中这个变量为 $y-f(x)$,在分类问题中则为 $yf(x)$。实际模型中,损失函数一般表示为

$$\theta^* = \arg\min_{\theta} \frac{1}{N} \sum_{i=1}^{N} L(y_i, f(x_i, \theta)) + \lambda \Phi(\theta)$$

损失函数包括风险项和正则项(又称惩罚项)。

1) 回归问题的损失函数

回归问题中一般用残差 $y-f(x)$ 来度量二者不一致的程度。残差(的绝对值)越大,则损失函数越大,学习出来的模型效果往往就越差(这里不考虑正则化问题)。常见的回归损失函数如下。

(1) 平方损失(Squared Loss):$(y-f(x))^2$。

(2) 绝对值损失(Absolute Loss)：$|y-f(x)|$。

(3) Huber 损失(Huber Loss)：$\begin{cases} \frac{1}{2}[y-f(x)]^2, & |y-f(x)| \leqslant \delta \\ \delta|y-f(x)|-\frac{1}{2}\delta^2, & |y-f(x)| > \delta \end{cases}$。

其中最常用的是平方损失，然而其缺点是对于异常点会施以较大的惩罚，因而不够鲁棒(robust)。如果有较多异常点，则绝对值损失表现较好，但绝对值损失的缺点是在 $y-f(x)=0$ 处不连续可导，因而不容易优化。而 Huber 损失是对二者的综合，当 $|y-f(x)|$ 小于一个事先指定的值 δ 时，变为平方损失；大于 δ 时，则变成类似于绝对值损失，因此是一个比较鲁棒的损失函数。

2) 分类问题的损失函数

对于二分类问题（即 $y \in \{-1,+1\}$），一般用 $yf(x)$（也被称为 margin）来度量二者不一致的程度。可以看到，如果 $yf(x)>0$，则样本分类正确；$yf(x)<0$，则样本分类错误。而相应的分类决策边界即为 $yf(x)=0$。所以最小化损失函数也可以看作是最大化 margin 的过程，任何合格的分类损失函数都应该对 margin<0 的样本施以较大的惩罚。

常见的分类选择函数如下。

(1) 0-1 损失（Zero-one Loss）。

$$L(y,f(x)) = \begin{cases} 0, & yf(x) \geqslant 0 \\ 1, & yf(x) < 0 \end{cases}$$

0-1 损失对每个错分类点都施以相同的惩罚，这样那些"错得离谱"（即 margin$\rightarrow -\infty$）的点并不会受到大的关注，这在直觉上不是很合适。另外 0-1 损失不连续、非凸，优化困难，因而常使用其他的损失函数来替代它进行优化。

(2) 逻辑损失(Logistic Loss)。

$$L(y,f(x)) = \log(1+e^{-yf(x)})$$

具体可参见 4.3.3 节 Logistic 回归的相关内容。

(3) Softmax 损失(Softmax Loss)。

$$L = -\sum_{j=1}^{T} y_j \log S_j$$

其中，T 为类别数，S_j 是 Softmax 函数输出向量 $\boldsymbol{S}$ 的第 j 个值，表示的是某个样本属于第 j 个类别的概率。

(4) 合页损失(Hinge Loss)。

合页损失可以用来解决间隔最大化问题，其定义为

$$L(y_i, \hat{y}_i) = \max(0, 1-y_i\hat{y}_i) = \max(0, 1-y_if(x_i))$$

这里，$y_i \in \{-1,1\}$。具体可参见 4.3.4 节 SVM 的相关内容。

(5) 多类 SVM 的损失(Multiclass SVM Loss)。

设有 N 个样本，第 i 个样本为 X_i，则 X_i 的多类 SVM 的损失为

$$L_i = \sum_{j \neq y_i} \max(0, 1+s_j-s_{y_i})$$

这里，y_i 表示真实的类别，s_{y_i} 表示在真实类别上的得分，s_j 表示在其他非真实类别上

的得分(即预测错误时的得分)。所有样本上的平均损失 $L = \frac{1}{N}\sum_{i=1}^{N}L_i$。

例如,设 $W = \begin{pmatrix} 0.01 & -0.05 & 0.1 & 0.05 \\ 0.7 & 0.2 & 0.05 & 0.16 \\ 0.0 & -0.45 & -0.2 & 0.03 \end{pmatrix}$, $X_i = \begin{pmatrix} -15 \\ 22 \\ -44 \\ 56 \end{pmatrix}$, $b = \begin{pmatrix} 0.0 \\ 0.2 \\ -0.3 \end{pmatrix}$。显然有

$WX_i + b = \begin{pmatrix} -2.85 \\ 0.86 \\ 0.28 \end{pmatrix}$。若真实类别为第三类,因而 X_i 的多类 SVM 的损失 $L_i = \max(0, 1 - 2.85 - 0.28) + \max(0, 1 + 0.86 - 0.28) = 1.58$,$X_i$ 的 Softmax 损失 $L = 0 + 0 - \log\frac{e^{0.28}}{e^{-2.85} + e^{0.86} + e^{0.28}} = -\log\frac{1.32}{0.058 + 2.36 + 1.32} = -\log 0.353 = 1.04$。

(6) 平方差(均方差)损失(Squared Loss)。

$$L(y, f(x)) = \frac{1}{2}(f(x) - y)^2$$

(7) 指数损失(Exponential Loss)。

$$L(y, f(x)) = e^{-yf(x)}$$

指数损失是 AdaBoost 算法中使用的损失函数,使用 Exponential Loss 能比较方便地利用加法模型推导出 AdaBoost 算法。然而它和平方差损失一样,对异常点敏感,不够鲁棒。

(8) 改进的 Huber 损失(Modified Huber Loss)。

$$L(y, f(x)) = \begin{cases} \max(0, 1 - yf(x))^2, & yf(x) \geqslant -1 \\ -4yf(x), & yf(x) < -1 \end{cases}$$

它结合了 Hinge Loss 和 Logistic Loss 的优点,既能在 $yf(x) > -1$ 时产生稀疏解提高训练效率,又能进行概率估计。另外其对于 $yf(x) < -1$ 样本的惩罚以线性增加,这意味着受异常点的干扰较少,比较鲁棒。

4.3.2 基于贝叶斯的线性分类

下面先介绍基本的贝叶斯分类规则,然后再介绍具体的线性分类分析过程。

1. 基本的分类规则

设信用类型集合 $c = (c_1, c_2, \cdots, c_n)$,有以下规则。

(1) 若 $p_r(x, c_j) > p_r(x, c_i)$,即 $p_r(c_j|x) > p_r(c_i|x)$,则事件 $X = (x_1, x_2, \cdots, x_n)$ 属于信用类型 c_j。

(2) 若 $p_r(x, c_j) > p_r(x, c_i)$,即 $p_r(x|c_j)p_r(c_j) > p_r(x|c_i)p_r(c_i)$,则事件 $X = (x_1, x_2, \cdots, x_n)$ 属于信用类型 c_j。

(3) 若 $Ec_j < Ec_i$,则事件 $X = (x_1, x_2, \cdots, x_n)$ 属于信用类型 c_j。这里,$Ec_j = \sum_{i=1}^{n} L_{ij} p_r(c_i|x) p_r(x)$,$L_{ij}$ 代表将属于信用类型 c_i 的事件划分为信用类型 c_j 所付出的成本。

(4) 若 $L_{ij} p_r(x|c_i) p_r(c_i) < L_{ji} p_r(x|c_j) p_r(c_j)$,则事件 $X = (x_1, x_2, \cdots, x_n)$ 属于信用类型 c_j。

这里，$i \neq j$。在规则(1)、(2)中，使用了贝叶斯定理(Bayes' theorem)；规则(3)、(4)又称为期望误划成本最小化原理。

2. 线形判别分析（linear discriminant analysis）

设事件 $\mathbf{X} = (x_1, x_2, \cdots, x_n)$ 满足多元高斯正态分布(multivariate normal Gaussian distribution)，且所有信用类型 c_i 有相同的协方差矩阵(covariance matrix，记为 $\mathbf{\Sigma}$ 或 Cov)，协方差矩阵为

$$\mathrm{Cov} = \begin{bmatrix} c_{11} & c_{12} & \cdots & c_{1n} \\ c_{21} & c_{22} & \cdots & c_{2n} \\ \vdots & \vdots & \ddots & \vdots \\ c_{n1} & c_{n2} & \cdots & c_{nn} \end{bmatrix}$$

这里，$c_{11} = E\{[X_1 - E(X_1)]^2\} = D(X_1)$，为二阶中心矩；$c_{12} = E\{[X_1 - E(X_1)][X_2 - E(X_2)]\} = \mathrm{Cov}(X_1, X_2)$，$c_{21} = E\{[X_2 - E(X_2)][X_1 - E(X_1)]\} = \mathrm{Cov}(X_2, X_1)$，为二阶混合中心矩，且 $c_{12} = c_{21}$，$D(X_1 \pm X_2) = D(X_1) + D(X_2) \pm 2\mathrm{Cov}(X_1, X_2)$。则事件 $\mathbf{X}$ 的多元正态分布密度函数为

$$f(x_1, x_2, \cdots, x_p) = \frac{1}{(2\pi)^{\frac{p}{2}} |\mathbf{\Sigma}|^{\frac{1}{2}}} \exp\left\{-\frac{1}{2}(x-\mu)' \mathbf{\Sigma}^{-1} (x-\mu)\right\}$$

对事件 $\mathbf{X}$ 应用规则(2)，得到结论 1，对事件 $\mathbf{X}$ 应用规则(4)，得到结论 2。

结论 1 若 $\ln \dfrac{p_r(\mathbf{x}|c_j)}{p_r(\mathbf{x}|c_i)} > \ln \dfrac{p_r(c_i)}{p_r(c_j)}$ $(i = 1, 2, \cdots, n, i \neq j)$，则事件 $\mathbf{X} = (x_1, x_2, \cdots, x_n)$ 属于信用类型 c_j；否则，事件 $\mathbf{X} = (x_1, x_2, \cdots, x_n)$ 属于信用类型 c_i。

结论 2 若 $\ln \dfrac{p_r(\mathbf{x}|c_j)}{p_r(\mathbf{x}|c_i)} > \ln \dfrac{L_{ij} p_r(c_i)}{L_{ji} p_r(c_j)}$，则事件 $\mathbf{X} = (x_1, x_2, \cdots, x_n)$ 属于信用类型 c_j；否则，事件 $\mathbf{X} = (x_1, x_2, \cdots, x_n)$ 属于信用类型 c_i。

结论 2 也可以改写[①]为

---

① 推导过程为 $\ln \dfrac{p_r(\mathbf{x}|c_j)}{p_r(\mathbf{x}|c_i)} = \ln \dfrac{c_j\text{ 类别的密度函数值}}{c_i\text{ 类别的密度函数值}} = \ln \dfrac{\dfrac{1}{(2\pi)^{\frac{p}{2}} |\mathbf{\Sigma}|^{\frac{1}{2}}} \exp\left\{-\frac{1}{2}(x-\mu_j)^T \mathbf{\Sigma}^{-1} (x-\mu_j)\right\}}{\dfrac{1}{(2\pi)^{\frac{p}{2}} |\mathbf{\Sigma}|^{\frac{1}{2}}} \exp\left\{-\frac{1}{2}(x-\mu_i)^T \mathbf{\Sigma}^{-1} (x-\mu_i)\right\}}$

$= \dfrac{1}{2}[((x-\mu_i)^T \mathbf{\Sigma}^{-1} (x-\mu_i)) - ((x-\mu_j)^T \mathbf{\Sigma}^{-1} (x-\mu_j))]$

$\xrightarrow{\text{这里}, D(\mathbf{X}, G_i) = \sqrt{(x-\mu_i)^T \mathbf{\Sigma}^{-1} (x-\mu_i)} \text{ 称为马氏距离}} \dfrac{1}{2}[D^2(\mathbf{X}, G_i) - D^2(\mathbf{X}, G_j)]$

$= \dfrac{1}{2}[(x^T \mathbf{\Sigma}^{-1} x - 2x^T \mathbf{\Sigma}^{-1} \mu_i + \mu_i^T \mathbf{\Sigma}^{-1} \mu_i) - (x^T \mathbf{\Sigma}^{-1} x - 2x^T \mathbf{\Sigma}^{-1} \mu_j + \mu_j^T \mathbf{\Sigma}^{-1} \mu_j)]$

$= \dfrac{1}{2}[2x^T \mathbf{\Sigma}^{-1} (\mu_j - \mu_i) - (\mu_j + \mu_i)^T \mathbf{\Sigma}^{-1} (\mu_j - \mu_i)]$

$= \left[x^T - \dfrac{1}{2}(\mu_j + \mu_i)^T\right] \mathbf{\Sigma}^{-1} (\mu_j - \mu_i)$

$\xrightarrow{\diamondsuit a = \mathbf{\Sigma}^{-1}(\mu_j - \mu_i) \xrightarrow{\Delta} (a_1, a_2, \cdots, a_p)^T} \left[x^T - \dfrac{1}{2}(\bar{\mu})^T\right] a$

$= a_1(x_1 - \bar{\mu}_1) + \cdots + a_p(x_p - \bar{\mu}_p)$，此为线性判别函数。

若 $\left[\mathbf{X}^T - \frac{1}{2}(\boldsymbol{\mu}_j+\boldsymbol{\mu}_i)^T\right]\boldsymbol{\Sigma}^{-1}(\boldsymbol{\mu}_j-\boldsymbol{\mu}_i) > \ln\frac{L_{ij}p_r(c_i)}{L_{ji}p_r(c_j)}$，则事件 $\mathbf{X}=(x_1,x_2,\cdots,x_n)$ 属于信用类型 c_j；否则，事件 $\mathbf{X}=(x_1,x_2,\cdots,x_n)$ 属于信用类型 c_i。这里，$\ln\frac{L_{ij}p_r(c_i)}{L_{ji}p_r(c_j)}$ 为临界值(cutoff value)。

3. 实例

使用线性分类方法对 CITICORP MORTAGE INC 进行信用卡信用评级。设信用类型 $c=($good,bad$)$ 或 $c=($正常信用卡,不良信用卡$)$。假设在申请信用卡的过程中，平均有 15% 的人将被拒绝。在被拒绝的 15% 的人中，估计 2/3 的人属于 bad 信用类型；而 1/3 的人属于 good 信用类型，将被错过，由此带来的机会成本为每人 4000 美元。根据以往的历史统计数据可知，在发放的信用卡中，大约有 3% 的信用卡会发生贷款违约(loan portfolio goes into default)现象，带来的损失平均大约占贷款总额的 23%(贷款总额为 10 万美元)。

由此可知：$p_r(c_{bad})=0.03\times0.85+0.15\times2/3=0.1255$，$p_r(c_{good})=1-0.1255=0.8745$，$L_{bad,good}=100\,000\times23\%=23\,000$，$L_{good,bad}=4000$，临界值 $=\ln\frac{L_{bad,good}p_r(c_{bad})}{L_{good,bad}p_r(c_{good})}=\ln\frac{23\,000\times0.1255}{4000\times0.8745}=-0.192\,146$。

记 $L(\mathbf{X})=\left[\mathbf{X}^T-\frac{1}{2}(\boldsymbol{\mu}_{good}+\boldsymbol{\mu}_{bad})^T\right]\boldsymbol{\Sigma}^{-1}(\boldsymbol{\mu}_{good}-\boldsymbol{\mu}_{bad})$。明显有，当 $L(\mathbf{X})>-0.192\,146$ 时，信用卡发放事件 $\mathbf{X}=(x_1,x_2,\cdots,x_n)$ 属于 good 类型；否则，信用卡发放事件 $\mathbf{X}=(x_1,x_2,\cdots,x_n)$ 属于 bad 类型。

进一步假设 $\mathbf{X}=(x_1,x_2)=($收入,年限$)$，$\boldsymbol{\mu}_{good}=(36\,000,2)$，$\boldsymbol{\mu}_{bad}=(32\,500,1.5)$，标准偏差分别为 $\sigma_{收入}=2000$，$\sigma_{年限}=0.2$，收入与年限之间的相关系数为 $\sigma_{收入,年限}=0.9$，则

$$\boldsymbol{\Sigma}=\begin{bmatrix} c_{11} & c_{12} \\ c_{21} & c_{22} \end{bmatrix}=\begin{bmatrix} \sigma_{收入}^2 & \sigma_{收入,年限}\sigma_{收入}\sigma_{年限} \\ \sigma_{收入,年限}\sigma_{收入}\sigma_{年限} & \sigma_{年限}^2 \end{bmatrix}$$

利用相关的统计软件，如 SAS、Matlab 或 SPSS 等，很容易求得 $\boldsymbol{\Sigma}^{-1}=\begin{bmatrix} 1.31579E-6 & -1.1842E-2 \\ -1.1842E-2 & 1.3158E+2 \end{bmatrix}$，从而有 $L(\mathbf{X})=\left[\mathbf{X}^T-\frac{1}{2}(\boldsymbol{\mu}_{good}+\boldsymbol{\mu}_{bad})^T\right]\boldsymbol{\Sigma}^{-1}(\boldsymbol{\mu}_{good}-\boldsymbol{\mu}_{bad})=0.000\,003($收入$-34\,250)+0.0242($年限$-1.75)$。若 $L(\mathbf{X})$ 的计算结果大于 $-0.192\,146$，则接受(收入,年限)申请，否则拒绝申请。

4.3.3 Logistic 回归分析

Logistic 回归作为一种二元离散选择模型，在"二元型响应"现象分析中具有独特的优势。它利用极大似然估计法进行参数估计，不要求样本数据呈正态分布，解决了因变量不连续线性回归的问题。根据因变量取值类别不同，Logistic 回归分析分为二元逻辑(binary logistic,因变量只能取两个值)回归分析和多元逻辑(multinomial logistic)回归分析。

1. Logistic 变换

Logistic 回归分析的基本思想是从特征值 $\mathbf{X}=(x_1,x_2,\cdots,x_n)$ 中学习得出一个 0/1 分类模型。

从数学上看,"事件 $X=(x_1,x_2,\cdots,x_n)$ 属于信用类型 C_i(记为 $y=1$)"的发生概率 p 在 $p=0$(或 $p=1$)的附近,相对于 X 的变化是不敏感的、缓慢的,且非线性的程度较高。这样,可以人为地设计一个函数 $g(p)$,使得它在 $p=0.5$ 的附近变化时幅度较大,且相对于 X 的变化,接近线性变化,如图 4-25 所示。

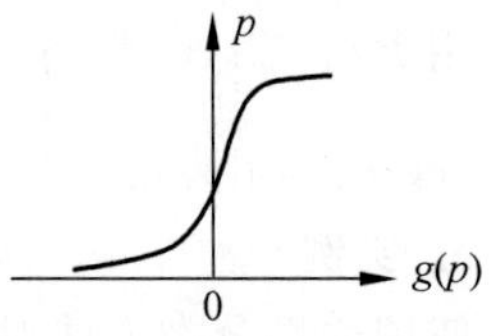

但是,若直接令 $p=f(\beta_i,x_i)=\beta_0+\beta_1x_1+\beta_2x_2+\cdots+\beta_kx_k+\varepsilon$,由于 $f(\beta_ix_i)$ 的取值范围是 $(-\infty,+\infty)$,因此要想使 p 的取值范围为 $[0,1]$ 是不可能的。

图 4-25 $g(p)$ 与 p 的关系

为此,引入 Logistic 变换(简称 Logit 变换):

$$g(p)=\text{Logit}(p)=\ln\left(\frac{p}{1-p}\right)=\beta_0+\beta_1x_1+\beta_2x_2+\cdots+\beta_kx_k+\varepsilon$$

此时则有 $p(y=1|x)=\dfrac{1}{1+e^{-(\beta_0+\beta_1x_1+\beta_2x_2+\cdots+\beta_nx_n+\varepsilon)}}=\dfrac{1}{1+e^{-f(x)}}=\text{Sigmoid}(f(x))\in[0,1]$。这里 $\dfrac{p}{1-p}$ 称为"因变量 $y=1$"的差异比(odds ratio)或似然比(likelihood ratio),logit(p) 为这种差异比的自然对数,它以 0 为中心对称,在 $p=0.5$ 的附近变化时幅度较大。

2. 二元回归分析

令"$y=1$"表示"事件 $X=(x_1,x_2,\cdots,x_n)$ 属于信用类型 c_i","$y=-1$"表示"事件 $X=(x_1,x_2,\cdots,x_n)$ 不属于信用类型 c_i",即 y 是 0-1 型伯努利随机变量。因而,事件 $X=(x_1,x_2,\cdots,x_n)$ 属于 $y=1$ 的概率 $p(y=1|x)=\dfrac{1}{1+e^{-f(x)}}=\text{Sigmoid}(f(x))$;事件 $X=(x_1,x_2,\cdots,x_n)$ 属于 $y=-1$ 的概率 $p(y=-1|x)=1-p(y=1|x)=1-\dfrac{1}{1+e^{-f(x)}}=\dfrac{1}{1+e^{f(x)}}=\text{Sigmoid}(-f(x))$。

考虑到 $y\in\{-1,+1\}$,因此有 $p(y|x)=\dfrac{1}{1+e^{-yf(x)}}$,此为逻辑回归中的概率模型。利用极大似然的思想:

$$\max\left(\prod_{i=1}^m P(y_i|x_i)\right)=\max\left(\prod_{i=1}^m \frac{1}{1+e^{-y_if(x_i)}}\right)$$

两边取对数,并将极大转为极小:

$$\max\left(\sum_{i=1}^m \log P(y_i|x_i)\right)=-\min\left(\sum_{i=1}^m \log\left(\frac{1}{1+e^{-y_if(x_i)}}\right)\right)$$
$$=\min\left(\sum_{i=1}^m \log(1+e^{-y_if(x_i)})\right)=\min\left(\sum_{i=1}^m L(y_i,f(x_i))\right)$$

这里,$L(y_i,f(x_i))=\log(1+e^{-y_if(x_i)})$ 称为逻辑损失(Logistic Loss)。

因此,二元逻辑回归分析主要就是对 $f(x)=\beta_0+\beta_1x_1+\cdots+\beta_kx_k+\varepsilon$ 进行极大似然估计[①]

---

① 极大似然估计(maximum likelihood estimation,MLE)通过最大化对数似然值(log likelihood)来估计参数;最小二乘法(least square method,LSM)是通过使样本观测数据的残差平方和最小(即求 $\min\sum_i\varepsilon_i^2$ 或 $\min\sum_i(y_i-a-bx_i)^2$)来选择参数。

或最小二乘法估计,求得 $\beta_0,\beta_1,\cdots,\beta_k$ 后,再对其进行估算、检验,然后用此模型求 p 值,进而进行预测。

3. 实例

下面通过 Logistic 回归,对微信支付使用意愿的影响因素进行分析。

假设 $Y=1$ 表示"愿意使用微信进行支付",$Y=0$ 表示"不愿意使用微信进行支付"。依据计划行为理论(Theory of Planned Behavior,TBP)中的信任、态度、感知等行为特征,引入 10 个协变量 $X=(X_1,X_2,X_3,X_4,X_5,X_6,X_7,X_8,X_9,X_{10})=$(性别,年龄,文化水平,个人月收入水平,微信支付的认知度,对微信支付的信任度,微信支付手段的创新性,微信支付的易用性,微信支付的便利性,微信支付风险感知程度),并通过调查得到数据样本 975 个(具体数据在此省略)。

建立因变量 Y 与协变量 X 之间的逻辑回归,具体过程如下。

在 SPSS 软件中,单击菜单 Analyze→Regression→binary Logistic,在 Logistic 回归对话框中加入因变量 Y 和协变量 $X_1,X_2,X_3,X_4,X_5,X_6,X_7,X_8,X_9,X_{10}$,如图 4-26 所示。

图 4-26 Logistic 回归对话框

单击"选项"按钮,选择相关的内容,如图 4-27 所示。

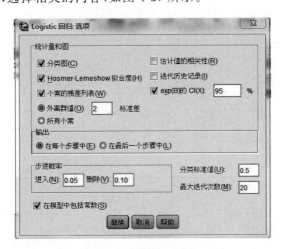

图 4-27 选项对话框

单击"确定"按钮后，SPSS会自动输出逻辑回归的结果，共分为9个部分。其中在第7部分显示方程中的变量，如表4-3所示，列出了回归过程中各个变量所对应的参数、该变量对应的Wald统计量值、相伴概率等。从表中可以看出，X_8和X_9的Wald统计量最大，显著性最小，说明其在模型中很重要。

表4-3 方程中的变量

统计量 变量参数		B 回归系数	S.E 标准差	Wald影响程度	Df 自由度	Sig.显著性水平	EXP(B)	EXP(B)的95%C.I.	
								下限	上限
步骤1a	X_1 性别	−0.066	0.205	0.103	1	0.748	0.936	0.626	1.399
	X_2 年龄	−0.423	0.172	6.079	1	0.014	0.655	0.468	0.917
	X_3 文化水平	0.122	0.114	1.135	1	0.287	1.130	0.903	1.413
	X_4 收入水平	0.484	0.127	14.529	1	0.000	1.622	1.265	2.080
	X_5 认知度	−0.032	0.110	0.086	1	0.770	0.968	0.780	1.202
	X_6 信任度	0.498	0.112	19.770	1	0.000	1.646	1.321	2.050
	X_7 易用性	0.302	0.125	5.772	1	0.016	1.352	1.057	1.729
	X_8 便利性	0.886	0.128	47.959	1	0.000	2.426	1.888	3.117
	X_9 创新性	0.572	0.096	35.818	1	0.000	1.772	1.469	2.137
	X_{10} 风险感知程度	−0.205	0.125	2.679	1	0.102	0.814	0.637	1.041
	常量	−5.175	0.787	43.263	1	0.000	0.006		

为了消除变量在进入方程时可能存在多重共线性，此例中采取了向后回归法(Backward)对解释变量进行筛选①。按照显著性水平$\alpha=0.05$的检验标准，前三个模型中都存在回归系数不显著的协变量(认知度、性别、文化水平)，所以需要进一步剔除不显著变量，如表4-4、表4-5和表4-6所示。

表4-4 剔除认知度后方程中的变量

统计量 变量参数		B 回归系数	S.E 标准差	Wald影响程度	Df 自由度	Sig.显著性水平	EXP(B)	EXP(B)的95% C.I.	
								下限	上限
步骤1b	X_1 性别	−0.075	0.202	0.139	1	0.710	0.927	0.624	1.379
	X_2 年龄	−0.425	0.171	6.141	1	0.013	0.654	0.467	0.915
	X_3 文化水平	0.124	0.114	1.190	1	0.285	1.132	0.906	1.416
	X_4 收入水平	0.480	0.126	14.487	1	0.000	1.616	1.262	2.069
	X_6 信任度	0.499	0.112	19.883	1	0.000	1.648	1.323	2.052
	X_7 易用性	0.303	0.125	5.840	1	0.016	1.354	1.059	1.731
	X_8 便利性	0.887	0.128	48.052	1	0.000	2.427	1.889	3.118
	X_9 创新性	0.573	0.096	35.984	1	0.000	1.774	1.471	2.139
	X_{10} 风险感知程度	−0.207	0.125	2.734	1	0.098	0.813	0.636	1.039
	常量	−5.224	0.769	46.149	1	0.000	0.005		

---

① 向后回归法是先让所有协变量进入Logistic回归方程，然后对Logistic回归方程进行各种检验。一般有三种检验方法，这里采用默认的Wald检验法，即不断剔除不符合回归方程要求变量的过程。也就是说，如果新的逻辑回归方程中所有变量的回归系数检验都显著，则本次Logistic回归方程的建立结束，否则，按照上述方法再依次剔除最不显著的变量，直到再也没有可剔除的变量为止。

表 4-5 再剔除性别后方程中的变量

统计量 变量参数		B 回归系数	S.E 标准差	Wald 影响程度	Df 自由度	Sig. 显著 性水平	EXP(B)	EXP(B)的 95%C.I.	
								下限	上限
步骤 1c	X_2 年龄	−0.425	0.171	6.159	1	0.013	0.653	0.467	0.914
	X_3 文化水平	0.135	0.111	1.480	1	0.224	1.144	0.921	1.421
	X_4 收入水平	0.493	0.121	16.655	1	0.000	1.638	1.292	2.075
	X_6 信任度	0.509	0.109	21.705	1	0.000	1.663	1.343	2.060
	X_7 易用性	0.314	0.122	6.611	1	0.010	1.369	1.077	1.738
	X_8 便利性	0.879	0.126	48.749	1	0.000	2.407	1.881	3.081
	X_9 创新性	0.572	0.096	35.899	1	0.000	1.772	1.470	2.137
	X_{10} 风险感 知程度	−0.232	0.106	4.762	1	0.029	0.793	0.644	0.977
	常量	−5.386	0.637	71.383	1	0.000	0.005		

表 4-6 再剔除文化水平后方程中的变量

统计量 变量参数		B 回归系数	S.E 标准差	Wald 影响程度	Df 自由度	Sig. 显著 性水平	EXP(B)	EXP(B)的 95%C.I.	
								下限	上限
步骤 1d	X_2 年龄	−0.419	0.171	5.992	1	0.014	0.658	0.470	0.920
	X_4 收入水平	0.485	0.120	16.439	1	0.000	1.625	1.285	2.055
	X_6 信任度	0.559	0.101	30.413	1	0.000	1.748	1.433	2.132
	X_7 易用性	0.319	0.121	6.923	1	0.009	1.376	1.085	1.746
	X_8 便利性	0.886	0.125	50.197	1	0.000	2.426	1.899	3.100
	X_9 创新性	0.570	0.095	35.799	1	0.000	1.768	1.467	2.131
	X_{10} 风险感 知程度	−0.273	0.100	7.408	1	0.006	0.761	0.625	0.926
	常量	−5.100	0.588	75.337	1	0.000	0.006		

最终，7 个协变量通过了显著性检验，构成了最后的统计模型，得到 Logistic 回归方程如下：

$$\text{Logit}(p) = \ln \frac{p}{1-p} = -5.100 - 0.419x_2 + 0.485x_4 + 0.559x_6 + 0.319x_7 + 0.886x_8 + 0.570x_9 - 0.273x_{10}$$

根据此方程，若在 $\text{Logit}(p) > 0$，即 $p > 0.5$ 时，有理由相信 $y = 1$。此外，对此 Logistic 回归模型的拟合优度进行 Hosmer-Lemeshow 检验，得到表 4-7。从表 4-7 中可以看出，最后阶段 Sig. 值为 0.001，小于给定的显著性水平（即 Sig. 值<0.05），说明拟合方程可以接受。

表 4-7 Hosmer-Lemeshow 检验

步 骤	卡 方	Df	Sig.
1	26.941	8	0.001
2	26.977	8	0.001
3	26.982	8	0.001
4	26.798	8	0.001

4.3.4 支持向量机

支持向量机(Supporting Vector Machine,SVM)是指定义在特征空间上间隔最大的线性分类器,是另一种形式的"二类分类模型"。其学习策略是使间隔最大化,并最终将此问题转化为一个凸二次规划问题的求解。

为了方便起见,在介绍支持向量机的具体算法之前,先介绍几个基本概念。

1. 基本概念

(1) 超平面及其方程。在向量空间中,若干向量数据如果分属不同的类型,则意味着可以用一个"平面"将它们隔开,这个"平面"就是超平面。例如,在二维向量平面上,可以用一条直线(即超平面)将若干二维向量数据分隔成两种类型:直线上方的点属于某一类(可用 $y=1$ 来表示),直线下方的点属于另一类(可用 $y=-1$ 来表示),如图4-28所示。

可以设想,通过超平面进行数据分类时,分类函数为 $f(X)=\omega^T X+b$,则对于特征向量 $X=(x_1,x_2,\cdots,x_n)$:

若 $f(X)>0$,则意味着 X 属于 $y=1$ 类;

若 $f(X)<0$,则意味着 X 属于 $y=-1$ 类;

若 $f(X)=0$,则意味着 X 位于超平面上。

因此,超平面方程可以定义为 $\omega^T X+b=0$。

接下来,如何才能确定此超平面方程呢?通常实行的准则是:尽量使超平面离两边的向量点的间隔最大,也就是需要在向量空间中寻找到最大间隔的超平面。

(2) 函数间隔。函数间隔(Functional Margin)定义为

$$\hat{r}=|f(X)|=yf(X)=y(\omega^T X+b)$$

同时,将若干样本点 $X_1=(x_{11},x_{12},\cdots,x_{1n})$、$X_2=(x_{21},x_{22},\cdots,x_{2n})$、$\cdots$、$X_m=(x_{m1},x_{m2},\cdots,x_{mn})$ 组成的训练数据集 T 上的函数间隔定义为 $\hat{r}=\min\hat{r}_i, i=1,2,\cdots,m$。即

$$\hat{r}=\min y_i f(X_i)=\min y_i(\omega^T X_i+b)$$

也就是,训练数据集 T 上的函数间隔定义为超平面关于 T 中所有样本点 (y_i,X_i) 的函数间隔最小值。

从函数间隔的定义可以看出,函数间隔的大小与 ω、b 的大小有关,也就是与超平面有关。若等比例地缩放 ω、b 的值,尽管超平面没变(满足超平面方程:$\omega^T X+b=0$),但函数间隔的值已发生了变化。因此,函数间隔的定义存在一定的缺陷。

(3) 几何间隔。对于一个特征向量——X,令其垂直投影到超平面上对应的点为 X_0,ω 是垂直于超平面的一个法向量,r 为 X 到超平面的距离,如图4-29所示。

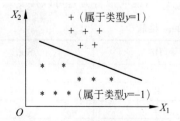

图4-28 二维向量上的超平面

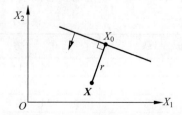

图4-29 点 X 到超平面的几何间隔

显然，$X = X_0 + r \dfrac{\boldsymbol{\omega}}{\|\boldsymbol{\omega}\|}$，这里 $\|\boldsymbol{\omega}\|$ 为 $\boldsymbol{\omega}$ 的范数。由于 X_0 是超平面上的点，满足 $\boldsymbol{\omega}^\mathrm{T} X_0 + b = 0$，因此有 $r = \dfrac{X - X_0}{\dfrac{\boldsymbol{\omega}}{\|\boldsymbol{\omega}\|}} = \dfrac{(X - X_0) \boldsymbol{\omega}^\mathrm{T}}{\dfrac{\boldsymbol{\omega}\boldsymbol{\omega}^\mathrm{T}}{\|\boldsymbol{\omega}\|}} = \dfrac{\boldsymbol{\omega}^\mathrm{T} X + b}{\|\boldsymbol{\omega}\|}$。由此，得到点 X 到超平面的几何距离 $\bar{r}$ 为 $\bar{r} = yr = \dfrac{y(\boldsymbol{\omega}^\mathrm{T} X + b)}{\|\boldsymbol{\omega}\|}$，或者 $\bar{r} = \dfrac{\hat{r}}{\|\boldsymbol{\omega}\|}$。

2. 支持向量机算法

下面介绍支持向量机的具体算法。如前所述，支持向量机的目标在于寻找最大间隔的超平面，并通过最大间隔分类器(maximum margin classifier)来进行分类。

最大间隔分类器的目标函数定义为

$$\max \bar{r} \quad \text{s.t.} \ \hat{r}_i \geqslant \hat{r}$$

若令 $\hat{r} = 1$[①]，则最大间隔分类器的目标函数转化为

$$\max \frac{1}{\|\boldsymbol{\omega}\|} \quad \text{s.t.} \ \hat{r}_i \geqslant 1$$

或者

$$\max \frac{1}{\|\boldsymbol{\omega}\|} \quad \text{s.t.} \ y_i(\boldsymbol{\omega}^\mathrm{T} X_i + b) \geqslant 1$$

(1) 对偶问题的求解。求解问题 $\max \dfrac{1}{\|\boldsymbol{\omega}\|}$，s.t. $y_i(\boldsymbol{\omega}^\mathrm{T} X_i + b) \geqslant 1$ 相当于求解问题：

$$\min \frac{1}{2} \|\boldsymbol{\omega}\|^2 \quad \text{s.t.} \ y_i(\boldsymbol{\omega}^\mathrm{T} X_i + b) \geqslant 1$$

此问题的目标函数是二次的，约束条件是线性的，它是一个凸二次规划问题，可以使用现有的 QP(Quadratic Programming, 二次规划)优化包来求解。

(2) 拉格朗日对偶算法。上述问题具有特殊结构[②]，因而还可以通过拉格朗日对偶性(Lagrange duality)来进行优化求解。也就是，通过拉格朗日变量变换，求解与原问题等价的对偶问题，来得到原始问题的最优解，这也就是所谓的"线性可分条件下支持向量机的对偶算法"。

在进行拉格朗日变换时，需要给每一个约束条件加上一个拉格朗日乘子(Lagrange multiplier) α，从而将约束条件融合到目标函数(即拉格朗日函数)中。这样，使用一个拉格朗日函数，就能够清晰地表达出原问题。

拉格朗日函数为 $L(\boldsymbol{\omega}, b, \alpha) = \dfrac{1}{2} \|\boldsymbol{\omega}\|^2 - \sum\limits_{i=1}^{m} \alpha_i [y_i(\boldsymbol{\omega}^\mathrm{T} X_i + b) - 1]$。这里，$\alpha_i$ 为对应的拉格朗日乘子。

通过拉格朗日对偶变换，带来的明显好处在于，一是拉格朗日对偶问题更容易求解，二

---

① 这里之所以令 $\hat{r} = 1$，完全是为了方便后面的公式推导和优化，并不改变目标函数的性质。

② 对偶性需要满足两个条件：一是优化问题是凸优化问题，二是满足 KKT 条件，即满足 $\begin{cases} \alpha_i \geqslant 0 \\ y_i(\boldsymbol{\omega}^\mathrm{T} X_i + b) - 1 \geqslant 0 \\ \alpha_i [y_i(\boldsymbol{\omega}^\mathrm{T} X_i + b) - 1] = 0 \end{cases}$。

是可以更自然地引入核函数,进而可以更容易地推广到非线性分类问题。

进一步,令 $\vartheta(\boldsymbol{\omega}) = \max_{\alpha_i \geqslant 0} L(\boldsymbol{\omega},b,\alpha) = \max_{\alpha_i \geqslant 0} \left\{ \frac{1}{2} \parallel \boldsymbol{\omega} \parallel^2 - \sum_{i=1}^m \alpha_i [y_i(\boldsymbol{\omega}^T \boldsymbol{X}_i + b) - 1] \right\}$,
容易验证:

① 当某个约束条件不满足时(即存在某个 $y_i(\boldsymbol{\omega}^T \boldsymbol{X}_i + b) < 1$),显然有 $\vartheta(\boldsymbol{\omega}) = \infty$(只要令 $\alpha_i = \infty$ 即可);

② 当所有约束条件都满足时,必有 $\vartheta(\boldsymbol{\omega}) = \frac{1}{2} \parallel \boldsymbol{\omega} \parallel^2$,此值为最初需要最小化的量[①]。

因此,原问题要求在约束条件得到满足的情况下最小化 $\frac{1}{2} \parallel \boldsymbol{\omega} \parallel^2$,实际上完全等价于最小化 $\vartheta(\boldsymbol{\omega})$,即求 $\min_{\boldsymbol{\omega},b} \vartheta(\boldsymbol{\omega})$。所以,原目标函数可以变为

$$\min_{\boldsymbol{\omega},b} \vartheta(\boldsymbol{\omega}) = \min_{\boldsymbol{\omega},b} \max_{\alpha_i \geqslant 0} L(\boldsymbol{\omega},b,\alpha)$$

$$\xLeftrightarrow{\text{满足KKT条件}} \max_{\alpha_i \geqslant 0} \min_{\boldsymbol{\omega},b} L(\boldsymbol{\omega},b,\alpha)$$

$$\Longleftrightarrow \max_{\alpha_i \geqslant 0} \min_{\boldsymbol{\omega},b} \left\{ \frac{1}{2} \parallel \boldsymbol{\omega} \parallel^2 - \sum_{i=1}^m \alpha_i [y_i(\boldsymbol{\omega}^T \boldsymbol{X}_i + b) - 1] \right\} \quad \text{s.t.} \, \alpha_i \geqslant 0, \sum_{i=1}^m \alpha_i y_i = 0$$

$$\xLeftrightarrow[\text{令} \frac{\partial L}{\partial b} = 0, \text{得到} \sum_{i=1}^m \alpha_i y_i = 0]{\text{令} \frac{\partial L}{\partial \boldsymbol{\omega}} = 0, \text{得到} \boldsymbol{\omega}^* = \sum_{i=1}^m \alpha_i y_i \boldsymbol{X}_i} \max_{\alpha_i \geqslant 0} \left\{ \sum_{i=1}^m \alpha_i - \frac{1}{2} \sum_{i,j=1}^m \alpha_i \alpha_j y_i y_j \boldsymbol{X}_i^T \boldsymbol{X}_j \right\}$$

其对应的对偶问题为

$$\min_{\alpha} \varphi(\alpha_i) = \min_{\alpha} \frac{1}{2} \sum_{i=1}^m \sum_{j=1}^m \alpha_i \alpha_j y_i y_j \boldsymbol{X}_i^T \boldsymbol{X}_j - \sum_{i=1}^m \alpha_i$$

$$\xLeftrightarrow{\text{令} K(\boldsymbol{X}_i, \boldsymbol{X}_j) = \boldsymbol{X}_i^T \boldsymbol{X}_j} \min_{\alpha} \frac{1}{2} \sum_{i,j=1}^m \alpha_i \alpha_j y_i y_j K(\boldsymbol{X}_i, \boldsymbol{X}_j) - \sum_{i=1}^m \alpha_i \quad \text{s.t.} \, \alpha_i \geqslant 0, \sum_{i=1}^m \alpha_i y_i = 0$$

此时,目标函数 $\min_{\alpha} \varphi(\alpha_i)$ 中只包含一个 α_i 变量,可利用序列最小优化(SMO)算法,求得 α_i 的最优解 α_i^*,从而得到 $\boldsymbol{\omega}^* = \sum_{i=1}^m \alpha_i^* y_i \boldsymbol{X}_i$,$b^* = -\dfrac{\max_{i,y_i=-1} y_i \boldsymbol{\omega}^{*T} \boldsymbol{X}_i + \min_{i,y_i=1} y_i \boldsymbol{\omega}^{*T} \boldsymbol{X}_i}{2} = y_j - \sum_{i=1}^m \alpha_i^* y_i K(\boldsymbol{X}_i, \boldsymbol{X}_j)$。

[①] 此时,若 $\boldsymbol{X}_i$ 为超平面上的点(也称 Supporting Vector 点),则 $\boldsymbol{\omega}^T \boldsymbol{X}_i + b = 1$,$\sum_{i=1}^m \alpha_i [y_i(\boldsymbol{\omega}^T \boldsymbol{X}_i + b) - 1] = 0$;若 $\boldsymbol{X}_i$ 不在超平面上,则 $\alpha_i = 0$。

注意,这里至少存在一个 $\alpha_j^* > 0$(用反证法可以证明,若 α_i^* 全为 0,则 $\boldsymbol{\omega}^* = 0$,矛盾),且 y_j 满足 $y_j(\boldsymbol{\omega}^{*T}\boldsymbol{X}_j + b^*) - 1 = 0$。此时,最优超平面方程为 $\boldsymbol{\omega}^{*T}\boldsymbol{X}_i + b^* = 0$,对应分类函数为 $f(\boldsymbol{X}) = \boldsymbol{\omega}^{*T}\boldsymbol{X} + b^* = \sum_{i=1}^{m} \alpha_i^* y_i \boldsymbol{X}_i^T \boldsymbol{X} + b^* = \sum_{i=1}^{m} \alpha_i^* y_i K(\boldsymbol{X}_i, \boldsymbol{X}) + b^*$。

对于任意训练样本$(\boldsymbol{X}_i, y_i)$,总有 $\alpha_i = 0$ 或者 $y_j \boldsymbol{\omega}^T \boldsymbol{X}_j + b) - 1 = 0$。若 $\alpha_i = 0$,则该样本不会在最后求解模型参数的式子中出现。若 $\alpha_i > 0$,则必有 $y_j \boldsymbol{\omega}^T \boldsymbol{X}_j + b) - 1 = 0$,所对应的样本点位于最大间隔边界上,是一个支持向量。这显示出 SVM 的一个重要性质:训练完成后,大部分的训练样本都不需要保留,最终模型仅与支持向量有关。

(3) 不完全线性可分问题处理。以上都是基于训练数据是线性可分的假设下进行的,但是实际情况下几乎不存在完全线性可分的数据,为了解决这个问题,引入了"软间隔"的概念,即允许某些点不满足约束 $y_i(\boldsymbol{\omega}^T \boldsymbol{X}_i + b) \geq 1$。

采用 Hinge 损失,将原优化问题改写为

$$\min_{w,b,\xi_i} \frac{1}{2} \|\boldsymbol{\omega}\|^2 + C \sum_{i=1}^{m} \xi_i \quad \text{s.t.} \quad y_i(\boldsymbol{\omega}^T \boldsymbol{X}_i + b) \geq 1 - \xi_i, \quad \xi_i \geq 0$$

其中 ξ_i 为"松弛变量",$\xi_i = \max(0, 1 - y_i(\boldsymbol{\omega}^T \boldsymbol{X}_i + b))$ 为 Hinge 损失函数。每一个样本都有一个对应的松弛变量,表征该样本不满足约束的程度。$C > 0$ 称为惩罚参数,C 值越大,对分类的惩罚越大。跟线性可分求解的思路一致,同样这里先用拉格朗日乘子法得到拉格朗日函数,再求其对偶问题。

下面介绍线性支持向量机学习算法。

输入:训练数据集 $T = \{(\boldsymbol{X}_1, y_1), \cdots, (\boldsymbol{X}_N, y_N)\}$,其中 $\boldsymbol{X}_i \in \mathbf{R}^n, y_i \in \{-1, 1\}$。

输出:分离超平面和分类决策函数。

(1) 选择惩罚参数 $C > 0$,构造并求解凸二次规划问题:

$$\min_{\alpha} \frac{1}{2} \sum_{i=1}^{N} \sum_{j=1}^{N} \alpha_i \alpha_j y_i y_j K(\boldsymbol{X}_i, \boldsymbol{X}_j) - \sum_{i=1}^{N} \alpha_i \quad \text{s.t.} \quad \sum_{i=1}^{N} \alpha_i y_i = 0 \text{ 且 } 0 \leq \alpha_i \leq C$$

得到最优解 $\alpha^* = (\alpha_1^*, \alpha_2^*, \cdots, \alpha_N^*)^T$。

(2) 计算 $\boldsymbol{\omega}^* = \sum_{i=1}^{N} \alpha_i^* y_i \boldsymbol{X}_i$,选择 α^* 的一个分量 α_j^* 满足条件 $0 \leq \alpha_j^* \leq C$,计算 $b^* = y_j - \sum_{i=1}^{N} \alpha_i^* y_i K(\boldsymbol{X}_i, \boldsymbol{X}_j)$。

(3) 求分离超平面 $\boldsymbol{\omega}^{*T} \boldsymbol{X} + b^* = 0$,分类决策函数 $f(x) = \text{sign}(\boldsymbol{\omega}^{*T} \boldsymbol{X} + b^*)$。

(4) 非线性问题处理。

依照线性问题的处理方式,重点是选择一个核函数 $K(\cdot, \cdot)$,通过将非线性数据映射到高维空间,从而解决原始空间中线性不可分的问题。

例如,对于非线性方程 $a_1 X_1 + a_2 X_1^2 + a_3 X_2 + a_4 X_2^2 + a_5 X_1 X_2 + a_6 = 0$,不能像线性方程 $\boldsymbol{\omega}^T \boldsymbol{X}_i + b = 0$ 一样,直接用一个超平面来进行分隔。但是,若通过映射 $\varnothing: Z_1 = X_1, Z_2 = X_1^2, Z_3 = X_2, Z_4 = X_2^2, Z_5 = X_1 X_2$,则在新的高维空间下坐标方程变为 $\sum_{i=1}^{5} a_i Z_i + a_6 = 0$,它直接可解出超平面方程。这样,原非线性方程 $f(\boldsymbol{X}) = \sum_{i=1}^{m} a_i y_i <\boldsymbol{X}_i, \boldsymbol{X}> + b$ 通过映射

$\varnothing$，变为 $f(\boldsymbol{X}) = \sum_{i=1}^{m} a_i y_i <\varnothing(\boldsymbol{X}_i),\varnothing(\boldsymbol{X})>+b$，这样原问题的解变为类似线性问题的解：$\max\limits_{\alpha_i \geqslant 0} \left\{ \sum_{i=1}^{m} \alpha_i - \frac{1}{2}\sum_{i,j=1}^{m} \alpha_i \alpha_j y_i y_j <\varnothing(\boldsymbol{X}_i^{\mathrm{T}}),\varnothing(\boldsymbol{X}_j)> \right\}$ s.t. $\alpha_i \geqslant 0, \sum_{i=1}^{m} \alpha_i y_i = 0$。

但是，由于要计算 $\phi(\boldsymbol{X}_i^{\mathrm{T}})$，再计算内积 $<\phi(\boldsymbol{X}_i^{\mathrm{T}}),\phi(\boldsymbol{X}_j)>$，维数太大必然会带来巨大的计算量。为此，将内积 $<\phi(\boldsymbol{X}_i^{\mathrm{T}}),\phi(\boldsymbol{X}_j)> \geqslant X_{11}X_{21} + X_{11}^2 X_{21}^2 + X_{12}X_{22} + X_{12}^2 X_{22}^2 + X_{11}X_{12}X_{22}$ 修改成 $(<X_1,X_2>+1)^2 = K(X_1,X_2)$，这样就能避开高维空间中复杂的内积计算。[①]

总之，利用支持向量机，可以进行线性和非线性问题分类。其分类函数为 $f(\boldsymbol{X}) = \sum_{i=1}^{m} a_i y_i K(\boldsymbol{X}_i,\boldsymbol{X}) + b$，$a_i$ 对应的解为 $\max\limits_{\alpha_i \geqslant 0} \left\{ \sum_{i=1}^{m} \alpha_i - \frac{1}{2}\sum_{i,j=1}^{m} \alpha_i \alpha_j y_i y_j K(\boldsymbol{X}_i,\boldsymbol{X}_j) \right\}$ s.t. $\alpha_i \geqslant 0, \sum_{i=1}^{m} \alpha_i y_i = 0$。

3. 实例：Matlab 支持向量机使用

Matlab 自带的 SVM 一共集成了两个函数：svmtrain 和 svmclassify。使用这两个函数进行 SVM 训练和分类的 Matlab 程序如下：

```
clc;
clear;
close all;

traindata = [0 1; -1 0; 2 2; 3 3; -2 -1; -4.5 -4; 2 -1; -1 -3];
group = '[1 1 -1 -1 1 1 -1 -1]';

testdata = [5 2;3 1; -4 -3];
svm_struct = svmtrain(traindata,group,'Showplot',true);      % training
Group = svmclassify(svm_struct,testdata,'Showplot',true);
hold on;
plot(testdata(:,1),testdata(:,2),'ro','MarkerSize',12);       % testing
hold off
```

4.3.5 决策树分析

决策树方法起源于概念学习系统 CLS(Concept Learning System)，然后发展出多种算法，如 CART、ASSISTANT、ID3、C4.5、Med. Gen、MDL、SL1Q、SPRIT、SPEC、Rain Forest、Clouds、BOAT、Boosting、Bagging 等。其中，最有影响的是 ID3 算法，其核心是在决策树各级节点上使用信息增益作为选择属性的标准，以便在每一个非叶子节点进行测试时，能获得关于被测试记录最大的类别信息。

1. 一个实例

某小学学生的学习状态，如表 4-8 所示。这里，以学习成绩好坏来对学生进行分类；学

[①] 这里 $K(X_1,X_2)$ 称为核函数，在支持向量机中，常见的核函数有多项式核 $K(\boldsymbol{X}_i,\boldsymbol{X}_j) = (<\boldsymbol{X}_i,\boldsymbol{X}_j>+R)^d$ 和高斯核 $K(\boldsymbol{X}_i,\boldsymbol{X}_j) = \exp\left(\dfrac{-\|\boldsymbol{X}_i-\boldsymbol{X}_j\|^2}{2\sigma^2}\right)$。

生的属性为(性格,家庭背景,性别)。其中有关家庭背景部分,若学生的父母都是大学毕业,则家庭背景定为良好;若只有一个为大学毕业,则定为一般;没有大学毕业的,则定为差。

表 4-8 某学校小学生的学习状态

性　　格	家 庭 背 景	性　　别	类　　型
内向	良	女	＋
外向	良	男	＋
外向	中	女	－
内向	差	女	－
外向	中	男	＋
内向	良	男	＋
外向	差	女	＋
外向	差	男	－
外向	良	女	＋
内向	中	女	－
内向	中	男	－
内向	差	男	－

将学生组成的集合看作某个训练集 Es,如果正例(成绩好)的比例为 P_+,负例(成绩差)的比例为 $P_-(P_-=1-P_+)$,则定义熵值 $\mathrm{Entropy(Es)} = -P_+\log_2^{P_+} - P_-\log_2^{P_-}$(这里约定 $0\log_2^0 = 0$)。可以看出,训练集在目标分类方面越模糊越杂乱无序,它的熵值就越高;反之越有序,它的熵值就越低(Srivastava A,1997)。

设训练集 Es 当前的熵值为 Entropy(Es)。通过一个属性(A)对训练集 Es 进行分组,将所有属性为 V(即 A=V)的实例分在同一组,该组构成一个新的训练集,记为 Esv。与训练集 Es 相比,Esv 的熵值将会降低(分组实际上是使无序变得有序)。这样,通过分组之后,训练集 Es 的熵值将变为(期望信息量)New_Entropy(Esv,A)。这里,

$$\mathrm{New\_Entropy(Esv,A)} = \sum v \in \mathrm{value}(A)\left(\frac{|\mathrm{Esv}|}{|\mathrm{Es}|}\right) \cdot \mathrm{Entropy(Esv)}$$

将 Entropy(Es)降低的数量定义为"属性 A 相对于训练集 Es 的信息增益",记为 Gain(Es,A),即 Gain(Es,A)=Entropy(Es)−New_Entropy(Esv,A)。Gain(Es,A)值越大,A 对训练集 Es 越有利(ID3 算法即是根据这一原则,在算法的每一步选取最佳的分类属性)。

对于此例,分类过程如下。

(1) 将训练集 Es 包含在一个根节点中,并计算其熵值。

$$\mathrm{Entropy(Es)} = -\frac{6}{12}\log_2^{\frac{6}{6+6}} - \frac{6}{12}\log_2^{\frac{6}{6+6}} = 1$$

(2) 寻找当前最佳的划分属性。为了找出当前最佳的划分属性,分别计算例子集中各个属性的信息增益。

$$\mathrm{Entropy(Es\,外向,性格)} = -\frac{4}{6}\log_2^{\frac{4}{2+4}} - \frac{2}{6}\log_2^{\frac{2}{2+4}} = 0.9183$$

$$\mathrm{Entropy(Es\,内向,性格)} = -\frac{2}{6}\log_2^{\frac{2}{2+4}} - \frac{4}{6}\log_2^{\frac{2}{2+4}} = 0.9183$$

$$\text{Gain}(E_s,性格) = \text{Entropy}(E_s) - \text{New\_Entropy}(E_{sv},性格)$$
$$= 1 - \left(\frac{1}{2} \times 0.9183 + \frac{1}{2} \times 0.9183\right) = 0.0817$$

同理

$$\text{Entropy}(E_s 良,家庭背景) = -\frac{4}{4}\log_2\frac{4}{4+0} - \frac{0}{4}\log_2\frac{0}{4+0} = 0$$

$$\text{Entropy}(E_s 中,家庭背景) = -\frac{1}{4}\log_2\frac{1}{1+3} - \frac{3}{4}\log_2\frac{3}{1+3} = \frac{1}{2} - \frac{3}{4}\frac{\log_{10}\frac{3}{4}}{\log_{10}2}$$

$$= \frac{1}{2} - \frac{3}{4} \times \frac{-0.125}{0.301} = 0.8115$$

$$\text{Entropy}(E_s 差,家庭背景) = -\frac{1}{4}\log_2\frac{1}{1+3} - \frac{3}{4}\log_2\frac{3}{1+3} = 0.8115$$

$$\text{Gain}(E_s,家庭背景) = \text{Entropy}(E_s) - \text{New\_Entropy}(E_{sv},家庭背景)$$
$$= 1 - \left(\frac{1}{3} \times 0 + \frac{1}{3} \times 0.8115 + \frac{1}{3} \times 0.8115\right) = 0.4591$$

类似,$\text{Gain}(E_s,性别) = 0$。

因为 $\text{Gain}(E_s,性别) < \text{Gain}(E_s,性格) < \text{Gain}(E_s,家庭背景)$,所以选择"家庭背景"作为划分的属性,得到如图 4-30 所示的决策树。

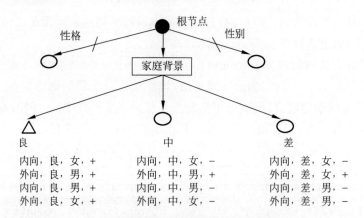

图 4-30 选取属性"家庭背景"进行分组

由于学习成绩为"中"和"差"的学生不属于同一个类,还需继续对"中"和"差"的两个分支的实例组成的例子集(共 8 个例子),继续进行分类。

(3) 重复第(2)步,直到分类结束。

$$\text{Gain}(E_s,性格) = 0.7113$$
$$\text{Gain}(E_s,性别) = 0.2045$$

因为 $\text{Gain}(E_s,性别) < \text{Gain}(E_s,性格)$,所以用属性"性格"做第二次划分;得到如图 4-31 所示的决策树。

继续对 4 个未明确类型的实例进行"性别"划分,最终得到如图 4-32 所示的结果。

从此例可以看出,在决策树中,一般用矩形框表示决策节点(如家庭背景),用箭头表示计

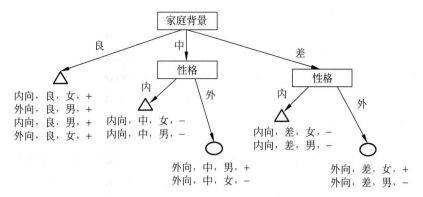

图 4-31 选取属性"性格"进行分组

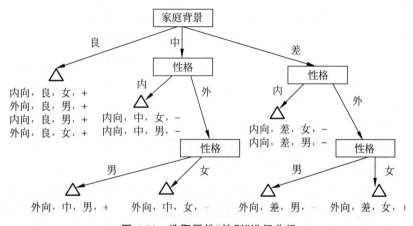

图 4-32 选取属性"性别"进行分组

算并选取最大期望值方案,用圆圈表示某种状态。各方案的期望收益均值为 $H_i = \sum_{j=1}^{n} p_j v_{ij}$,均方差为 $\sigma_i = \sqrt{\sum_{i=1}^{n} p_i (v_{ij} - \overline{\mu_i})^2}$,方差系数(风险系数)为 $r_i = \dfrac{\sigma_i}{H_i}$。当均值与风险系数无绝对优势时,一般可设定一个效用函数(利润,风险,偏好函数)来确定最终的选取方案。

2. ID3 算法

ID3 的基本算法是贪心算法,以自顶向下递归各个击破方式构造分类树。在树的节点上使用信息增益,选择具有最高信息增益的属性作为当前节点的测试属性。

设 S 是 s 个数据样本的集合。假定类标号属性具有 m 个不同值,定义 m 个不同类 $C_i(i=1,2,\cdots,m)$,设 S_i 是类 C_i 中的样本数,P_i 是任意样本属于 C_i 的概率。对于一个给定的样本分类所需的期望信息为 $I(s_1, s_2, \cdots, s_m) = -\sum_{i=1}^{m} P_i \log_2^{P_i}$。式中,$P_i$ 可用 S_i/s 来估计。

设属性 A 具有 v 个不同值 $\{A_1, A_2, \cdots, A_v\}$,用属性 A 将 S 划分为 v 个子集 $\{S_1, S_2, \cdots, S_v\}$。其中 S_j 包含 S 中这样一些样本,它们在 A 上具有 A_j,如果 A 选作测试属性,则这些子集对应于由包含集合 S 的节点生长出来的分支。设 S_{ij} 是子集 S_j 中类 C_i 的样本数,则

根据属性 A 划分成子集的熵或期望信息为

$$E(A) = \sum_{i=1}^{v} \frac{s_{1j} + s_{2j} + \cdots + s_{mj}}{s} I(s_{1j}, \cdots, s_{mj})$$

其中,熵值越小,子集划分程度越高。A 上分支获得的信息增益为 $G(A) = I(s_1, s_2, \cdots, s_m) - E(A)$。

ID3 算法具体处理流程如下。

(1) 创建一个节点。

(2) 若该节点中的所有样本均为同一类别,则开始根节点对应所有的训练样本返回,N 作为一个叶节点,并标志为类别 C。

(3) 若 attribute_list 为空,则返回 N 作为一个叶节点,并标记为该节点所含样本中类别个数最多的类别。

(4) 从 attribute_list 中选择一个信息增益最大的属性 test_attribute。

(5) 将该节点 N 标记为 test_attribute。

(6) 对于 test_attribute 中每一个已知取值 a_i,准备划分节点 N 所包含的样本集。

(7) 根据 test_attribute $= a_i$ 的条件,由结点 N 产生相应的一个分支,以表示该测试条件,并获得一个对应的样本集合。

(8) 若该样本集合为空,则将相应的叶节点标记为该节点所含样本中类别个数最多的类别;否则,将相应的叶节点标记为决策数的返回值。

很多学者发现 ID3 算法其实就是选择 $E(A)$ 最小属性产生的分支,这对左右分支记录树相差不大的情况非常有效。如果左右分支的记录树相差太远,用信息增益来判断可能得不到好的决策树。这种算法往往偏向于选择取值较多的属性,因为加权和的方法使得实例集的分类趋向于抛弃小数据量的数据元组,然而取值较多的属性并不总是最优的。按照使熵值最小和信息增益最大的原则,被 ID3 算法列为应选的属性,对其进行测试不会提供太多的信息。针对这些不足,相关文献对 ID3 提出了改进算法。

4.3.6 主成分分析

主成分分析(Principal Components Analysis,PCA)是降维的一种方法,也是分类的一种方法(其他还有 t-SNE、自编码器等)。

n 个样本数据 $x^{(i)} = (x_1^{(i)}, x_2^{(i)}, \cdots, x_p^{(i)})$(这里 $i = 1, 2, \cdots, n$)。若希望将这 n 个样本数据的维度从 p 维降到 p' 维,希望这 n 个 p' 维的数据集尽可能地代表原始数据集。人们知道数据从 p 维降到 p' 维肯定会有损失,但是人们希望损失尽可能小。那么如何让这 p' 维的数据尽可能表示原来的数据呢?

先看看最简单的情况,就是 $p = 2, p' = 1$,也就是将数据从两维降到一维,数据如图 4-33 所示。人们希望找到某一个维度方向,它可以代表这两个维度的数据。图 4-33 中列出了两个可选的向量方向:u_1 和 u_2,那么哪个向量可以更好地代表原始数据集呢?从直观上可以看出,u_1 比 u_2 好。

为什么 u_1 比 u_2 好呢?可以有两种解释:第一种解释是样本点到这个直线的距离足够近;第二种解释是样本点在这个直线上的投影能尽可能地分开(方差最大)。此标准可从 p 维推广到 p' 任意维。

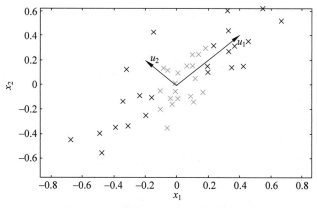

图 4-33 二维降到一维的向量方向选择

1. 基于最大投影方差法的 PCA 算法推导

若 n 个样本数据 $x^{(1)}, x^{(2)}, \cdots, x^{(n)}$ 都已经进行了中心化, 即 $\Sigma x^{(i)} = 0$ ($i = 1, 2, \cdots, n$)。经过旋转变换后得到的新坐标系 $W = \{w_1, w_2, \cdots, w_p\}$, 其中 W 是标准正交基, 即 $\|w_i\|_2 = 1, w_i^T w_j = 0$。

如果将数据从 p 维降到 p' 维, 即丢弃新坐标系中的部分坐标, 则新的坐标系组成的矩阵为 $\boldsymbol{W} = \begin{pmatrix} w_{11} & \cdots & w_{p'1} \\ \vdots & \ddots & \vdots \\ w_{1p} & \cdots & w_{p'p} \end{pmatrix} = \{w_1, w_2, \cdots, w_{p'}\}$, 其中 $w_i = \begin{pmatrix} w_{i1} \\ \vdots \\ w_{ip} \end{pmatrix}$。某个样本点 $\boldsymbol{x}^{(i)}$ 在 p' 维坐标系中的坐标(投影)为 $\boldsymbol{z}^{(i)} = \boldsymbol{W}^T \boldsymbol{x}^{(i)} = \begin{pmatrix} z_1^{(i)} \\ \vdots \\ z_{p'}^{(i)} \end{pmatrix} = (z_1^{(i)}, z_2^{(i)}, \cdots, z_{p'}^{(i)})^T$。其中 $z_j^{(i)} = w_j^T \boldsymbol{x}^{(i)}$, 是 $\boldsymbol{x}^{(i)}$ 在低维坐标系中第 j 维的坐标。

由此可知,样本 $\boldsymbol{x}^{(i)}$ 在新的坐标系中的投影为 $\boldsymbol{W}^T \boldsymbol{x}^{(i)}$,在新坐标系中的投影方差为 $\frac{1}{n-1} \boldsymbol{W}^T \boldsymbol{x}^{(i)} \boldsymbol{x}^{(i)T} \boldsymbol{W}$,要使所有样本的投影方差和最大,也就是最大化: $\frac{1}{n-1} \Sigma \boldsymbol{W}^T \boldsymbol{x}^{(i)} \boldsymbol{x}^{(i)T} \boldsymbol{W} = \frac{1}{n-1} \boldsymbol{W}^T \boldsymbol{X} \boldsymbol{X}^T \boldsymbol{W}$, 这里 $i = 1, 2, \cdots, n$。即 $\underset{\boldsymbol{W}}{\mathrm{argmax}} \, \mathrm{tr}\left(\frac{1}{n-1} \boldsymbol{W}^T \boldsymbol{X} \boldsymbol{X}^T \boldsymbol{W}\right)$ s.t. $\boldsymbol{W}^T \boldsymbol{W} = \boldsymbol{I}$。

利用拉格朗日函数可得

$$J(\boldsymbol{W}) = \mathrm{tr}\left(\frac{1}{n-1} \boldsymbol{W}^T \boldsymbol{X} \boldsymbol{X}^T \boldsymbol{W} + \lambda(\boldsymbol{W}^T \boldsymbol{W} - \boldsymbol{I})\right)$$

对 $\boldsymbol{W}$ 求导有 $\frac{1}{n-1} \boldsymbol{X} \boldsymbol{X}^T \boldsymbol{W} + \lambda \boldsymbol{W} = 0$, 整理得

$$\frac{1}{n-1} \boldsymbol{X} \boldsymbol{X}^T \boldsymbol{W} = (-\lambda) \boldsymbol{W}$$

或直接写为

$$\frac{1}{n-1} \boldsymbol{X} \boldsymbol{X}^T \boldsymbol{W} = \lambda \boldsymbol{W}$$

这里，W 为 p' 个特征向量组成的矩阵，而 λ 为 XX^T 的若干特征值组成的矩阵，特征值在主对角线上，其余位置为 0。

当将数据集从 p 维降到 p' 维时，需要找到最大的 p' 个特征值对应的特征向量。这 p' 个特征向量组成的矩阵 W 即为需要的矩阵。对于原始数据集，只需要用 $z^{(i)}=W^T x^{(i)}$，就可以把原始数据集降维到 p' 维的数据集。

2. 主成分分析法原理

主成分分析法是将指标数据进行线性变换，并投影到新的坐标，使得任何数据投影的第一大方差在第一个坐标（第一主成分）上，第二大方差在第二个坐标（第二主成分）上，依次类推，从而将全部变量转化为 n 个主成分。为方便处理，通常采用累计百分比法，选取前 p' 个主成分来基本反映全部信息，忽略其他不重要的成分。其理论原理如下。

首先，设随机向量 $\boldsymbol{X}=\begin{bmatrix}\mu_1\\\mu_2\\\vdots\\\mu_n\end{bmatrix}+\begin{bmatrix}a_{11},a_{12},\cdots,a_{1p}\\a_{21},a_{22},\cdots,a_{2p}\\\vdots\\a_{p1},a_{p2},\cdots,a_{pp}\end{bmatrix}\begin{bmatrix}F_1\\F_2\\\vdots\\F_n\end{bmatrix}+\begin{bmatrix}\varepsilon_1\\\varepsilon_2\\\vdots\\\varepsilon_n\end{bmatrix}$。若 $\boldsymbol{X}$ 是均值为 0 的随机变量，则 $\boldsymbol{X}$ 也可直接表示为 $\boldsymbol{X}=\boldsymbol{AF}+\boldsymbol{\varepsilon}$，这里，$\boldsymbol{A}$ 为载荷矩阵，$\boldsymbol{F}$ 为均值为 0、方差为 1 的主成分且互不相关，$\boldsymbol{\varepsilon}$ 为均值为 0 的特殊因子。从而有 $\mathrm{Var}(\boldsymbol{X})=\mathrm{Var}(\boldsymbol{AF}+\boldsymbol{\varepsilon})=E[(\boldsymbol{AF}+\boldsymbol{\varepsilon})(\boldsymbol{AF}+\boldsymbol{\varepsilon})^T]=\boldsymbol{A}E[\boldsymbol{FF}^T]\boldsymbol{A}^T+\boldsymbol{A}E[\boldsymbol{F\varepsilon}^T]+E[\boldsymbol{\varepsilon F}^T]\boldsymbol{A}^T+E[\boldsymbol{\varepsilon\varepsilon}^T]=\boldsymbol{AA}^T+\mathrm{Var}(\boldsymbol{\varepsilon})$。

其次，对样本数据 $\boldsymbol{X}$ 进行空间转换：$\boldsymbol{Z}=\boldsymbol{W}^T\boldsymbol{X}$（或 $z^{(i)}=\boldsymbol{W}^T x^{(i)}$），这里 $\boldsymbol{W}^T\boldsymbol{W}=\boldsymbol{I}$。主成分分析法的目标是使所有样本 $x^{(i)}$ 在旋转轴上的方差之和最大，即 $\max\mathrm{Var}(\boldsymbol{Z})=\dfrac{1}{n-1}\boldsymbol{ZZ}^T=\dfrac{1}{n-1}\boldsymbol{W}^T\boldsymbol{XX}^T\boldsymbol{W}$。

利用拉格朗日函数可得到 $J(\boldsymbol{W})=\mathrm{tr}\left(\dfrac{1}{n-1}\boldsymbol{W}^T\boldsymbol{XX}^T\boldsymbol{W}-\lambda(\boldsymbol{W}^T\boldsymbol{W}-\boldsymbol{I})\right)$，再对 $\boldsymbol{W}$ 进行求导可得到 $\dfrac{1}{n-1}\boldsymbol{XX}^T\boldsymbol{W}=\lambda\boldsymbol{W}$，这样可以进一步求解得到 $\boldsymbol{\Sigma}=\dfrac{1}{n-1}\boldsymbol{XX}^T$ 的特征值为 $\lambda_1,\lambda_2,\cdots,\lambda_p$（这里 $\lambda_1>\lambda_2>\cdots>\lambda_p$），其对应的特征向量为 $w_1,w_2,\cdots,w_p$。

另外由 $\boldsymbol{\Sigma}=\dfrac{1}{n-1}\boldsymbol{XX}^T=w^T\lambda w=\begin{bmatrix}\sqrt{\lambda_1}w_{11},\cdots,\sqrt{\lambda_p}w_{p1}\\\sqrt{\lambda_1}w_{12},\cdots,\sqrt{\lambda_p}w_{p2}\\\vdots\\\sqrt{\lambda_1}w_{1p},\cdots,\sqrt{\lambda_p}w_{pp}\end{bmatrix}\begin{pmatrix}\sqrt{\lambda_p}w_{11},\cdots,\sqrt{\lambda_p}w_{1p}\\\vdots\\\sqrt{\lambda_p}w_{p1},\cdots,\sqrt{\lambda_p}w_{pp}\end{pmatrix}$，对比 $\mathrm{Var}(\boldsymbol{X})=\boldsymbol{AA}^T+\mathrm{Var}(\boldsymbol{\varepsilon})$，可得

$$\boldsymbol{A}=\begin{bmatrix}\sqrt{\lambda_1}w_{11},\cdots,\sqrt{\lambda_p}w_{p1}\\\sqrt{\lambda_1}w_{12},\cdots,\sqrt{\lambda_p}w_{p2}\\\vdots\\\sqrt{\lambda_1}w_{1p},\cdots,\sqrt{\lambda_p}w_{pp}\end{bmatrix}$$

在 $\boldsymbol{A}$ 中，可令 $H_i^2=\sum\limits_{j=1}^{m}a_{ij}^2$，$G_j^2=\sum\limits_{i=1}^{p}a_{ij}^2$。这里，$H_i^2$ 描述了全部公共因子对变量 x_i 的

总方差所做出的贡献,反映了 F 对 x_i 的影响程度;G_i^2 描述了 F_j 对变量 $x_1, x_2, \cdots, x_p$ 所提供的方差之和,衡量了 F_i 的相对重要性。

此外,由 $\boldsymbol{Z} = \boldsymbol{W}^\mathrm{T} \boldsymbol{X} = \boldsymbol{W}^\mathrm{T} \boldsymbol{A} \boldsymbol{F} = \begin{pmatrix} \sqrt{\lambda_1} & \cdots & 0 \\ \vdots & \ddots & \vdots \\ 0 & \cdots & \sqrt{\lambda_p} \end{pmatrix} \boldsymbol{F}$,可得到 $\boldsymbol{Z} = \begin{pmatrix} z_1 \\ \vdots \\ z_2 \end{pmatrix} = \begin{pmatrix} \sqrt{\lambda_1} F_1 \\ \vdots \\ \sqrt{\lambda_p} F_p \end{pmatrix}$ 且

$\mathrm{var}(\boldsymbol{Z}) = \lambda_1 + \lambda_2 + \cdots + \lambda_p$,同时还能得到 $\boldsymbol{F} = \begin{pmatrix} \frac{1}{\sqrt{\lambda_1}} w_{11} & \cdots & \frac{1}{\sqrt{\lambda_1}} w_{1p} \\ \vdots & \ddots & \vdots \\ \frac{1}{\sqrt{\lambda_p}} w_{p1} & \cdots & \frac{1}{\sqrt{\lambda_p}} w_{pp} \end{pmatrix} \boldsymbol{X}$。

这样,取前 p' 个最大的 λ 值进行变换,可得到前 p' 个主成分为

$$\begin{cases} F_1 = \frac{1}{\sqrt{\lambda_1}} w_{11} x_1 + \frac{1}{\sqrt{\lambda_1}} w_{12} x_2 + \cdots + \frac{1}{\sqrt{\lambda_1}} w_{1p} x_p \\ F_2 = \frac{1}{\sqrt{\lambda_2}} w_{21} x_1 + \frac{1}{\sqrt{\lambda_2}} w_{22} x_2 + \cdots + \frac{1}{\sqrt{\lambda_2}} w_{2p} x_p \\ \cdots \\ F_{p'} = \frac{1}{\sqrt{\lambda_{p'}}} w_{p'1} x_1 + \frac{1}{\sqrt{\lambda_{p'}}} w_{p'2} x_2 + \cdots + \frac{1}{\sqrt{\lambda_{p'}}} w_{p'p} x_p \end{cases}$$

3. 主成分分析法的计算过程

主成分分析法的计算过程,总体上分为以下 7 个步骤。

(1) 输入原始数据,计算样本均值和方差,进行中心化或标准化处理。

(2) 求样本的协方差矩阵或相关系数矩阵 $\boldsymbol{R} = (r_{ij})_{p*p}$(标准化后,协方差矩阵=协方差矩阵)。

(3) 求协方差矩阵或相关系数矩阵的特征根 λ_i 和相关的标准正交的特征向量 w_i。

(4) 确定主成分个数。

(5) 计算主成分的共性方差 h_i^2。

(6) 对载荷矩阵进行旋转处理,以此来更好地解释主成分。

(7) 对主成分做出专业解释。

例如,假设有 10 个二维的特征数据,分别为 (2.5,2.4)、(0.5,0.7)、(2.2,2.9)、(1.9,2.2)、(3.1,3.0)、(2.3,2.7)、(2,1.6)、(1,1.1)、(1.5,1.6)、(1.1,0.9)。试采用 PCA 将其降到一维特征,步骤如下。

(1) 对样本进行中心化处理。由于这里样本的均值为 (1.81,1.91),因此中心化后的数据集为 (0.69,0.49),(−1.31,−1.21),(0.39,0.99),(0.09,0.29),(1.29,1.09),(0.49,0.79),(0.19,−0.31),(−0.81,−0.81),(−0.31,−0.31),(−0.71,−1.01)。

(2) 利用表达式 $\frac{1}{n-1} \boldsymbol{X} \boldsymbol{X}^\mathrm{T}$,求样本的协方差矩阵。由于是二维的,则协方差矩阵 $\boldsymbol{\Sigma} = \begin{pmatrix} \mathrm{Cov}(x_1, x_1) & \mathrm{Cov}(x_1, x_2) \\ \mathrm{Cov}(x_2, x_1) & \mathrm{Cov}(x_2, x_2) \end{pmatrix} = \frac{1}{n-1} \boldsymbol{X} \boldsymbol{X}^\mathrm{T} = \begin{pmatrix} 0.616\,555\,556 & 0.615\,444\,44 \\ 0.615\,444\,444 & 0.716\,555\,56 \end{pmatrix}$。

求解方程 $\begin{pmatrix} 0.616\,555\,556 & 0.615\,444\,44 \\ 0.615\,444\,444 & 0.716\,555\,56 \end{pmatrix} \begin{pmatrix} w_1 \\ w_2 \end{pmatrix} = \lambda \begin{pmatrix} w_1 \\ w_2 \end{pmatrix}$，即 $\begin{pmatrix} 0.616\,555\,556 - \lambda & 0.615\,444\,44 \\ 0.615\,444\,444 & 0.716\,555\,56 - \lambda \end{pmatrix}$ $\begin{pmatrix} w_1 \\ w_2 \end{pmatrix} = 0$，得到特征值 $\lambda_1 = 0.049\,083\,398\,9$、$\lambda_2 = 1.284\,027\,71$，对应的特征向量分别为 $(0.735\,178\,656, 0.677\,873\,399)^T$、$(-0.677\,873\,399, -0.735\,178\,656)^T$。考虑一个最大的特征值 $1.284\,027\,71$，得到降维的特征向量 $w = \begin{pmatrix} w_1 \\ w_2 \end{pmatrix} = \begin{pmatrix} -0.677\,873\,399 \\ -0.735\,178\,656 \end{pmatrix}$。

(3) 利用 $z^{(i)} = W^T x^{(i)}$ 对所有的数据集进行投影，得到 PCA 降维后的 10 个一维数据集为 $(-0.827\,970\,186, 1.777\,580\,33, -0.992\,197\,494, -0.274\,210\,416, -1.675\,801\,42, -0.912\,949\,103, 0.099\,109\,437\,5, 1.144\,572\,16, 0.438\,046\,137, 1.223\,820\,56)$。

4.3.7 线性判别分析与奇异值分解

1. 线性判别分析

线性判别分析(Linear Discriminant Analysis，LDA)是一种监督学习的降维技术，也就是说它的数据集的每个样本是有类别的，这点和 PCA 明显不同。LDA 的思想可以用一句话概括，就是"投影后类内方差最小，类间方差最大"。换句话说，若要将数据在低维度上进行投影，希望的是投影后，相同类别数据的投影点尽可能地接近，而不同类别的数据的类别中心之间的距离尽可能地大。

当然，需要指出的是，这里的 LDA 有别于自然语言处理中常用的隐含狄利克雷分布 LDA(Latent Dirichlet Allocation)，它是一种用来处理文档的主题模型。

1) 瑞利商与广义瑞利商

首先介绍瑞利商(Rayleigh quotient)的定义。瑞利商是指函数 $R(A, X) = \dfrac{X^H A X}{X^H X}$，其中 X 为非零向量，而 A 为 $n \times n$ 的 Hermitian 矩阵(所谓 Hermitian 矩阵就是满足共轭转置矩阵和自己相等的矩阵，即 $A^H = A$；如果矩阵 A 是实矩阵，则满足 $A^T = A$ 的矩阵即为 Hermitian 矩阵)。

瑞利商 $R(A, X)$ 有一个非常重要的性质，即它的最大值等于矩阵 A 最大的特征值，而最小值等于矩阵 A 最小的特征值，也就是满足：

$$\lambda_{\min} \leqslant \frac{X^H A X}{X^H X} \leqslant \lambda_{\max}$$

当向量 X 是标准正交基时，即满足 $X^H X = 1$ 时，瑞利商退化为 $R(A, X) = X^H A X$，这个形式在谱聚类和 PCA 中都曾出现过。

接下来介绍广义瑞利商(generalized Rayleigh quotient)。广义瑞利商是指函数 $R(A, B, X) = \dfrac{X^H A X}{X^H B X}$，其中 X 为非零向量，而 A、B 为 $n \times n$ 的 Hermitian 矩阵，B 为正定矩阵。

广义瑞利商的最大值和最小值是什么呢？其实只要令 $X = \dfrac{X'}{\sqrt{B}}$，即可将广义瑞利商转化为 $R(A, B, X') = \dfrac{X'^H B^{-1/2} A B^{-1/2} X'}{X'^H X'}$。$R(A, B, X)$ 的最大值为矩阵 $B^{-1/2} A B^{-1/2}$ 的最

大特征值,或者说矩阵 $\boldsymbol{B}^{-1}\boldsymbol{A}$ 的最大特征值,而最小值为矩阵 $\boldsymbol{B}^{-1}\boldsymbol{A}$ 的最小特征值。

2) 二类 LDA 原理

假设有若干样本数据 $(\boldsymbol{X}_1,y_1),(\boldsymbol{X}_2,y_2),\cdots,(\boldsymbol{X}_m,y_m)$,其中 $\boldsymbol{X}_i$ 为 n 维向量,$y_i\in\{0,1\}$。定义 $N_j(j=0,1)$ 为第 j 类样本的个数,D_j 为第 j 类样本的集合,而 $\boldsymbol{\mu}_j$ 为第 j 类样本的均值向量,$\boldsymbol{\Sigma}_j$ 为第 j 类样本的协方差矩阵 $\left(\text{这里}\boldsymbol{\Sigma}_j=\dfrac{1}{N_j-1}\sum_{x\in D_j}(x-\boldsymbol{\mu}_j)(x-\boldsymbol{\mu}_j)^{\mathrm{T}}\right)$。

由于是两类数据,因此只需将数据投影到一条直线上即可。假设该直线是向量 $\boldsymbol{w}$,则对任意一个样本 X_i,它在直线 $\boldsymbol{w}$ 上的投影为 $\boldsymbol{w}^{\mathrm{T}}X_i$。对于两个类别的中心点 μ_0 和 μ_1,在直线 $\boldsymbol{w}$ 上的投影为 $\boldsymbol{w}^{\mathrm{T}}\mu_0$ 和 $\boldsymbol{w}^{\mathrm{T}}\mu_1$。

由于 LDA 需要让不同类别的数据中心之间的距离尽可能大,也就是要最大化 $\|\boldsymbol{w}^{\mathrm{T}}\mu_0-\boldsymbol{w}^{\mathrm{T}}\mu_1\|_2^2$,同时希望同一种类别数据的投影点尽可能地接近,也就是要同类样本投影点的方差 $\boldsymbol{w}^{\mathrm{T}}\boldsymbol{\Sigma}_0\boldsymbol{w}$ 和 $\boldsymbol{w}^{\mathrm{T}}\boldsymbol{\Sigma}_1\boldsymbol{w}$ 尽可能小,即最小化 $\boldsymbol{w}^{\mathrm{T}}\boldsymbol{\Sigma}_0\boldsymbol{w}+\boldsymbol{w}^{\mathrm{T}}\boldsymbol{\Sigma}_1\boldsymbol{w}$。综上所述,优化目标为

$$\arg\max J(\boldsymbol{w})=\frac{\|\boldsymbol{w}^{\mathrm{T}}\mu_0-\boldsymbol{w}^{\mathrm{T}}\mu_1\|_2^2}{\boldsymbol{w}^{\mathrm{T}}\boldsymbol{\Sigma}_0\boldsymbol{w}+\boldsymbol{w}^{\mathrm{T}}\boldsymbol{\Sigma}_1\boldsymbol{w}}=\frac{\boldsymbol{w}^{\mathrm{T}}(\mu_0-\mu_1)(\mu_0-\mu_1)^{\mathrm{T}}\boldsymbol{w}}{\boldsymbol{w}^{\mathrm{T}}(\boldsymbol{\Sigma}_0+\boldsymbol{\Sigma}_1)\boldsymbol{w}}=\frac{\boldsymbol{w}^{\mathrm{T}}\boldsymbol{S}_{\mathrm{b}}\boldsymbol{w}}{\boldsymbol{w}^{\mathrm{T}}\boldsymbol{S}_{\mathrm{w}}\boldsymbol{w}}$$

其中,$\boldsymbol{S}_{\mathrm{b}}=(\mu_0-\mu_1)(\mu_0-\mu_1)^{\mathrm{T}}$ 为类间散度矩阵,$\boldsymbol{S}_{\mathrm{w}}=\boldsymbol{\Sigma}_0+\boldsymbol{\Sigma}_1$ 为类内散度矩阵。

利用广义瑞利商性质,可知 $J(\boldsymbol{w})$ 的最大值为矩阵 $\boldsymbol{S}_{\mathrm{w}}^{-1/2}\boldsymbol{S}_{\mathrm{b}}\boldsymbol{S}_{\mathrm{w}}^{-1/2}$ 的最大特征值,而对应的 $\boldsymbol{w}$ 为 $\boldsymbol{S}_{\mathrm{w}}^{-1/2}\boldsymbol{S}_{\mathrm{b}}\boldsymbol{S}_{\mathrm{w}}^{-1/2}$ 的最大特征值对应的特征向量。$\boldsymbol{S}_{\mathrm{w}}^{-1}\boldsymbol{S}_{\mathrm{b}}$ 的特征值和 $\boldsymbol{S}_{\mathrm{w}}^{-1/2}\boldsymbol{S}_{\mathrm{b}}\boldsymbol{S}_{\mathrm{w}}^{-1/2}$ 的特征值相同,$\boldsymbol{S}_{\mathrm{w}}^{-1}\boldsymbol{S}_{\mathrm{b}}$ 的特征向量 $\boldsymbol{w}'$ 和 $\boldsymbol{S}_{\mathrm{w}}^{-1/2}\boldsymbol{S}_{\mathrm{b}}\boldsymbol{S}_{\mathrm{w}}^{-1/2}$ 的特征向量 $\boldsymbol{w}$ 满足 $\boldsymbol{w}'=\boldsymbol{S}_{\mathrm{w}}^{-1/2}\boldsymbol{w}$。

对于二类问题,注意到 $\boldsymbol{S}_{\mathrm{b}}\boldsymbol{w}'$ 的方向恒为 $\mu_0-\mu_1$,不妨令 $\boldsymbol{S}_{\mathrm{b}}\boldsymbol{w}'=\lambda(\mu_0-\mu_1)$,代入 $(\boldsymbol{S}_{\mathrm{w}}^{-1}\boldsymbol{S}_{\mathrm{b}})\boldsymbol{w}'=\lambda\boldsymbol{w}'$,可以得到 $\boldsymbol{w}'=\boldsymbol{S}_{\mathrm{w}}^{-1}(\mu_0-\mu_1)$,也就是说只要求出原始二类样本的均值和方差就可以确定最佳的投影方向 $\boldsymbol{w}$ 了。

3) 多类 LDA 原理

假设有若干样本数据 $(X_1,y_1),(X_2,y_2),\cdots,(X_m,y_m)$,其中 $\boldsymbol{X}_i$ 为 n 维向量,$y_i\in\{C_1,C_2,\cdots,C_k\}$。定义 $N_j(j=1,2,\cdots,k)$ 为第 j 类样本的个数,D_j 为第 j 类样本的集合,而 $\boldsymbol{\mu}_j$ 为第 j 类样本的均值向量,$\boldsymbol{\Sigma}_j$ 为第 j 类样本的协方差矩阵。

依据二类 LDA 相关定义,可以很容易地类推到多类 LDA。

由于是多类向低维投影,因此投影到的低维空间就不是一条直线,而是一个超平面。假设这个超平面的维度为 p,对应的基向量为 $w_1,w_2,\cdots,w_p$,基向量组成的矩阵为 $\boldsymbol{W}$,它是一个 $n\times p$ 的矩阵。

此时的优化目标变为 $\dfrac{\boldsymbol{w}^{\mathrm{T}}\boldsymbol{S}_{\mathrm{b}}\boldsymbol{w}}{\boldsymbol{w}^{\mathrm{T}}\boldsymbol{S}_{\mathrm{w}}\boldsymbol{w}}$。其中 $\boldsymbol{S}_{\mathrm{b}}=\sum_{j=1}^{k}N_j(\boldsymbol{\mu}_j-\boldsymbol{\mu})(\boldsymbol{\mu}_j-\boldsymbol{\mu})^{\mathrm{T}}$,$\boldsymbol{\mu}$ 为所有样本的均值向量;$\boldsymbol{S}_{\mathrm{w}}=\sum_{j=1}^{k}\boldsymbol{S}_{\mathrm{w}j}=\sum_{j=1}^{k}\sum_{x\in D_j}(x-\boldsymbol{\mu}_j)(x-\boldsymbol{\mu}_j)^{\mathrm{T}}$。

但是这里有个问题,就是 $\boldsymbol{w}^{\mathrm{T}}\boldsymbol{S}_{\mathrm{b}}\boldsymbol{w}$ 和 $\boldsymbol{w}^{\mathrm{T}}\boldsymbol{S}_{\mathrm{w}}\boldsymbol{w}$ 都是矩阵,不是标量,无法作为一个标量函数来优化。也就是说,无法直接用二类 LDA 的优化方法,怎么办呢?一般来说,可以用一些其他的替代优化目标来实现。

常见的一个 LDA 多类优化目标函数定义为

$$\underset{\boldsymbol{W}}{\mathrm{argmax}}\, J(\boldsymbol{W}) = \frac{\prod_{\mathrm{diag}} \boldsymbol{W}^{\mathrm{T}} \boldsymbol{S}_{\mathrm{b}} \boldsymbol{W}}{\prod_{\mathrm{diag}} \boldsymbol{W}^{\mathrm{T}} \boldsymbol{S}_{\mathrm{w}} \boldsymbol{W}}$$

其中，$\prod_{\mathrm{diag}} A$ 为 A 的主对角线元素的乘积，$\boldsymbol{W}$ 为 $n \times p$ 的矩阵。

这样，$J(\boldsymbol{W})$ 的优化过程可以转化为

$$J(\boldsymbol{W}) = \frac{\prod_{i=1}^{p} \boldsymbol{w}_i^{\mathrm{T}} \boldsymbol{S}_{\mathrm{b}} \boldsymbol{w}_i}{\prod_{i=1}^{p} \boldsymbol{w}_i^{\mathrm{T}} \boldsymbol{S}_{\mathrm{w}} \boldsymbol{w}_i} = \prod_{i=1}^{p} \frac{\boldsymbol{w}_i^{\mathrm{T}} \boldsymbol{S}_{\mathrm{b}} \boldsymbol{w}_i}{\boldsymbol{w}_i^{\mathrm{T}} \boldsymbol{S}_{\mathrm{w}} \boldsymbol{w}_i}$$

上式最右边是一个广义瑞利商，最大值是矩阵 $\boldsymbol{S}_{\mathrm{w}}^{-1} \boldsymbol{S}_{\mathrm{b}}$ 的最大特征值，最大的 p 个值的乘积就是矩阵 $\boldsymbol{S}_{\mathrm{w}}^{-1} \boldsymbol{S}_{\mathrm{b}}$ 的最大的 p 个特征值的乘积，此时对应的矩阵 $\boldsymbol{W}$ 为最大的 p 个特征值对应的特征向量张成的矩阵。

需要说明的是，由于 $\boldsymbol{W}$ 是利用样本的类别得到的投影矩阵，因此降维到达的维度 $p \leqslant k-1$。为什么最大维度不是类别数 k 呢？因为 $\boldsymbol{S}_{\mathrm{b}}$ 中每个 $\mu_j - \mu$ 的秩为 1，因此协方差矩阵相加后最大的秩为 k（矩阵的秩小于或等于各个相加矩阵的秩的和）。但是由于知道前 $k-1$ 个 μ_j 后，最后一个 μ_k 可以由前 $k-1$ 个 μ_j 线性表示，因此 $\boldsymbol{S}_{\mathrm{b}}$ 的秩最大为 $k-1$，即特征向量最多有 $k-1$ 个。

4）LDA 算法流程

LDA 降维的算法流程如下。

输入：数据集 $D = \{(X_1, y_1), (X_2, y_2), \cdots, (X_m, y_m)\}$，其中样本 X_i 为 n 维向量，$y_i \in \{C_1, C_2, \cdots, C_k\}$，降维到维度 p。

输出：降维后的样本集 D'。

(1) 计算类内散度矩阵 $\boldsymbol{S}_{\mathrm{w}}$。

(2) 计算类间散度矩阵 $\boldsymbol{S}_{\mathrm{b}}$。

(3) 计算矩阵 $\boldsymbol{S}_{\mathrm{w}}^{-1} \boldsymbol{S}_{\mathrm{b}}$。

(4) 计算 $\boldsymbol{S}_{\mathrm{w}}^{-1} \boldsymbol{S}_{\mathrm{b}}$ 的最大的 p 个特征值和对应的 p 个特征向量 $(w_1, w_2, \cdots, w_p)$，得到投影矩阵 $\boldsymbol{W}$。

(5) 对样本集中的每一个样本 X_i，转化为新的样本 $Z_i = \boldsymbol{W}^{\mathrm{T}} X_i$。

(6) 得到输出样本集 $D' = \{(Z_1, y_1), (Z_2, y_2), \cdots, (Z_m, y_m)\}$。

2. 奇异值分解

奇异值分解（Singular Value Decomposition，SVD）是在机器学习领域广泛应用的算法，它不光可以用于降维算法中的特征分解，还可以用于推荐系统，以及自然语言处理等领域。SVD 是很多机器学习算法的基石。

1）特征值和特征向量的回顾

特征值和特征向量的定义为 $Ax = \lambda x$。其中 A 是一个 $n \times n$ 的实对称矩阵，x 是一个 n 维向量。在此情形下，称 λ 是矩阵 A 的一个特征值，而 x 是矩阵 A 的特征值 λ 所对应的特征向量。

这样，利用特征值和特征向量（假设这 n 个特征向量线性无关），就可以将矩阵 A 特征

分解为 $A=W\Sigma W^{-1}$。其中 W 是这 n 个特征向量所张成的 $n\times n$ 维矩阵,而 Σ 为这 n 个特征值为主对角线的 $n\times n$ 维矩阵。

一般人们会把 W 的这 n 个特征向量标准化,即满足 $\|w_i\|_2=1$,或者说 $w_i^T w_i=1$,此时 W 的 n 个特征向量为标准正交基,满足 $W^T W=I$,即 $W^T=W^{-1}$。换句话说,W 为酉矩阵。这样特征分解表达式可以写为 $A=W\Sigma W^T$。

注意在进行特征分解时,矩阵 A 必须为方阵。如果 A 不是方阵,这时就需要使用 SVD 方法了。

2) SVD 的定义

SVD 也是对矩阵进行分解,但是和特征分解不同,SVD 并不要求要分解的矩阵为方阵。假设矩阵 A 是一个 $m\times n$ 的矩阵,那么可将矩阵 A 的 SVD 定义为

$$A=U\Sigma V^T$$

其中,U 是一个 $m\times m$ 的矩阵,Σ 是一个 $m\times n$ 的矩阵(除了主对角线上的元素以外全为 0,主对角线上的每个元素都称为奇异值),V 是一个 $n\times n$ 的矩阵。U 和 V 都是酉矩阵,即满足 $U^T U=I,V^T V=I$。可以用图 4-34 来形象地表示。

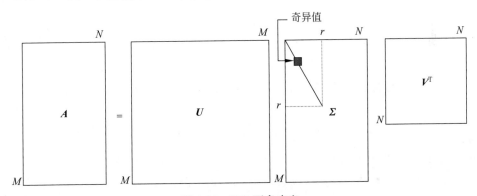

图 4-34　SVD 形象定义

那么如何求出 SVD 分解后的 U、Σ 和 V 这三个矩阵呢?

考虑到 $A^T A$ 是一个 $n\times n$ 的方阵,若对 $A^T A$ 进行特征分解(满足 $(A^T A)v_i=\lambda_i v_i$),就会得到其 n 个特征值和 n 个特征向量。将 $A^T A$ 的所有特征向量张成一个 $n\times n$ 的矩阵 V,就会得到 SVD 中的 V 矩阵。一般将 V 中的每个特征向量叫作 A 的右奇异向量。

同理,如果将 AA^T 进行特征分解(满足 $(AA^T)u_i=\lambda_i u_i$),也会得到 m 个特征值和 m 个特征向量。将 AA^T 的所有特征向量张成一个 $m\times m$ 的矩阵 U,就会得到 SVD 中的 U 矩阵。一般将 U 中的每个特征向量叫作 A 的左奇异向量。

下面介绍 Σ 矩阵。

考虑到 Σ 矩阵除了对角线上的奇异值 σ_i 外,其他位置都是 0,因此只要求出每个奇异值 σ_i 后,Σ 矩阵也就求出了。注意到由 $A=U\Sigma V^T$ 可得到 $AV=U\Sigma$,即 $Av_i=\sigma_i u_i$,从而有 $\sigma_i=Av_i/u_i$。因此,利用 $\sigma_i=Av_i/u_i$ 求出每个奇异值 σ_i 后,奇异值矩阵 Σ 也就能表示出来了。

值得一提的是,前面讲利用 $A^T A$ 的特征向量可组成 SVD 中的 V 矩阵,利用 AA^T 的特征向量也可组成 SVD 中的 U 矩阵,其依据是什么呢?这个其实很容易证明,以 V 矩阵

为例:

由 $A=U\Sigma V^T$ 可得到 $A^T=V\Sigma^T U^T$,从而有 $A^T A=V\Sigma^T U^T U\Sigma V^T=V\Sigma^2 V^T$(这里考虑了 $U^T U=I,\Sigma^T \Sigma=\Sigma^2$)。可以看出,$A^T A$ 的特征向量组成的的确就是 SVD 中的 V 矩阵。类似地,可以得到 AA^T 的特征向量组成的就是 SVD 中的 U 矩阵。

进一步还可以看出,特征值矩阵等于奇异值矩阵的平方,即 $\lambda_i=\sigma_i^2$。也就是说,可以不用 $\sigma_i=Av_i/u_i$ 来计算奇异值,也可以通过先求出 AA^T 的特征值然后取平方根来得到奇异值。

3) SVD 计算举例

设 $A=\begin{pmatrix}0 & 1\\ 1 & 1\\ 1 & 0\end{pmatrix}$,试对 A 进行奇异值分解,步骤如下。

(1) 求 $A^T A$ 和 AA^T。计算得到 $A^T A=\begin{pmatrix}2 & 1\\ 1 & 2\end{pmatrix}$,$AA^T=\begin{pmatrix}1 & 1 & 0\\ 1 & 2 & 1\\ 0 & 1 & 1\end{pmatrix}$。

(2) 求 $A^T A$ 的特征值和特征向量。计算得到 $\lambda_1=3, v_1=\begin{pmatrix}1/\sqrt{2}\\ 1/\sqrt{2}\end{pmatrix}$;$\lambda_2=1, v_2=\begin{pmatrix}-1/\sqrt{2}\\ 1/\sqrt{2}\end{pmatrix}$。

(3) 求 AA^T 的特征值和特征向量。计算得到 $\lambda_1=3, u_1=\begin{pmatrix}1/\sqrt{6}\\ 2/\sqrt{6}\\ 1/\sqrt{6}\end{pmatrix}$;$\lambda_2=1, u_2=\begin{pmatrix}1/\sqrt{2}\\ 0\\ -1/\sqrt{2}\end{pmatrix}$;$\lambda_3=0, u_3=\begin{pmatrix}1/\sqrt{3}\\ -1/\sqrt{3}\\ 1/\sqrt{3}\end{pmatrix}$。

(4) 利用 $Av_i=\sigma_i u_i (i=1,2)$ 求奇异值。由 $\begin{pmatrix}0 & 1\\ 1 & 1\\ 1 & 0\end{pmatrix}\begin{pmatrix}1/\sqrt{2}\\ 1/\sqrt{2}\end{pmatrix}=\sigma_1\begin{pmatrix}1/\sqrt{6}\\ 2/\sqrt{6}\\ 1/\sqrt{6}\end{pmatrix}$ 得到 $\sigma_1=\sqrt{3}$;由 $\begin{pmatrix}0 & 1\\ 1 & 1\\ 1 & 0\end{pmatrix}\begin{pmatrix}-1/\sqrt{2}\\ 1/\sqrt{2}\end{pmatrix}=\sigma_1\begin{pmatrix}1/\sqrt{2}\\ 0\\ -1/\sqrt{2}\end{pmatrix}$ 得到 $\sigma_1=1$。当然这里也可以利用 $\sigma_1=\sqrt{\lambda_1}$ 直接求出奇异值为 $\sqrt{3}$ 和 1。

(5) 得到 A 的奇异值分解。表示如下:

$$A=U\Sigma V^T=\begin{pmatrix}1/\sqrt{6} & 1/\sqrt{2} & 1/\sqrt{3}\\ 2/\sqrt{6} & 0 & -1/\sqrt{3}\\ 1/\sqrt{6} & -1/\sqrt{2} & 1/\sqrt{3}\end{pmatrix}\begin{pmatrix}\sqrt{3} & 0\\ 0 & 1\\ 0 & 0\end{pmatrix}\begin{pmatrix}1/\sqrt{2} & 1/\sqrt{2}\\ -1/\sqrt{2} & 1/\sqrt{2}\end{pmatrix}$$

4) SVD 的性质与应用

对于奇异值,它与特征分解中的特征值类似,在奇异值矩阵中也是按照从大到小排列,而且奇异值的减少特别快,在很多情况下,前 10% 甚至 1% 的奇异值的和就占了全部的奇异值之和的 99% 以上的比例。也就是说，人们也可以用最大的 k 个奇异值和对应的左右奇异向量来近似描述矩阵。描述如下：

$$A_{m\times n} = U_{m\times m}\Sigma_{m\times n}V_{n\times n}^{\mathrm{T}} \approx U_{m\times k}\Sigma_{k\times k}V_{k\times n}^{\mathrm{T}}$$

此外，对于样本 $A_{m\times n}$ 来说，如果通过 SVD 找到了矩阵 AA^{T} 最大的 p 个特征向量张成的 $m\times p$ 维矩阵 U，则通过 $A'_{p\times n}=U_{p\times m}^{\mathrm{T}}A_{m\times n}$ 可以得到一个 $p\times n$ 的矩阵 A'，这个矩阵和原来的 $A_{m\times n}$ 相比，行数从 m 减到了 p，可见对行数进行了压缩。也就是说，左奇异矩阵可以用于行数的压缩。相对地，右奇异矩阵可以用于列数即特征维度的压缩，也就是人们常说的 PCA 降维。

由于这些性质，SVD 可以用于 PCA 降维、数据压缩和去噪，也可以用于推荐算法。将与用户喜好相对应的矩阵做特征分解，可得到隐含的用户需求，进而来做推荐。

4.3.8 人工神经网络

人工神经网络（Artificial Neural Networks，ANNs），简称神经网络（NNs）或连接模型（Connection Model），是一种模仿动物神经网络行为特征，进行分布式并行信息处理的算法数学模型，广泛用于分类或预测[①]。

1. 人工神经元模型

人工神经元（Artificial Neuron）是神经网络的基本元素，其原理如图 4-35 所示。

其中，$x_1 \sim x_n$ 是从其他神经元传来的输入信号，w_{ij} 表示从神经元 j 到神经元 i 的连接权值，θ 表示一个阈值

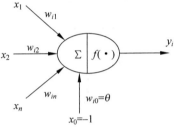

图 4-35 人工神经元模型

（threshold），或称为偏置（bias）。则神经元 i 的输出与输入的关系表示为

$$\mathrm{net}_i = \sum_{j=1}^{n} w_{ij}x_j - \theta = \sum_{j=0}^{n} w_{ij}x_j = W^{\mathrm{T}}X$$

$$y_i = f(\mathrm{net}_i)$$

y_i 表示神经元 i 的输出，函数 f 称为激活函数（Activation Function）或转移函数（Transfer Function），net 称为净激活（Net Activation）。这里阈值 θ 可看成是神经元 i 的一个输入 x_0 的权重。

若神经元的净激活 net 为正，称该神经元处于激活状态或兴奋状态（fire），若净激活 net 为负，则称该神经元处于抑制状态。

上述这种"阈值加权和"的神经元模型称为 M-P 模型（McCulloch-Pitts Model），也称为神经网络的一个处理单元（Processing Element，PE）。

2. 常用激活函数

激活函数的选择是构建神经网络过程中的重要环节，下面介绍几个常用的激活函数。

(1) 线性函数（Liner Function）：$f(x) = k \times x + c$。

---

① 参见 http://www.cnblogs.com/heaad/archive/2011/03/07/1976443.html。

(2) 斜面函数(Ramp Function)：$f(x)=\begin{cases}T, & x>c \\ k\times x & |x|\leqslant c \\ -T, & x<-c\end{cases}$。

(3) 阈值函数(Threshold Function)：$f(x)=\begin{cases}1, & x\geqslant c \\ 0, & x<c\end{cases}$。

以上 3 个激活函数都属于线性函数，下面 2 个为非线性激活函数。

(4) S 型函数(Sigmoid Function)：$f(x)=\dfrac{1}{1+e^{-\alpha x}}(0<f(x)<1)$。

该函数的导函数为 $f'(x)=\dfrac{\alpha e^{-\alpha x}}{(1+e^{-\alpha x})^2}=\alpha f(x)[1-f(x)]$。

(5) 双极 S 型函数：$f(x)=\dfrac{2}{1+e^{-\alpha x}}-1(-1<f(x)<1)$。

该函数的导函数为 $f'(x)=\dfrac{2\alpha e^{-\alpha x}}{(1+e^{-\alpha x})^2}=\dfrac{\alpha[1-f(x)^2]}{2}$。

S 型函数与双极 S 型函数的图形如图 4-36 所示。

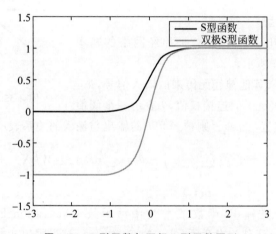

图 4-36 S 型函数与双极 S 型函数图形

双极 S 型函数与 S 型函数主要区别在于函数的值域，双极 S 型函数值域是 $(-1,1)$，而 S 型函数值域是 $(0,1)$。由于 S 型函数与双极 S 型函数都是可导的（导函数是连续函数），因此适合用在 BP 神经网络中（BP 算法要求激活函数可导）。

(6) tanh 函数：$f(x)=\dfrac{e^x-e^{-x}}{e^x+e^{-x}}$。

其导函数为 $f'(x)=1-f^2(x)$。tanh 函数的图形如图 4-37 所示。

S 型函数缺点在于：①S 型函数的 $\sigma'(z)$ 存在饱和现象（值接近于 0，随 Z 变化很小，导致 BP 反向传播过程中梯度更新很慢，产生梯度消失现象）；②S 型函数 σ 的输出值均大于 0，使得输出的均值不为 0，从而产生偏移现象，在神经网络中会导致后一层的神经元得到的是前一层神经元非 0 均值的信号输入。

与 S 型函数相比，tanh 函数的输出均值为 0，在神经网络中收敛速度要比 S 型函数快，

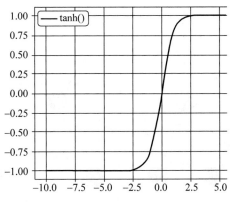

图 4-37 tanh()函数图形

能减少迭代次数。但 tanh()一样具有软饱和性,从而也会造成梯度消失。

对于 ReLU 函数而言,当 $x<0$ 时,ReLU 硬饱和,而当 x>0 时,不存在饱和问题;同时,ReLU 的输出均值也大于 0,存在偏移现象。

相比而言,ELU 函数融合了 S 型函数和 ReLU 函数,图形左侧有软饱和性,右侧无饱和性;均值接近于零,所以收敛速度更快。

对于 Maxout 函数来说,它能够缓解梯度消失,同时又能规避 ReLU 神经元死亡的缺点。但却增加了参数和计算量。

3. 神经网络模型

神经网络是由大量的神经元互联而构成的网络。根据网络中神经元的互联方式,常见网络结构主要可以分为下面 3 类。

1) 前馈神经网络

前馈神经网络(feedforward neural networks)也称前向神经网络。这种网络只在训练过程中会有反馈信号,而在分类过程中数据只能向前传送,直到到达输出层,层间没有向后的反馈信号,因此被称为前馈神经网络。感知机(perceptron)与 BP 神经网络就属于前馈神经网络。

图 4-38 中是一个三层前馈神经网络,其中第一层是输入单元,第二层称为隐含层,第三层称为输出层(输入单元不是神经元,因此图中有两层神经元)。

对于一个三层前馈神经网络 N,若用 X 表示网络的输入向量,$W_1 \sim W_3$ 表示网络各层的连接权向量,$F_1 \sim F_3$ 表示神经网络三层的激活函数。

那么神经网络的第一层神经元的输出为
$$O_1 = F_1(XW_1)$$
第二层的输出为
$$O_2 = F_2(F_1(XW_1)W_2)$$
输出层的输出为
$$O_3 = F_3(F_2(F_1(XW_1)W_2)W_3)$$

若激活函数 $F_1 \sim F_3$ 都选用线性函数,那么神经网络的输出 O_3 将是输入 X 的线性函数。因此,若要做高次函数的逼近就应该选用适当的非线性函数作为激活函数。

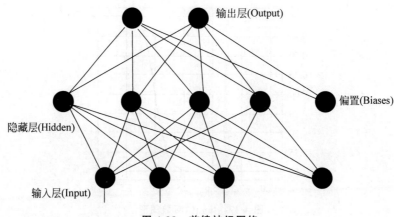

图 4-38　前馈神经网络

2）反馈神经网络

反馈神经网络（feedback neural networks）是一种从输出到输入具有反馈连接的神经网络，如图 4-39 所示，其结构比前馈神经网络要复杂得多。典型的反馈神经网络有 Elman 网络和 Hopfield 网络。

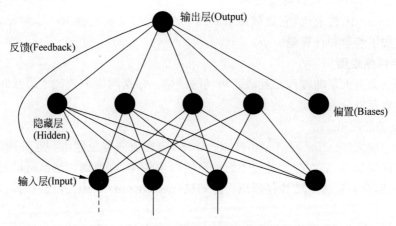

图 4-39　反馈神经网络

3）自组织神经网络

自组织神经网络（self-organizing neural networks）是一种无监督学习网络。它通过自动寻找样本中的内在规律和本质属性，自组织、自适应地改变网络参数与结构，如图 4-40 所示。

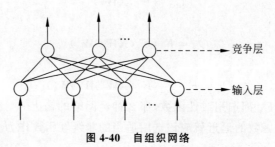

图 4-40　自组织网络

4. 神经网络工作方式

神经网络运作过程分为学习和工作两种状态。

1) 神经网络的学习状态

网络的学习主要是指使用学习算法来调整神经元间的连接权,使得网络输出更符合实际。学习算法分为监督学习(Supervised Learning)与非监督学习(Unsupervised Learning)两类。

监督学习算法将一组训练集(training set)送入网络,根据网络的实际输出与期望输出间的差别来调整连接权。监督学习算法的主要步骤包括以下几步。

(1) 从样本集合中取一个样本(X_i, y_i)。

(2) 计算网络的实际输出O_i。

(3) 求$L = y_i - O_i$。

(4) 根据L调整权矩阵W。

对每个样本重复上述过程,直到对整个样本集来说,误差不超过规定范围。

BP算法就是一种出色的监督学习算法。在此算法中,对权重W的调整优化方法可采用:①Delta学习法,根据神经元的实际输出与期望输出差别来调整连接权,具体调整公式可为$w_{ij}(t+1) = w_{ij}(t) + a(d_i - y_i)x_j(t)$;②反向传播学习法是一种误差反向传播的过程,一般可根据公式$w_{ji} = w_{ji} - \text{Learning}_{\text{rate}} \times \frac{\partial L}{\partial w_{ji}}$来调整$W$的值,这里$L$为损失函数。

2) 神经网络的工作状态

神经元间的连接权不变,神经网络作为分类器、预测器等使用。

3) 非监督学习算法:Hebb学习律

非监督学习抽取样本集合中蕴含的统计特性,并以神经元之间的连接权的形式存于网络中。Hebb学习律是一种经典的非监督学习算法。

Hebb学习律核心思想是,当两个神经元同时处于激发状态时两者间的连接权会被加强,否则被减弱。

为了理解Hebb学习律,有必要简单介绍一下条件反射实验。巴甫洛夫的条件反射实验:每次给狗喂食前都先响铃,时间一长,狗就会将铃声和食物联系起来。以后如果响铃但是不给食物,狗也会流口水。受该实验的启发,Hebb学习律认为在同一时间被激发的神经元间的联系会被强化。例如,铃声响时一个神经元被激发,在同一时间食物的出现会激发附近的另一个神经元,那么这两个神经元间的联系就会强化,从而记住这两个事物之间存在着联系。相反,如果两个神经元总是不能同步激发,那么它们之间的联系将会越来越弱。

Hebb学习律可表示为$w_{ij}(t+1) = w_{ij}(t) + ay_j(t)y_i(t)$。其中$w_{ij}$表示神经元$j$到神经元$i$的连接权,$y_i$与$y_j$为两个神经元的输出,$a$是表示学习速度的常数。若$y_i$与$y_j$同时被激活,即$y_i$与$y_j$同时为正,那么$w_{ij}$将增大。若$y_i$被激活,而$y_j$处于抑制状态,即$y_i$为正、$y_j$为负,那么$w_{ij}$将变小。

4) 监督学习算法:Delta学习规则

Delta学习规则是一种简单的监督学习算法,该算法根据神经元的实际输出与期望输出差别来调整连接权,其数学表示如下:

$$w_{ij}(t+1)=w_{ij}(t)+\alpha(d_i-y_i)x_j(t)$$

其中 w_{ij} 表示神经元 j 到神经元 i 的连接权,d_i 是神经元 i 的期望输出,y_i 是神经元 i 的实际输出,x_j 表示神经元 j 状态,若神经元 j 处于激活状态则 x_j 为 1,若处于抑制状态则 x_j 为 0 或 -1(根据激活函数而定)。α 是表示学习速度的常数。假设 x_j 为 1,若 d_i 比 y_i 大,那么 w_{ij} 将增大,若 d_i 比 y_i 小,那么 w_{ij} 将变小。

Delta 规则简单来讲就是:若神经元实际输出比期望输出大,则减小所有输入为正的连接的权重,增大所有输入为负的连接的权重。反之,若神经元实际输出比期望输出小,则增大所有输入为正的连接的权重,减小所有输入为负的连接的权重。这个增大或减小的幅度就根据上式来计算。

5)监督学习算法:BP 学习算法

采用误差反向传播(Error Back Propagation,BP)学习算法的前馈神经网络通常被称为 BP 网络,如图 4-41 所示。

BP 网络具有很强的非线性映射能力,一个三层 BP 神经网络能够实现对任意非线性函数进行逼近(根据 Kolmogorov 定理)。

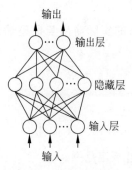

图 4-41 三层 BP 神经网络结构

4.4 数据挖掘与大数据处理

4.4.1 数据挖掘

数据挖掘(Data Mining,DM),是指从大量的、不完全的、有噪声的、模糊的、随机的实际应用数据中,提取隐含在其中的、人们事先不知道的、但又是潜在有用的信息和知识的过程。与统计和分析过程不同的是,数据挖掘一般没有什么预先设定好的主题,主要是在现有数据上面进行基于各种算法的计算,以便找到不同变量间的内在关系,形成更准确的决策模型,从而实现一些高级别数据分析的需求。

数据挖掘的具体方法有聚类(clustering)、分类(classification)、关联(association)、预测(prediction)等。其功能模式分为两类:一是假设验证型,采用自上而下的方法,来证实或否定某一假设;二是知识发现型,采用自下而上的方法,通过数据发现有价值的信息。

1. 聚类

聚类是从纷繁复杂的数据中,根据最大化类内相似性、最小化类间相似性的原则进行分组,使得在一个簇内的对象具有高相似性,而不同簇间的对象具有低相似性的过程。其方法主要有基于划分的聚类方法、基于层次的聚类方法、基于密度的聚类方法、基于网格的聚类方法和基于模型的聚类方法。

1)基于划分的聚类方法

给定一个由 n 个对象组成的数据集合,对此数据集合构建 k 个划分($k \leqslant n$),每个划分代表一个簇,即将数据集合分成多个簇的算法。在此过程中,要求每个簇至少有一个对象,每个对象必须且仅属于一个簇。典型算法有 K-means 和 K-中心点算法等。

K-means 是一种简便、实用的无监督聚类分析算法。算法步骤如下:① 从 n 个数据中任意选择 k 个作为初始的簇中心,然后不断重复地将剩余的 $n-k$ 个数据按照一定的距离函数(欧氏距离、曼哈顿距离、闵可夫斯基距离)划分到最近的簇;②按一定的距离函数计算各个簇中数据的各属性平均值,作为新的簇中心,重新不断将 n 个数据按照一定的距离函数划分到最近的簇;③重复步骤②,直到簇的中心不再变化为止。

K-中心点算法是对 K-means 算法的改进。K-中心点算法不再采用簇中对象的平均值作为参照点,而是选用簇中位置最中心的对象,即中心点。这样的划分方法依然是基于最小化所有对象与其参照点之间的相异度之和的原则来执行的。其基本思想是,首先为每个簇随机地赋一个样本作为中心点,将剩余的点依照距离的远近分配给最近的簇;随后用其他的非中心点数据做中心点,并查看聚类情况。如果替换的聚类总代价小于零,那么就执行替换直到中心点不再发生变化,也就是说达到代价最小值时停止算法。

2) 基于层次的聚类方法

该方法是对给定的数据集合进行层层分解的聚类过程,具体包括凝聚法和分裂法。凝聚法指起初每个对象被认为是一个簇,然后不断合并相似(常用相似矩阵表示,每个元素为不同对象间的夹角余弦、相关系数或指数相似系数)的簇,直到达到一个令人满意的终止条件;分裂法恰恰相反,先把所有的数据归于一个簇,然后不断分裂彼此相似度最小的数据集,使簇被分裂成更小的簇,直到达到一个令人满意的终止条件。

根据簇间距离度量方法的不同,层次法又可分为不同的种类。常用的距离度量方法有最小距离、最大距离、平均值距离和平均距离等。典型算法有 CURE(Clustering Using REpresentative)、Chameleon 和 BIRCH 等。

3) 基于密度的聚类方法

这类算法的思想是,只要某簇邻近区域的密度超过设定的某一阈值,则扩大簇的范围,继续聚类。这类算法可以获得任意形状的簇。典型算法有 DBSCAN、OPTICS 和 DENCLUE 等。

4) 基于网格的聚类方法

基于网格的聚类算法首先将问题空间量化为有限数目的单元,形成一个空间网格结构,随后聚类在这些网格之间进行。这类算法速度较快。典型算法有 STING、WaveCluster 和 CLIQUE 等。

5) 基于模型的聚类方法

基于模型的聚类算法基于这样的假设:数据是根据潜在的概率分布生成的,这样在算法中,先为每个簇假定一个模型,然后寻找数据对给定模型的最佳拟合。相关算法有 COBWEB 和神经网络算法等。

2. 分类

分类的目的是获得一个分类函数或分类模型(也常常称作分类器),该模型能把数据库中的数据项映射到某一个给定类别。具体方法有 Logistic 回归、决策树、遗传算法和神经网络等。

3. 关联

关联分为简单关联、时序关联、因果关联,是指从大量数据中发现项集之间有趣的相关联系或依赖关系。例如,零售商通过对顾客放入购物篮中的不同商品,分析其中的关联,就可以获知顾客的购买习惯,制定合适的营销策略、价目表、商品排放等。

若设 $I=\{i_1,i_2,\cdots,i_m\}$ 是 m 个不同元素的集合,每个元素(例如一笔交易)具有多个数据项(代表一种交易商品),则关联规则可表示为 $X \geqslant Y$,其中 $X,Y \subset I$ 且 $X \cap Y = \varnothing$。这里,

X 和 Y 为若干项的集合，X 称为规则的前提或前项，Y 称为结果或后项。

一般而言，每一规则有两个度量标准，即支持度（Support）和可信度（Confidence）。规则的支持度定义为 support（$X \geqslant Y$）= support（$X \cup Y$），规则的可信度定义为 confidence（$X \geqslant Y$）= support（$X \cup Y$）/support（X）。

例如，某一交易集合数据如表 4-9 所示，则 support(A)=75%，support(B)=50%，support(C)=50%，support(A,C)=50%，support(A$\geqslant$C)=support(A,C)=50%，confidence(A$\geqslant$C)=50%/75%=66.6%，support(C$\geqslant$A)=support(A,C)=50%，confidence(C$\geqslant$A)=50%/50%=100%。

表 4-9 交易集合数据

交 易 号	所 购 商 品
2000	A,B,C
1000	A,C
4000	A,D
5000	B,E,F

关联规则的典型算法有 AIS、Apriori、SETM、DHP、PARTITION、Sampling、FP-growth 等。

4. 预测

相较分类，预测是估计某些空缺或未知的数值，而不是所属类型。例如在银行业务中，根据贷款申请者信息判断贷款者是属于"安全"类还是"风险"类的，这是数据挖掘中的分类任务，而分析给贷款人贷款量的多少对于银行是"安全"的就是数据挖掘中的预测任务。预测的方法有趋势外推法、时间序列法和回归分析法等。

4.4.2 大数据处理

大数据一般是指数据规模在 10TB 以上。区别于以往的海量数据，目前所说的"大数据"不仅指数据本身，有时也指采集数据的工具、平台和数据分析系统，即大数据处理技术。

大数据处理是指从各种各样类型的巨量数据中，快速获得有价值信息。由于大数据具有 4V 特征（Volume、Variety、Value 和 Velocity），即体量大、多样性、价值密度低、速度快。因此，在进行大数据处理时，秉承的基本理念应是："要全体不要抽样，要效率不要绝对精确，要相关不要因果"。

大数据处理的流程一般分为 5 个步骤，如图 4-42 所示，分别是数据采集、数据导入/预处理、统计/分析、数据挖掘、可视化显示/结果查询。

(1) 数据采集。大数据的采集是指利用多个数据库来接收发自客户端（Web、App 或者传感器形式等）的数据，并且用户可以通过这些数据库来进行简单的查询和处理工作。例如，电商会使用传统的关系型数据库 MySQL 和 Oracle 等来存储每一笔事务数据，除此之外，Redis 和 MongoDB 这样的 NoSQL 数据库也常用于数据的采集。

在大数据的采集过程中，有时因为并发数很高，需要部署大量的数据库，并在数据库之间进行负载均衡和分片，才能支撑系统运作。

(2) 数据导入/预处理。在对海量数据进行有效分析前，还需要将来自前端的数据导入

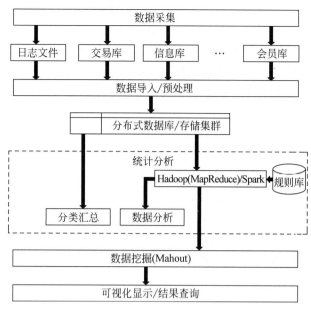

图 4-42 大数据处理的流程

一个集中的大型分布式数据库,或者分布式存储集群,在导入过程中可以做一些清洗和预处理工作,并可利用一些工具(如 Twitter 的 Storm)来对数据进行流式计算,以满足部分业务的实时计算需求。

(3) 统计/分析。主要利用分布式数据库的相关工具(如 EMC 的 GreenPlum、Oracle 的 Exadata、MySQL 的列式存储 Infobright)对海量数据进行普通的统计分析和分类汇总。

常见的统计分析方法有假设检验、显著性检验、差异分析、相关分析、t 检验、方差分析、卡方分析、偏相关分析、距离分析、回归分析、简单回归分析、多元回归分析、逐步回归、回归预测与残差分析、岭回归、Logistic 回归分析、曲线估计、因子分析、聚类分析、主成分分析、因子分析、快速聚类法与聚类法、判别分析、对应分析、多元对应分析(最优尺度分析)。

分类汇总主要是利用 Hadoop 工具或 Spark 工具对基于半结构化数据的分布式计算集群进行数据分析。这里,Hadoop 是 MapReduce 的一个实现,专门用于分析大型分布式数据库;而 MapReduce 是一种编程模型,用于大规模数据集的并行运算。在 Hadoop (MapReduce)系统运行的过程中,自动将一个作业待处理的大数据划分为很多个数据块,每个数据块对应于一个计算任务(每个计算任务也会按照一定的策略布置到不同的计算节点上),并自动调度计算节点来处理相应的数据块。作业和任务调度功能主要负责分配和调度计算节点(Map 节点或 Reduce 节点),同时负责监控这些节点的执行状态,并负责 Map 节点执行的同步控制。

Hadoop 中每次计算都要从磁盘读写数据,并需要一定量的网络传输,导致其延迟较长,不能很好地支持交互式应用,Spark 的出现,有望替代 Hadoop,成为新一代云计算大数据核心技术。

(4) 数据挖掘。在此过程中,主要使用 Mahout 等工具,借助数据挖掘算法,例如聚类 K-means 算法、统计学习 SVM 算法、分类 NaiveBayes 算法等,实现数据分析需求。该过程的特点和挑战主要在于挖掘的算法很复杂,计算涉及的数据量和计算量都很巨大。

例如，阿里金融利用阿里巴巴 B2B、淘宝、支付宝等电商平台上客户积累的信用数据及行为数据，通过大数据处理、挖掘，辅以第三方验证，确认客户信息的真实性，全面地预测小额贷款的风险，就可以向这些通常无法在传统金融渠道获得贷款的客户群体发放"金额小、期限短、随借随还"的小额信贷，并能有效控制风险。

需要指出的是，大数据不是万能的——数据分析不懂社交，不懂如何叙事，只能发现需求，但并不能解决问题。

习题与思考

1. 举例说明机器学习的方法及其应用。
2. 何谓支持向量？举例说明其分类原理。
3. 举例说明决策树的分类原理。
4. 举例说明神经网络的学习原理。

第 5 章　交　易　管　理

　　交易管理有广义和狭义之分。广义的交易管理,包括对市场经营管理单位的管理,对进场经营者的管理,对上市商品范围的管理和对经营行为的管理。狭义的交易管理主要是指对交易行为的管理,包括商品交易方式的选择,定价策略和定价方式的选择等。

　　电子商务环境下,网络产品(服务)呈现出许多新的特性,与传统产品存在较大的差异,显示出电子商务的特有性质。这导致传统的定价能力、定价方式发生变化,定价策略不再适用。定价能力、定价策略和定价方式直接影响金融机构利润空间,为了在激烈的网络化竞争中获取更大的市场份额,保持利润增长,需要提高网络产品(服务)的交易管理能力,采用新的定价策略和定价方式。

5.1　商品交易方式

　　商品交易方式是指商品实现自身价值与社会价值时所采用的手段与形态,具体包括交易途径、交易手段和结算方式等几方面要素。它是交易过程即商品实体依次进入消费领域的运动过程的外部形式。

　　商品交易方式具有如下特点:

　　(1)多样性。即商家可以采取多种多样的交易方式满足消费者不同的消费需求。

　　(2)阶段性。在不同的历史时期,具有不同的交易方式,这是由历史条件等资源环境决定的。

　　(3)复杂性。商品交易方式具有复杂性,即采取哪种商品交易方式应依据商品的属性和消费者的需求而定;商品是多样的,消费者的消费偏好也是多样的,消费者消费层次也是多样的,从而决定了商品交易方式也具有复杂性。

　　(4)互补性。各种交易方式是相互补充相互联系的,单一的交易方式有时会起到负面效应。

　　(5)系统性。商品交易方式是系统性的,是一种交易方式与另一种交易方式相互配套成为一个体系,而不是偶然的。

5.1.1　商品交易方式的演变

　　商品交易方式,是随着商品经济的产生而产生,同时也是买卖双方在商品交易实践中,根据不同商品、不同地区、不同对象以及双方的不同需要而逐渐形成的,是随着商品经济的发展而不断地发育和完善的。因此,商品交易方式既属于经济范畴,也属于历史范畴。在商品经济发展的不同阶段,商品交易方式也具有不同的形式。

1. 原始部落阶段

　　在最早的原始部落阶段,社会生产力水平十分低下,剩余产品相对较少,而且没有货币,部落间和家庭间都是物物交换,交换范围被限制在极其狭小的领域之内,即交换只有双方刚好存在对对方产品使用价值的相互需求时才能成交。

在交易活动中,只有买者和卖者两个当事人,中间没有任何媒介,双方直接接触,同时都扮演着买者和卖者的双重角色。

2. 简单商品经济阶段

在简单商品经济阶段,由于商业主要是以使用价值为目的的商品交换,交易过程中商品运动往往是按"生产者——商业经营者——消费者"为主的线路进行的,那时生产力仍不发达,交换的社会产品十分有限,因而交易方式主要局限于小额的零星交易与现金支付的现货交易。

3. 商品经济发达阶段

在商品经济发达阶段,由于社会生产力的迅速发展,交易的广度和深度日益拓展,大批量的批发交易、融通资金的信用交易、信托买卖的代理交易、拍卖、租赁等一系列现货交易得以发展并不断完善;同时,远期合同交易、期货交易等新型的交易方式也不断发展和完善。商品交易方式日益丰富,更加有利于商品流通的顺利完成。

4. 市场经济阶段

在当代市场经济条件下,科学技术突飞猛进,社会生产力以前所未有的速度飞速发展,社会分工逐步深化,新兴部门不断涌现,市场商品日益丰富,市场竞争急剧增强,世界经济一体化的程度不断加深。为了适应这种变化,降低费用,扩大销售,增加利润,一些可行性强、风险小、收益大的交易方式便应运而生,商品交易方式明显地呈现出多样化的趋势。在传统交易方式基础上,有的不断创新,有的交叉运用,一切都根据具体情况而定,显得更加灵活,尤其是例如"三来一补"等原来仅局限于国际贸易中的交易方式被广泛推广和运用到国内商品流通中,更加丰富了商品交易方式。

商品交易方式发展到今天,其所呈现出的灵活性和多样化,并非一蹴而就的,而是随着社会生产力的发展,不断创新、不断演进的结果。多种多样的商品交易方式,互相渗透,共同结合。形成一个先后相继、互相补充、同时并存的链,并在功能互补的条件下构成一个完整的交易方式体系。

5.1.2 商品交易方式的种类

根据不同的标准,可将商品交易方式划分为不同的类型。

(1)以商品交易量和交易对象来分,则可将其划分为批发交易和零售交易两种形式。前者是指交易主体为了将商品或劳务进一步转售或加工,而向生产厂商或其他经营者进行大宗商品买卖的方式;而后者是指将商品或劳务直接销售给最终消费者的交易活动。

(2)以商品交易完成的时间跨度差异来分,则可将其划分为现货交易、远期合同交易和期货交易。

(3)以付款方式来分,可将其分为现金交易和商业信用交易。现金交易是付款和交货同时进行,即所谓"一手交钱,一手交货",当场就实现"钱货两讫"的交易,不存在借贷关系。商业信用交易是付款和交货在时间和空间上相分离,实行先交货后付款或者先付款后交货,买卖是完全建立在商业信用关系基础上的。实质上买卖双方在一定时间内存在着借贷关系,具体地又包括赊销、分期付款、预付款订购和商业票据等几种形式。

(4)以交易过程中商品所有权是否转移来分,可将其分为自主交易(经销)和信托交易。

自主交易是指在商品交易中买卖双方拥有完整自主权和所有权,双方都是根据自身要求,为实现各自不同的目的而进行商品交易,是商品交易方式中最基本、最原始的方式,其他各种交易方式都是在此基础上,为适应生产力发展水平和实现商品流通需要而派生或演化而来的。信托交易是指接受他人委托而进行经营代理业务的商品交易方式,主要是建立在高度的信用基础上,一般包括代销、代加工、租赁、信托、拍卖等形式。

(5) 以具体交易条件中有无专门特殊规定来分,可将其分为专项特殊规定的交易方式和一般交易方式。所谓专项特殊规定,是指在交易条件中专门特别强调的权利和义务,以及其他各种特殊要求的交易。如有的是在商标、包装、样品上做出了特殊规定;有的是在支付结算上做出了特殊规定;有的是在以集会的方式或在交易地点上做出了特殊的规定等。这种交易方式,在国际贸易中应用较多,主要是为了扩大进出口贸易,在贸易某个侧面、某个专门项目上做出一些特殊规定。一般交易方式的交易条件则无特殊要求。

(6) 以交易过程中价格是否变动来分,可将其分为静态价格交易和动态价格交易。静态价格交易指在交易过程中价格保持固定不变,而动态价格交易是指以客户认可的产品或服务的价值为标准,或者根据供给和需求的状况,针对不同的客户或商品动态调整价格。静态价格交易的缺点在于价格的调整落后于市场条件的变化,不能实时反映供求信息。当需求量具有随机性和价格敏感性时,动态价格交易就成为使利润最大化的有效方法;其利用互联网赋予的强大优势,根据供应情况和库存水平的变化,迅速、频繁地实施价格调整,还可为顾客提供不同的产品、各种促销优惠、多种交货方式以及差异化的产品定价。

5.1.3 商品交易方式的选择

随着社会生产力和经济的不断发展,商品交易方式也在不断创新和发展,并且不同商品交易方式不断互相渗透、互相补充而逐渐形成一个完整的体系。但在具体的交易活动中,选择哪一种交易方式并不是随心所欲的,而是要遵循商品流通的客观规律和基本要求综合考虑各种因素。

1. 社会生产力的发展水平和商品经济的不同发展阶段

任何一种商品交易方式,都是商品经济发展到一定阶段的产物。在简单商品经济阶段,社会生产力发展水平低下,可供交换的剩余产品非常少,通过物物交换或一手交钱一手交货的零星买卖等形式就可以完成商品交换的任务。在集约化、商品化、社会化的大生产条件下,才有可能产生商品交易所和期货交易。同时,商品交易方式又是商品经济进一步发展的必要条件。由于各地区、各部门、各行业社会生产力发展不平衡,商品经济发育程度会有很大差异,必然会同时存在着多种交易方式。因此,必须借助多个流通渠道、多种交易方式来沟通各个地区、各个企业不同生产者和经营者之间的经济联系。单一的交易方式是不能适应多层次生产力发展水平的,也不利于地区间的经济发展。在商品经济发达地区,可大力发展信用交易、租赁交易、期货交易等现代商品交易方式,当然,传统的现金交易、现货交易也不可少;在落后地区,除保持传统交易方式外,甚至还可以借助原始的物物交换来互通有无。

2. 企业的个性特色

交易方式必须从企业的实际出发,针对各个企业的个性和特色来选择,才能更有效地实现商品流通,提高流通效率。第一,要充分考虑到各个企业的经营目标,选择最有利于目标实现的方式。第二,要充分考虑到企业的经营规模和生产能力。一般来讲,中小企业规模小,产销量有限,资金不充裕,主要靠地方市场、就地生产、就地批发和零售;而大企业规模大,产销量大,资金充裕,可以有条件地选择批发交易、期货交易、信用交易、代理交易等交易方式。第三,要突出企业的特色,凸显企业个性,出奇制胜,切忌亦步亦趋。

3. 不同商品的特点和流通规律

不同商品在其运行过程中,往往具有各自不同的使用价值保存期、运输要求和物理特性,同时,不同商品的流通规律也不尽相同。因此,必须根据不同商品的特点和流通规律选择不同的商品交易方式。

(1) 日用工业品交易方式的选择。日用工业品的流向是从城市到农村,从集中到分散,渠道长、环节多。在生产与商业的连接处,批发交易对商品的组织运行作用十分明显,同时商业信用交易、票据交易等可对其起到辅助作用。在商业与消费者之间的连接处,零售交易、现金交易、现货交易则是主导的交易方式,这些交易方式可以保证商业运行长期稳定地进行,在此基础上再辅之以信用交易,则更有利于拓宽销售渠道。

(2) 工业品生产资料交易方式的选择。工业品生产资料一般又分为工业品农业生产资料和工业生产资料。工业品农业生产资料的流向除具备一般工业品从集中到分散、从城市到农村的特征外,在供应环节上还具有季节性强、生产周期性强的特征。因此,在供应的第一个环节上一般采用地区性批发交易,再辅之以票据交易方式;在零售供应上,考虑到农民是家庭个体式经营,投入资金有限,以及农业生产季节性强等因素,宜选择现金交易为主、延期付款和分期付款为辅的交易方式。而工业生产资料的交易,由于其一般为大宗商品交易,可采用批发交易、远期合同交易等方式。

(3) 农副土特产品交易方式的选择。农副土特产品的一般流向是从农村到城市,从分散到集中,且具有大宗性质。同时,农副土特产品的生产多为家庭经营、个体生产,因此,在收购环节上可选择现金交易、预购交易,以及代购、代储、代运、代销、代加工等信托交易方式。对于大宗农副产品工业性原料,期货交易与票据交易则是比较理想的交易方式。

4. 效益最优化的原则

任何一种交易方式的选择,都是为了实现企业利益的最大化,以最小的投入取得最大的经济效益。因此,必须考虑:一是什么样的交易方式才能最大限度地方便购买,吸引用户,扩大企业的销售额;二是什么样的交易方式才能以最快的速度、最短的时间完成商品流通的过程,节约流通费用,加速资金周转;三是什么样的交易方式投入成本最小,产出最大,从而提高企业的经营成效。方式是为内容服务的,离开企业的效益来谈交易方式,一切都是徒劳无功的,也是毫无意义的。

5. 市场商品的供求态势和竞争状况

市场总是在非均衡状态下运行,供求态势不同会影响到交易方式的选择,且交易方式取决于居市场主导地位的一方。当供不应求时,生产者和经营者会从自身利益出发选择最简便的交易方式;当供过于求、市场竞争非常激烈时,生产者和经营者为了迅速出售商品,争取尽可能大的市场份额,就千方百计地迎合消费者的需要,此时,交易方式将会成为企业参与市场竞争的重要内容和手段,如赊销、优惠酬宾、折扣、有奖销售等将会被大量选择并加以运用。同时,在选择交易方式时,还应视竞争对手而定,针对竞争对手的实力、竞争策略和手段采取相应的对策和交易方式。另外,还应根据不同的竞争内容采取不同的交易方式,质量竞争不同于价格竞争,服务竞争不同于广告竞争和公关竞争,灵活的交易方式有利于协调各种竞争要素,达到扬长避短、以强制强的目的。

6. 国际经贸交流和优势互补

当前,在国际经贸中,交易方式不断朝着多样化、灵活化的方向发展。因此,在经济双循环发展的大背景下,为了打通国内生产、分配、流通、消费的各个环节,加快建设全国统一大市场,企业应根据优势互补的原则,按国际惯例选择灵活的交易方式,规范企业的经营行为,以利于企业不断走向国际市场,磨炼和提高其在国际市场上的竞争能力。同时,也使交易对方易于接受。企业通过商品交易方式的国际化、惯例化、通用化、规范化和灵活化来打破国际贸易中跨文化的障碍,改善国内经营环境,吸引更多的外商。

5.1.4 影响商品交易方式的因素

商品交易方式是商品交换所采取的方式方法,是商人为完成商品从生产领域到消费领域的转移,并最终实现商品的价值和使用价值而采用的购销形式。其实质是商业经营过程中商品所有权换位和商品实体时空位置转移的方法。为卖而买是商业经营活动的核心内容。自货币产生以后,商品交换过程被分解为买和卖两个阶段,并在时间和空间上明显分开。商品交换过程内在的买和卖的分离性与买和卖的统一性这对矛盾只有通过交换当事人采用具体的交易方法,实现了商品和货币的移位才能解决。

商品交易方式是随着商品经济的产生而产生,并随着市场经济的发展而不断完善。影响交易形式的因素,主要包括以下四方面:

1. 商品生产的发达程度

商品交易方式的发达程度与商品生产的发达程度成正比关系,商品生产发展程度越高,商品交易方式越发达,种类越多。在简单商品经济条件下,商品交易方式主要以现金支付、现货交易为主;在发达的商品经济条件下,商品交易方式不断创新,出现了合同交易、期货交易、信用交易、信托交易等多种商品交易方式。

2. 商品供求状况

商品供求状况对商品交易方式的发展方向有着重要的影响。一般来说,商品供不应求,其主要矛盾是商品货源少,商品交易方式成为控制销售和扩大收购的手段,主要采取现货交易、远期合同交易等商品交易方式;反之,商品供过于求,其主要矛盾是商品货源充足,生产者和经营者库存过大,资金周转缓慢,为了刺激消费,扩大销售,经营者除了采用一般商品交易方式以外,还注重采用赊销、分期付款、银行按揭等信用交易和经纪、代理和寄售的信托交易等。

3. 技术因素

一方面,商品交易方式的发展受到技术因素的制约。不同商品特定的生产周期和生产条件等技术因素,使得不同商品供给对价格进而对需求的反应速度有不同,部分商品容易形成供给波动,为缓解以至消除供给波动,要求商品交易方式不断发展。另一方面,不同商品交易方式的适用范围也受技术因素的影响。一般来说,适用于期货交易的商品应当是那些品质、等级较为简单并易于划分的均质性商品,以便利用标准品的质量指标和交割等级,将市场中的商品转化为标准化的合约条款,有效地实现交易者的合约转让;而鲜活易腐商品,如蔬菜等比较适合钱货两讫的现货交易。同时,商品交易方式的发展和完善也受技术因素的影响。物品编码技术的发展和电子计算机在贸易领域的推广使用,为电子数据交换的出现提供了条件;通信技术的进步为期货交易和信用交易的发展开辟了广阔的道路。

4. 社会经济体制

社会经济体制对商品交易方式同样具有制约作用,在同一社会制度中,由于经济体制的不同,商品交易方式也会有不同。例如,在传统的计划经济体制下,中国的商品交易方式服从于国家对市场与经济的统治程度与形式,商品交易方式单一,商业主体主要采用以统购统销、计划分配、凭证限量供应为主要形式的现货交易。在确立了社会主义市场经济体制后,中国才具备产生多种商品交易方式的土壤与环境,原来被视为"洪水猛兽"的信用交易和期货交易才广泛发展起来,减轻了风险,促进了商业经营的发展。

5.2 商品交易定价

5.2.1 传统商品的交易定价

1. 传统商品的定价原则

传统交易产品,其定价原则一般取决于需求决定机制,如弹性原理、承受风险的能力、专门的技术条件和设备、市场容量及产品的可替代性等。常见的定价原则有目标组合优选原则和成本利益优化原则。

1) 目标组合优选原则

传统交易产品在定价时,通常会有多个定价目标,如生存目标(在市场条件不利的情况下,舍弃期望利润,确保生存而定价)、利润最大化目标(根据不同产品竞争性定价)、市场份额最大化目标(竞争目标,常牺牲短期利润)、信誉目标(确定金融企业的信誉,成为顾客最满意的最信任的企业)等。可对这些目标进行组合,选出较优的方案。

2) 成本效益优化原则

成本效益优化原则即合理平衡效益与成本的关系。例如在对金融产品进行贷款定价时,要考虑放款的各种条件、发放贷款的预期收入、给借款者提供资金的成本、管理和收贷费用、借款者的信用等。一般来说,金融企业的产品成本有直接生产成本(各职能部门或产品上费用支出)、营销成本、管理成本(董事费、会员费等)、利息成本等。

2. 传统产品的定价策略

价格通常是影响交易成败的重要因素,同时又是市场营销组合策略中最难以确定的因素。企业定价的目标是促进销售,获取利润。这就要求企业在定价时,既要考虑成本的补偿,又要把握消费者的价格心理的变化,考虑消费者对价格的接受能力。

消费者的价格心理变化,主要体现在三方面。一是消费者需求量价格心理。价格直接影响消费者的需求量,一般来说,价格上升会引起需求量下降,抑制消费,价格下降会增加需求量,刺激消费,产生"买涨不买落"心理。当然,有时也会出现相反的情况。造成这种情况的原因是消费者的生活经验、经济条件、知觉程度、心理特征等有着不同程度的差异,他们对价格的认识及心理反应各不相同。二是消费者价格折射心理。价格是消费者社会地位和经济收入的象征。一些人往往把某些高档商品同一定的社会地位、经济收入、文化修养等联系在一起,认为购买高价格的商品,可以显示自己优越的社会地位、丰厚的经济收入和高雅的文化修养,可以博得别人的尊敬,并以此为满足;相反,使用价格便宜的商品,则感到与自己的身份地位不符。三是消费者质量价格心理。价格是消费者衡量商品价值和品质的直接标准。在消费者对商品品质、性能知之甚少的情况下,主要通过价格判断商品品质。许多人认为价格高表示商品质量好,价格低表明商品品质差,这种心理认识与成本定价方法以及价格构成理论相一致。所以,便宜的价格不一定能促进消费者购买,相反可能会使人们产生对商品品质、性能的怀疑。适中的价格,可以使消费者对商品品质、性能有"放心感"。

为此,在设定定价策略时,考虑到价格心理因素,可以对传统产品采取心理定价、折扣定价、差别定价、地区定价、组合定价、新产品定价、商誉定价等策略。除此之外,还可以采取以下几种定价策略。

1) 成本导向定价策略

经营者重点考虑如何补偿和收回成本,并将此因素作为产品定价的主要依据。此种定价策略的难度在于成本的核算比较难,预期销售量较难预测,单位成本很难计算。例如,成本附加定价法(即在生产和营销成本基础上加上特定金额的利润)就属于此类。

2) 需求导向定价策略

它以顾客的价值观和购买动机为基础,来制定价格。具体包括以下几种方法。

(1) 关系定价方法。以与客户建立长期信用关系为定价目标,向该客户提供一种或几种现时亏损的、但边际效益高的产品或服务。

(2) 主导定价法。对几种服务制定较低的价格,在吸引顾客购买低价服务的同时,引导他们购买其他正常价格的服务,并注重产品之间的交叉弹性和互补性。

(3) 经验曲线定价法。该方法假定随着金融产品生产和经营经验的积累,成本会有所降低。因而金融企业制定的价格,与其未来出售产品(服务)时的成本有关,而不是与其制定服务战略时的实际成本有关。

(4) 目标利润定价法。对量、本、利进行分析并制定价格,类似于成本附加定价法,但要更复杂。

3) 竞争导向定价策略

主要包括以下几种方法。

(1) 竞争-平价法。即制定一个与多个竞争对手相同的价格,一般同垄断有关。

(2) 差别定价法。将客户、产品、服务、时间、地点等主要的市场营销要素,按一定的规则划分为若干不同的等级,分别定价,再通过优化组合,实现期望利润。例如,不同客户的按揭贷款,可采用差别定价法来确定其利率。

(3) 竞争投标定价法。为竞争胜利而定价,但会限于本企业的成本结构和竞争者的投标战略。

三种定价策略,前两种策略由于忽视了竞争对手的价格和顾客的需求因素,存在一定的缺陷。相比而言,后一种方法较为实用。

5.2.2 网络产品的交易定价

1. 网络产品定价影响因素

成本和收益影响定价。电子商务中,网络产品成本包含固定成本(用于设计和设备投入)和可变成本(用于生产、推广和服务)。

网络产品这种特殊的成本结构使得传统经济学中价格等于边际成本的定价原则不再适

用。此外，价格敏感度同时也影响着定价策略。

1) 网络产品成本特性

在对网络产品进行定价分析时，电子商务中数字产品的成本特性同样适用于网络产品。网络产品成本如同大多数网络产品一样，由于存在网络外部性，规模收益递增，数字产品可复制性强等影响因素，网络产品也呈现出平均成本递减的特征。网络产品的成本结构对定价有很大影响。

(1) 信息网络的发展过程中存在着网络效应，作为网络经济重要组成部分的电子商务也必然受这一法则的支配，即网络产品对某一客户的价值，依赖于接受网络产品的其他客户的数量。因此当网络产品（服务）的规模增大时，其产品系统的价值必然相应增加。

(2) 随着网络产品规模增加，规模经济同样产生，即随着（服务）产品的增加平均成本降低。但不同于传统规模经济，电子商务（服务）产品可允许无限多的人同时共享，不存在生产量的临界值，且复制成本几乎为零，不存在边际收益递减的情况，电子商务服务中规模经济主要表现为规模收益递增。

(3) 电子商务中网络产品（服务）供应商所提供的（服务）产品，如股票、外汇信息，支付结算平台等可以为多个客户所使用，即电子商务服务供应商提供的信息服务存在着共享性，而信息复制的费用几乎为零，因此网络所提供的（服务）产品的平均成本会随着（服务）产品规模的增加而下降。

电子商务业的高固定成本、低边际成本（且规模收益递增）的特点，表明了它的平均成本具有无穷递减的趋势，并且一直大于边际成本。因此，只要不断增加产量，平均成本就会不断下降，当产量无穷大时，平均成本就会接近于零。

2) 价格敏感度对定价的影响

价格敏感度是决定价格提高或降低策略能否成功的关键。价格敏感度又称价格弹性，是指产品价格变动一个百分比引起的需求变动的百分比，即

$$\varepsilon = \frac{\Delta q/q}{\Delta p/p} = \frac{p}{q} \cdot q'(p)$$

价格弹性高，客户对价格的变动比较敏感，提价会使客户放弃该产品；反之，价格弹性低，客户对价格的变化并不怎么关注，价格提高不会对他们的消费决策有太大影响。

影响价格敏感度的因素包括：①产品差异程度，金融服务产品与竞争者同类产品之间的差异越大，即替代品越少，客户对该产品的价格敏感度越低；②产品比较难易程度，如果客户难以对电子商务服务产品进行比较，他们对价格敏感度也较低；③市场细分程度，电子商务服务供应商在市场上为服务对象定位的能力越强，它所面临的价格敏感度越低；④其他产品的销售，即如果能成功地向客户交叉销售其他网络产品或服务，那么它面临的价格敏感度往往会较低；⑤价值认同程度，如果客户觉得该服务产品具有更高的价值或更优质，则对价格的敏感度越低。

2．供应商因素

影响供应商定价能力的相关因素主要包括以下 4 点。

1) 便利性

网络产品（服务）供应商提供的产品（服务）便利性越好，定价能力越强。如果金融产品（服务）网站上有快捷的导航工具，便捷的搜索工具，并且在网络产品（服务）交易过程中能提

供较快的校验服务,客户能便捷地了解和获得所需产品(服务),由此降低搜寻成本和交易成本,则网络产品(服务)供应商就能够相应收取高价,定价能力也就比较强。此外,友好的用户界面以及个性化的个人账户能为客户节省时间,从而提高他们的忠诚度,增加客户的转换成本,因为重新适应新的网络产品(服务)界面或许会让他们感到不方便。

2) 产品(服务)信息

电子商务为客户提供了更低的搜寻成本来寻找他们需要的金融产品(服务),电子商务相对于传统方式能够给客户提供更多的信息帮助减少信息不对称,增加客户选择产品(服务)的参考依据。通常来说,有更好信息环境的金融产品(服务)网络能加速客户搜索过程。客户如果认为在线环境可提供更好的信息,则可能转向使用在线渠道。网络产品(服务)信息的深度可以降低客户对产品(服务)的价格敏感度。因此,网络产品(服务)供应商提供的产品(服务)信息越丰富,定价能力越强。

3) 客户认知程度

网络产品(服务)供应商的客户认知度越高,定价能力越强。虽然网络环境大大降低了客户搜寻成本,但同时网络信息量暴增,也增加了客户对产品(服务)信息充分了解的难度。因此,客户认知度较高的网络产品(服务)供应商能够吸引更多的客户关注,在一定范围内可以制定相对较高的价格。例如,四大国有银行的认知度在银行业内遥遥领先,客户在选择网络产品(服务)时就可能直接在它们的网络产品(服务)中搜寻。而客户认知度较低的网络产品(服务)供应商,例如一些区域性网络产品(服务)供应商,或刚进入中国市场的外资网络产品(服务)供应商,由于客户很难搜寻到他们的网站,因此为了吸引客户,只能制定较低的价格。

4) 产品(服务)的丰富程度

如果大部分网络产品(服务)供应商提供的产品(服务)具有较高的相似度,客户可以在进行比较之后再做决策。这种情况下,能够提供丰富品种类型的供应商就有更多的优势。因为,如果一家供应商提供种类丰富的产品(服务),就相当于降低了网络消费者的搜寻成本,客户会更愿意向该供应商购买所需的产品(服务),因而网络产品(服务)供应商在产品(服务)价格上也更有竞争力;另一种情况,如果产品差别化程度越高,即供应商能够提供不同于其他供应商的产品(服务),价格竞争力也越强。

此外,网络产品(服务)供应商的网站连接速度,受理和处理客户咨询的速度和态度,受理和处理客户投诉的速度和态度,对客户的优惠奖励程度、安全性等也会影响供应商的定价能力。

3. 网络产品定价策略

网络产品的定价策略主要包括以下 3 种。

1) 渗透定价策略

实施渗透定价就是要在进入市场的初期采取低价格、零价格或者负价格的策略,也就是先发制人,以争取更多的安装基础,达到必要的临界值,其目的是对消费者进行"锁定"。网络产品(服务)供应商在推出网络产品(服务)的初期,其战略目标是优先占领市场,所提供的网络服务品种比较单一,客户对新服务产品还抱有一定的怀疑态度。在这种情况下,网络产品(服务)供应商一般采用的定价策略是提供免费服务。

网络产品(服务)的需求曲线与传统经济学需求曲线之间有很大不同。电子商务下存在网络外部性,产品的客户价值将随着使用相同产品的用户数量的增加而增大。后进客户的支付意愿也会随着客户数量的增大而增大,即随着消费该产品(服务)的客户数量的增加,新进入市场的客户愿意比老客户支付更高的价格,直到该产品(服务)有大量的消费客户(临界值状态),客户预期该产品不会有更高的价值,或者新产品的出现使客户转移到他们认为价值更高的产品(服务),该产品(服务)进入衰退期,这就导致了网络产品(服务)的需求曲线呈倒 U 形(如图 5-1 所示)。

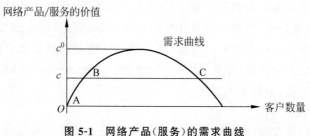

图 5-1 网络产品(服务)的需求曲线

假设网络产品(服务)的供给曲线是一条价格等于边际成本的直线,对于任意小于 c^0 的边际成本 c,都存在三种与边际成本定价一致的网络规模:零网络规模(A 点),需求曲线与边际成本第一个交点对应的网络规模(B 点),需求曲线与边际成本第二个交点对应的最大网络规模(C 点)。这是一个多态均衡的模型。考虑 B 点和 C 点的均衡状态。B 点是较低的网络规模,是非稳态的交点,在 B 点使用网络产品(服务)的客户数量会受到外在相关因素的影响而发生扰动。如果产品(服务)采取免费策略,这个因素就足以使系统越过不稳定均衡,达到高水平的市场均衡(C 点)。因此,在服务产品推广初期,客户数量少,服务产品的价值在其他客户看来就比较低,网络产品(服务)供应商采取渗透定价策略才能吸引新客户的进入,扩大用户基础,达到较高的网络规模水平。

2) 歧视定价策略

歧视定价策略即价格歧视,是目前在网络营销中最常用的定价策略。歧视定价是根据网络产品(服务)对客户需求满足的不同程度,来制定不同的价格。在网络产品(服务)价格歧视的具体操作中,主要可以采用以下两种策略。

(1) 个性化定制。网络产品(服务)供应商根据客户对产品(服务)的价值认知为每一顾客制定一种价格,这一策略也被称为"一对一营销"。个性化定价利用互联网的互动性和客户的个性化需求来确定商品价格。为了实施个性化定价策略,首先,供应商要能针对客户的需求对网络产品(服务)进行个性化定制,使产品(服务)对顾客有最大的价值;其次,供应商能建立起从这种价值中获取最大利润的定价机制。

例如,定制的电子商务咨询服务,是通过网络互动交换信息,由金融专家根据客户需求而定制的咨询服务。这种高度定制化的服务产品对于特定的客户有高价值,但对于其他客户就并不适用。而且,电子商务咨询是信息流的交易,没有实物,不同客户之间由于需求不同,获得的服务不同,无法比较价格的差异,金融产品(服务)供应商因此就能够采用"一对一定价"的方式。

(2) 群体定价。在大部分情况下,电子商务服务产品没有"一对一定价"如此强的定制性,供应商很难准确了解每个客户的需求情况,所以对产品(服务)进行个性化定价行不通。此时,金融服务供应商可以把价格建立在群体特征(如年龄、收入、购买历史、购买数量等)的基础上,根据不同的群体特征将客户划分为几个不同的子类型,在不同的子类型(具有不同特征的客户群体组成)制定不同的销售价格。群体定价实质上是"三级价格歧视"。

3) 捆绑定价

捆绑定价是网络产品(服务)供应商将一系列服务产品组合搭配到一起,综合定价的方法。拥有多种网络产品(服务)的电子商务供应商推行捆绑定价有助于产品(服务)的交叉互补销售。例如,网络产品(服务)供应商可以将一种金融业务与金融信息服务捆绑在一起销售。单独订购信息服务的客户可能数量很少,但在接受了其他金融业务后很多客户会产生对信息服务的需求,而这些客户在接受捆绑定价时会觉得享受了优惠。这样,供应商成功地将服务组合推销出去,而信息制定成本是固定的,网络发送无任何附加成本。

此外,网络产品(服务)供应商可以提供客户自我选择的捆绑菜单,消费者从中选取和设计自己要购买的捆绑产品包。这种定价策略将确保更高的利润,因为当消费者选择定制捆绑时,已经透露了自己的支付意愿信息,为供应商提供了进一步差别定价的机会。

5.3 网络产品交易

5.3.1 网络产品交易的发展

随着信息技术尤其是网络技术的发展,网络产品的交易方式得到不断的发展,经历了不同的几个发展阶段。

第一阶段,在互联网上最先出现了企业或产品黄页(yellowpage),并得到迅速推广,由此信息获取更加方便,内容更多更新,传播范围更广,成本更低。

第二阶段,出现了广告型的网站,并增加了多媒体内容,企业通过网站与消费者建立了平等的沟通渠道。

第三阶段,出现了销售型的网站,如 B2C 电子商务网站、B2B 电子商务网站等,部分取代传统的销售方式,一些适合在网上销售的产品开始向互联网转移,流通环节减少,经营成本降低,给消费者带来了更多的交易方式。

第四阶段,出现了功能集成的综合商务交易平台,根据不同的角色和权限,将消费者、员工、经销商、零售商、供应商和管理者集中到一个平台上,进行产品销售、招聘、招商引资、企业宣传、售后服务、技术支持、合作意向、以及财务管理、物流管理、人事管理、决策管理等。

5.3.2 网络产品定价交易

网络产品的定价交易以及在此基础上衍生的折价交易,是一种最为传统的商品销售方法,分为非歧视定价交易和歧视定价交易(discriminatory pricing)。

对于歧视定价交易,如汽车保险费,可利用客户不同的公共信息而给出不同的价格;如飞机票,可利用客户不同的偏好而给出不同的价格。两者相比,前者属于非激励相容(non-incentive companion)的定价交易,后者属于激励相容的定价交易。

在网上定价交易的销售机制中,商家考虑的首要问题应是如何合理地设置固定价。假设顾客抵达服从参数为 λ 的泊松分布(Segev 等,2001): $P(X=k)=\dfrac{\mathrm{e}^{-\lambda}\lambda^{k}}{k!}$,商家设定的固

定价格为 p，每件商品的成本为 c，选择以固定价格机制购买的顾客，可以立即获得商品，无须等待。因此，"购买顾客"的抵达是一个服从参数为 $\lambda[1-F(p)]$ 的泊松分布，这里 $F(p)$ 为这一价格下的顾客分布函数，对应的概率密度为 $f(p)$。记 $\lambda_1 = \lambda[1-F(p)]$，提供的商品数量为 Q，则商家通过固定价格销售机制获得的期望净收益为

$$E(\pi_p) = \sum_{x=0}^{Q-1} \frac{e^{-\lambda_1 T}(\lambda_1 T)^x}{x!} \cdot xp + \sum_{x=Q}^{\infty} \frac{e^{-\lambda_1 T}(\lambda_1 T)^x}{x!} \cdot Qp - cQ \tag{5-1}$$

为使期望的净收益最大化，令 $p^* = \underset{p}{\operatorname{argmax}} E(\pi_p)$，则此时商家最大的期望净收益为

$$E(\pi_{p^*}) = \sum_{x=0}^{Q-1} \frac{e^{-\lambda_1 T}(\lambda_1 T)^x}{x!} \cdot xp^* + \sum_{x=Q}^{\infty} \frac{e^{-\lambda_1 T}(\lambda_1 T)^x}{x!} \cdot Qp^* - cQ \tag{5-2}$$

例如，商家想要在 5 天内出售 10 件商品，假设顾客的到达率服从参数为 8 的泊松分布，商品的单位成本为 4，则 $\lambda = 8, T = 5, Q = 10, c = 4$。

若设顾客购买的概率在 $[\underline{v}, \overline{v}] = [20, 70]$ 上均匀分布，即 $f(p) = \dfrac{1}{\overline{v}-\underline{v}} = \dfrac{1}{70-20}$，$F(p) = \int_{\underline{v}}^{p} f(p)\mathrm{d}y = \dfrac{p-\underline{v}}{\overline{v}-\underline{v}} = \dfrac{p-20}{70-20}$，$\lambda_1 = \lambda[1-F(p)] = 8 \times \left[1 - \dfrac{p-20}{70-20}\right]$。

依据式(5-2)，在 Mathematics 中编写如下程序：

```
max1 = 0;py = 0;
For[p = 0, p < 70, p += 0.5,
    lamta1 = 8 * (1 - (p - 20)/(70 - 20));
    For[y1 = 0; i = 1;
        x1 = E^( - 5 * lamta1), i <= 10, i++, y1 += x1 * (5 * lamta1)^i/i! * i * p];
    For[y2 = 0; i = 11;
        x2 = E^( - 5 * lamta1), i < 2000, i++, y2 += x2 * (5 * lamta1)^i/i! * 10 * p];
    If[max1 < y1 + y2 - 40, max1 = y1 + y2 - 40;py = p];
    ];
Print[N[py,7]];
Print[N[max1,7]];
```

得到最优定价结果：$p^* = 55, E(\pi_{p^*}) = 479.003$。

5.4 拍卖交易

拍卖(Auction)是价格发现的机制之一，其历史源远流长。早在大约公元前 500 年，古巴比伦就出现了拍卖奴隶的现象。公元 193 年，当时的罗马禁卫军杀死了皇帝，对外拍卖整个古罗马，不过后来没有成功。近现代以来，在荷兰，拍卖是农产品流通机制的枢纽，各种各样的农产品和花卉从全国 20 余个拍卖行走向世界各地。在当代西方国家，闻名世界的两大艺术品拍卖行索斯比(Sotheby's)和佳士得(Christies)垄断了世界大多数艺术品的拍卖。两大拍卖行将古老的拍卖艺术发挥到了淋漓尽致的地步。

5.4.1 拍卖的含义

拍卖也称竞买，是指由拍卖人(例如某个拍卖机构)在一定的时间和地点，按照约定的程

序和规则,以公开竞价的方式,将特定的物品或财产权利转让给最高应价者的一种买卖方式[1]。同时,拍卖也是一种市场状态,在此市场状态下,市场参与者通过标价来决定资源的配置和资源的价格。从经济学的角度来说,拍卖属于商品流通的范畴,是一种以货币为媒介的商品交换行为,其价格与分配过程由拍卖群体集体决定。从法律角度来说,拍卖是在各参与主体实现平等、公正、公开的基础上订立竞买契约的行为,其特征是能最大限度地实现标的物的价值。公开、公平、公正及诚实信用是拍卖的基本前提,也是我国拍卖法所规定的基本原则。所谓"公开",就是指拍卖物品公开展示,拍卖活动公开进行,整个交易过程对买卖双方透明,以公开叫价竞购的方式来求得买卖的成交,这是拍卖交易区别于其他交易方式的显著标志。"公平"是指买家竞买资格平等,竞买机会平等,竞买规则平等。"公正"是指拍卖人对买卖双方高度负责,无欺骗,无偏袒,诚实守信。所以,美国经济学家 McAfee 将拍卖定义为不仅是一种价格形成机制,同时也是一种资源配置机制。人们对拍卖的关注早在 1956 年和 1961 年就有相关的论文发表,但在那之后近 20 年的时间内,对其研究陷入停顿,直到 20 世纪 80 年代,随着博弈理论、网络与信息经济的发展,拍卖研究才再度活跃起来,产生了各种各样的电子拍卖。

在传统拍卖的基础上发展起来的电子拍卖(E-Auction,包括各种形式的网上拍卖),利用计算机充当拍卖人(经纪人)来模拟传统的拍卖程序,买卖双方在电子交易系统上进行物品的公开竞价。电子拍卖在不改变拍卖活动进行的目的、原则和竞价方式的基础上,借助现代化的信息沟通方式和互联网技术,为拍卖活动营造了更加广泛、更加快捷和更加准确的拍卖环境,通过互联网将过去少数人才能参与的贵族式的物品交换形式,变成每一位网民都可以加入其中的平民化交易方式。对于网上拍卖来讲,它不仅体现了网络时代的消费者定价原则,而且通过拍卖网站还营造了一个供需有效的集结市场,成为消费者和生产商各取所需的场所。在网络拍卖中,无须现场展示拍卖标的,只需将拍卖物的图片、价格评估、历史资料等信息放到互联网上,不但保证了拍卖物品的安全,方便了竞买人在第一时间了解拍卖物的资料,进行更充分的竞买准备,同时还扩大了适拍品的范围,衍生出多种拍卖方式,使原来费时、费力、费钱的低价值的物品拍卖能以更加平民化、形式多样的方式进行交易。

在交易市场中,若要采用拍卖方式进行交易,必须具备三个基本条件。一是拍卖必须有两个以上的买主。即凡拍卖表现为只有一个卖主(通常由拍卖机构充任)而有许多可能的买主,从而得以具备使后者相互之间能就其拍卖的物品展开价格竞争的条件。二是拍卖必须有不断变动的价格。即凡拍卖皆非卖主对拍卖物品固定标价待售或买卖双方就拍卖物品讨价还价成交,而是由买主以卖主当场公布的起始价为基准进行竞价,直至最后确定最高价为止。三是拍卖必须有公开竞争的行为。即凡拍卖都是不同的买主在公开场合针对同一拍卖物品竞相出价,争购以图,而倘若所有买主对任何拍卖物品均无意思表示,没有任何竞争行为发生,拍卖就将失去任何意义。

5.4.2 拍卖类型

拍卖的种类多种多样,根据不同的标准可分为增量拍卖与增价拍卖、强制拍卖与任意拍卖、有底价拍卖与无底价拍卖、开放式拍卖与密封式拍卖、一次性拍卖与连续性拍卖、自行拍

---

[1] 参见《中华人民共和国拍卖法》。

卖与委托拍卖、定向拍卖与不定向拍卖、法定拍卖与意定拍卖、集中拍卖与分布拍卖、单品拍卖与组合拍卖、单向拍卖与多向拍卖（或正向拍卖与反向拍卖）等。

基于博弈论，根据信息拥有程度和报价次序的不同，拍卖也可分为完全信息的静态拍卖、完全信息的动态拍卖、不完全信息的静态拍卖、不完全信息的动态拍卖。在完全信息下进行拍卖，买方拥有完备的策略和明确的支付函数，为买方所共知，若买方同时报价则为静态拍卖，先后报价则为动态拍卖。在不完全信息下进行拍卖，买方各自拥有自己的策略和相关的支付函数（称为私有信息），不为他人所知，对外不公开。对于完全信息的（静态或动态）拍卖通常采用博弈的规范式或扩展式求得博弈的纳什（或精炼纳什）均衡而得到问题的解；而对于不完全信息的（静态或动态）拍卖通常采用海萨尼转换，变成完全但不完美信息的（静态或动态）博弈并求得博弈的贝叶斯（或精炼贝叶斯）均衡而得到问题的解。

传统的拍卖（维克里，1961）分为英式拍卖、荷兰式拍卖、第一密封递价拍卖、第二密封递价拍卖。

英式拍卖（English Auction）属于公开拍卖或者增价拍卖，是最流行的一种拍卖方式，在拍卖过程中，拍卖人就某件商品宣布拍卖标的的起叫价及最低增幅，竞买人以起叫价为起点，由低至高竞相应价，最后最高竞价者以三次报价无人应价后，响槌成交。英式拍卖对卖方和竞买人来说都存在缺点。既然获胜竞买人的出价只需比前一个最高价高一点就可获得标的，那么每个竞买人都不愿马上按照其心理预估价位出价。当然，在此过程中竞买人也要冒风险，他可能会被令人兴奋的竞价过程所吸引，出价超出了其预估价，从而产生赢者诅咒（Winner's Curse）现象。

荷兰式拍卖也称"降价拍卖"或"高估价拍卖"，是英式拍卖的逆行。就某件商品先由拍卖人给出一个潜在的最高价（起叫价）及降幅，并依次降低叫价，直到有人应价，交易就达成，但成交价不得低于保留价。荷兰式拍卖成交的速度特别快，经常用来拍卖果蔬、食品之类的不易长期保存的鲜活产品。如果拍卖的是同类多件物品，竞买人一般会随着价格的下降而增多，拍卖过程一直进行到拍卖品的供应量与总需求量相等为止。一些情况下，出价最高者还可以以出价最低的获胜竞买人的价格获得该拍品。

密封递价拍卖又称"秘密拍卖"，是指竞买人通过加密的 E-mail 将出价发送给拍卖人，再由拍卖人统一开标后，比较各方递价，最后确定中标人。网上密封拍卖多用于工程项目、大宗货物、土地房产等不动产交易以及资源开采权出让等交易。目前，这种拍卖方式已被越来越多国家政府用于在网上销售库存物资以及海关处理的货物。网上的密封递价拍卖有时也称"秘密拍卖"，拍卖时往往会设定一个秘密的保留底价，在竞标截止时只有最高价格高于或等于保留底价时才能成交。

密封拍卖可分为一阶密封拍卖和二阶密封拍卖。一阶密封拍卖也称为密封递价最高价拍卖，即在密封递价过程中，出价最高的竞买人中标。如果拍卖的是多件相同物品，出价低于前一个的竞买人可以购得剩余的拍卖品。二阶密封拍卖也称为密封递价次高价拍卖，其递价过程与一阶密封拍卖类似，只是出价最高的竞买人是按照出价第二高的竞买人设想的心理价格出价，降低了竞买人串通的可能性，获胜者不必按照最高价付款，从而使所有的竞买人都想以比其一阶密封拍卖中高一些的价格出价。威廉·维克瑞（William Vickrey）对此拍卖进行研究并荣获 1996 年诺贝尔经济学奖，因此二阶密封拍卖也称为维氏拍卖。

案例 5-1

苏富比电子拍卖

苏富比(Sotheby's,或译作索斯比)是世界三大著名的专业拍卖行之一,由英国人巴克于 1741 年在伦敦创立。1778 年巴克过世后,他把遗产分给了当时的合伙人和他的侄子约翰·索斯比,接下来的 80 年中,索斯比家族管理拍卖公司,将经营范围扩大到版画、奖牌与硬币等领域,业务遍布全球,1973 年在中国香港开设了分公司,1994 年春在上海设立了办事处。

苏富比拍卖可在网下和网上进行。在网下进行时,苏富比会在拍品正式开拍前一个月,印制拍品的拍卖图录,就拍品的描述、来源、展览历史、相关文献数据以及参考估价进行详细说明,相关的拍品实物也会在拍卖会场公开展览 3~7 天,部分精选拍品更会提前在各地巡回展示。在网上进行拍卖时,苏富比也会在拍卖会前一个月将拍品上传至网站(如图 5-2 所示),竞拍者登录网站后,可在拍卖时间表栏目上选择相关的拍卖会,并单击[浏览图录](Browse Catalogue),细读拍品的图录内容,并参与竞拍。当然,竞拍者也可亲临或以书面、电话形式参与竞拍。

图 5-2　苏富比拍卖网站(http://www.sothebys.com)

案例 5-2

纽约股票交易所拍卖交易

纽约证券交易所(New York Stock Exchange,NYSE)是世界上交易量仅次于纳斯达克的第二大证券交易所,总部位于美国纽约百老汇大街 18 号。2005 年 4 月,纽约证券交易所收购全电子证券交易所(Archipelago),成为一个营利性机构,2006 年 6 月,纽约

> 证券交易所宣布与泛欧股票交易所(Euronext)合并,组成 NYSE Euronext。目前,纽约证券交易所有大约 2400 家公司在此上市,市值达 36 万亿美元。
>
> 　　纽约股票交易所在进行股票和债券交易时,采用公开叫价、人工撮合的密封递价双重拍卖方法,这与上海证券交易所采用的计算机自动撮合的方法不太一样。在交易场内,来回走动的经纪人在接收到顾客买卖股票的委托后,便到相应交易站的专家面前进行喊价,专家随后从众多经纪人的叫声中选出最好的价码。在交易的过程中,经纪人依靠为客户提供服务而获得相应的佣金。而专家一般守在交易站不动,只买卖自己专属的几只股票,他们主持竞标、执行买卖、记录和传送价格信息,有时可通过传递一些有用的消息来获得一些利益。例如,经营 AT&T 股票的专家可以告诉经纪人,今天早些时候美国银行(Bank of America)和嘉信理财(Charles Schwab)的股票大量出仓,而和这两家公司股票价格相当的某个银行的股票却有大量买家。透过此消息,有关客户就能及时避险。

5.4.3　传统拍卖的定价方式

对传统拍卖及其机制的研究往往从基准模型(Benchmark Model,又称私有价值模型)开始。假定拍卖品对每一竞买者都有一个独立的私人价值,买者对拍卖品的最大愿意支付为其私人价值,每一买者不知道其他买者的私人价值,但所有买者私人价值有完全相同的主观概率分布。换言之,在对他人的私人价值方面,买者中间存在对称的不完全信息,并形成"共同知识",因此传统的拍卖定价问题属于"共同知识的不完全信息静态或动态博弈"均衡问题,采用博弈论中的海萨尼转换,即可求得贝叶斯(或精炼贝叶斯)均衡解。在此基础上做一些基本的假设,主要假设有:

(1) 单件物品拍卖;
(2) 所有买方和卖方都是风险中性的;
(3) 所有买方是对称的,其对标的物的心理估价服从同一概率分布;
(4) 拍品具有独立的私有价值,每个买方根据自己掌握的信息精确地对拍品进行估价;
(5) 最终支付额取决于报价额;
(6) 买方之间是非合作博弈;
(7) 卖方就是拍卖人,不存在交易费用。

在电子交易的过程中,无论商家还是客户,在理性的情况下总是希望以最小的代价获得最大的收益,这就是收益最大化原则。基于这样的原则,在不同的交易方式下,采用不同的定价模型。

对于英式拍卖,它是一种公开拍卖,属于完全信息的静态拍卖。当拍卖者逐渐往上喊价时,任何小于或等于次高私人价值的价格,两人都会接受;但当价格略微高于次高私人价值时,只有获胜者可以接受,故英式拍卖的成交价等于第二高私人价值。对于次高价密封拍卖,一般大家都会按自己的私人价值出价,但成交价为次高私人价格。因此,英式拍卖等价于次高价密封拍卖。

对于最高报价密封拍卖(等价于荷式拍卖),属于不完全信息的静态拍卖,在以上假设的条件下,设买方 $P_i(i=1,\cdots,n)$ 对标的物的私人价值记作 v_i,v_i 介于 $[0,1]$ 且均衡对称分布,彼此独立;买方出价 b_i 为 v_i 的线性函数,即 $b_i=a_i+c_iv_i$。在此情况下,买方 P_i 的收益 u_i 为

$$u_i(b_i,v_i)=\begin{cases}v_i-b_i, & b_i>b_j\\ \dfrac{1}{2}(v_i-b_i), & b_i=b_j \quad (j=1,\cdots,i-1,i,i+1,\cdots n)\\ 0, & b_i<b_j\end{cases} \quad (5-3)$$

所以有

$$\begin{aligned}u_i(b_i,v_i)&=\max_{b_i}(v_i-b_i)p\{b_i>b_j\}\\ &=\max_{b_i}(v_i-b_i)p\{b_i>a_j+c_jv_j\}\\ &=\max_{b_i}(v_i-b_i)p\left\{v_j<\frac{b_i-a_j}{c_j}\right\}\\ &=\max_{b_i}(v_i-b_i)\left(\frac{b_i-a_j}{c_j}\right)^{n-1} \quad (j=1,\cdots,i-1,i,i+1,\cdots,n)\end{aligned} \quad (5-4)$$

令 $\dfrac{\mathrm{d}u_i}{\mathrm{d}b_i}=0$,得

$$-\left(\frac{b_i-a_j}{c_j}\right)^{n-1}+(n-1)(v_i-b_i)\left(\frac{b_i-a_j}{c_j}\right)^{n-2}\frac{1}{c_j}=0 \quad (5-5)$$

从而有贝叶斯博弈均衡问题的解:$\max\limits_{b_i}=\dfrac{a_i+(n-1)v_i}{n}$。

由此可见,当 $a_i=0$ 时,$\max\limits_{b_i}=\dfrac{(n-1)v_i}{n}$,显然,在纳什均衡情况下,获胜者的出价是低于其私人价值水平的(近似第二高私人价值);但当出价者数目增加时,竞争加剧,均衡出价水平将趋近私人价值水平;当 n 为无穷大时,则均衡出价等于私人价值。

在上述的均衡出价策略的基础上,维克里提出了一个著名的"收益等价定理"(the Theorem of Revenue Equivalence),即 4 种类型的拍卖制度会给商家带来相同的期望收益。如把私人价值分布区间的上限记作 $v_{\max}$,则区间 $[0,v_{\max}]$ 可被均匀分割成 $n+1$ 个子集,4 种拍卖制度下的拍卖商的期望收益 R 是等同的,即都等于第二高私人价值:

$$R=P(I_E)=P(I_D)=P(I_F)=P(S_S)=\frac{(n-1)v_{\max}}{n+1} \quad (5-6)$$

式(5-6)中,R 表示预期期望收益,P 为拍卖价格,$I_{(.)}$ 表示不同的拍卖制度(I_E 为英式拍卖,I_D 为荷兰式拍卖,I_F 为第一密封拍卖,I_S 为第二密封拍卖)。收益等价定理的实质是,在 4 种拍卖制度中,不论采取何种形式,其配置结果对交易商来说是完全一致的。

5.4.4 网络产品拍卖

1. 网上英式拍卖及其定价

目前流行的拍卖网站如 eBay、Yahoo、Amazon 等都使用了英式拍卖。网上的英式拍卖使投标者的参与变得相对容易。一旦买者发现自己感兴趣的物品,他就可以浏览当前的最高出价,然后决定自己是否出更高的价格。在他提供投标价后,就可以看到拍卖状态的一个

自动更新,显示他是否成功地成为当前的最高出价者。

在传统的英式拍卖中,对每件拍卖品来说,不需要事先确定拍卖时间,一般数分钟即可结束;与之相比,网上的英式拍卖需要事先确定拍卖的起止时间,一般是数日或数周,例如eBay网站规定的拍卖持续时间一般为7天,如图5-3所示。

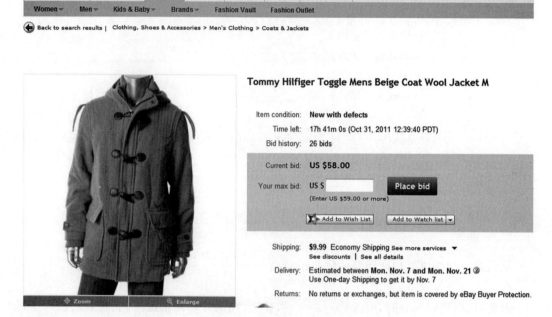

图5-3　eBay网站上的英式拍卖

根据有没有起拍价,拍卖是否私底下进行,网上英式拍卖又分为"预底拍卖""逾底拍卖"和"单件拍卖"等。"预底拍卖"所指的"预底"就是"预留底价",预留一个秘密底价,买家仍然使用正常的竞标方式,但是看不到预留的底价,竞标截止时的最高竞价只有高于或等于预留底价时拍卖才能成交。"逾底拍卖"方式中卖家设立一个不公开的杠杆价,一旦出价人的出价超过了这个杠杆价,拍卖过程就结束了,出价人按照他所出的这个超过杠杆价的价格付款。"单件拍卖"来源于淘宝网,其含义是卖家设置参加拍卖的物品起拍价及加价幅度。买家可根据自己的实际情况,输入系统需要的最低价格,也可以输入自己可以接受的最高价格,让系统代理出价,拍卖结束时,出价最高者获得拍卖品。

在网上英式拍卖中,假设购物顾客的抵达服从参数为λ的泊松分布,且顾客是风险中性的,也就是说,当顾客估价低于起始价q时,他不参与报价;只有当他的估价高于q时,他才会参与拍卖,并按自己的真实估价进行报价。将到达且参与拍卖的顾客称为"报价顾客",易知他们的抵达是一个服从参数为$\lambda[1-F(q)]$的泊松分布。设N为一次拍卖中到达的顾客数,$\lambda_0 = \lambda[1-F(q)]$,定义如下:

$$p_n = p\{N=n\} = e^{\lambda_0 T} \frac{(\lambda_0 T)^n}{n!}, \quad n=0,1,\cdots \tag{5-7}$$

用$W(n,Q,q)$表示拍卖中当提供的拍卖品数量为Q、起始价为q、报价顾客数为n时的期望成交价。显然，$W(n,Q,q) \geqslant q$，于是可以得到下面的引理。

引理：若 $n > Q$，则 $W(n,Q,q) = \bar{v} - (\bar{v}-q)\dfrac{Q+1}{n+1}$；否则，$W(n,Q,q) = q$。

证明：由支付规则知，当报价顾客数低于商品数量时，即 $n < Q$，那么 $W(n,Q,q) = q$。

下面，主要证明当报价顾客数超过商家提供的拍品数量时，期望成交价格满足引理。按规则规定，此时该期望成交价格为报价高于起始价的 n 位竞价者叫价中，第 $Q+1$ 个高的叫价。

若设起始价为 q，最高叫价为 $\bar{v}$，所有竞买顾客的叫价 $p(y)$ 在 $[q,\bar{v}]$ 区间内均匀分布，即

$$p(y) = \begin{cases} \dfrac{1}{\bar{v}-q}, & q \leqslant y \leqslant \bar{v} \\ 0, & \text{其他} \end{cases} \tag{5-8}$$

显然

$$W(1,1,q) = \int_{-\infty}^{+\infty} y p(y) \mathrm{d}x = \int_{q}^{\bar{v}} \dfrac{1}{\bar{v}-q} y \mathrm{d}y \tag{5-9}$$

$$W(n,Q,q) = \int_{q}^{\bar{v}} \dfrac{n!}{(n-Q-1)!Q!} \left(\dfrac{y-q}{\bar{v}-q}\right)^{n-Q-1} \left(1 - \dfrac{y-q}{\bar{v}-q}\right)^{Q} \dfrac{1}{\bar{v}-q} y \mathrm{d}y \tag{5-10}$$

令 $z = \dfrac{y-q}{\bar{v}-q}$，那么 $y = z(\bar{v}-q) + q$，则

$$\begin{aligned}
W(n,Q,q) &= \int_{0}^{1} \dfrac{n!}{(n-Q-1)!Q!} z^{n-Q-1}(1-z)^{Q} \left(z + \dfrac{q}{\bar{v}-q}\right)(\bar{v}-q)\mathrm{d}z \\
&= \int_{0}^{1} \dfrac{n!}{(n-Q-1)!Q!} z^{n-Q}(1-z)^{Q}(\bar{v}-q)\mathrm{d}z + \\
&\quad \int_{0}^{1} \dfrac{n!}{(n-Q-1)!Q!} z^{n-Q-1}(1-z)^{Q} q \mathrm{d}z \\
&= (\bar{v}-q)\dfrac{n-Q}{n+1} + q \\
&= \bar{v}\dfrac{n-Q}{n+1} + q\dfrac{Q+1}{n+1} \\
&= \bar{v} - (\bar{v}-q)\dfrac{Q+1}{n+1}
\end{aligned} \tag{5-11}$$

于是，商家在拍卖中获得的期望净收益为

$$E(\pi_q) = \sum_{x=0}^{Q} \dfrac{e^{-\lambda_0 T}(\lambda_0 T)^x}{x!} \cdot xq + \sum_{x=Q+1}^{\infty} \dfrac{e^{-\lambda_0 T}(\lambda_0 T)^x}{x!} \cdot QW(x,Q,q) - cQ \tag{5-12}$$

为使期望的净收益最大化，令 $q^* = \underset{q}{\mathrm{argmax}} E(\pi_q)$，则此时商家最大期望净收益为

$$E(\pi_{q^*}) = \sum_{x=0}^{Q} \dfrac{e^{-\lambda_0 T}(\lambda_0 T)^x}{x!} \cdot xq^* + \sum_{x=Q+1}^{\infty} \dfrac{e^{-\lambda_0 T}(\lambda_0 T)^x}{x!} \cdot QW(x,Q,q^*) - cQ \tag{5-13}$$

网上英式拍卖也有自身的一些缺点,除了会产生"赢者诅咒"的现象外,还会产生"狙击"(Sniping)现象。由于需要事先确定拍卖的起止时间,一般是数天或数周,持续时间较长,这使得许多网上竞买人可以到拍卖结束前的最后数分钟才开始出价,试图提交一个能击败所有其他竞买人的出价,并使得其他竞买人没有时间进行反击。

为此可采用一些解决方法,如可在拍卖的最后固定的时期内增加"扩展期",例如将扩展期设定为七分钟,这意味着如果在最后七分钟内有人出价,则拍卖的关闭时间自动延长七分钟。这一过程一直持续下去,直到七分钟以内没有出价,拍卖才终止,这样可有效地解决"狙击"现象。当然也可采取其他的方法,如"竞价代理"机制,eBay 将它解释为"每一个竞买人都有一个代理帮助出价,竞买人只需告诉代理希望为该物品支付的最高价格,代理会自动出价,直到达到最高价格"。

下面对定价交易模型与网上英式拍卖模型做一下比较。

对于目标为最大化期望净收益的卖家来说,若 $E(\pi_{q^*}) > E(\pi_{p^*})$,说明选择英式拍卖优于固定价格销售机制;若 $E(\pi_{q^*}) < E(\pi_{p^*})$,说明选择固定价格销售机制优于英式拍卖;否则,固定价格销售机制与英式拍卖无差异。

案例 5-3

交易方式的比较

设 eBay 网上的某个商家意欲在 5 天内出售 10 件(同种)商品。顾客对商品的估价在区间 [20,70](单位:元)上服从均匀分布,商品的单位成本为 4。假设顾客的到达服从参数为 8 的泊松过程。于是,$\underline{v}=20, \overline{v}=70, \lambda=8, Q=10, T=5, c=4$。

通过编程,计算出 $q^*=41, E(\pi_{q^*})=529.099, p^*=55, E(\pi_{p^*})=479.003, E(\pi_{q^*}) > E(\pi_{p^*})$,即商家采用拍卖方式出售商品最有益。

下面进一步分析各个参量对拍卖的影响。观察表 5-1~表 5-3 发现:$E(\pi_{q^*}) \geqslant E(\pi_{p^*})$ 恒成立,说明对于目标为最大化期望净收益的商家来说,英式拍卖将弱优于固定价格机制。

表 5-1 $Q=10$、$T=5$ 时,顾客抵达率对商家的影响

λ	5.0	8.0	10.0	12.0	15.0	20.0
p^*	49	55	57	59	61	63
$E(\pi_{p^*})$	399.2	479.0	509.4	530.6	552.5	575.8
q^*	21	21(41)	21	44	44	51
$E(\pi_{q^*})$	446.2	528.1	555.2	573.6	592.1	610.4

表 5-2 $\lambda=8$、$T=5$ 时,商品数量对商家的影响

Q	5	15	25	35	45	55
p^*	60	50	42	36	35	35
$E(\pi_{p^*})$	270.5	634.0	803.4	832.6	799.9	760.0
q^*	41	33	31	35	35	35
$E(\pi_{q^*})$	295.1	698.2	855.2	839.4	800.0	760.0

表 5-3　$\lambda=8$、$Q=10$ 时,拍卖持续时间对商家的影响

T	3	5	7	9	12	15
p^*	48	55	58	60	62	64
$E(\pi_{p^*})$	391.3	479.0	522.9	848.9	573.0	588.2
q^*	21	21(41)	21	44	51	57
$E(\pi_{q^*})$	437.1	528.1	567.0	589.1	608.1	619.5

2. 网上荷兰式拍卖

和传统荷兰式拍卖不一样,网上的荷兰式拍卖往往是针对一个卖主有许多相同的物品要出售的情况而设计的。传统荷兰式拍卖的价格是逐渐降低的,而网上荷兰式拍卖大多数并不存在价格逐渐下降的情况,通常是到截止时间后,出价最高的人获得了他想要的数量;如果有几个人出价同样高,那么网站会把拍卖品优先分配给先出价的人,即遵循"高价优先,先出价优先"的原则,所以这种方法也称为"速降竞拍""秒杀拍卖"。至于最终的成交价格,有的网站规定是按照成功出价人各自的出价付款,有的网站则规定所有人都按照最低出价付款即可。

另外,还存在一种称为"单件荷兰式网络拍卖"的方式,如早期的拍客广州网站,其拍卖规则是采用荷兰式降价拍卖法,产品的价格会在拍卖过程中不断下降直到降至底价,在整个拍卖过程中,最先支付费用者(即抢拍的优胜者是第一个成功完成所有支付程序的人)将获得拍品,如果在拍卖的时段内无人出价,则此产品流拍。这种拍卖方式采用单件式拍卖法,一次抢拍只可以抢到一件商品,抢拍成功后,下一件产品则会从起拍价重新拍卖,直到商品剩余数量为零。由此可见,单件荷兰式拍卖更能给参与拍卖者更多的刺激,参拍者不仅要快速决定是否购买产品,而且还要及时付款下订单,才能获得想要的产品,不然就会错过。

3. 网上密封拍卖

网上密封拍卖,经常采用其变种——广义(一阶或二阶)密封拍卖来进行。例如在Google 网站上,使用了广义二阶密封拍卖方式来对 AdWords 关键词广告位进行拍卖。其在定价机制中,规定第 i 个广告位的广告每次单击所付的费用,等于第 $i+1$ 个广告位的广告出价加上一个很小的值(一般是 0.01 美元)。若 A 认为这个关键词广告位本身的价值为 1 美元,B 认为这个关键词广告位的价值为 0.74 美元,则 A 会出价 1 美元,而 B 出价 0.74 美元,这样,A 会得到第 i 个广告位,B 会得到第 $i+1$ 个广告位;成交后,A 需要对第 i 个广告位付 0.75 美元(0.74 美元+0.01 美元)。当然,如果 A 对第 i 个关键词广告位出价 0.78 美元(此价格小于 A 的心理价值),B 出价 0.80 美元(此价格超出 B 的心理价值),那么 B 会以 0.79 美元的价格得到第 i 个广告位(这个价格比 B 的最高心理价值多出 0.05 美元),此时 B 的收益将为负。由此可以看出,网上传统的二阶密封拍卖存在以下两种缺陷。

1) 恶意封杀

例如,出于恶意,Intel 公司可买断"AMD"关键词,并把搜索页面前几页的广告位全买下来,然后在广告位上投放广告语"Coca Cola",这样搜索"AMD"的用户自然不会单击"Coca Cola"广告,进而可以封杀 AMD 广告;同时很低的点击率也降低了 Google 的收入。

为此,2005 年,Google 对广义二阶密封拍卖进行了改进,加入了质量得分的因素,较好地解决了这个问题。

质量得分中最关键的是点击率(Click Through Rate,CTR)。对于上面的例子,Intel 投放的广告语是 Coca Cola,点击率很低,假设是 0.01%,然而换作 AMD,其投放的广告会有 0.5% 的点击率,这样来计算一下搜索引擎的收入:假设广告展示了 10 000 次,展示 Intel 的广告只能收入 10 000 × 0.01% × 4 = 4 美元,而展示 AMD 的广告可以收入 10 000 × 0.5% × 1 = 50 美元。由此可见,在竞价排名时,不应该只考虑价格,还应考虑点击率。一般来讲,影响质量得分的因素,除了价格、点击率外,还包括关键词和广告语的相关性(也就是防止 Intel 帮 Coca Cola 打广告)、广告账户的历史状况、目标网页质量等。

2) 恶意抬价

例如,当 Intel 和 AMD 公司竞价"CPU"这个关键词广告位时,当 Intel 认为可值 2 美元,AMD 认为只值 0.5 美元的情况下,若 AMD 出价 0.5 美元,那 Intel 只需付费 0.51 美元就可以了;但若 AMD 负气认为,既然自己得不到这个广告位,那也不能便宜了 Intel,就出 0.99 美元,这时 Intel 将不得不付费 2 美元,这样就会接近或超过 Intel 的心理价格了。

为解决以上问题,有人提出了 VCG(Vickrey-Clarke-Groves)拍卖。

VCG 拍卖是通过计算一个竞拍人参加拍卖给别的竞拍者带来的损失之和来定价的。例如,对于上面的例子,假设每次点击广告位上的广告,广告主 A 需要支付 10 美元,广告主 B 需要支付 5 美元,广告主 C 需要支付 1 美元。现在只有 2 个广告位,第 1 个广告位平均每小时有 100 次点击,第 2 个有 50 次点击。若 A 得到第 1 个广告位,B 得到第 2 个广告位,则在二阶密封拍卖中,A 需要付费 500 美元,B 需要付费 50 美元(忽略计算 0.01 这个零头);而若使用 VCG 方式来定价,首先必须考虑如果 A 没有参与拍卖会发生什么?若 A 没有参与,那么 B 会得到第 1 个广告位,同时也会多得到 50 次点击,每次点击给 B 带来的纯收益若为 5 美元(即每次点击会带来 10 美元毛收入,减去每次点击广告费 5 美元,剩下 5 美元纯收益),则 A 的出现意味着 B 损失了 250 美元。同理,如果 A 不出现,C 会得到 50 次点击,每次点击给 C 带来的纯收益若为 1 美元(即每次点击会给 C 带来 2 美元毛收入,减去每次点击广告费 1 美元,剩下 1 美元纯收益),则 A 出现意味着 C 损失了 50 美元。所以,根据 VCG 竞价规则,A 的付费应该是给 B 和 C 带来的损失之和,即需要付费 300 美元。同理,B 需要付费 50 美元。

事实上,在 Google 平台上并没有采用 VCG 拍卖方式,而是采用了广义二阶密封拍卖。这是因为前者在实践中比广义二阶密封拍卖有更大的缺陷,具体参见 *Sponsored search: an overview of the concept, history, and technology*,此处不再赘述。

5.4.5 双向拍卖

双向拍卖(double auction),又称"双重拍卖"或"双边拍卖",是指买家和卖家同时进行竞价的一种拍卖方式,按照拍卖物品的种类和数量,分为单物品单数量的双向拍卖、单物品多数量的双向拍卖和多物品多数量的组合双向拍卖。网上进行的单物品多数量的双向拍卖在报价时,通常需要买方和卖方同时向拍卖人递交价格和数量,而且在具体操作时,买方和卖方的信息可以公开,也可以不公开,因而存在密封的双向拍卖和开放的双向拍卖,种类比较丰富,定价模型多种多样,有基于多代理(Multi-agent)的双向拍卖模型,也有基于 K 重属性的双向拍卖模型(Michigan Auction Bot),在金融系统中用得比较普遍,例如后面介绍的集合竞价的拍卖方式就是这种拍卖的变化之一。

在网上进行单件物品的双向拍卖时,作为变化之一,买卖双方同时递交价格和数量,在拍卖人宣布起拍价及最低增幅后,由竞买人竞相应价,拍卖人依次升高叫价,以最高应价者竞得。若无人应价则转为拍卖人依次降低叫价及降幅,并依次叫价,以第一位应价者竞得。但成交价不得低于保留价。

在网上进行单物品多数量的双向拍卖时,作为变化之二,买卖双方的出价都是通过软件代理竞价系统进行的。拍卖开始前,买方向软件代理竞价系统提交最低出价和出价增量,卖方向软件代理竞价系统提交最高要价和要价减量。网上拍卖信息系统把卖方的要约和买方的要约进行匹配,直到要约提出的所有出售数量都卖给了买方。

下面介绍单物品的双向拍卖模型。

单物品的双向拍卖属于不完全信息的静态拍卖,买方和卖方都存在自己的私人信息。设买方对拍品的估价为 v_b,卖方对拍品的估价为 v_s,并且二者都服从 $[0,H]$ 区间的均匀分布。拍卖时买方给出的买价为 p_b,卖方给出的卖价为 p_s,如果 $p_b \geqslant p_s$,则拍卖成功,成交价假设为 $p=(p_b+p_s)/2$;如果 $p_b < p_s$,则拍卖失败。根据收益最大化原则,买卖双方的出价应为

$$\begin{cases} \max_{p_b} \left\{ v_b - \dfrac{p_b + E[p_s(v_s) \mid p_b \geqslant p_s(v_s)]}{2} \right\} p\{p_b \geqslant p_s(v_s)\} \\ \max_{p_s} \left\{ \dfrac{p_s + E[p_b(v_b) \mid p_b(v_b) \geqslant p_s]}{2} - v_s \right\} p\{p_b(v_b) \geqslant p_s\} \end{cases} \quad (5\text{-}14)$$

其中 $E[p_s(v_s)|p_b \geqslant p_s(v_s)]$、$E[p_b(v_b)|p_b(v_b) \geqslant p_s]$ 分别表示在交易成功的条件下,卖方和买方价格的期望值,$p\{p_b \geqslant p_s(v_s)\}$、$p\{p_b(v_b) \geqslant p_s\}$ 分别表示交易成功的概率。

由于买方(b)和卖方(s)的出价是各自估价的函数,以它们泰勒(Taylor)展开式的第一阶作为近似,即采用线性策略来出价,有 $\begin{cases} p_s(v_s) = a_s + c_s v_s, & c_s > 0 \\ p_b(v_b) = a_b + c_b v_b, & c_b > 0 \end{cases}$。考虑到前面假设 v_b 和 v_s 都是 $[0,H]$ 上的均匀分布,因而有

$$p\{p_b \geqslant p_s(v_s)\} = p\{p_b \geqslant a_s + c_s v_s\} = p\left\{v_s \leqslant \frac{p_b - a_s}{c_s}\right\} = \frac{p_b - a_s}{c_s H} \quad (5\text{-}15)$$

$$p\{p_b(b_b) \geqslant p_s\} = p\{a_b + c_b v_b \geqslant p_s\} = p\left\{v_b \geqslant \frac{p_s - a_b}{c_b}\right\} = \frac{a_b + c_b - p_s}{c_b H} \quad (5\text{-}16)$$

$$E[p_s(v_s) \mid p_b \geqslant p_s(v_s)] = E\left(a_s + c_s v_s \mid v_s \leqslant \frac{p_b - a_s}{c_s}\right) = \frac{E\left(a_s + c_s v_s, v_s \leqslant \frac{p_b - a_s}{c_s}\right)}{p\left\{v_s \leqslant \frac{p_b - a_s}{c_s}\right\}}$$

$$= \frac{1}{\frac{p_b - a_s}{c_s H}} \int_0^{\frac{p_b - a_s}{c_s}} (a_s + c_s v_s) \mathrm{d}v_s = \frac{p_b + a_s}{2} H \quad (5\text{-}17)$$

同理

$$E[p_b(v_b) \mid p_b(v_b) \geqslant p_s] = \frac{(a_b + c_b H)^2 - p_s^2}{2(a_b + c_b - p_s)} H \quad (5-18)$$

将式(5-15)~式(5-18)代入式(5-14),对 p_b, p_s 分别求导可解得(贝叶斯纳什均衡解) $p_b = \frac{a_s + 2v_b}{2 + H}$, $p_s = \frac{a_b + c_b + 2v_s}{2 + H}$。若再考虑到拍卖失败时买方的损失 B 和卖方的损失 S,则 $p_b = \frac{a_s + 2(v_b + B)}{2 + H}$, $p_s = \frac{a_b + c_b + 2(v_s - S)}{2 + H}$。

若假设 $H = 1$,则 $p_b = \frac{a_s}{3} + \frac{2v_b}{3}$, $p_s = \frac{a_b + c_b}{3} + \frac{2v_s}{3}$,对应的出价策略分别为 $p_b(v_b) = \frac{2v_b}{3} + \frac{1}{12}$, $p_s(v_s) = \frac{2v_s}{3} + \frac{1}{4}$。

单物品的双向拍卖,属于非完全信息的静态博弈,结果可能会存在多个贝叶斯纳什均衡解,到底应该选择哪一个(即选择"最好"的一个)需要进行协商,协商机制上采用一定的策略,如帕累托占优策略或风险占优策略等;同时,考虑到交易的效率问题,也需要引入贝叶斯纳什谈判解,通过转移支付得到比贝叶斯纳什均衡解更好的结果,从而提高交易的效率,集合竞价就是一个效率更高的交易方式。

5.4.6 集合竞价

集合竞价拍卖又称招标式拍卖,是集中竞价的一种(另一种集中竞价的方式是连续竞价,是指对申报的每一笔买卖委托,由计算机交易系统按照以下两种情况产生成交价:最高买进申报与最低卖出申报相同,则该价格即为成交价格;买入申报高于卖出申报时,或卖出申报低于买入申报时,申报在先的价格即为成交价格),也是公开双向交易的一种扩展,广泛应用于股票、外汇、现货、期货等大宗商品市场的交易。其特点是存在众多的买方和卖方,对同质量的若干物品进行同时报价,集体议价,彼此信息私有,成交遵循价格原则、数量原则和时间原则,最早由美国 Priceline 公司提出。

集合竞价交易既能克服低端市场面大量小、零散随机、积压滞销的缺陷,又能克服中端市场合同谈判成功率低、交易成本高、货款支付与货物交收脱节而容易造成债务纠纷的弊端。企业参与集合竞价交易能降低交易成本和其他的经营成本,可使商流、物流、信息流和资金流合四归一,在区域经济内产生经济盆地效应。

集合竞价机制的核心在于成交价的决定原则。目前,运行于世界各国证券市场上的集合竞价原则有十多个,如最大成交量原则、最小剩余原则、市场压力原则、参考价格原则、最大成交价原则、最小成交价原则、中间成交价原则等。其中,依次执行前四个原则,已成为当前国际成熟证券市场上集合竞价机制主流的做法,其数学模型如下。

假设在执行第 t 次集合竞价之前,某商品(例如股票)汇集了 n_t 个买单和 m_t 个卖单。买单用二元组 $\{p_{i,t,b}, O_{i,t,b}\}$ 表示,其中 $i = 1, 2, \cdots, n_t$,下标 b 表示"买", $p_{i,t,b}$ 表示买单价格, $O_{i,t,b}$ 表示买单量;卖单用 $\{p_{i,t,s}, O_{i,t,s}\}$ 表示,其中下标 s 表示"卖", $p_{i,t,s}$ 表示卖单价格, $O_{i,t,s}$ 表示卖单量。令

$$p_{t,\max} = \max\{\max_i\{p_{i,t,b}\}, \max_j\{p_{j,t,s}\}\}$$

$$p_{t,\min} = \min\{\min_i\{p_{i,t,b}\}, \min_j\{p_{j,t,s}\}\}$$

$$\Omega = \{p_t \mid p_{t,\min} \leqslant p_t \leqslant p_{t,\max}\}$$

根据集合竞价机制最大成交量原则,可知成交价 p_t 是下面优化问题的解(暂不考虑时间优先原则): $\left\{\max\limits_{\Omega}\left\{\min\limits_{\Omega}\left(\sum\limits_{i=1}^{n_t}O_{i,t,b}I_{p_{i,t,b}\geqslant p_t},\sum\limits_{j=1}^{m_t}O_{j,t,s}I_{p_{j,t,s}\leqslant p_t}\right)\right\}\right\}$。式中 $I_{p_{i,t,b}\geqslant p_t}=\begin{cases}1, & \text{当 } p_{i,t,b}\geqslant p_t \\ 0, & \text{其他}\end{cases}$,$I_{p_{j,t,s}\leqslant p_t}=\begin{cases}1, & \text{当 } p_{j,t,s}\leqslant p_t \\ 0, & \text{其他}\end{cases}$。考虑到解的非唯一性,成交价又可写为

$$p_t \in \left\{\mathop{\mathrm{argmax}}\limits_{\Omega}\left\{\min\limits_{\Omega}\left(\sum_{i=1}^{n_t}O_{i,t,b}I_{p_{i,t,b}\geqslant p_t},\sum_{j=1}^{m_t}O_{j,t,s}I_{p_{j,t,s}\leqslant p_t}\right)\right\}\right\}$$

下面介绍一种称为"Multi-Agent 撮合交易模型"的集合竞价交易过程。

在"Multi-Agent 撮合交易模型"中,存在一个交易撮合主体,称为"Multi-Agent",它是一个服务性质极强的虚拟实体,不仅负责为交易主体提供撮合交易服务,同时还以最大化自身收益为目标。其收益的最大化,是通过最大化交易量,即尽可能地促成交易主体之间的交易来实现。为此撮合主体在考虑自身收益最大化的同时,还要考虑交易双方收益的最大化和均衡性。

模型中,设定买方和卖方不需要通过交易主体自主搜索交易对方,而由撮合主体根据市场信息,按最大化交易区间和优化多方收益的策略进行交易对匹配,从而促成交易。撮合交易模型中最重要的撮合因素有竞标时间、竞标价格、竞标数量。基本的撮合规则定义为:撮合分时间段进行若干轮次,不同时间段的竞标,按时间先后优先处理,本次不成功的竞标可以进入下一轮次。在某一轮中,按价格优先→数量优先→时间优先的规则进行撮合。交易撮合的过程主要涉及市场清算、撮合匹配集合、撮合交易量的确定、撮合交易价格的确定等四个步骤。

(1) 市场清算。先确定市场清算的时段:设 T 为交易系统设定的清算周期,如果 t_0 为某一天撮合交易市场的开市时间,则第 k 轮清算撮合的时间区段为 $[t_0+kT, t_0+(k+1)T]$。再确定市场清算价格:买方和卖方在同一个时间段内的报价形成市场供给和需求曲线,在均衡策略下具有严格单增性。为了尽可能扩大交易区间,市场清算价格 P_0 可以定义为供给和需求曲线的中位数或算术平均数 $\overline{P_b}$ 和 $\overline{P_s}$ 中的最小值,即 $P_0=\min(\overline{P_b},\overline{P_s})$。一旦清算价格确定后,基本的撮合匹配集合也就确定下来了。

市场清算规则:保留出价 $P_b(v_b)$ 大于或等于清算价格 P_0 的买方竞标,保留要价 $P_s(v_s)$ 小于或等于清算价格 P_0 的卖方竞标;其余的竞标进入下一轮清算撮合或撤标。

(2) 撮合匹配集合。在每一轮撮合中先将所有出价大于或等于清算价格的买方竞标根据出价大小从高到低排序,所有要价小于或等于清算价格的卖方竞标根据要价大小从低到高排序,从而保证 $P_b(v_b)\geqslant P_0\geqslant P_s(v_s)$。在各自排序中如果价格相同,则数量优先;如果数量也相同,则时间优先。然后按买卖双方竞标的排序结果一一匹配成潜在的交易对,形成初步的交易对集 Tag1。

设清算后卖方竞标数为 N_1,买方竞标数为 N_2,取 $K=\min(N_1,N_2)$,不妨假设 $N_1\leqslant N_2$,则 Tag1 $=\{(s_1,b_1),(s_2,b_2),\cdots,(s_i,b_i),\cdots,(s_k,b_k)\}$。

(3) 撮合交易量的确定。在交易对集 Tag1 中,如果某交易对双方供需数量相等,则形

成正式交易对；如果交易双方在需求与供给数量上不一致，则允许将竞标进行拆分，匹配成正式交易集 $M_1: \{(s_1', b_1'), (s_2', b_2'), \cdots, (s_i', b_i'), \cdots, (s_k', b_k')\}$。设卖方竞标集中有 $L_1 \leqslant N_1$ 只竞标被拆分，买方竞标集中有 $L_2 \leqslant N_2$ 只竞标被拆分，则 L_1 只卖方竞标和 $L_2+(N_2-K)$ 只买方竞标，仍然满足上述清算和排序规则，可继续形成交易匹配对集 M_2。所有的正式交易对构成撮合交易对集 $Tag = M_1 + M_2 + \cdots + M_{M'}$，其中 M' 是在一轮撮合匹配中允许拆分的次数。如果本轮清算撮合中经 M' 次拆分都没有完成竞标中所报数量的匹配，则被拆分后剩余的竞标可直接进入下一轮撮合。

（4）撮合交易价格 P 的确定。交易价格 P 的计算是求买卖主体及撮合主体收益的基础，同时交易价格与交易量的确定也是撮合主体任务求解模型的协同交易行动策略的子集 $M_i \in M$。

设 $\overline{PS}$ 和 $\underline{PS}$ 分别表示市场清算后卖方集中的最高要价和最低要价，$\overline{PB}$ 和 $\underline{PB}$ 分别表示市场清算后买方集中的最高出价和最低出价。为了促使买卖各方竞标策略都以报实价为其最优选择，令
$$\begin{cases} P_s^* = P_s - \dfrac{\overline{PS}-\underline{PS}}{2} \\ P_b^* = P_b + \dfrac{\overline{PB}-\underline{PB}}{2} \end{cases}$$
，则最终的撮合交易价格 P 设定为 $P = \dfrac{P_b^* + P_s^*}{2}$。

下面来看此模型中各方的收益。当不考虑交易成本（交易佣金）时，设交易主体 j 在第 t 轮撮合中被拆分了 k 次，q_i 为第 i 次拆分的撮合交易量，P_i 为第 i 次拆分的撮合交易价格，W_{jt} 为交易主体 j 在第 t 轮撮合交易的总收益，则对买方 $W_{jt} = \sum_{i=1}^{k}(P_b - P_i)q_i$；对卖方 $W_{jt} = \sum_{i=1}^{k}(P_i - P_s)q_i$。如果交易主体 j 经过 N 轮撮合，则 j 的总收益为 $W_j = \sum_{t=1}^{N} W_{jt}$。

对于撮合交易主体来说，其收益记为 W_m。为了满足激励相容性，可以定义其第 j 轮撮合交易中成功交易次数为 N，其中第 i 次交易的交易量为 q_i，交易价格为 P_i，第 j 轮成交总量 $Q_j = \sum_{i=1}^{N} q_i$，设 $Q = \min$(第 j 轮撮合交易中需求总量，第 j 轮撮合交易中供应总量)。如果买方主体 B 的报价为 P_b，则 B 在第 i 次支付的交易佣金为 $W_{bi} = \dfrac{\left[\dfrac{q_i|p_b - p_i|}{2} + \beta\left(1-\dfrac{Q}{Q_j}\right)\right]}{2}$；卖方主体 S 的报价为 P_s，则 S 在第 i 次支付的交易佣金为 $W_{si} = \dfrac{\left[\dfrac{q_i|p_s - p_i|}{2} + \beta\left(1-\dfrac{Q}{Q_j}\right)\right]}{2}$，$B \in [0,1]$ 为激励相容因子。故撮合主体在第 i 次撮合中的收益为 $W_{mi} = W_{bi} + W_{si}$，在第 j 轮撮合中的总收益为 $W_{mj} = \sum_{i=1}^{N} W_{mi}$。如果在某一次开市中共进行了 L 轮撮合，则 $W_m = \sum_{j=1}^{L} W_{mj}$。

集合竞价，本质上是复杂的组合拍卖，在复杂理论中属于 SPP 问题（Set Packing Problem，NP-Hard 难题解的一种），SPP 模型的通式为
$$\begin{cases} \max \sum_{V} c_j x_j \\ \text{s.t.} \quad \sum_{V} a_{ij} x_j \leqslant 1, \quad \forall i \in M, \\ x_j \sim [0,1], \quad j \in V \end{cases}$$

可用整数规划(Integer Programming)的方法来求解。对于集合竞价来讲,若考虑买方交易量 q_b 与最终的撮合交易价格 P 之间的影响关系,以及最终的撮合交易价格 P 与买方出价 P_b(或 P_s)之间的联动关系,则其 SPP 模型通式为 $\begin{cases} \max W_m = \sum_{j=1}^{L} W_{mj} \\ \text{s.t.} \quad q_j(P) \\ P(P_s, P_b) \end{cases}$。这里若将 $q_j(P)$ 设定为 $P=-aq_b+b(a\geqslant 0,b\geqslant 0)$,则集合竞价模型演变为 PLPD 拍卖模型(Saurabh Spectrum Auction),可用于无线频谱的拍卖;若将 $P(P_s,P_b)$ 设定为 $P=kP_b+(1-k)P_s,k\in[0,l]$,则集合竞价模型又演变为基于 k 重属性的双向拍卖模型,研究该模型会发现交易方存在着不真实竞价的可能,因此该模型具有不稳定性。

5.4.7 一口价拍卖

网上拍卖的流行和普及,进化出很多不同的拍卖规则,其中之一就是固定价格和网上英式拍卖相结合,产生了"一口价"拍卖:通过在拍卖中设置一个固定价格,提供给顾客一个便利的选项使得顾客可以不用竞价就可直接购得拍品。eBay 在 2000 年引入"一口价",其规则是,第一个参与的顾客可以选择竞价也可以选择一口价,一旦第一个人选择竞价,则"一口价"选项消失,后来者只能参与竞价,这种方式为临时一口价。而在雅虎、亚马逊等网站,只要拍卖不结束,"一口价"选项会一直存在,这种拍卖方式为持久一口价。在国内的淘宝、易趣等拍卖网站,某些物品的拍卖,只提供"一口价"选项,没有竞价的可能,可称之为固定一口价,类似于定价交易。

Lucking Reiley 在 2000 年的网上拍卖回顾中提到了一口价的应用,同时也说明没有任何理论文献涉及一口价在拍卖中的效果。Budish 和 Takeyama 第一次在理论上证明了一口价拍卖的益处,其利用一个简单模型(该模型包含两个投标者和两个估价值),得出设置一个合适的"一口价",面对风险中性的买家,卖家将获得与标准英式拍卖相同的收益,如果是面对风险规避的买家,卖家将获得更高的收益的结论。而 Zohan 等在卖家设置保留价和一口价网上拍卖中讨论了投标者的门限价格,并且证明了投标者门限价格的均衡值可以通过一口价、投标的效用函数和估价分布进行计算,门限价格是介于保留价和一口价之间并且严格递减。同时,Zohan 在文中也提到了三种一口价拍卖方式:持久一口价、临时一口价和受限一口价三种。他提到的受限一口价,是指在拍卖周期内设置一个有限的时段可以使用一口价选项,除此之外,不能使用。一口价网上拍卖已经引起了学者的关注,其中尤以 Mathews 和 Katzman 对 eBay 上的临时一口价拍卖的研究更为突出。

基于独立私有价值模型,并且做出如下的基本假设:

(1) 单物品拍卖,参与网上拍卖的顾客是理性人并且风险中性,一口价为 $B, B \in [\underline{v}, \overline{v}]$,物品的成本为 c;

(2) 在拍卖周期 $[0,t]$ 内,有 n 个参与者随机到达,并且服从参数为 λ 的泊松分布;

(3) v_i 是竞价者 i 的估价,$v_i \in [\underline{v}, \overline{v}]$,$v_i$ 服从分布函数 $F(v_i)$,其密度为 $f(v_i)$;

(4) 设定一个门限值移 $\hat{v}$,$B < \hat{v} < \overline{v}$,一旦参与者的估价 $v_i \geqslant \hat{v}$,则立即出一口价。

如果在拍卖周期 $[0,t]$ 内到达的 n 个顾客的估价均小于一口价 B,最大的估价为 v,则采用固定一口价拍卖方式的卖家期望收益 $R_1 = 0$。在不计卖家在网上展出成本和耗费的时间成本的前提下,采用临时一口价拍卖方式的卖家期望收益 $R_2 = \int_{\underline{v}}^{\overline{v}} vf(v)\mathrm{d}v - c$。采用持久一口价拍卖方式的卖家期望收益 $R_3 = \int_{\underline{v}}^{\overline{v}} vf(v)\mathrm{d}v - c$。从 R_1、R_2、R_3 的结果来看,一旦在拍卖周期内顾客的估价小于一口价 B,采用固定一口价拍卖方式的卖家的期望收益为 0,而此时,采用临时一口价和持久一口价的效果是一样的,同样没有人会叫出一口价,只会使得拍卖坚持到最后,卖家的期望收益由最高出价者的估价来决定,完全等同于网上英式拍卖,卖家的收益满足 $R_1 < R_2 = R_3$。

如果在拍卖周期 $[0, t]$ 内到达的 n 个顾客中,只要有估价不小于一口价 B 的顾客,则对于固定一口价拍卖方式,由于只有一个选项,所以只要到达的顾客的估价大于或等于一口价,就会立即选择一口价,从而及早结束拍卖,卖家的期望收益 $R_1 = B - c$。对于临时一口价拍卖方式的卖家,在第一个到达的顾客采用一口价时,期望收益 $R_2 = B - c$,否则期望收益 $\int_{\underline{v}}^{\overline{v}} vf(v)\mathrm{d}v - c$,等同于网上英式拍卖。对于持久一口价拍卖方式的卖家来说,当第一个到达的顾客采用一口价时,其期望收益 $R_2 = B - c$;否则,在不高于门限值 $\hat{v}$ 时,其期望收益 $R_3 = \int_{\underline{v}}^{\overline{v}} vf(v)\mathrm{d}v - c$,高于门限值时,出的是一口价,其期望收益 $R_3 = B - c$。三种方式下,卖家的期望收益一般满足 $R_3 \leqslant R_1 \leqslant R_2$。

一口价拍卖结合了固定定价和网上英式拍卖,为网上拍卖带来了新鲜的活力。固定一口价拍卖,更接近于固定定价方式;而临时一口价更接近于网上英式拍卖;持久一口价从拍卖开始就保持竞价和固定价格两种选择,是一种灵活的方式,但是从前面独立私有估价模型下的期望收益比较发现,这种方式卖家获得的期望收益是最小的,在卖家收益最大化的假设下,卖家更应该选择临时一口价方式。然而需要说明的是,这只是在相对理想的状态下所得出的结论。网上拍卖还存在更多的信息不对称,例如,买家有时无法做到对估价的独立与私有信息的保密,而卖家提供一个一口价,就相当于提供了一个竞价的参考,等于提供了更多的信息给买家,从而减少了买家对竞价缺乏信心的情况,这样无疑可以吸引更多的顾客参与,毫无疑问卖家的期望收益也会增加。

案例 5-4

三种一口价拍卖方式对比

Yahoo 网上对一件艺术品的拍卖,分别采用三种不同的一口价拍卖方式,拍卖周期为一个星期,一口价为 600 美元,成本为 100 美元,起拍价为 200 美元,门限值 $\hat{v}$ 为 1000,最高价为 1200 美元,$f(v)$ 服从 $[200, 1200]$ 区间上的均匀分布。由此可以计算得出:当在拍卖周期内没有顾客的估价高于一口价 600 美元的情况下,就以 $\hat{v} = 600$ 计算,得

$$R_1 = 0, \quad R_2 = R_3 = \int_{200}^{600} v \times \frac{1}{600 - 200} \mathrm{d}v - 100 = 300$$

当在拍卖周期内有顾客的估价高于一口价 600 美元的情况下,$R_1 = 600 - 100 = 500$。对于采用临时一口价拍卖方式时,若第一个顾客选用一口价,则 $R_2 = 500$;否则有

$$R_2 = \int_{200}^{1200} v \times \frac{1}{1200-200} \mathrm{d}v - 100 = 600$$

对于采用持久一口价拍卖方式时,若第一个顾客选用一口价,则 $R_2=500$;否则在不高于门限值 $\hat{v}$ 时,$R_3 = \int_{200}^{1000} v \times \frac{1}{1200-200} \mathrm{d}v - 100 = 380$;高于门限值 $\hat{v}$ 时 $R_3=500$。

5.4.8 扬基拍卖

扬基拍卖(Yankee Auction)是对同质的多物品进行英式拍卖,有时又称"美国式拍卖"。在拍卖过程中,确定成功投标者的依据多种多样,但一般遵循"价格优先,数量优先,时间优先"的原则。

Bapna 等于 2001 年对扬基拍卖进行了初步的探索,他们通过模拟网络拍卖中的三类投标人(估价者、参与者和机会主义者),研究扬基拍卖中投标增量、投标人到达情况以及交易费用等问题,特别是投标人跳投的问题,即投标人不选择当前的最低投标,而是选择一个相对较高的投标。他们提出一种应对策略,称为边缘策略(strategic-at-margin),即如果当前最低投标同投标人估价间相差一个投标增量时,投标人选择跳过当前的最低投标,直接按估价投更高的标的会更加有利。

针对拍卖机制的设置,Bapna 等希望能够设定出最佳的投标增量,因此,他们依赖于投标人的估价分布,研究了扬基拍卖过程中的收入变化情况,寻求到扬基拍卖设计中的最佳投标增量。

Bapna 等对扬基拍卖研究的模型的关键在于对于投标增量与交易价格的建模。假设总的拍卖品数量为 N,投标的增量为 k,B_m 表示最高的未获胜标(边际标),假设边际标投标人估价为 V,$B_m \leqslant V \leqslant B_m + k$。基于最高的未获胜标,参与最后一轮投标的投标人被分为两类,N 个获胜者,M 个落败者。那么,如果第 j 个投标 B_m 为边际标,那么获胜投标为[①] $B_m^1, \cdots, B_m^{j-1}, (B_m+k)^1, \cdots, (B_m+k)^{N-(j-1)}$,则卖方最终的收益为 $NB_m + k(N-j+1)$。因为边际估价为 V,令 r 等于初始价格,% 表示取余,定义 $\delta = (V-r)\%k$,所以边际标投标人所能投的最高投标 $B_m = V - \delta$,因此拍卖收益的上下限为 $N(V-\delta+k)$,$N(V-\delta)$,收益区间长度为 Nk。如果最小投标增量 k 增减 αk(α 是一个比例数),则收益区间长度的变化为 αNk。然后他们利用独立私有估价寻求最优的投标增量 k^*,假设总的投标人数为 P,投标人的估价分布为 $F(*)$,首先他们证明投标增量上限为 $k_{\max} = V_{\max} - x^*$,其中 $x^* = F^{-1}[1-(N+1)/P]$。如果投标人估价分布为均匀分布,最优的投标增量恰好为 $\frac{k_{\max}}{2}$。

5.4.9 逢低买入

作为网上同质多物品拍卖的主流机制之一(另一种是扬基拍卖),逢低买入又被称为"集

[①] 更一般的获胜投标情况参见 Bapna(2002, Optimal Design of the Online Auction Channel: Analytical, Empirical and Computational Insights)。

体议价"或"团购",是传统折扣销售方式在互联网上的拓展,在国内外网站上普遍使用。例如 Letsbuyit.com、美团网(Meituan.com)等。逢低买入充分利用了互联网的特性,将零散的消费者及其购买需求聚合起来,形成类似集团采购的庞大的订单,从而与供应商讨价还价,争取最大最优惠的折扣。人数越多,折扣就越大。最早实现团购的网站有 Mercata.com 和 Mobshop.com,近年我国类似的网站也越来越多。

逢低买入存在多种变体,但它们的机制目标都是保证投标者越多,拍卖的物品价格就可能越低。简单来说可以分为以下 2 种。

(1) 阶梯式:以数量为阶梯,最多可有多个阶梯,如 1~10 个物品价格设为 100 元,11~20 个物品价格设为 90 元,21~30 个物品价格设为 80 元。

(2) 递减式:按照某个递减函数,每增加一个购买数量,价格就下降一定数额。如报价为 100 元,设定递减额为 1 元,当购买数量为 7 个时,出售价格为 93 元,以此类推。

图 5-4 和图 5-5 展示了美团网团购形式及交易流程。

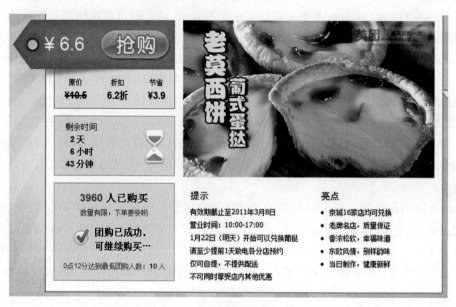

图 5-4　美团网团购形式

设逢低买入存在 m 个价格梯度,分别为 $(p_{s1},l_1),(p_{s2},l_2),\cdots,(p_{sm},l_m)$;其中,$p_{s1}>p_{s2}>\cdots>p_{sm}$,$l_1<l_2<\cdots<l_m$;记 $(p_{s0},l_0)=(\infty,0)$。若顾客的到达服从参数为 λ 的泊松分布,顾客对商品的估价服从 $N(\mu,\sigma^2)$ 的正态分布,商品的单位成本为 c,则商家在 T 时间段内采用逢低买入出售 Q 件商品所获得的最大期望收益为

$$E(\Pi) = \sum_{i=1}^{m} \Pi_i$$

$$= \sum_{i=1}^{m} \Big(\sum_{k=l_{i-1}+1}^{+\infty} \frac{e^{-\lambda T} \cdot (\lambda T)^k}{k!} \cdot \sum_{z_i=l_{i-1}+1}^{\min(k,l_i)} \Pr\{z_i, z_{i+1} \leqslant l_i, \cdots, z_m \leqslant l_{m-1}\} z_i (p_{si}-c) \Big)$$

$$= \sum_{i=1}^{m} \Big(\sum_{k=l_{i-1}+1}^{+\infty} \frac{e^{-\lambda T} \cdot (\lambda T)^k}{k!} \cdot \sum_{z_i=l_{i-1}+1}^{\min(k,l_i)} \sum_{z_{i+1}=z_i}^{\min(k,l_i)} \cdots \sum_{z_{m-1}=l_{m-2}+1}^{\min(k,l_{m-2})} \sum_{z_m=z_{m-1}+1}^{\min(k,l_{m-1})} W_i \Big)$$

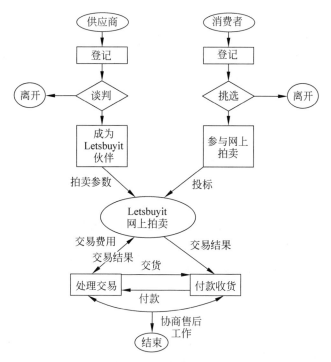

图 5-5　美团网团购交易流程

其中，$W_i = \dfrac{k!(1-Prs_i)^{z_i}(Prs_i-Prs_{i+1})^{z_{i+1}-z_i}\cdots(Prs_{m-1}-Prs_m)^{z_m-z_{m-1}}(Prs_m)^{k-z_m}}{z_i!(z_{i+1}-z_i)!\cdots(z_m-z_{m-1})!(k-z_m)!}$

$z_i(p_{si}-c)$，Prs_i 为顾客投标价格低于 p_{si} 的概率，$Prs_i = Pr\{p_{bit} \leqslant p_{si}\} = \dfrac{1}{\sqrt{2\pi}\sigma}\int_{-\infty}^{p_{si}} e^{-\frac{(t-\mu)^2}{2\sigma^2}} dt$），$\lambda=\lambda_0(1-Prs_i)$。

说明：$Pr\{z_i, z_{i+1} \leqslant l_i, \cdots, z_m \leqslant l_{m-1}\}$ 表示 z_i 个报价以梯度价格 p_{si} 成交的概率。当 z_i 个报价以梯度价格 p_{si} 成交时，则意味着符合梯度价格 $p_{s(i+1)}$ 的顾客报价个数 $z_{i+1} \leqslant l_i$，符合梯度价格 p_{sm} 的顾客报价个数 $z_m \leqslant l_{m-1}$。

案例 5-5

逢低买入定价模式

商家计划在 7 天内出售 100 件商品。假设顾客到达服从参数为 $\lambda_0=10$ 的泊松分布，团购周期 $T=7$，商品单位成本 $c=10$，顾客的心理估价服从均值为 40、标准差为 20 的正态分布。逢低买入的价格阶梯设置如表 5-4 所示。

表 5-4　逢低买入价格阶梯

商品数量	价　　格
1～20	50
21～50	35
51～100	25

基于上面的假设，可以运用 Mathematic 软件对逢低买入定价模型进行编程求解，可求出逢低买入定价模式下商家获得的期望收益为 875.79。具体数学算法程序代码如下：

```
In[1]:= lambda0 = 10;
        goodscost = 10;
        goodsquantity = 100;
        t = 7;
        ps1 = 50;
        ps2 = 35;
        ps3 = 25;
        l1 = 20;
        l2 = 50;
        l3 = 100;
        prs1 = CDF[NormalDistribution[40, 20], ps1];(&prs1为投标价格低于价格梯度1的概率*)
        prs2 = CDF[NormalDistribution[40, 20], ps2];
        prs3 = CDF[NormalDistribution[40, 20], ps3];
        lambda1 = lambda0*(1-CDF[NormalDistribution[40, 20], ps1]);
        lambda2 = lambda0*(1-CDF[NormalDistribution[40, 20], ps2]);
        lambda3 = lambda0*(1-CDF[NormalDistribution[40, 20], ps3]);
```

$$y1 = \sum_{k=1}^{100}\left(\frac{e^{(-1*lambda1*t)}*(lambda1*t)^k}{k!} * \left(\sum_{s1=1}^{Min[k,l1]}\sum_{s1=n1}^{Min[k,l1]}\sum_{s1=n2}^{Min[k,l2]}\left(\frac{k!*(1-prs1)^{s1}*(prs1-prs2)^{s2-s1}*(prs2-prs3)^{s3-s2}*(prs3)^{k-s3}}{z1!*(z2-z1)!*(z3-z2)!*(k-z3)!} * z1*(ps1-goodscost)\right)\right)\right);$$

$$y2 = \sum_{k=l1-1}^{200}\left(\frac{e^{(-1*lambda2*t)}*(lambda2*t)^k}{k!} * \sum_{s2=l1+1}^{Min[k,l2]}\sum_{s3=s2}^{Min[k,l2]}\frac{k!*(1-prs2)^{s2}*(prs2-prs3)^{s3-s2}*(prs3)^{k-s3}}{z2!*(z3-z2)!*(k-z3)!} * z2*(ps2-goodscost)\right);$$

$$y3 = \sum_{k=l2-1}^{200}\left(\frac{e^{(-1*lambda3*t)}*(lambda3*t)^k}{k!} * \sum_{s3=l2+1}^{Min[k,l3]}\frac{k!*(1-prs3)^{s3}*(prs3)^{k-s3}}{z3!*(k-z3)!} * z3*(ps3-goodscost)\right);$$

```
Print["y1=", N[y1, 5]];
Print["y2=", N[y2, 5]];
Print["y3=", N[y3, 5]];
Print["Profit=", N[y1+y2+y3, 5]];
Profit=875.79
y3=75.822
```

5.5 网上招标与协议采购

招标（Invitation to Tender）又称为逆向拍卖，是指招标人（买方）发出招标通知，说明采购的商品名称、规格、数量及其他条件，邀请投标人（卖方）在规定的时间、地点按照一定的程序进行投标的行为。招标分为公开招标、邀请招标和议标。公开招标是指招标人以招标公告的方式邀请不特定的法人或者其他组织投标。邀请招标是指招标人以投标邀请的方式邀请一到两家特定的法人或其他组织进行投标，有时也被称为非竞争性招标或指定性招标。

相比其他的交易方式，招标主要有以下 3 个特点：①招标是由参加投标的企业按照招标人所提出的条件，一次性递价成交的贸易方式，双方无须进行反复磋商；②招标是一种竞卖的贸易方式；③招标是在指定的时间和指定的地点进行的，并事先规定了一些具体的条件，因此，投标必须根据其规定的条件进行，如不符合其条件，则难以中标。

网上招标就是项目招标者通过互联网向竞标人提供电子竞标平台而进行的招标活动。这种招标形式最大的特点就是能给竞标者提供一个互动的既公开透明又能有效保护竞标人竞标隐私的环境。无论在什么地方，竞标人都可以通过网络终端上的竞标平台参与竞标，实时查看并在线分析自己及竞争对手投标的有关情况，及时调整竞标策略而不必担心身份的暴露，进而更有效地实现自己的竞标意图；招标人也可以通过网络实时查看全部的竞标情况，并借此判断各竞标人的竞标策略和真正实力，相对于传统的明标和暗标两种方式，网上招标可以说是"取其精华而去其糟粕"。

网上招标一般有两种组织方式。第一种方式，全部招标活动由招标人自己完成，包括自己开发或购买用于提供竞标电子平台服务的应用软件，发布招标信息，拟定标书，整个投标过程的数据分析等。这种方式最显著的特点就是保密性好，不用向第三方泄露自己的商业机密。但它的不足也是明显的，为一次或几次招标活动购买竞标软件通常是不经济的，其次全部招标活动由招标人自己完成不仅比较费时，而且效果也不一定好。

第二种方式，招标人通过与专业的中介公司合作，由中介公司提供竞标平台并进行相关信息收集和数据处理，招标人则主要负责提供招标项目本身的信息并就有关招标策略做出决策。与第一种方式相比，通过这种方式招标人可以有效地利用中介公司已有的专业知识、经验和市场数据资料，更高效地完成招标工作；而它的不足之处在于全部数据的分析处理由第三方来完成，这就意味着招标人必须向中介公司提供与项目有关的商业信息，也就面临着机密被泄露的风险，不过招标人可以通过与中介公司签订保密协议来降低风险。如何取舍，就看项目本身的保密性和时效性了。

网上招标一般分为 9 个阶段，如图 5-6 所示。首先要进行项目规划，根据项目本身的特点选择是自己独立做还是与专业公司合作；确定了招标方式后，紧接着就要进行市场信息的收集整理与分析，并根据项目的要求和市场数据分析的结果确定招标的总体战略；接下来就是标书的拟定和发出，竞标人提交标书、参加招标方组织的网络操作培训和在线竞标；最后的工作就是对竞标结果进行分析和处理。在实际的竞标活动中，为了更充分了解竞标人的实际情况，通常会要求竞标人在竞标前根据标书的要求提交一份详细的情况说明并初步报价，在竞标活动完成后，一般还会对前几名进行实地考证，结合竞标情况做最后的取舍。

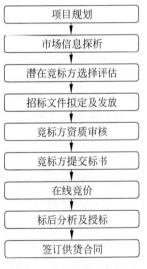

图 5-6　网上招标的过程

网上招标的过程中，通常会遇到 3 种价格：历史价格、保留价格和封顶价格。所谓历史价格，是指招标人过去或现行的运营价格，用来衡量招标之后的成本降低幅度。保留价格是指项目从现有产品或服务的供应商转移到新供应商时的价格，是用来衡量是否更换供应商的指标。如果竞标的结果高于保留价格，招标人有权保留现有的供应商而不必改变。一般来说，保留价格的设定会考虑招标本身的成本和其他相关成本，并依据不同招标预期设定为比历史价格低 5%～10%，这一价格会以适当的方式向所有竞标人披露。至于封顶价格就是前面提到的竞标空间的上限，也就是竞标人开始竞标的上限价格，所有高于此价格的投标都将不被系统所接受。封顶价格的设定需要考虑项目本身可能的利润空间，空间大价格可以适当低一些；反之可以高一些。同时，封顶价格的设定同样要考虑竞标人的竞标心理，价格设得太低，可能会让竞标人觉得没有必要参与竞标，干脆放弃；设得太高，最后竞标的结果又可能与招标人的预期相去甚远而失去招标的意义。一般而言，10%～15%的竞标上限空间能有效地兼顾竞标人的兴趣和招标人的初衷。

除了价格之外，网上招标还涉及一项重要内容，就是信息披露问题。披露什么信息、披露的方式以及披露到什么程度是需要招标人用心考虑的。前面提到，招标人须向竞标人提供保留价格和封顶价格，这里就需要考虑提供的信息是总价方式还是单价方式？以总价方式提供，竞标人获取的信息较少，竞标时可能比较盲目；以单价方式提供，又会导致过多地泄露招标人的商业机密，如果现有的供应商也同时参与竞标，会将其置于不利的地位。再如，竞标人在竞标时到底应当看到竞争者的哪些信息？这里就有一个招标人和竞标人利益博弈的问题。对竞标人而言，当然希望知道竞争对手尽可能多的竞标信息，这样他就可以根据竞争对手的实际竞标价格而适当地调整自己的出标价格，做到有的放矢，既保证竞标成功，又不至于盲目竞标丧失本可以获得的利润；而对招标人，则希望少一点披露竞争者的竞标信息，以便争取到竞标人的真正底线，从而获得最大的成本节省，但信息披露量太少则会给投标人一种暗箱操作之嫌的印象，不利于招标活动的进行。

标准的网上招标程序是向所有的竞标人披露全部竞争者的竞标信息，即竞标人可以匿名的方式看到所有竞争者的每一次出标的价格和排名，应当说这是一种真正的信息公开，是竞标人最希望的，但这种方式对招标人可能不利，而且有时会造成一种负面影响。当一个并不是很有实力的竞标人一开始就采取一种倾销的方式打出很低的报价后，其他的竞争者也许很快就会放弃竞标。而这名低价胜出者却没有真正的实力维系日后的项目运作，而有实力运作的竞标人又拿不到项目，这对他是不公平的，对招标人也是不利的。

还有一种方式就是让竞标人只看到自己的竞标价格和所处的名次或者再加上看到排名比他低的竞争者的竞标价格和名次。这种方式可以有效地避免上述的负面影响，但也存在不足，当排名较后的竞标人经过几次小幅的试探仍不见底的时候，他也许就会放弃，但这并不意味着他的综合实力比排在他前面的差。当然，实际运作过程中，还有很多披露信息的方式，但都各有优缺点，作为招标人应当全面考虑项目的特点和竞标人的竞标心理，综合权衡，选择最有效的方式。

协议采购就是采购组织（一般为某个采购中心）通过公开招标的方式，确定中标厂商及其所提供的产品以及相应的产品型号、具体配置、最高限价、订货方式、供货期限、售后服务条款等，并以协议的形式固定下来，采购组织内的用户在协议有效期内可以按此协议内容进行自主选择采购，在政府集中采购网站上较为常见，如上海政府采购网（www.zfcg.sh.gov.cn）。按照规定，每次采购都要下载打印由协议供货合同管理系统自动生成的电子验收单，作为实施政府采购的凭证和审计检查的依据。采购中心根据与中标厂商签订的协议供货框架协议进行履约管理和实时监控，中标厂商对其产品质量和售后服务承担保证责任。

5.6　在线洽谈与专场交易

在线洽谈是指交易商在洽谈模块中根据自己供货或需求的情况建立洽谈室，发出洽谈邀请信息，邀请或等待其他交易商进入洽谈室以互动方式进行信息沟通和合同内容洽谈，双方达成一致结果后,采用标准合同模板签订电子交易合同的一种交易模式。

在线洽谈需要使用专业的网上洽谈系统(如视通快讯洽谈通、TQ 等)或网上谈判系统来进行,也可借助即时通信软件(如 QQ、MSN 等)进行。相比后者,前者可实现和交易网站的无缝结合,为交易网站提供和访客对话的平台。在线洽谈系统共有的一个特点是:销售网站的所有者想要使用专业的在线洽谈系统,必须先向在线洽谈系统申请一个账户,然后生成网页标签,就是一段代码,再把这段代码嵌入网站网页中。最后用申请的账户登录在线洽谈系统,就可以进行在线洽谈了。

专场交易是指在交收地点、交货日期确定的情况下,在电子交易市场规定的交易商品范围内,交易商选择具体的商品品种(例如钢材)及生产商进行买卖方向、数量、价格的竞价交易,签订电子合同的一种交易模式。

5.7 现货与期货交易

5.7.1 现货交易

商品交换有现货交易和期货交易两种形式。现货交易是指交易双方就某种商品的质量、数量、价格和交货日期等进行协商,制定相关的销售协议(合约),并达成即刻或在未来交付该种商品的一种交易方式。根据交货时间的不同,现货交易分为即期交货合约交易和中远期交货合约交易两种。

采用即期交货合约交易方式时,买卖双方直接进行协商,成交后立即按当时的市价进行货款和商品所有权的转移,供求关系和价格表现极不稳定。随着市场的需要,之后出现了现货的中远期交货合约的交易模式,在这种模式下,买卖双方在签订合约之初就商品的质量、价格等内容达成协议,进行实物交割时再根据质量和数量调整价格。

中远期交货合约交易,也称为大宗商品电子交易或现货仓单交易,是以现货仓单为交易的标的物,采用计算机网络进行集中竞价买卖、统一撮合成交、统一结算付款、价格行情实时显示的一种交易方式。在这种交易方式下,一般买卖双方互不见面,代之以电子交易市场为交易平台,以国家政府为裁判,结合网上和网下、现实与虚拟,实现现货商品交易的住处源、客户源、在线结算、物流配送等的有机融合。

中远期交货合约交易具备许多功能。首先是投资功能,传统的现货交易由于受到地域、货物质量、投资者的财力、专业水平的限制,对于普通的投资者来说,几乎没有什么投资的价值。现货中远期交易市场由于交易的是标准化的电子交易合同,货物质量有保证;电子交易,没有了地域的限制;保证金交易,投入资金少,普通投资者可方便介入,从而获取经济利益。其次是价格发现功能,在现货中远期交易市场通过公开、公正、高效、竞争的交易运行机制形成具有真实性、预期性、连续性和权威性的价格发现过程。最后是规避风险功能,规避风险功能是指生产经营销售者通过在现货中远期交易市场上进行套期保值业务,有效地规避、转移或分散现货市场上波动的风险。

中远期交货合约交易具有若干特点。一是电子交易合同的标准化,指的是除价格外,合同的所有其他条款都是预先规定好的,具有标准化的特点。这种标准化的电子交易合同一经注册,便成为仓单。二是双向交易,指的是投资者可以通过对仓单的低价位买入,高价位卖出获利;也可以高价位卖出,低价位买入获利。交易方式更加灵活,增加交易机会。三是对冲机制,指的是对电子化合同采取反方向的操作,达到解除履约责任的目的。四是每日、隔日或者一段时期无负债结算制度,每日、隔日或者一段时期对投资者账户进行核算,避免债务纠纷,达到控制风险的目的。五是保证金制度,是指对交易双方冻结适当的保证金,以达到保证合同履行的目的,同时起到资金的杠杆作用,充分利用资金。目前中远期交易国家规定采用20%的保证金制度。六是T+0交易制度,当天就可对订立的合约进行转让处理,当日获利,当日就可对冲平仓,充分利用资金,同时减轻长期持仓带来的风险,操作机动灵活。

案例 5-6

南宁(中国—东盟)商品交易所(www.ncce.biz)

南宁(中国—东盟)商品交易所(东盟交易所,NCCE),是由广西南宁市人民政府领导组建,并在国家商务部备案,于2006年6月在南宁市工商局登记注册成立的大宗商品现货电子交易市场,注册资本金1亿元人民币,2007年10月26日正式开业。

NCCE作为国内首创的新型现货电子交易市场,是一个专门为中国—东盟自由贸易区配套服务,从事各类工业品、农产品、能源产品、大型机械设备、技术产品、文化产品和进出口商品等大宗物资的现货即期、中远期电子交易,并集交易、结算、信息、融资、物流、商品展示和国际采购等全程式服务于一体的,现代化功能配套齐全的特大型交易场所。

NCCE设立在中国—东盟博览会的永久举办地——南宁,现有320个场内交易台位,1万个远程交易台位,可接纳海内外1万余家大中型企业同时交易。

NCCE不仅运用最新交易技术——"集合竞价"方式来实现交易,而且还开创了"要约交易""回购交易""格式交易"等迄今为止业内最为先进的三大交易模式,为企业提供公平、公正、高效率、低成本、多种类的商品交易渠道和机会,充分满足市场参与者生产经营的不同需要。所谓"要约交易"(Offer Trading),是指在NCCE认可的交易品种范围内,交易会员根据自己的买卖意愿,自主发布非统一条款内容的供求要约,该要约一旦被他方接受,即达成电子交易合约的交易模式。所谓"格式交易"(Format Trading),是指在NCCE规定的交易品种范围内,除了价格不确定外,其他条款内容均被确定和格式化,交易会员依据统一的格式合约集合竞价而达成电子交易合约的交易模式。所谓"回购交易"(Repurchase Trading),是指在NCCE认可的交易品种范围内,交易会员在NCCE电子交易系统中,卖出或者买进一批商品的同时即规定必须在约定期限内,以约定价格再向对方交易会员买回或卖出同批商品的交易模式。

为维护市场参与者的合法权益,保障商品交易的安全和便捷,NCCE采用国际先进的市场运行理念,严格实行"会员制""履约担保金制""交易资金第三方监管制""统一结算制""货物交收地/库选择制"等,构筑起完善严谨的运行机制。

NCCE先进的集合竞价交易模式,能够全面、真实地反映出商品的供求关系,进而形成具有权威性的商品价格。随着"南宁价格"的形成,NCCE将在全国市场乃至"中国—东盟自由贸易区"等更大范围内产生极大影响力,从而实现"立足广西,辐射全国,走进东盟,面向世界"的宏伟目标。

表5-5是NCCE中的即期交货合约和中远期交货合约的具体格式。

表 5-5　NCCE 即期交货合约和中远期交货合约格式

一级白砂糖即期交货合约格式	
交易品种	一级白砂糖
交易代码	SR
交易数量	5 吨/手
交易币种	人民币
交易时间	每周一至周五 9:00—11:30,13:30—15:00(国家法定节假日除外)
交易押金及仓单	买方合约市值 100%的资金 卖方成交合约的全额注册仓单
交收期	T+3
质量标准	符合国家标准(GB 317—2006 标准中一级白砂糖的规定)的指标
交收地点	NCCE 指定交收仓库
交收方式	NCCE 指定交收仓库实物交收
交易手续费	0.8 元/吨
交收手续费	5 元/吨
交易市场	南宁(中国—东盟)商品交易所(NCCE)
一级白砂糖中远期交货合约格式	
交易品种	一级白砂糖
交易代码	SR
交易数量	5 吨/手
交易币种	人民币
合约交收月份	除春节所在月的任何月份
交易时间	每周一至周五 9:00—11:30,13:30—15:00(国家法定节假日除外),8:50—8:55 为集合竞价挂单时间,8:55—9:00 为集合竞价撮合时间
价格最小变动单位	1 元/吨
涨跌停板幅度	上一交易日结算价的±6%
交易押金	合约市值的 20%
每日结算价	每日该合约全部成交的加权平均价
最后交易日	每月 21 日,如该日为法定假日,则提前至上一交易日
最后交收日	每月 26 日,如该日为法定假日,则顺延至下一工作日
质量标准	符合国家标准(GB 317—2006 标准中一级白砂糖的规定)的指标
交收地点	NCCE 指定交收仓库
不履约申请	当结算价连续两个交易日同方向达到涨(跌)停板价格,不利方可向 NCCE 提出不履约申请
交收担保金	合约进入交收月后分期收取,详见市场公告
交收方式	NCCE 指定交收仓库实物交收
交易手续费	0.8 元/吨
交收手续费	5 元/吨
交易市场	南宁(中国—东盟)商品交易所(NCCE)

5.7.2　期货交易

期货交易(Future Exchange)是指买卖双方成交后,按契约中规定的价格延期交割,延期期限一般为 15～90 天。相对于现货交易,期货交易将订约与履行的时间分开。在期货交易中买卖双方签订合同,并就买卖股票的数量、成交的价格及交割期达成协议,买卖双方在规定的交割时期履行交割。例如,买卖双方今日签订股票买卖合约而于 30 日后履约交易就是期货交易。在期货交易中,买卖双方签订合约后不用付款也不用交付证券,只有到了规定的交割日买方才交付货款,卖方才交出证券。结算时是按照买卖契约签定时的股票价格计算的,而不是按照交割时的价格计算。在实际生活中,由于种种原因,股票的价格在契约签订时和交割时常常是不一致的。当股票价格上涨时,买者会以较小的本钱带来较大的利益;当股票价格下跌时,卖者将会取得较多的好处。所以,这种本小利大的可能性,对卖者和买者都有强烈的吸引力。

期货交易根据合同清算方式的不同可分为两种。第一种,在合同到期时,买方须交付现款,卖方则须交出现货即合同规定的股票;第二种,在合同到期时,双方都可以做相反方向的买卖,并准备冲抵清算,以收取差价而告终。上述第一种方法通常称为期货交割交易;第二种方法通常称为差价结算交易。这两种交易方法的总和又称为清算交易。

投资者进行期货交易的目的又可以分为两种。第一种,以投机为目的,在这种条件下,买方与卖方都是以预期价格的变动为基础或买或卖,买方期望到期价格上升,准备到期以高价卖出,谋取价差利润;卖方期望证券价格下跌,以便到期以较低的价格买进,冲销原卖出的期货合同,并赚取价差利润。第二种,以安全为目的,在这种情况下的期货交易就是买卖双方为避免股票价格变动的风险,而进行的期货股票买卖。

总之,期货交易带有很强烈的投机性,采取这种交易方式的买卖双方往往怀有强烈的赌博心理。买者通常不是要购买股票,在交割期到来之前,若股票行市看涨,他还可以高价卖出与原交割期相同期限的远期股票,从中得到好处;卖者手中也不一定握有股票,在交割期未到来之前,若股票行市看跌,他还可以低价买进与原交割期相同期限的远期股票,从中得利。所以,在股票期货交易中,买卖双方可以靠"买空"和"卖空"牟取暴利。

表 5-6 列出了几种产品的现货与期货交易的不同特性。

表 5-6 中远期交易与股票、期货、黄金、外汇的不同特性

产品特性	农产品中远期交易	股票	期货	黄金现货	外汇
法律	《大宗商品交易市场管理办法》	《证券法》	《期货管理条例》	无	无
交易机制	T+0,交易灵活便捷	T+1,传统交易机制,交易迟缓	T+0,交易灵活便捷	T+0,交易灵活便捷	T+0,交易灵活便捷
赢利模式	双向,上涨做多,下跌做空	单向,只有股票上涨才能获利	双向,上涨做多,下跌做空	双向,上涨做多,下跌做空	双向,上涨做多,下跌做空
交易保证金	20%,价格波动理性,风险适中	100%,资金使用率低,风险适中	5%~10%,风险较大	杠杆比例一般1:600,投资风险巨大	杠杆比较高,最高为1:400
资金安全性	银行进行第三方监管,资金安全透明	银行进行第三方监管,资金安全透明	银行进行第三方监管,资金安全透明	资金汇往国外,安全系数低,无保障	资金汇往国外,安全系数低,无保障

续表

产品特性	农产品中远期交易	股票	期货	黄金现货	外汇
影响价格因素	简单,主要受供求关系、天气气候影响	复杂,受政策面影响较大	品种多,受影响范围广	复杂,受美元强弱、全球通胀压力、全球经济表现等的影响	复杂,对经济数据异常敏感
适宜投资人群	门槛低,适合大众投资者投资;收益快,是较为适宜的理财产品	门槛低,收益慢,大势难以把握,缺乏普遍的赚钱效应	门槛高,价格波动空间大,投资者较难把握	高端人群,需要较强的技术分析能力和风险承受能力	高端人群,需要较强的技术分析能力和风险承受能力
收益率对比	投资机会大,有限资金获取较大利益	投资机会有限,熊市行情中鲜有获利	收益大,风险也大,不适合普通投资者	收益大,风险也大,不适合普通投资者	收益大,风险也大,不适合普通投资者
市场代表	上海黄金交易所 上海大宗农产品市场	上海证券交易所	上海期货交易所	地下市场	地下市场

5.7.3 期权交易

股票期权(Option Exchange)交易是西方股票市场中相当流行的一种交易策略。期权实际上是一种与专门交易商签订的契约,规定持有者有权在一定期限内按交易双方所商订的"协定价格",购买或出售一定数量的股票。对购买期权者来说,契约赋予他的是买进或卖出股票的权利,他可以在期限以内任何时候行使这个权利,也可以到期不执行任其作废。但对出售期权的专门交易商来说,则有义务按契约规定出售或购进股票。股票的期权交易并不是以股票为标的物的交易,而是以期权为中介的投机技巧。

期权交易需要考虑的因素大体上有三方面:第一是期权的期限,即期权的有效期,它是期权交易的重要内容,一般为三个月左右,各交易所对此都定有上限;第二是交易股票的种类,数量和协定价格;第三是期权费,也称为保险费,是指期权的价格。

期权交易最显著的特点如下。

(1) 交易的对象是一种权利,一种关于买进或卖出证券权利的交易,而不是任何实物。这种权利,具有很强的时间性,它只能在契约规定的有效日期内行使,一旦超过契约规定的期限,就被视为自动弃权而失效。

(2) 交易双方享受的权利和承担的义务不一样。对期权的买入者,享有选择权,他有权在规定的时间内,根据市场情况,决定是否执行契约。

(3) 期权交易的风险较小。对于投资者来说,利用期权交易进行证券买卖其最大的风险不过是购买期权的费用。

期权交易可分买进期权交易和卖出期权交易两种。

(1) 买进期权。买进期权又称看涨期权或"敲进"。买进期权是指在协议规定的有效期内,协议持有人按规定的价格和数量购进股票的权利。期权购买者购进这种买进期权,是因为他对股票价格看涨,未来可获利。购进期权后,当股票市价高于协议价格加期权费用之和时(未含佣金),期权购买者可按协议规定的价格和数量购买股票,然后按市价出售,或转让买进期权,获取利润;当股票市价在协议价格加期权费用之和之间波动时,期权购买者将受一定损失;当股票市价低于协议价格时,期权购买者的期权费用将全部消失,并将放弃买进期权。因此,期权购买者的最大损失不过是期权费用加佣金。

(2) 卖出期权。卖出期权是买进期权的对称,又称看跌期权或"敲出",是指交易者买入在一定时期内,以协议价格卖出有价证券的权利。买主在购入卖出期权后,有权在规定的时间内,按照协议价格向期权出售者卖出一定数量的某种有价证券。在证券市场上众多的交易方式中,一般来说,只有当证券行市有跌落的趋势时,人们才乐意购买卖出期权。因为在卖出期权有效期内,当证券价格下跌到一定程度后,买主行使期权才能获利。此外,如果因该股票行市看跌,造成卖出期权费上涨时,客户也可以直接卖掉期权,这样他不仅赚取了前后期权费的差价,而且还转移了该股票行市突然回升的风险。但如果该股票行市在这三个月内保持每股 100 元的水平,没有下降,甚至还逐步在这三个月内保持每股 100 元的水平,没有下降,甚至还逐步上升,这时,客户无论是行使期权、卖出股票或转让期权,非但无利可图,而且还要损失期权费。因此,卖出期权一般只是在证券行市看跌时使用。可见,买进期权和卖出期权都只能在其特定的范围内使用,客户无论选用哪种方式仍然有一定风险。

期权交易与期货交易有以下区别。第一,期权交易的双方,在签约或成交时,期权购买者须向期权出售者交付购买期权费,如每股 2 元或 3 元,而期货交易的双方在签约成交时,不发生任何经济关系。第二,期权交易协议本身属于现货交易,期权的买卖与期权费用的支付是同时进行的。现货交易在交割后交易仍未了结,股票的买进或卖出在未来的协议规定的有效期内实现,而期货交易的交割是在约定交割期进行的。第三,期权交易在交割之后,交易双方的法律关系并未立即解除,因为期权虽已转让,但期权的实现是未来的,须以协议有效期满时,其双方法律关系才告结束,而期货交易在交割后,交易双方法律关系即告解除。第四,期权交易在交割期内,期权的购买者不承担任何义务,其根据股价变化情况,决定是否执行协议,如情况变化不利,则可放弃对期权的要求,对协议持有人的义务只由期权出售者承担,而期货交易的双方在协议有效期内,双方都为对方承担义务。第五,期权交易的协议持有人可将协议转让出售,无论转让多少次,在有效期内,协议的最后持有人都有权要求期权的出售者执行协议,而期货交易的协议双方都无权转让。第六,投资期权最大的风险与股价波动成正比,股价波动越大,风险也越大。

期权交易对于买入者的主要作用是:①能够获取较大利润;②控制风险损失,任何人从事证券交易都希望获利,而获利的关键在于准确预测未来的行市,但在变化不定的证券市场上,谁也无法保证自己的预测绝对准确。一旦证券行市的走向与交易者预测的相反,那么损失将是惨重的。如果采用期权交易,一旦发生上述情况,交易者可以放弃执行期权,这样不管实际行市变动与交易者事先的预测差距有多大,期权买方损失最多的就是期权费,不会再多,从而把交易中的风险损失预先控制在一定的范围内。期权交易对卖权方的作用主要是可以扩大业务,取得期权费收入。根据美国芝加哥期权交易所的统计资料表明,有高达 3/4 以上的期权交易没有执行,从而使卖方获得了相当的期权费收入。

期权分为现货期权和期货期权。现货期权的基础产品是现货,如股票期权、指数期权、利率期权与外汇期权;期货期权的基础产品是期货,如大宗商品期货。欧式看涨期权允许买方在期权到期时有权利按照事先约定的执行价买进期货,欧式看跌期权允许买方在期权到期时有权利按照事先约定的执行价格卖出期货。设 c 为合理的看涨期权的成交价，p 为合理的看跌期权的成交价，下面介绍期权的定价模型。

(1) 期货期权的定价模型。假定期货价格为 F，现货价格为 S，f 为期货期权的价格。合理的看涨期货期权的拍卖成交定价应当等于商品以无风险利率贴现的结果，构造避险证券组合 II：-1——期货期权，$+\dfrac{\partial f}{\partial S}$——期货合约。

避险证券组合 II 持有者从组合中的期货期权与期货合约得到的收益应该等于该避险证券组合价值的无风险收益（以 r 表示），而期货合约构建成本基本上可以视为零，因此满足 Black-Scholes 微分方程：$\dfrac{\partial f}{\partial t}+\dfrac{1}{2}\dfrac{\partial^2 f}{\partial S^2}\sigma^2 S^2=rf$。

由于标的物的成交价 $c=\mathrm{e}^{-r(T-t)}E[\max(S_T-X,0)]$，其中 X 为标的物到期的执行价，S_T 为 T 时刻商品的市场价格。设商品的市场价格 S 遵循几何布朗运动，即 $\mathrm{d}\ln s=r\mathrm{d}t+\sigma\mathrm{d}z$ 或 $\mathrm{d}\ln s=r\mathrm{d}t+\sigma\varepsilon\sqrt{\mathrm{d}t}$，这里 r 为商品的无风险利率，ε 为随机事件且满足标准的正态分布，σ 为期货价格（或现货价格的波动率），因而可以得知：$\sigma\ln s$ 服从正态分布，即 $\mathrm{d}\ln s\sim N[\mu_1,\sigma_1]$。这里，$\mu_1=\ln S_0+\left(r-\dfrac{\sigma^2}{2}\right)T$，$\sigma_1=\sigma\sqrt{T}$。

由于 $E(S_T-X)=\int (S_T-X)\dfrac{1}{\sqrt{2\pi}\sigma_1}\mathrm{e}^{-\frac{(x-\mu_1)^2}{2\sigma_1^2}}\mathrm{d}x=\int (y-X)\dfrac{1}{\sqrt{2\pi}\sigma_1 y}\mathrm{e}^{-\frac{(\ln y-\mu_1)^2}{2\sigma_1^2}}\mathrm{d}y$，所以 $c=\mathrm{e}^{-r(T-t)}E[\max(S_T-X,0)]=\mathrm{e}^{-r(T-t)}\int_X^{\infty}(y-X)\dfrac{1}{\sqrt{2\pi}\sigma_1 y}\mathrm{e}^{-\frac{(\ln y-\mu_1)^2}{2\sigma_1^2}}\mathrm{d}y=SN(d_1)-X\mathrm{e}^{-rT}N(d_2)$。其中，$d_1=\dfrac{\ln\left(\dfrac{S}{X}\right)+(r+0.5\sigma^2)T}{\sigma\sqrt{T}}$，$d_2=\dfrac{\ln\left(\dfrac{S}{X}\right)+(r-0.5\sigma^2)T}{\sigma\sqrt{T}}=d_1-\sigma\sqrt{T}$。

同理，根据期权理论，合理的看涨期权的成交价 c 与合理的看跌期权的成交价 p 之间的关系，应满足 $c+X\mathrm{e}^{-rT}=p+S$，因此，$p=c-X+X\mathrm{e}^{-rT}=X\mathrm{e}^{-rT}\cdot N(-d_2)-S\cdot N(-d_1)$。

很明显，这种拍卖方式卖方得到的预期收益为 c 或 p。

(2) 现货期权的定价模型。构造避险证券组合 II：-1——现货期权，$+\dfrac{\partial f}{\partial S}$——期货合约。避险证券组合 II 持有者从组合中的现货期权与现货合约得到的收益应该等于该避险证券组合价值的无风险收益，即满足 Black-Scholes 微分方程：$\dfrac{\partial f}{\partial t}+\dfrac{\partial f}{\partial S}(r-a)S+\dfrac{1}{2}\dfrac{\partial^2 f}{\partial S^2}\sigma^2 S^2=rf$，其中 a 是单位时间每一元现货商品的存储费用减去便利收益。由此得到：$c=SN(d_1)-X\mathrm{e}^{-rT}N(d_2)$，$p=X\mathrm{e}^{-rT}\cdot N(-d_2)-S\cdot N(-d_1)$。其中，$d_1=\dfrac{\ln\left(\dfrac{S}{X}\right)+(r-a+0.5\sigma^2)T}{\sigma\sqrt{T}}$，$d_2=\dfrac{\ln\left(\dfrac{S}{X}\right)+(r-a-0.5\sigma^2)T}{\sigma\sqrt{T}}=d_1-\sigma\sqrt{T}$。

5.8 商品互换

互换(Swap)又称掉期,是场外交易的一种方式,指双方商定在一段时间内彼此相互交换现金的金融交易。这种交易的渊源是背对背贷款,例如,一家法国公司向一家美国公司贷出一笔为期5年的法国法郎贷款,利率为10%,而这家美国公司反过来又向这家法国公司贷出一笔等值的同样为期5年的美元贷款,利率为8%,通过这一过程,这两家公司就交换了本金和利息支付,这就等于法国公司按固定汇率以一定量的欧元换取一定量的美元。从本质上来说,这是一种远期外汇交易。这种背对背的贷款在20世纪70年代很盛行。1981年,出现了货币互换,接着又出现了利率互换、商品互换、股权互换、信用互换、气候互换和期权互换等。

与其他衍生工具相比,互换有着许多自身的优势。第一,互换交易集外汇市场、证券市场、短期货币市场和长期资本市场业务于一身,既是融资的创新工具,又可运用于金融管理。第二,互换能满足交易者对非标准化交易的要求,运用面广。第三,用互换套期保值可以省却对其他金融衍生工具所需头寸的日常管理,使用简便且风险转移较快。第四,互换交易期限灵活,长短随意,最长可达几十年。尽管如此,和其他的交易方式一样,互换也存在一些缺点,尤其是存在许多交易风险,如信用风险、政府风险、市场风险、收支不对应风险、结算风险。

商品互换是对商品的价格进行互换,故又被称为商品价格互换(Commodity Price Swap),交易方为了规避一段时间内商品价格波动带来的风险,就某个商品的浮动价格与固定价格进行协商,达成交换合约。

商品价格互换有多种类型,最基本的有固定价格换浮动价格以及在此基础上的变形,具体如参与分红的价格互换(Participation Price Swap)、价格与利息的互换(Price-for-Interest Swap)、基础互换(Basic Swap)、分解差价互换(Time Spread Swap)等。对于卖者和买者,分别使用卖出合约和买进合约。

例如(参数如表5-7所示),终端小麦生产商为了规避远期小麦价格的走低而带来损失,采用商品价格互换最基本的形式,与交易商签订一份卖出合约,内容如下。对于这份卖出合约,若到期小麦的参考价为280元/吨,则交易商到期需支付给小麦生产商300×(300−280)=6000元,小麦生产商到期出售小麦的实际收益为300×280+6000=90 000元,对应的价格为90 000/300=300元/吨。若到期小麦的参考价为320元/吨,则小麦生产商到期需支付给交易商300×(320−300)=6000元,小麦生产商到期出售小麦的实际收益为300×320−6000=90 000元,对应的价格为90 000/300=300元/吨。反过来,若终端小麦消费者为了规避远期小麦价格的走高而带来损失,也可以与交易商签订一份买进合约,也能规避市场风险。

表5-7 小麦商品价格基础互换

商 品	芝加哥商品交易所小麦
交易数量	300吨
1年期固定价格(单位:澳大利亚元/吨)	300
定价日期	自交易日起1年
清算日期	到期日后的1个营业日
支付日期	清算日后的2个营业日

当采用参与分红的价格互换方式时,由于这种方式中设置了互换上限(或下限),一旦超过此限价,交易商就要进行利益返还。因此可有效防止远期价格的过分波动,进一步规避了风险(但也限制了收益)。

例如,对于如下的一份卖出合约(参数如表 5-8 所示),设定的互换固定价格为 285 元/吨,参与分红价格为 320 元/吨。若到期小麦的参考价为 265 元/吨,则交易商到期需支付给小麦生产商 300×(285－265)＝6000 元,到期小麦生产商出售小麦的实际收益为 300×265＋6000＝85 500 元,对应的价格为 85 500/300＝285 元/吨。若到期小麦的参考价涨为 310 元/吨(低于分红价格 320 元/吨),则小麦生产商到期需支付给交易所 300×(310－285)＝7500 元,到期出售小麦的实际收益为 300×310－7500＝85 500 元,对应的价格为 85 500/300＝285 元/吨。若到期小麦的参考价涨为 330 元/吨,高于参与分红价格 320 元/吨,则小麦生产商到期需支付给交易所 300×(320－285)＝10 500 元,到期出售小麦的实际收益为 300×330－10 500＝88 500 元,对应的价格为 88 500/300＝295 元/吨。

表 5-8 小麦商品分红价格互换

商　品	芝加哥商品交易所小麦
交易数量	300 吨
1 年期固定价格(单位:澳大利亚元/吨)	285
参与分红价格(单位:澳大利亚元/吨)	320
参与量	300 吨
定价日期	自交易日起 1 年
清算日期	到期日后的 1 个营业日
结算日期	清算日后的 2 个营业日

交易商在对商品价格互换进行定价时,在风险中性和交易成本为零的情况下,可以通过债券价格法或远期价格法来确定固定价格。

(1) 债券价格法。债券价格法是将商品价格交换看成是两个债券,在买入一个债券的同时卖出一个债券。商品价格互换看成是如图 5-7 所示的价格流。

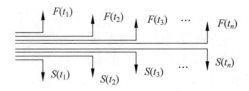

图 5-7 商品价格价格流

可以看出,基本的价格互换的现金流交换方式如下:某交易者在 $t_1,\cdots,t_i,\cdots,t_n$ 时刻为 q 个单位商品支付 $F(t_i)$ 元,同时在 $t_1,\cdots,t_i,\cdots,t_n$ 时刻按即期市场浮动价格(通常为 LIBOR 零息票利率)收回 $S(t_i)$ 元,则在 t_i 时刻的贴现收益为 $V(t_i)=S(t_i)\mathrm{e}^{-r_i t_i}-F(t_i)\mathrm{e}^{-r_i t_i}=qP_{\text{float}}(t_i)\mathrm{e}^{-r_i t_i}-qP_{\text{fix}}\mathrm{e}^{-r_i t_i}$,这里 r_i 为到期日是 t_i 的 LIBOR 零息票利率,P_{fix} 为商定的固定价格,$P_{\text{float}}(t_i)$ 为 t_i 时的浮动价格。将各个 $V(t_i)$ 加起来,得

$$V=\sum_{i=1}^{n}V(t_i)$$

$$= \sum_{i=1}^{n} \left[q P_{\text{float}}(t_i) e^{-r_i t_i} - q P_{\text{fix}} e^{-r_i t_i} \right]$$

$$= q \sum_{i=1}^{n} P_{\text{float}}(t_i) e^{-r_i t_i} - q P_{\text{fix}} \sum_{i=1}^{n} e^{-r_i t_i}$$

按照无套利原则有 $V=0$,所以有 $P_{\text{fix}} = \dfrac{\sum_{i=1}^{n} P_{\text{float}}(t_i) e^{-r_i t_i}}{\sum_{i=1}^{n} e^{-r_i t_i}}$。

由此可见,若要求出商品价格互换的定价,需要知道商品的即期市场浮动价格 $P_{\text{float}}(t_i)$ 和即期利率 r_i。一般来讲,$P_{\text{float}}(t_i)$ 是一个服从随机微分方程的变量,r_i 也是一个随机变动的量,若再考虑到收益 V 的随机变动,则 P_{fix} 的确定就较为复杂,常见的算法有单因素定价模型、双因素定价模型和三因素定价模型。

(2) 远期价格法。商品价格交换也可以看成是一系列 t_i 时刻远期合约的组合。同理在 t_i 时刻的贴现收益为 $V(t_i) = S^*(t_i) e^{-r_i t_i} - F(t_i) e^{-r_i t_i}$,按照无套利原则最终也有 $P_{\text{fix}} = \dfrac{\sum_{i=1}^{n} P^*_{\text{float}}(t_i) e^{-r_i t_i}}{\sum_{i=1}^{n} e^{-r_i t_i}}$。这里的 $P^*_{\text{float}}(t_i)$ 是指 t_i 时所协商的结算价格,可以是 t_{i-1} 时的即期市场浮动价格,也可以是 $[t_{i-1}, t_i]$ 期间内的即期市场浮动价格的平均价格。

5.9 信用交易与委托交易

5.9.1 信用交易

信用交易,又称垫头交易,是指证券公司或金融机关供给信用,使投资人可以从事买空、卖空的一种交易制度。在这种方式下,股票的买卖者不使用自己的资金,而通过交付保证金得到证券公司或金融机关的信用,即由证券公司或金融机关垫付资金,进行买卖的交易。各国因法律不同,保证金数量也不同,大都在30%左右。一些股票交易所,又把这种交付保证金,由证券公司或金融机关垫款,进行股票买卖的方式,称为保证金交易。

保证金交易分为保证金买长交易和保证金卖短交易两种。

保证金买长交易,是指价格看涨的某种股票由股票的买卖者买进,但他只支付一部分保证金,其余的由经纪人垫付,并收取垫款利息,同时掌握这些股票的抵押权。经纪人把这些股票抵押到银行所取得的利息,高于他向银行支付的利息的差额,就是经纪人的收益。当买卖者不能偿还这些垫款时,经纪人有权出售这些股票。

保证金卖短交易,是指看跌的某种股票,由股票的买卖者缴纳给经纪人一部分保证金,通过经纪人借入这种股票,并同时卖出。如果这种股票日后价格果然下跌,那么再按当时市价买入同额股票偿还给借出者,买卖者在交易过程中获取价差利益。

信用交易对客户来说最主要的好处有以下2点。

(1) 客户能够超出自身所拥有的资金力量进行大宗的交易,甚至使得手头没有任何证券的客户从证券公司借入,也可以从事证券买卖,这样就大大便利了客户。因为在进行证券交易时通常有这样的情况,当客户预测到某股票价格将要上涨,希望买进一定数量的该股票,但手头却无足够的资金;或者预测到某股票价格将下跌,希望抛售这种股票,可手中又恰好没有这类股票,很显然如采用一般的交易方式,这时无法进行任何交易。而信用交易,在证券公司和客户之间引进信用方式,即客户资金不足时,可以由证券公司垫款,补足保证金与客户想要购买全部证券所需款的差额。这种垫款允许客户日后归还,并按规定支付利息。当客户需要抛出,而缺乏证券时,证券公司就向客户贷券。通过这些方式满足了客户的需要,使之得以超出自身的资金力量进行大额的证券交易,市场亦更加活跃。

(2) 具有较大的杠杆作用。这是指信用交易能给客户以较少的资本,获取较大的利润的机会。例如,假定某客户有资本 10 万元,他预计 A 股票的价格将要上涨,于是他按照目前每股 100 元的市价用自有资本购入 1000 股。过了一段时间后,A 股票价格果然从 100 元上升到 200 元,1000 股 A 股票的价格就变成 20 万元(200 元/股×1000 股),客户获利 10 万元,其盈利与自有资本比率为 100%。如果,该客户采用信用交易方式,将 10 万元资本作为保证金支付给证券公司,再假定保证金比率为 50%(即支付 50 元保证金,可以购买价格 100 元的证券),这样客户能购买 A 股票 2000 股。当价格如上所述上涨后,2000 股 A 股票价格便达到 40 万元,扣除证券公司垫款 10 万元和资本 10 万元后,可获得 20 万元(有关的利息、佣金和所得税暂且不计),盈利与自有资本之比率为 200%。显然采用信用交易,可以给客户带来十分可观的利润。但是,如果股票行市未按客户预料的方向变动,那么采用信用交易给客户造成的损失同样也是巨大的。

当然,信用交易的弊端亦很多,主要是风险较大。仍以上面的例子为例,当客户用其自有资金 10 万元,作为保证金,假定保证金率仍为 50%时,该客户可用每股 100 元的价格购入 2000 股 A 股票。假如以后 A 股票的价格不是像该客户预计的那样上涨,而是一直下跌,假定它从每股 100 元跌到 50 元,这时 2000 股 A 股票的价格 20 万元(100 元/股×2000 股),损失了 10 万元(证券公司垫款的利息及费用暂时不计),其损失率为 100%。假如该客户没有使用信用交易方式,那么 10 万元自有资本,在 A 股票每股价格 100 元时,只能购入 1000 股,以后当每股价格同样从 100 元下跌到 50 元之后,该客户只损失了 5 万元(100 元/股×1000 股-50 元/股×1000 股)。其损失率为 50%,大大低于信用交易方式的损失率。因此,一般认为信用交易方式是有风险的,应该谨慎地运用。从整个市场看,过多使用信用交易,会造成市场虚假需求,人为地形成股价波动。为此,各国对信用交易都进行严格的管理。例如,美国从 1934 年开始,由联邦储备银行负责统一管理。该行的监理委员会,通过调整保证金比率的高低来控制证券市场的信用交易量。另外,各证券交易所也都制定了追加保证金的规定。例如,当股票价格下跌到维持保证金比率之下时,经纪人有权要求客户增加保证金,使之达到规定的比率下,否则,经纪人就有权出售股票,其损失部分由客户承担。同时,证券公司为了防止意外,当客户采用信用交易时,除了要求他们支付保证金外,证券公司还要求他们提供相应的抵押品,通常被用作抵押品的,就是交易中委托买入的股票,以确保安全。尽管如此,信用交易仍是当前西方国家金融市场上最受客户欢迎的、使用最广泛的交易方式之一。

5.9.2 委托交易

委托交易是指金融产品的经纪商接受投资者委托,代理投资者买卖金融产品(如股票、基金、债券等），从中收取佣金的交易行为。投资者在办理委托买卖时，需要向经纪商下达委托指令，以反映投资者买卖金融产品的基本要求或具体内容。委托指令可以通过当面委托的方面下达，也可以通过网络、电话、电传、传真、信函等方式下达。当委托指令下达后，经过一定的交易流程，即可完成产品的最终交易。图 5-8 表示了证券委托买卖的流程。

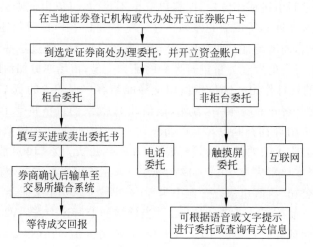

图 5-8　证券委托买卖的流程图

习题与思考

1. 何谓拍卖？有哪些类型？
2. 定价交易模型与网上英式拍卖模型有何不同？
3. 招标有什么特点？以某个网站为例，说明网站招标的全过程。
4. 上海证券交易所是如何进行集合竞价的？
5. 基金与债券委托买卖的流程和采用的规则是什么？
6. 政府采购一般采用哪种交易方式？有何特点？

第 6 章　安 全 管 理

电子商务中,许多电子交易和电子支付都是通过网上交易平台和支付平台完成的。由于互联网的开放性和技术上存在的缺陷,加上黑客和病毒的破坏,正常的信息传输常常面临着被非法中断、截取、篡改和伪造的危机。为了保证电子交易、资金汇兑和电子支付的正常进行,保证企业和消费者的利益不受任何损害,保证厂商的重要商业信息、消费者的个人隐私信息不被泄露,需要有安全技术作为保障。其中,作为电子交易和电子支付安全的基础,加密技术起了至关重要的作用。

6.1　电子商务的安全需求

电子商务提供了全新的交易品种和服务方式,通过 Internet 和金融网络,不但能为全球的客户提供丰富的金融信息、简便的交易过程,而且使得交易的成本大大降低。但是,在享受这些好处的同时,人们也碰到了一系列的问题,较为突出的就是有关交易安全的问题。有时,交易系统会遭到各种各样病毒的侵扰、黑客的攻击,导致系统突然崩溃,用户账号被盗,网站页面内容被恶意篡改,偶尔还会产生子虚乌有的合同。部分电子商务企业在利用技术来创新业务模式、提升服务效率、改善用户体验的同时,一定程度上也简化了业务流程、削弱了风控强度、掩盖了业务本质,给网络与金融监管带来了新挑战。在这样的情况下,电子商务业务要能正常地进行下去,必须满足一定的安全需求,具备相应的安全保障。

案例 6-1

一部手机丢失后有多可怕?

《21世纪经济日报》2020 年 10 月 11 日曾经报道了一则一部手机丢失后带来了可怕后果的新闻,描述了犯罪分子利用盗取的用户手机疯狂进行作案的全过程。主要内容如下。

(1) 犯罪分子趁年轻人不注意的情况下盗取华为手机,拔下 SIM 卡并插到其他手机上从而解绑原有设备,在运营商营业厅下班后失主没法当晚立即补卡的情况下,整晚作案。

(2) 利用该手机发送短信,获得相应的手机号码。

(3) 利用该手机登录某省人社厅的 App 网站,利用"短信验证码"的方式进行快捷登录,然后利用其上的"电子社保卡"功能,获取用户的身份证信息、证件照片、社保金融卡信息(尽管使用"电子社保卡"功能需要社保密码,但通过短信验证码可以重置社保密码)。

(4) 利用获得的身份证信息来修改电信服务密码和手机厂商服务登录密码。具体过程是利用华为"密码找回"的功能,通过手机号码配合短信验证码,先修改华为电信服务密码并注销原设备上的账号,然后解锁华为锁屏密码。在此过程中,用户即使致电 10000 号挂失 SIM 卡,但由于电信服务密码已经不正确了,只能通过验证身份证号码加提供上个月联系过的三个电话号码的方式进行挂失。即使这样,对方还是通过谎称小两口吵架的方式来解挂了 SIM 卡。

(5) 将 SIM 卡插回原设备,顺利进入手机系统。

(6) 进入支付宝平台,在原手机上创建并登陆子账号。进行实名认证时,利用支付宝"匹配身份信息的各项要素通过风控规则校验与主账号一致的情况下是不需要人脸识别验证"的特性,在不触发支付宝的风控规则的前提下,创建并登陆了新的子账号。并利用"短信+银行卡信息"的方式来重置支付宝的登录密码和支付密码(支付宝提供的重置支付密码的方式包括"人脸识别""短信+安全问题""短信+银行卡信息""银行卡+安全问题"),然后修改支付宝手机号码,利用支付宝的银行卡管理功能查看绑定的所有银行卡号,进行消费等。

(7) 创建并登录财付通、美团、云闪付、苏宁金融、京东金融等账号,利用获取的银行卡信息进行绑定,继而进行贷款、放款、虚拟卡充值、购买虚拟卡以及银联转账等,转移钱款。

(8) 保留新建的支付账号权限,如果未被发现,后期可继续窃取资金。

分析整个作案过程,犯罪分子全程采用了正常的业务操作,但却充分利用各个机构"弱验证"的相关业务并将它们有机地连接起来,从而产生了巨大的损害。另外,犯罪分子进行了团队分工与协作,作案速度快,隐蔽性强,并预留再次作案的路径,如及时删除云闪付上一些绑定的银行卡以防止受害人检查明细,新建账号留待以后攻击(受害人若没有及时发现并贸然解冻相关银行卡就有可能中招),赶在受害人手机重新补卡后但在修改服务密码前设置呼叫转移等。

此案例出现之后,引发了不少人的深思,移动金融是未来的发展趋势,有关的关键要素和信息,如手机号码、身份证号码等,在常规的移动互联网业务中经常会交叉使用。在此情况下,相关企业应承担哪些责任、全体社会如何应对此类的安全挑战?

另外,相关专家也建议,在目前的情形下,人们应及时加密 SIM 卡并设置手机锁屏功能。在手机锁屏的状态下,对方无法使用短信功能;若将卡插到其他手机上使用,也无法使用,因为需要输入 SIM 卡密码(若要解锁 SIM 卡,需要 PUK 码,而只有提供了身份信息并进行了验证后,才能从运营商处获取 PUK 码),没有 SIM 卡密码也就很难知晓手机号码。这样,就能有效减少这类案件的发生。

案例 6-2

骗子克隆"公司微信群",会计险被骗 85 万元

2016 年 5 月 14 日之前的某天,武汉一家汽车销售公司的会计李女士正在上班,突然发现自己被"董事长"拉进了一个新建的微信工作群。群内 7 人都是公司同事,头像、名称也都对得上。"董事长"与"总经理"在群里先是一番热聊,之后,"董事长"发出工作指示,要李女士将公司的 85 万元转给江苏一名客户。然而,等李女士打完了款,却发现公司董事长就在旁边办公室,压根没有开会。而且,公司董事长当面告诉李女士,他没有做出过任何汇款的指示,李女士急忙向警方报案。幸好,在银行和警方的通力配合之下,被骗走的 85 万元中,近 80 万元都被拦截了下来,当地警方也已经立案侦查。

1. 骗子行骗的四个关键节点

(1) 微信群内的"董事长""总经理"等 7 位同事,表面看上去,他们的微信头像、名称都对得上,加上"董事长""总经理"等同事在群内讨论工作,这完全是场景模拟,让李女士深信这就是小范围的"内部工作群"。

(2) "董事长"故意在群里说:"我在开重要会议,不能接听电话,有事在微信中留言。"这一举动直接堵死了李女士电话和当面确认的渠道。

(3) "董事长"透露与江苏的蒋总(同伙)谈好了合同,并故意告知蒋总的联系方式,叫李女士联系同伙,进一步诱李女士入局。

(4) "董事长"表明对方也打了保证金到自己的私人账户上。将事先 PS 好的邮件信息和电子版汇款单发给李女士,彻底让她打消疑虑。

2. 详细过程

(1) 2016 年 5 月 6 日,武汉洪山区某公司会计李女士正在上班。突然发现自己被"董事长"拉进了一个新建的微信工作群,如图 6-1 所示。群内 7 人都是公司同事,头像、名称都对得上。

在群中,"董事长"与"总经理"等同事在群里热聊,讨论工作,进行完全的场景模拟,让李女士深信这就是小范围的"内部工作群",如图 6-2 所示。

图 6-1　拉进微信工作群

图 6-2　在微信工作群热聊

（2）"董事长"故意在群里说："我在开重要会议，不能接听电话，有事在微信中留言。"如图6-3所示。此举直接堵死了李女士电话和当面确认的渠道。

（3）"董事长"表明对方也打了保证金到自己的私人账户上。将事先PS好的邮件信息和电子版汇款单发给李女士，彻底让她打消疑虑，如图6-4所示。

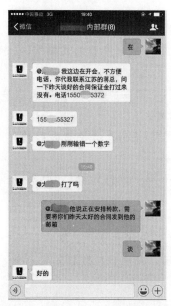

图6-3　"董事长"在微信中的留言

图6-4　假冒合同保证金已到账

（4）接下来引诱并指示李女士将公司的85万元转给江苏一名客户，如图6-5、图6-6所示。

图6-5　引诱并指示李女士转账（1）

图6-6　引诱并指示李女士转账（2）

(5)"董事长"透露与江苏的蒋总(同伙)谈好了合同,并故意告知蒋总的联系方式,叫李女士联系同伙,进一步诱李女士入局,如图 6-7 所示。伪造到账信息如图 6-8 所示。

图 6-7　引诱并指示李女士转账(3)

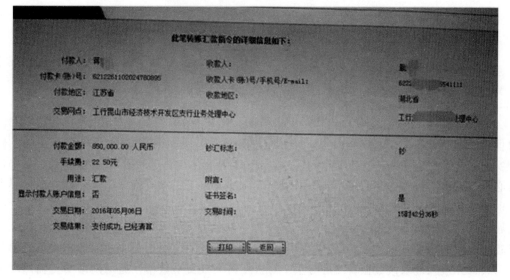

图 6-8　伪造到账信息

当天下午 4 点左右,李女士以为圆满完成了领导交代的任务,起身外出时,竟然发现董事长在隔壁办公室办公。他不是在外面开会吗?还让我不要打他电话。想到这,李女士顿时慌了,急忙向警方报案。

（6）报警后，警察追回了近80万元。当天下午5点01分，在警方介入后，骗子仍还在冒充董事长，在微信群点名李女士说道："对方已经收到。转出这笔钱后，公司还有多少余款？"这时的微信群界面如图6-9所示。

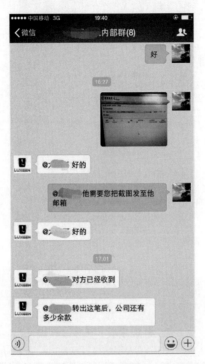

图6-9　继续行骗

经调查，该公司是招商银行账户，85万元已转到江苏的某工商银行账户。当天下午5点左右，民警带着法律文书与工商银行某支行取得联系，迅速启动冻结程序。由于整个过程十分迅速，骗子仅转走5万元并用掉了9元手续费，近80万元被成功冻结。

一般来讲，电子商务的安全需求涉及信息安全需求、信用安全需求、管理安全需求和法律保障安全需求四方面。只有同时满足了这些安全需求，才能够真正地保障电子商务的顺利实施。但要完全做到这几点，不仅在主观上和客观上存在一定的困难，而且有时也显得没有必要。事实上，在电子商务发展的不同阶段，对电子商务的安全需求也是不一样的。早期对电子商务的安全需求，主要是提供计算机安全，也就是要能对信息进行保密，而保密这个问题，通过加密、访问控制等技术手段可以获得解决。之后的电子商务安全需求，要求能提供较为全面的信息安全保障，其要解决的问题，一是防止不法分子冒名顶替合法交易者参与交易或未经授权地篡改数据；二是防止交易数据丢失或交易数据在通信网络中传输出现问题。此时要求电子商务应具备4个基本安全特性，即数据的保密性、完整性、可用性和身份的真实性。

电子商务发展到今天，其安全需求已不再满足于4个基本安全特性，而是要求更全面的安全保证，包括管理安全和法律保障安全。换句话说，目前对电子商务的安全需求，是一个立体的需求，不但要求电子商务能提供数据保密性、完整性、可用性和对交易行为的可控性、身份的真实性等,还要求具备安全的外部交易法律环境,要求制定一系列的有关交易安全的法律、法规,以解决管理安全问题和法律保障问题。

总之,除去外部交易环境的安全因素外,电子商务安全应具备以下几个基本特性:
(1) 信息的保密性;
(2) 信息的完整性;
(3) 信息的不可否认性;
(4) 交易者身份的真实性;
(5) 系统的可靠性、可用性、可控性。

6.2　信息的保密性技术

信息的保密性在技术上是通过加密/解密和防火墙等措施来实现的。

6.2.1　加密与解密技术

加密/解密技术是一种用来防止信息泄露的技术。电子商务中的信息在通过 Internet 传送之前,为了防止信息的内容被他人有意或无意地知晓,需要将它的内容通过一定的方法转变成别人看不懂的信息,这个过程就是加密(Encryption);而将看不懂的信息再转变还原成原始信息的过程称为解密(Decryption)。这里,加密之前的信息被称为明文(Plaintext),加密之后的内容称为密文(Ciphertext),加密通常要采用一些算法(对应着加密/解密的程序),而这些算法需要用到不同的参数,这些不同的参数称作密钥,密钥空间是所有密钥的集合。

加密/解密所用方法的种类,按照历史发展阶段可分为手工加密、机械加密、电子机内乱加密、计算机加密 4 种。手工加密是指以手工方式完成加解密的过程,或者以简单器具来辅助完成加解密的过程,在第一次世界大战之前主要就采用这种加密形式。机械加密是指以机械密码机或电动密码机来完成加解密过程,它在第一次世界大战到第二次世界大战期间曾得到普遍应用。电子机内乱加密是指通过电子电路,以严格的程序进行逻辑运算,以少量制乱元素来生成大量的加密乱数,最终完成加解密过程。由于制乱是在加解密的过程中完成的,不需要预先制作,所以称其为电子机内乱加密,在 20 世纪 60—70 年代被广泛应用。计算机加密是指以计算机软件程序来进行加密,程序是公开的,也就是加解密的算法是公开的,密文的保密程度不取决于加密程序,而是取决于加密中用到的参数,即密钥,这种方法适用于对现代计算机中的数据进行保护和通信。

计算机加密方法,按照保密程度来说,又可分为理论上保密的加密、实际上保密的加密、不保密的加密 3 种类型。对于理论上保密的加密,不管获取多少密文和有多大的计算机计算能力,对明文始终不能得到唯一解,所以也称理论不可破的加密,如客观随机一次一密的加密就属于这种;而对于实际上保密的加密,虽然在理论上可破,但在现有客观条件下,无法通过计算来确定密码;至于不保密的加密,当获取一定数量的密文后就可以得到所用的密码,如早期的单表代替密码,后来的多表代替密码,以及明文加少量密钥等。

按照密钥使用方式的不同,计算机加密方法通常又分为对称加密和非对称加密 2 种类型。对称加密是指加密和解密时使用相同的密码,传统的加密都属于此类;而非对称加密,在加密和解密时,分别使用两个不同的密码,一个称为公钥,另一个称为私钥。常见的对称加密和非对称加密的方法如表 6-1 所示。

表 6-1 常见的对称加密和非对称加密方法

类 型	方 法	描 述
对称加密	DES	美国国家标准局 20 世纪 70 年代开发的一种对称加密算法,采用分组乘积密码体制。数据块长度 64 位,密钥长度 64 位或 56 位
	IDEA	由瑞士苏黎世联邦工业大学的赖学嘉和 James L. Massey 于 1990 年共同提出。数据块长度 64 位,密钥长度 128 位
	FEAL	日本 NTT 公司的清水和宫口设计
	Rijndael(荣代尔)	一种高级的加密标准(AES),由比利时 Joan Daemen 和 Vincent Rijmen 提出,用于代替 DES,其数据块长度和密钥长度可分别为 128 位、192 位、256 位
	RC	由 Ron Rivest 于 1987 年设计,密钥长度可变
非对称加密	RSA	由 MIT 的 Ron rivest、Adi Shamir、Leonard Adleman 于 1978 年提出。安全性基础是数论和计算复杂性理论中的下述论断:"求两个大素数($>10^{100}$)的乘积在计算上是容易的,但若要分解两个大素数的积而求出它的因子则在计算上是困难的"
	EL Gamal	1985 年由 EL Gamal 提出,其安全性基于"在有限域上计算离散对数比计算指数更为困难"
	背包系统	第一种出现的公开钥加密算法,由 Ralph Merkle 和 Martin Hellman 于 1978 年基于求解背包问题的难解性而提出的
	McEliece	1978 年由 McEliece 提出。基于"将一个译码容易的线性码经过变换而伪装成一个译码困难的线性码"原理
	Diffe-Hellman	1976 年出现,其安全性基于"在有限域上计算离散对数比计算指数更为困难"
	椭圆曲线密码(FEE、ECC)	1985 年由 N. Koblitz 和 V. Miller 提出,利用有限域上的椭圆曲线上点集所构成的群,在其上定义离散对数系统。安全性基于"在有限域上计算离散对数比计算指数更为困难"

6.2.2 对称加密与解密

对称加密,也称共享密钥加密或机密密钥加密,收发双方拥有相同的单个密钥,这把密钥既可用于加密,也可用于解密,即加密和解密使用的是相同的一把密钥,此密钥又称为对称密钥或会话密钥。常见的对称加密方法有 DES、DES3、AES、IDEA、RC2、RC4、RC5、Blowfish、CAST、BASE64 等。

DES(Data Encryption Standard,数据加密标准)算法是美国政府机关为了保护信息处理中的计算机数据而使用的一种加密方式,是一种对称加密的方法,其历史可以追溯到 1973 年。1973 年,美国国家标准局开始研究国防部门以外的计算机系统数据加密标准,先后于 1973 年 5 月 15 日和 1974 年 8 月 27 日两次向公众发出了征求加密算法的公告。1977 年 1 月,美国政府采纳了 IBM 公司设计的方案作为非机密数据的正式数据加密标准(DES)。目前，DES 算法在国内的 POS、ATM、磁卡及智能卡（IC 卡）、加油站、高速公路收费站等领域被广泛应用，以此来实现关键数据的保密，如信用卡持卡人的 PIN 的加密传输，IC 卡与 POS 间的双向认证、金融交易数据包的 MAC 校验等。

DES 加密的原理如图 6-10 所示，加密之前，先将明文分成若干数据块，每块的大小为 64 位，每块与 64 位的密钥（包含 8 位的奇偶校验，实际有效长度为 56 位）进行 16 轮的循环置换，得到 64 位的密文，将不同的密文块组合起来，得到最终的密文。1997 年 RSA 数据安全公司发起了一项"DES 挑战赛"的活动，志愿者 4 次分别用 4 个月、41 天、56 个小时和 22 个小时破解了其用 56 位 DES 算法加密的密文。因此，DES 加密算法在计算机速度提升后的今天被认为是不太安全的。

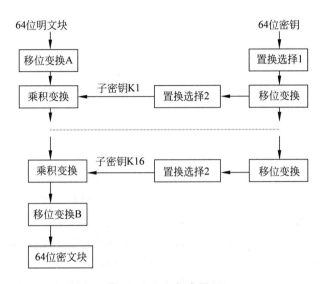

图 6-10 DES 加密原理

DES3 是 DES 算法扩展其密钥长度的一种方法，可使加密密钥长度扩展到 128 位（实际有效位为 112 位）或 192 位（实际有效位为 168 位）。其基本原理是将 128 位的密钥分为两组 64 位，对明文多次进行普通的 DES 加解密操作，从而增强加密强度。

AES（Advanced Encryption Standard，高级加密标准）是在 2001 年由 NIST 宣布的一种 DES 后继加密算法。AES 是处理以 128 位数据块为单位的对称密钥加密算法，可以用长为 128 位、192 位和 256 位的密钥加密。NIST 估计如果用能在 1s 内破解 56 位 DES 算法的计算机来破解 128 位的 AES 密钥，需要用大约 149 亿万年时间才行。

对称加密具有算法简单、加密与解密速度较快的特点，能对大量的明文进行加密，但也有一些明显的缺点，最主要的缺点是，由于加解密双方都要使用相同的密钥，因此在发送、接收信息之前，必须完成密钥的分发，密钥不能直接通过网络来传递，在首次通信前，通信方必须通过除网络以外的途径来传递对称密钥给接收方。因而，密钥的分发便成了该加密方法中最薄弱、风险最大的环节，在非对称加密方法出现前，各种基本的手段很难保障安全、高效地完成此项工作。另外，当某个对象需要与多个对象保密通信时，就需要产生多个密钥，因此对密钥的管理难度很大。对称加密是建立在共同保守秘密的基础之上的，在管理和分发密钥的过程中，任何一方的泄密都会造成密钥的失效，因而存在着潜在的危险。

> **案例 6-3**
>
> **使用 OpenSSL 软件对某个文件进行 DES3 加密**
>
> OpenSSL 是一个有关安全的自由软件,具有多个版本(可从 https://www.openssl.org/下载),分别运行在 UNIX、Linux、Windows 平台上。运行在 Windows 平台上的 OpenSSL 功能主要包括对称加密、非对称加密、SSL 接口及 PKCS 接口(如 X509 证书、PKCS 标准、ASN.1)等。利用 OpenSSL 可以直接构建各种有关数据加密和 PKCS 接口的应用,不但如此,用它构建的应用,其加密的强度要比微软(受美国安全产品出口限制)用组件来加密的强度要高得多,也安全得多。目前,OpenSSL 已发展到 1.1.1 版,功能越来越丰富。

6.2.3 非对称加密与解密

对称加密方法遇到了密钥分发管理的难题,不管算法多么优秀,如果密钥在分发时发生泄露,则整体安全将毁于一旦。非对称加密方法则有效地避免了密钥分发的难题。非对称加密方法中使用一对密钥:公钥(Public Key)和私钥(Private Key)。用公钥加密的密文只能用私钥解密;反之,用私钥加密的密文只能用公钥解密。在操作过程中,公钥可向外界发布,让其他人知道,私钥则自己保存,只有自己知道。如果 A 要发一份秘密信息给 B,则 A 只需要得到 B 的公钥,然后用 B 的公钥加密秘密信息,此加密的信息只有 B 能用其保密的私钥解密;反之,B 也可以用 A 的公钥加密保密信息给 A。信息在传送过程中,即使被第三方截取,也不可能解密其内容。非对称加密也有许多种方法,常见的有 RSA 加密和椭圆曲线加密等。

RSA(由 Ron Rivest、Adi Shamir 和 Leonard Adleman 三人首创)是一种公开密钥加密方法,其密钥对的产生方法如下:先产生两个足够大的强质数 p、q。可得 p 与 q 的乘积为 $n=p\times q$。再由 p 和 q 算出另一个数 $z=(p-1)\times(q-1)$,这里 z 称为 n 的欧拉函数值。然后,再选取一个与 z 互素的奇数 b,称 b 为公开指数;从这个 b 值可以找出另一个值 a,并满足条件 $b\times a=1(\bmod z)$。由此而得到的两组数 (n,b) 和 (p,q,a) 分别被称为公开密钥和秘密密钥,或简称公钥和私钥。

使用 RSA 密钥来对明文 $x(0\leqslant x<n)$ 进行加密/解密时,其加密算法为 $y=E(x)=x^b \pmod{n}$,解密算法为 $D(y)=y^a \pmod{n}$。

> **案例 6-4**
>
> **RSA 算法的数学基础**
>
> 1. 剩余类集合
>
> 整数集合 **Z** 模正整数 n 得到的剩余类集合 $\mathbf{Z}_n$(或 $\mathbf{Z}/(n)$),也称剩余类环;这里 $\mathbf{Z}_n=\{[0],[1],[2],\cdots,[n-1]\}$。在剩余类环中,存在两类元素:零因子元素和可逆元因子元素。若 $\alpha,\beta\in\mathbf{Z}_n$ 且 $\alpha,\beta\neq[0]$,有 $\alpha\times\beta\equiv[0]\pmod{n}$,则称 α(或 β)为零因子元素;若 $\alpha,\beta\in\mathbf{Z}_n$,有 $\alpha\times\beta\equiv[1]\pmod{n}$,则称 α(或 β)为可逆元因子元素。可以证明,剩余类环 $\mathbf{Z}_n$ 中元素 $a=[a]$ 为可逆元因子元素当且仅当 $\gcd(a,n)=1$,即 a 与 n 互素。

2. 可逆元集合上的封闭除法运算

若 α,β 属于可逆元集合上的两个元素,则定义 $\alpha/\beta=\alpha\times\beta^{-1}$。

3. 欧拉函数

当 $n=1$ 时,$\phi(1)=1$;当 $n>1$ 时,$\phi(n)$ 的值为 $\mathbf{Z}n$ 集合中与 n 互素的元素的个数。利用欧拉函数可判断可逆元因子的个数。例如,$\phi(8)=4$,$\phi(24)=8$。可以看出,若 p 为素数,则 $\phi(p)=p-1$;若 p,q 为不同的素数,则 $\phi(pq)=(p-1)(q-1)=\phi(p)\phi(q)$;若 p 为素数,则 $\phi(pp)=p(p-1)$;若 $ab\equiv ac(\bmod n)$ 且 $\gcd(a,n)=1$,则必有 $b\equiv c(\bmod n)$。

4. 费马定理

如果 p 为素数,a 是任意一个正整数,a 不能被 p 整除(此时 $\gcd(a,p)=1$),则有 $a^{p-1}\equiv 1(\bmod p)$。

5. 欧拉定理

对任意互素的整数 a 和 n,有 $a^{\phi(n)}\equiv 1(\bmod n)$。

可以看出,费马定理是欧拉定理的特例,并且可以证明:若 n 为两个素数 p 和 q 之积(即 $n=pq$),整数 a 和 n 在不互素的情况下,也有 $a^{\phi(n)}\equiv 1(\bmod n)$ 这样的结论成立。

例如,设 $p=11,q=13$,则 $n=143$,$\phi(n)=(11-1)(13-1)=120$。再令 $a=11,b=11$,这里 $ab\equiv[1](\bmod \phi(n))$,则公钥为 $(n,b)=(143,11)$,私钥为 $(p,q,a)=(11,13,11)$。若对信息 $M=7$ 进行加密,密文 $y=M^b \bmod n=106$;若进行解密,得明文 $x=y^a \bmod pq=7$。

椭圆曲线加密的数学基础

无穷远点(θ):规定欧氏平面上的两条平行的直线,相交于无穷原点,记为 θ。由此得到欧氏平面上的以下结论:①直线 L 上的无穷远点只能有一个;②一组相互平行的直线,有一个公共的无穷远点;③任何相交的两个直线,有不同的无穷远点;④全体无穷远点,构成一条无穷远直线;⑤无穷远直线和欧氏平面一起,构成了射影平面。

齐次坐标:类似在欧氏平面上引入欧氏坐标系,在射影平面中也可以引入齐次坐标系,从而能用代数的方法来研究直线性质。

对于两条直线 $L1$ 和 $L2$,若在欧氏平面上的直线方程为 $\begin{cases} L1:a_1x+b_1y+c_1=0 \\ L2:a_2x+b_2y+c_2=0 \end{cases}$,其中,$a_1,b_1$ 不同时为 0,a_2,b_2 也不同时为 0,并设 $D=\begin{vmatrix} a_1 & b_1 \\ a_2 & b_2 \end{vmatrix}$,$D_x=\begin{vmatrix} b_1 & c_1 \\ b_2 & c_2 \end{vmatrix}$,$D_y=\begin{vmatrix} c_1 & a_1 \\ c_2 & a_2 \end{vmatrix}$。

(1) 若 $L1$ 和 $L2$ 相交于点 $p(x,y)$,则有 $\begin{cases} x=\dfrac{D_x}{D} \\ y=\dfrac{D_y}{D} \end{cases}$,这里 $D\neq 0$。设 $x=\dfrac{X}{Z}$,$y=\dfrac{Y}{Z}$,

这里 $Z\neq 0$,则有 $\dfrac{X}{D_x}=\dfrac{Y}{D_y}=\dfrac{Z}{D}$,点 $p(x,y)$ 的齐次坐标即为 $P(X,Y,Z)$ 或 $P(X:Y:Z)$。

(2) 若 $L1$ 和 $L2$ 相互平行(即相交于无穷远点 θ),则 $D=0,c_1\neq c_2$。也设 $x=\dfrac{X}{Z}$, $y=\dfrac{Y}{Z}$,代入 $L1、L2$ 直线方程,有 $\begin{cases}Z=0\\a_1X+b_1Y=0\end{cases}$,无穷远点的齐次坐标为 $\theta(X,Y,0)$ 或 $\theta(X:Y:0)$。

总之,两条直线在射影平面上的交点坐标为 $P(X,Y,Z)$。当 $Z\neq 0$ 时,有 $\dfrac{X}{D_x}=\dfrac{Y}{D_y}=\dfrac{Z}{D}$;当 $Z=0$ 时,有 $\begin{cases}Z=0\\a_1X+b_1Y=0\end{cases}$。

1. 椭圆曲线

椭圆曲线又称 Weierstrass 曲线,在射影平面上满足方程 $Y^2Z+a_1XYZ+a_3YZ^2=X^3+a_2X^2Z+a_4XZ^2+a_6Z^3$ 的所有点构成的集合,形成了椭圆曲线。

由椭圆曲线方程可知,无穷远点 $\theta(0:1:0)$ 在椭圆曲线上。实际上,椭圆曲线是由欧氏平面上所有满足方程 $y^2+a_1xy+a_3y=x^3+a_2x^2+a_4x+a_6$ 的点和 y 轴上的无穷远点 $\theta(0:1:0)$ 组成的。若 $a_1,a_2,\cdots,a_6\in$ 集合 K,则称椭圆曲线为 K 域上的椭圆曲线。实数域 **R** 上的椭圆曲线 ECC,形状类似于计算一个椭圆周长的方程(故得名)。

2. 椭圆曲线在实数域上的 $\oplus$ 运算

设 L 为实数域 **R** 上的一条直线,与椭圆曲线 ECC 相交(交点为 P,Q,R)或相切(P,Q,R 相同),如图 6-11 所示。

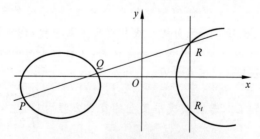

图 6-11 椭圆曲线与直线相交

定义 $\oplus$ 运算为:$P\oplus Q=R_t$,其中 R_t 为直线 $R\theta$(平行于 y 轴)与椭圆曲线 ECC 的交点。则 $\oplus$ 运算具有如下的性质:

(1) $\forall P\in \text{ECC},\forall Q\in \text{ECC}$,有 $P\oplus Q=Q\oplus P$;

(2) $\forall P\in \text{ECC},\forall Q\in \text{ECC},\exists R\in \text{ECC}$,使得 $(P\oplus Q)\oplus R=\theta$;

(3) $\forall P\in \text{ECC}$,有 $P\oplus \theta=\theta\oplus P$;

(4) $\forall P\in \text{ECC}$,必定 $\exists P_t\in \text{ECC}$,使得 $P\oplus P_t=\theta$;

(5) $\forall P\in \text{ECC},\forall Q\in \text{ECC},\forall R\in \text{ECC}$,有 $(P\oplus Q)\oplus R=P\oplus(Q\oplus R)$;

由 $\oplus$ 运算性质可知，ECC 对 $\oplus$ 运算形成了一个循环群（Abel 群），其中 θ 为单位元（幺元）。

若 $P(x_1,y_1)$、$Q(x_2,y_2)$，$P \oplus Q = R_t(x_4,y_4)$，则
$$\begin{cases} x_4 = k^2 + a_1 k - (a_2 + x_1 + x_2) \\ y_4 = k(x_1 - x_4) - y_1 - a_1 x_4 - a_3 \end{cases},$$
这里 $k = \dfrac{y_2 - y_1}{x_2 - x_1}(P \neq Q)$ 或 $k = \dfrac{3x_1^2 + 2a_2 x_1 + a_4 - a_1 y_1}{2y_1 + a_1 x_1 + a_3}(P = Q)$。值得一提的是，不仅实数域上的椭圆曲线 ECC 满足这样的条件，其他有限域（例如可逆元因子集合）也满足这样的条件。例如，运用此条件公式，可求得椭圆曲线 $y^2 = x^3 + x + 1$ 在 Z_{23} 域上的所有点的集合为 $\{\theta,(0,1),(6,19),(3,13),(13,16),(18,3),(7,11),(11,3),(5,19),(19,18),(12,4),(1,16),(17,20),(9,16),(4,0),(9,7),(17,3),(1,7),(12,19),(19,5),(5,4),(11,20),(7,12),(18,20),(13,7),(3,10),(6,4),(0,22)\} = \{\theta, p, p^2, \cdots, p^{27}\}$，这里 $p = (0,1)$。

3. 椭圆曲线加密原理

1985 年，N. Koblitz 和 V. Miller 分别独立提出了椭圆曲线加密的密码体制，其依据是定义在椭圆曲线循环群上的离散对数具有难解的特性。由前面的原理可以看出，设 $p \in \text{ECC}$，必有 $p \oplus p \oplus \cdots \oplus p = \theta$（即 $p^t = \theta$），若 p 的周期 t 足够大，则 $p^m = Q \ (m < t)$；已知 p、m，求 Q 容易，但若已知 P、Q，求 m 却很难。

椭圆曲线加密的过程如下。

在 ECC 上选一个周期很大的点 P，由点 P 生成的循环群点的集合为 $Z_* = \{\theta, P, P^2, \cdots, P^{t-1}\}$，这里 ECC 曲线、点 P 和周期 t 是公开的信息。

(1) 密钥生成：在 $[1,t-1]$ 上随机选取一个整数 d，计算 $P^d = Q$，得到公钥（ECC，P,t,Q）和私钥（ECC，P,t,d）。

(2) 用公钥对信息 m 加密：将 m 看作 ECC 域中的一个元素，并在区间 $[1,t-1]$ 内选取一个随机数 k，计算 $P^k = T(x_1,y_1)$，$Q^k = S(x_2,y_2)$；若 $x_2 = 0$，则重新取一个随机数 k 并计算 T 和 S，直到 $x_2 \neq 0$ 为止。当 $x_2 \neq 0$ 时，计算 $c = m x_2$，得到密文 $(T(x_1,y_1),c)$。

(3) 用私钥对密文解密：先计算 $T^d = (x_1,y_1)^d = Q(x_2,y_2)$，然后计算 $c x_2^{-1} = m$（这里 m 为明文，x_2^{-1} 为 x_2 的逆元）。

目前的公钥密码算法都是基于一些复杂的数学难题，例如，目前广泛使用的 RSA 算法就是基于大整数因子分解这一著名的数学难题。公钥密码体系的优点是能适应网络的开放性要求，密钥管理简单，可以方便地实现数字签名和身份认证等功能，是目前电子商务等技术的核心基础；其缺点是算法复杂，加密数据的速度和效率较低。因此在实际应用中，通常将对称加密算法和非对称加密算法混合加以使用。先利用对称加密算法，来对大容量数据进行加密，然后利用 RSA 等非对称加密算法，来传递对称加密算法所使用的密钥。通过这种方法，可以有效地提高加密的效率，并能简化对密钥的管理，如图 6-12 所示。

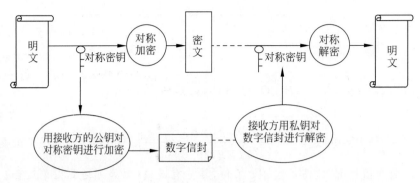

图 6-12 混合加密

案例 6-5

使用 OpenSSL 软件进行加密和解密

首先，使用命令"openssl genrsa -out 密钥存放文件 1024"，产生长度为 1024 位的一对 RSA 非对称密钥。

有了 RSA 的私钥和公钥，就可以对某个文件进行加密和解密。由于 RSA 算法的复杂性，利用它只能对少量数据内容的文件（一般少于 150 字节）进行加密。RSA 有两种加密方式：①用公钥加密，以后用私钥解密（加密模式）；②用私钥加密，以后用公钥解密（签名模式）。

使用命令"openssl rsautl -encrypt -in 明文文件 -inkey 密钥存放文件 -out 密文文件"，用公钥对明文加密；使用命令"openssl rsautl -decrypt -in 密文文件 -inkey 密钥存放文件 -out 新明文文件"，用私钥对加密的文件进行解密。

同理，可使用命令"openssl rsautl -sign -in 明文文件 -inkey 密钥存放文件 -out 密文文件"，用私钥对明文加密；使用命令"openssl rsautl -verify -in 密文文件 -inkey 密钥存放文件 -out 新明文文件"，用公钥对密文解密。

6.2.4 门限秘密共享

门限秘密共享是指把秘密信息分成 n 份无意义的子秘密，只有拥有了至少 k 份子秘密才能恢复出秘密信息。

目前实现秘密共享技术的算法有多种，其中最出名的就是 Shamir 算法。该算法是基于拉格朗日插值公式实现的，具体过程如下。

1. 分发秘密

设参与者有 n 人，k 为门限值，秘密信息为 s。

首先，选择有限域 Fq（这里 $q \geqslant n$），并选择 Fq 上的 n 个互不相同的非零元素 $x_1, x_2, \cdots, x_n$，公开这些元素。

然后，随机选择 Fq 上的 $k-1$ 次多项式 $f(x) = a_0 + a_1 x + \cdots + a_{k-1} x^{k-1}$，其中 $a_0 = s$，也就是秘密信息，其余的 a_i 随机地从 Fq 中进行选择。

分别计算 $s_i = f(x_i), i = 1, 2, \cdots, n$，将 (x_i, s_i) 作为子秘密分发给 n 个成员。

2. 合并秘密

任意 k 个成员可以将其持有的子秘密共享,从而通过拉格朗日插值公式可恢复出子秘密 s。具体原理为如下。

设 k 个成员的子秘密为 $\{(x_{i1}, s_{i1}), \cdots, (x_{ik}, s_{ik})\}$,使用拉格朗日插值公式可得到:

$$g(x) = \sum_{m=1}^{k} s_{i_m} \prod_{\substack{t=1 \\ t \neq m}}^{k} \frac{x - x_{i_t}}{x_{i_m} - x_{i_t}}。$$

显然,对于任意的 $j=1,2,\cdots,k$,$g(x_i)$ 的结果恰好等于 $f(x_i)$。由多项式理论可知,若两个 $k-1$ 次多项式在变量的 k 个不同取值处得到的函数值相等,则这两个多项式必定相等,于是有 $f(x)=g(x)$。由此根据 $g(x)$ 可很容易地计算出秘密 $s=a_0=g(0)$。

当然,上述方案还是存在问题的,实际应用中一般使用改进的 Shamir 算法。

6.3 数据完整性技术

要保证数据的完整性,技术上可以采用信息摘要的方法或者数字签名的方法。与信息摘要相比,数字签名除了能保证完整性外,还能有效防止交易者的交易抵赖,保证交易的不可否认性。

信息摘要技术的原理如图 6-13 所示。

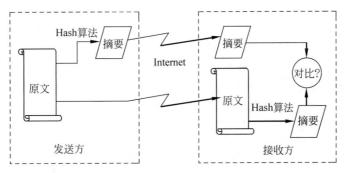

图 6-13 信息摘要的原理

数字摘要采用单向 Hash 函数(如 SHA、MD5 等)对要传送的信息内容进行某种变换运算,得到固定长度的摘要信息,并在传输信息时将它一起发送给接收方;接收方收到文件后,用相同的方法进行变换运算,若得到的结果与发送来的摘要信息相同,则可断定信息在传送的过程中未被篡改;反之亦然。在 OpenSSL 软件中,可使用命令"openssl dgst -md5 -out 存放摘要的文件 文件",来产生数字摘要。

6.4 不可否认技术

要达到不可否认的目的,可以采用数字签名和数字时间戳等技术。

6.4.1 数字签名

日常生活中,通常用对某一文档进行签名的方式来保证文档的真实有效性,防止其抵赖。在网络环境中,可以用电子数字签名作为模拟。

把 Hash 函数和公钥算法结合起来,产生的数字签名如图 6-14 所示。可以在提供数据完整性的同时保证数据的不可抵赖性。完整性保证传输的数据没有被篡改,而不可抵赖性则保证了是由确定的对象产生的 Hash,而不是由其他人假冒的,自己不可否认。

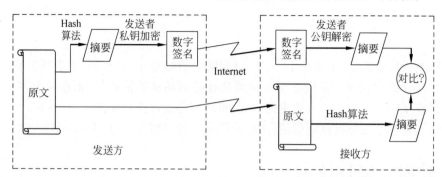

图 6-14　数字签名

在 Openssl 软件中,可使用命令"openssl dgst -md5 -out 数字签名文件 -sign 密钥文件 需签名的文件",来对原件进行签名;使用命令"openssl dgst -md5 -signature 数字签名文件 -prverify 密钥文件 需验证的文件",来对已签名的文件进行验证。

6.4.2　数字时间戳

在电子交易合同中,文件签署的日期和签名一样均是防止文件被伪造和篡改的关键性内容。而在电子交易中,同样需要对交易文件的日期和时间信息采取安全措施,而数字时间戳(Digital Time Stamp,DTS)就能提供电子文件发表时间的安全保护。DTS 是网络安全服务项目,由专门的机构提供。时间戳是一个经加密后形成的凭证文档,它包括三部分:需加时间戳的文件的摘要、DTS 收到文件的日期和时间、DTS 的数字签名,如图 6-15 所示。

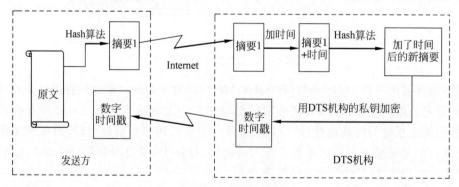

图 6-15　数字时间戳

6.5　身份认证技术

在电子商务的过程中,尤其在交易支付过程中,参与各方必须要能在网上表明自己的真实身份,防止身份的假冒,需要借助于数字证书的技术,设立安全认证中心,制定一系列的安全协议等来实现。

6.5.1 数字证书

数字证书(Digital Certificate,DC)是一种权威性的电子文档,提供了一种在 Internet 上验证身份的方式,其作用类似于司机的驾驶执照或日常生活中的身份证。数字证书利用数字签名技术,由一个权威机构——认证中心(Certificate Authority,CA)签发。在数字证书认证的过程中,CA 作为权威的、公正的、可信赖的第三方,其作用是至关重要的。

数字证书概念最早由 MIT 的 Kohnfelder 于 1978 年在他的本科毕业论文中提出,内容是通过数字签名来保护命名的证书(名字/密钥对),从而可将公钥分散存放和访问,解决将公钥集中存放到一个数据库中而带来的访问性能低下问题,因此,数字证书除了可用于网上证明交易者的身份,还有另外一个作用,可以利用它来分发交易者的公钥。

数字证书必须具有唯一性和可靠性。为了达到这一目的,需要采用很多技术来实现。通常,数字证书采用公钥体制,即利用一对互相匹配的密钥进行加密、解密。每个用户自己设定一把特定的仅为本人所有的私有密钥(私钥),用它进行解密和签名;同时设定一把公共密钥(公钥)并由本人公开,为一组用户所共享,用于加密和验证签名。当发送一份保密文件时,发送方使用接收方的公钥对数据加密,而接收方则使用自己的私钥解密,这样信息就可以安全无误地到达目的地了。通过数字的手段保证加密过程是一个不可逆过程,即只有用私有密钥才能解密。公开密钥技术解决了密钥发布的管理问题,用户可以公开其公共密钥,而保留其私有密钥。

数字证书颁发过程一般为:用户向注册中心(Registration Authority,RA)提出申请,RA 首先为用户产生密钥对,然后生成一个称为数字证书请求(csr)的文件,内含公钥及部分用户身份信息;CA 收到 RA 的 csr 文件后,将执行一些必要的核实步骤,以确信请求是真实的,然后进行签名,生成数字证书。这样该证书内包含有用户的个人信息和他的公钥信息,同时还附有 CA 的签名信息。数字证书各不相同,可用于不同的目的,每种证书可提供不同级别的可信度。

目前的数字证书按用途可分为:个人数字证书、服务器数字证书、代码签名证书;按证书的格式可分为:X.509、PGP、SDSI/SPKI、X9.59(AADS)、AC 等类型的证书,按证书所用于的协议可分为:SSL 证书(服务于 B2B 电子商务)、SET 证书(服务于持卡消费、网上购物)等。SSL 证书通过公开密钥可证明持证人的身份,而 SET 证书则是通过公开密钥,证明了持证人在指定银行确实拥有该信用卡账号,同时也证明了持证人的身份。

常见的 X.509 数字证书,其内容含有数字证书的版本号、数字证书的序列号、证书拥有者的姓名、证书拥有者的公钥、公钥的有效期、颁发数字证书的单位、颁发数字证书单位的数字签名等。其数据结构如下:

```
Version: 3 (0x2)
Serial Number: 288 (0x120)
Signature Algorithm: md5WithRSAEncryption
Issuer: C = CN, ST = SH, L = sh, O = usst, OU = Certification Services Division, CN = MyCa/emailAddress = myca@sh.cn
Validity
    Not Before: Jun 8 12:12:36 2005 GMT
    Not After : Jun 8 12:12:36 2006 GMT
Subject: CN = User/emailAddress = zhang_bm@citiz.net
```

```
Subject Public Key Info:
    Public Key Algorithm: rsaEncryption
    RSA Public Key: (1024 bit)
        Modulus (1024 bit):
            00:ca:87:bb:d8:b0:6e:15:30:73:5a:c0:6e:f5:49:
            42:c7:26:38:15:d8:74:6c:a3:f0:a2:91:12:fb:4a:
            1e:88:73:d4:1b:f1:b7:5a:64:41:0a:ae:57:d6:d9:
            31:a7:3c:08:18:4c:c4:8a:52:47:bd:84:be:1a:f7:
            9b:a0:dd:5f:64:40:98:ee:05:93:93:19:4d:c2:63:
            59:76:29:92:1d:ba:5b:5e:ce:d9:b0:0b:b4:d7:fe:
            41:34:f2:6e:e3:27:e3:c1:1f:e3:f0:17:ce:82:10:
            85:47:a8:d0:97:de:c4:cd:65:2d:8a:3a:49:4c:1e:
            ac:e9:b2:00:ae:c1:c5:ae:cb
        Exponent: 65537 (0x10001)
    X509v3 extensions:
        X509v3 Subject Alternative Name:
            email:zhang_bm@citiz.net
        X509v3 Basic Constraints: critical
            CA:FALSE
        X509v3 Authority Key Identifier:
keyid:69:9B:A8:8A:93:8C:68:8D:38:16:ED:80:36:BF:91:CE:AE:3F:C9:DC
        X509v3 Extended Key Usage:
            TLS Web Client Authentication, E-mail Protection
    Signature Algorithm: md5WithRSAEncryption
        14:11:27:83:10:bf:bd:35:43:71:dc:04:e4:9d:8f:de:2a:a8:
        3e:1e:8e:51:39:97:5b:a0:17:ae:2b:c9:3a:52:e5:19:91:69:
        26:99:a3:b5:ac:e1:13:a8:dd:80:f4:0e:99:6f:99:cd:50:91:
        59:9a:ec:f9:a1:4a:a9:1a:4e:d5
```

在浏览器窗口中,选择"工具"→"Internet 选项",在 Internet 选项的窗口中,单击选项卡"内容"下的"证书"按钮,在出现的证书窗口中将会看到若干数字证书,任选一个数字证书,将会看到如图 6-16 所示的数字证书的具体内容。

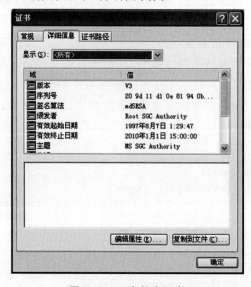

图 6-16 一个数字证书

6.5.2 认证中心

认证中心(CA),作为电子交易中受信任的第三方,负责为电子商务环境中各个实体颁发数字证书,以证明各实体身份的真实性,并负责在交易中检验和管理证书。数字证书的用户拥有自己的公钥/私钥对。证书中包含有证书主体的身份信息、公钥数据、发证机构名称等。发证机构验证证书主体为合法注册实体后,就对上述信息进行数字签名,形成证书。在公钥证书体系中,如果某公钥用户需要任何其他已向 CA 注册的用户的公钥,可直接向该用户索取证书,而后用 CA 的公钥解密即可得到认证的公钥;由于证书中已有 CA 的签名来实现认证,攻击者不具有 CA 的签名密钥,很难伪造出合法的证书,从而实现了公钥的认证性。数字证书认证中心是整个网上电子交易安全的关键环节,是电子交易中信赖的基础。它必须是所有合法注册用户所信赖的具有权威性、信赖性及公正性的第三方机构。

CA 的核心功能就是发放和管理数字证书。概括地说,CA 的功能主要包括:证书发放、证书更新、证书撤销和证书验证。具体描述如下:

(1) 接收验证用户数字证书的申请;
(2) 确定是否接受用户数字证书的申请,即证书的审批;
(3) 向申请者颁发(或拒绝颁发)数字证书;
(4) 接收、处理用户的数字证书更新请求;
(5) 接收用户数字证书的查询、撤销;
(6) 产生和发布证书的有效期;
(7) 数字证书的归档;
(8) 密钥归档;
(9) 历史数据归档。

VeriSign 是最大的公共 CA,也是最早广泛推广 PKI 并建立公共 CA 的公司之一。VeriSign 除了是公认的最可信公共 CA 之一,还提供专用 PKI 工具,包括称为 OnSite 的证书颁发服务,这项服务充当了本地 CA,而且连接到了 VeriSign 的公共 CA。国内常见的认证中心有中国金融认证中心、中国商务在线、北京数字证书认证中心等。

中国金融认证中心(China Financial Certification Authority,CFCA),是经中国人民银行和国家信息安全管理机构批准成立的国家级权威的安全认证机构,是重要的国家金融信息安全基础设施之一,成立于 2000 年 6 月 29 日。2004 年底,CFCA 建成了"国家金融安全认证系统",为网上银行、电子商务、电子政务等金融机构、税务、政府机关和大企业集团提供第三方安全认证服务。

6.5.3 安全协议

要保障电子商务的安全可靠,除了需要依靠上述的一些基本的安全技术外,还需要制定一系列的安全规范,只有依据这些规范,系统与系统之间才能更好地协调工作,安全才能有所保障,这些规范,就是所谓的安全协议。常用的安全协议有安全套接层(Secure Sockets Layer,SSL)协议、安全电子交易(Secure Electronic Transaction,SET)协议、安全超文本传输协议、安全多媒体 Internet 邮件扩展协议等。

1. SSL 协议

SSL 协议最初是由 Netscape Communication 公司设计开发的,主要用于提高应用程序之间的数据的安全系数。SSL 协议的整个概念可以被总结为：一个保证任何安装了安全套接字的客户和服务器间事务安全的协议，它涉及所有 TCP/IP 应用程序。

SSL 协议主要提供三方面的服务。一是用户和服务器的合法性认证。认证用户和服务器的合法性，使得它们能够确信数据将被发送到正确的客户机和服务器上。客户机和服务器都是有各自的识别号，这些识别号由公开密钥进行编号，为了验证用户是否合法，SSL 协议要求在握手交换数据进行数字认证，以此来确保用户的合法性。二是加密数据以隐藏被传送的数据。SSL 协议所采用的加密技术既有对称密钥技术，也有公开密钥技术。在客户机与服务器进行数据交换之前，交换 SSL 初始握手信息，在 SSL 握手消息中采用了各种加密技术对其加密，以保证其机密性和数据的完整性，并且可用数字证书进行鉴别。这样就可以防止非法用户进行破译。三是保护数据的完整性。SSL 协议采用 Hash 函数和机密共享的方法来提供信息的完整性服务，建立客户机与服务器之间的安全通道，使所有经过 SSL 协议处理的业务在传输过程中能全部完整准确无误地到达目的地。

需要说明的是，SSL 协议是一个保证计算机通信安全的协议，对通信对话过程进行安全保护。例如，一台客户机与一台主机连接上了，首先是要初始化握手协议，然后是建立一个 SSL 对话时段。直到对话结束，SSL 协议都会对整个通信过程加密，并且检查其完整性。这样一个对话时段算一次握手。而 HTTP 协议中的每一次连接就是一次握手，因此，与 HTTP 相比，SSL 协议的通信效率会高一些。

SSL 协议的通信过程如下。

（1）接通阶段：客户通过网络向服务商打招呼，服务商回应。

（2）密码交换阶段：客户与服务器之间交换双方认可的密码，一般选用 RSA 密码算法，也有的选用 Diffie-Hellman 和 Fortezza-KEA 密码算法。

（3）会谈密码阶段：客户与服务商间产生彼此交谈的会谈密码。

（4）检验阶段：检验服务商取得的密码。

（5）客户认证阶段：验证客户的可信度。

（6）结束阶段：客户与服务商之间相互交换结束的信息。

当上述动作完成之后，两者间的资料传送就会加密，另外一方收到资料后，再将编码资料还原。即使盗窃者在网络上取得编码后的资料，如果没有原先编制的密码算法，也不能获得可读的有用资料。

发送时信息用对称密钥加密，对称密钥用非对称算法加密，再把两个包绑在一起传送过去。接收的过程与发送正好相反，先打开有对称密钥的加密包，再用对称密钥解密。

在电子商务交易过程中，由于有银行参与，按照 SSL 协议，客户的购买信息首先发往商家，商家再将信息转发银行，银行验证客户信息的合法性后，通知商家付款成功，商家再通知客户购买成功，并将商品寄送客户。

SSL 协议是国际上最早应用于电子商务的一种网络安全协议，至今仍然有很多网上商店使用。在传统的邮购活动中，客户首先寻找商品信息，然后汇款给商家，商家将商品寄给客户。这里，商家是可以信赖的，所以客户先付款给商家。在电子商务的开始阶段，商家担心客户购买后不付款，或使用过期的信用卡，因而希望银行给予认证。SSL 协议正是在这种背景下产生的。

SSL 协议运行的基础是商家对客户信息保密的承诺。但从上述流程中可以看出，SSL

协议总体有利于商家而不利于客户。客户的信息首先传给商家,商家阅读后再传至银行,这样,客户资料的安全性便受到威胁。商家认证客户是必要的,但整个过程中,缺少了客户对商家的认证。在电子商务的开始阶段,由于参与电子商务的公司大都是一些大公司,信誉较高,这个问题没有引起人们的重视。随着电子商务参与的厂商迅速增加,对厂商的认证问题越来越突出,SSL 协议的缺点完全暴露出来。SSL 协议将逐渐被新的电子商务协议(例如 SET 协议)所取代。

2. SET 协议

在开放的互联网上处理电子商务,保证买卖双方传输数据的安全成为电子商务的重要问题。为了克服 SSL 协议的缺点,满足电子交易持续不断增加的安全要求,达到交易安全及合乎成本效益的市场要求,VISA 国际组织及其他公司如 Master Card、Micro Soft、IBM 等共同制定了 SET 协议。这是一个为在线交易而设立的一个开放的、以电子货币为基础的电子付款系统规范,它采用公钥密码体制和 X.509 数字证书标准,主要应用于 B2C 模式中,保障支付信息的安全性。SET 协议在保留对客户信用卡认证的前提下,又增加了对商家身份的认证,这对于需要支付货币的交易来讲是至关重要的。由于设计合理,SET 协议得到了许多大公司和消费者的支持,已成为全球网络的工业标准,其交易形态将成为未来"电子商务"的规范。

SET 协议比 SSL 协议复杂,因为前者不仅加密两个端点间的单个会话,它还可以加密和认定三方间的多个信息。

SET 协议主要使用电子认证技术,其认证过程使用 RSA 和 DES 算法,因此,可以为电子商务提供很强的安全保护。由于安全电子交易规范是由信用卡发卡公司参与制定的,一般认为,安全电子交易规范的认证系统是有效的。当一位供货商在计算机收到一张有 SET 签证的订单时,供货商就可以确认该订单背后是有一张合法的信用卡支持,这时他就能放心地接下这笔生意,同样,由于有 SET 做保障,发出订单的客户也会确认自己是在与一个诚实的供货商做买卖,因为该供货商受到 Mastercard 或 VISA 发卡组织的信赖。

SET 协议要达到的目标主要有以下 5 个。

(1) 保证电子商务参与者信息的相互隔离。客户的资料加密或打包后经过商家到达银行,但是商家不能看到客户的账户和密码信息。

(2) 保证信息在互联网上安全传输,防止数据被黑客或内部人员窃取。

(3) 解决多方认证问题,不仅要对消费者的信用卡认证,而且要对在线商店的信誉程度认证,同时还有消费者、在线商店与银行间的认证。

(4) 保证了网上交易的实时性,使所有的支付过程都是在线的。

(5) 规范协议和消息格式,促使不同厂家开发的软件具有兼容性和互操作功能,并且可以运行在不同的硬件和操作系统平台上。

SET 安全协议的工作原理主要包括以下 7 个步骤。

(1) 消费者利用已有的计算机通过互联网选定物品,并下电子订单。

(2) 通过电子商务服务器与网上商场联系,网上商场做出应答,告诉消费者订单的相关情况。

(3) 消费者选择付款方式,确认订单,签发付款指令(此时 SET 介入)。

(4) 在 SET 中,消费者必须对订单和付款指令进行数字签名,同时利用双重签名技术保证商家看不到消费者的账号信息。

（5）在线商店接受订单后，向消费者所在银行请求支付认可，信息通过支付网关到收单银行，再到电子货币发行公司确认，批准交易后，返回确认信息给在线商店。

（6）在线商店发送订单确认信息给消费者，消费者端软件可记录交易日志，以备将来查询。

（7）在线商店发送货物或提供服务，并通知收单银行将钱从消费者的账号转移到商店账号，或通知发卡银行请求支付。

6.6 PKI 技术

为解决 Internet 和电子商务的安全问题，世界各国对其进行了多年的研究，初步形成了一套完整的解决方案，即目前被广泛采用的 PKI（Public Key Infrastructure，公钥基础设施）体系结构。PKI 体系结构采用证书来管理公钥，通过第三方的可信机构 CA，把用户的公钥和用户的其他标识信息（如名称、E-mail、身份证号码等）捆绑在一起，来验证网上用户的身份。同时，在 PKI 体系结构中，通过使用 SSL 协议和 SET 协议，实现密钥的自动管理，来保证数据的机密性、完整性。

从广义上讲，所有提供公钥加密和数字签名服务的系统，都可称为 PKI 系统。PKI 的主要目的是通过自动管理密钥和证书，为用户建立起一个安全的网络运行环境，使用户在多种应用环境下能方便地使用加密和数字签名技术，从而保证数据的机密性、完整性、有效性。一个典型、完整、有效的 PKI 应用系统至少应具有以下部分：公钥密码证书管理、黑名单的发布和管理、密钥的备份和恢复、自动更新密钥、自动管理历史密钥、支持交叉认证。为此，由 RSA 实验室牵头制定了一个 PKCS 标准（Public-Key Cryptography Standard，公开钥密码标准）。PKCS 共包括 15 个标准，如表 6-2 所示。

表 6-2 PKCS 标准

标 准 名	说　　　明
PKCS♯1	RSA 密码标准（RSA Cryptography Standard）
PKCS♯2	已并入 PKCS♯1
PKCS♯3	DH 密钥交换标准（Diffie-Hellman Key Agreement Standard）
PKCS♯4	已并入 PKCS♯1
PKCS♯5	基于口令的密码标准（Password-Based Cryptography Standard）
PKCS♯6	证书扩展语法标准（Extended-Certificate Syntax Standard）
PKCS♯7	密文信息语法标准（Cryptography Message Syntax Standard）
PKCS♯8	私钥信息语法标准（Private-Key Information Syntax Standard）
PKCS♯9	属性种类（Selected Attribute Types）
PKCS♯10	认证请求语法标准（Certification Request Syntax Standard）
PKCS♯11	密码令牌接口标准（Cryptographic Token Interface Standard）
PKCS♯12	个人信息交换语法标准（Personal Information Exchange Syntax Standard）
PKCS♯13	椭圆曲线密码标准（Elliptic Curve Cryptography Standard）
PKCS♯14	伪随机数生成标准（Random Number Generation Standard）
PKCS♯15	密码令牌信息格式（Cryptography Token Information Format Standard）

由于PKI体系结构是目前比较成熟、完善的Internet网络安全解决方案，国外一些大的网络安全公司纷纷推出一系列的基于PKI的网络安全产品，如美国的Verisign、IBM、Entrust等安全产品供应商为用户提供了一系列的客户端和服务器端的安全产品，为电子商务的发展提供了安全保证，为电子商务、政府办公网、EDI等提供了完整的网络安全解决方案。PKI安全结构如图6-17所示。

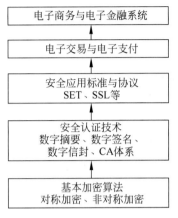

图6-17　PKI安全结构

6.7　口令身份验证

网上交易者身份的识别，除了使用数字证书之外，还可使用口令验证的方法。利用口令来验证身份，是一种较为传统的方法，在交易过程中普遍使用。

6.7.1　常规口令验证

最早的口令验证出现在网络诞生之前，口令是以明文方式表达的，用于计算机用户访问单机系统。后来，这种技术又被广泛用于网络的远程访问。用户访问时，系统出现提示符，用户遵照要求输入自己的用户名和口令，系统查看用户账号数据库，如果输入的用户名和口令与数据库中的内容相匹配，系统就允许该用户访问。

常规口令验证的过程分为三步：首先，用户先将口令传送给计算机；其次，计算机完成口令单向函数值的计算；最后，计算机把单向函数值和存储在后台文件或数据库中的值进行比较，若相符则说明口令正确，否则口令不正确。常规口令验证机制具有自身的弱点，其口令不能随着时间的变化而发生随机改变，具有弱鉴别特性。因而容易产生许多问题，如外部泄露、被猜测、通信过程中被窃取、被重放，甚至危及验证的主机或数据库的安全。

为了防止发生以上这些安全问题，除了需要加强教育和严密组织管理外，还要求口令定期进行更改，口令的长度和内容应满足一定要求。为了防止口令被非法程序猜测和非法截取，在口令验证的过程中应插入实时延迟，并对口令进行变换（如进行散列变换）。另外，为了防止含有口令的信息包的网络重放，每次验证时，验证者都应发送随机的验证码，以增加口令验证时的不可预测性和不重复性。

6.7.2 动态口令验证

常规口令验证方法,由于其本身的弱点,或多或少会存在一些安全隐患。相较而言,动态口令(又称一次性口令)是一种更为安全的身份验证方法,近年来被广泛使用。

动态口令的基本特征是,在应用过程中,用户必须持有一个用于产生动态口令的设备,用设备产生动态口令后,交给应用系统,再由应用系统转交给认证系统进行认证。这样可有效地防止信息重放、信息窃取和危及验证者的事故发生。目前,基于使用方式的不同,动态口令主要有三种工作模式:①基于时间同步机制;②基于事件同步机制;③基于提问/应答(异步)机制。

1. 基于时间同步机制的动态口令

在这种工作模式中,客户手中掌握着一个令牌卡,里面装有微处理器芯片、时钟和电源。令牌的形状有多种,如图 6-18 所示。在客户端以时间作为变量,使用对称密钥,进行密码运算,得出一个结果,称为伪随机数,长度可为 128 位。为了操作方便,只截取一定的位数(如 8 位十进制数),显示在令牌卡的液晶屏上,这就是动态口令。用户读取这 8 位数字后,把它输入终端,传给认证服务器。认证服务器使用同样的对称密钥,对时间加密形成另一个伪随机数,显然,因为双方的时间是同步的,两个伪随机数也会相同,认证服务器截取 8 位数字后把它与收到的动态口令进行比较,如果相同,这就实现了认证。黑客或非法程序因为没有掌握相同的密钥,无法产生正确的伪随机数和口令,也就不能通过认证。而如果靠窃听截获了这个动态口令,想用它来通过下一次认证,也是无法得逞的。因为下一次认证的时间变量已经改变,密码运算得到的伪随机数和动态口令也变了,上一次的口令已经作废了。

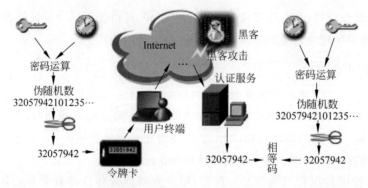

图 6-18 时间同步机制的动态口令

2. 基于事件同步机制的动态口令

在这种工作模式中,通过执行一个 n 次的单向函数来对口令进行变换,用户每登录一次,n 的值就减 1,这样每次产生的变换口令都不相同。由于在验证者处保存了 n 的值和最后一次使用的变换口令,因而正常情况下能够正确地进行验证。若产生变换口令的 n 值与验证者处保存的 n 值不一致,则不能通过认证。

3. 基于提示/应答机制的动态口令

在这种工作模式中,每次由认证系统给出一个挑战数,客户将挑战数输入客户端设备后产生一个应答数,应答数传送给认证系统,由认证系统来判断其真伪。

以上三种模式的动态口令,其后台的认证系统结构非常类似,功能也基本相同,提供着同一级别的安全认证管理。但三种模式的客户端则有着较大的不同。对于时间同步机制，由于以时间作为变量，因此客户端设备必须具有时钟，从而对设备精度要求高，成本高，耗电量大，应用模式单一，很难支持双向认证及"数字签名"等应用需求。对于提示/应答机制，由于挑战数是由认证系统提出，客户端设备将挑战数输入后产生应答数，因此应用模式可设计得较丰富，可支持不同的应用需求，如双向认证、数字签名等。但由于需要运算，因此客户端设备必须具备运算功能，同样难以降低成本，而且由于其认证步骤复杂，对旧的应用系统的改造工作量很大。而对于事件同步机制，由于这一机制与应用逻辑相吻合（都是以次数为计算单位），因此客户端的设备设计简单，在使用动态口令表时甚至可不需要运算设备，成本极低，并可支持丰富的应用需求。

习题与思考

1. 计算机加密有何特点？
2. 身份验证有哪些常用的方法？
3. 何谓数字信封？数字摘要？数字签名？
4. 搜寻有关资料，了解双重签名的原理。
5. 收集有关资料，了解网上银行系统所采用的安全协议。

第 7 章 信 任 管 理

随着网络环境的日益成熟,以网络购物为代表的电子商务发展迅猛,成为少数发展水平与全球同步甚至领先的行业之一。然而,由于电子商务具有网络虚拟性和不确定性的特征,同时伴随着大数据拥有者的单向不透明性,与传统市场相比,电子商务的信任始终难以建立;加上频繁爆发的信任危机,加剧了消费者对电子商务的不信任,从而一定程度上影响了电子商务的健康发展。因此,加强电子商务的信任管理,建立一套完善的信任管理机制,尤为重要。

7.1 信任概述

7.1.1 信任与信用

作为一种网络安全机制,信任(Trust)和信用(Credit)都有一个"信"字,在词源学上其意义有相同之处,都包含"相信"的内容。信任在词源学上有 3 种含义:①相信并加以任用;②任随,听凭;③相信而敢于托付。生活中,用得最多的是第三种含义下的信任,即信任某人不仅仅停留在相信的意义上,还认为他能够完成所托付的事。信用在词源学上有 4 种含义:①以诚信使用人;②相信和采用;③以能履行跟人约定的事情而取得信任;④不需要提供物资保证,不立即支付现金,而凭信任所进行的交易,如信用贷款、信用交易等。

在经济学中,信任是市场交易中交易一方对另一方的履约行为及能力所持的认可的态度及正向的预期,依赖或任用对方,愿意与对方进行交易,并承担一定的风险。信任问题发生的实质是交易中的某一方存在机会主义倾向或诱因(事前的或事后的)。对有双方参与的交易来讲,离开任何一方对另一方的信任,交易都将无法进行下去。事实上,信任是交易一方对另一方以往信用行为的认可;交易一方在以往交易中失去信用,另一方的信任也会随之消失。

在市场交易中,信用指的是一种交易行为,又称信用行为,即人们之间的一种合乎道德的受社会肯定评价的交往行为和过程。它体现于交易主体在交易时,对产品质量、型号、功能等的约定或承诺与其实际的内容一致,没有欺骗交易对方的行为;也体现在它可以允许一方或者双方,以未实现的劳动价值作为交换的依据,权利与义务的实现和履行可以在时空上分离。如信用买房,买者可以今天获得居住的权利,而用未来的 10 年劳动去履行本该立即履行的支付义务。信用买房的前提是银行必须信任购房者的承诺及其未来的支付能力。具体地说,信用行为是指交易主体(参与交易的人、企业、团体或组织)在讲信用的基础上做出的涉及人们之间利益置换关系的社会交易行为。一个交易主体在社会交易中有获得利益的权利,同时也有如实地(不含任何欺诈行为)履行支付成本(利益支出)的义务,是权利与义务的统一。因此,信用行为属于交易主体义务的内容,体现在自觉如实履行支付成本的行为中。任何信用行为都是社会交易现实中的行为,都是在一定的时间、空间和情境条件下,以一定方式进行的。

市场交易中,信任和信用的区别是明显的,主要表现在以下三方面。

(1) 产生的来源不同。对某一交易主体来讲,对其的信任总是来自参与交易的另一方,是另一方对其信用行为所持的认可态度。而信用(行为)产生于交易主体自身,由其自己把握和控制。

(2) 发生的时序不同。信任与否总是发生在事前(交易前)。只有交易参与双方彼此都信任,才能发生交易,市场交易会止于任何一方对另一方的不信任。而交易主体是否讲信用,总是出现在事中或事后;取得信任后,交易主体也可能通过隐藏信息,欺骗对方,同时令交易最后完成,即交易主体不讲信用,也可能发生交易。

(3) 对当前交易影响方式不同。交易双方彼此的信任态度直接影响当前交易发生与否,而交易各方过去交易历史中的信用行为是通过信誉影响对方的信任态度,进而影响当前交易发生与否。换句话说,交易主体当前的信用行为仅会影响未来交易的发生。

综上所述,信任是一个交易主体对另一交易主体守信行为的肯定预期。当然,这种肯定的预期不是随便产生的,它依赖于另一交易主体过去交易历史中的守信行为,包括他的身份、守法情况、经营情况、产品质量、服务情况和银行信用情况等内容,以及由此得到社会普遍认可、肯定所带来的声誉。

依据信任内涵的不同,信任分为身份信任和行为信任。身份信任需要对主体身份(如主体特性、资格、能力)进行鉴定,对主体的运作权限进行验证,最后对主体进行授权;而行为信任需要根据主体间以往直接或间接的行为接触经验,判断出某个主体未来可能采取的行动及其可能性,进而决定授权的范围。

7.1.2 信任与信用一致性

在理性人和完全信息的假设条件下,市场交易过程中交易双方的博弈经历两个阶段:第一阶段是信任博弈,发生在交易前,信任和不信任是交易双方各自可供选择的两个策略;第二阶段是信用博弈,发生在交易过程中,守信和失信是交易双方各自可供选择的两个策略。

社会经济活动中有 A、B 两个潜在的交易伙伴。图 7-1 描述了 A、B 双方单次交易的博弈树,括号中第一、二个字母或数字分别表示相应情况下 A、B 的收益,满足 $a1$、$a2$、$b1$、$b2$、$c1$、$c2$、$d1$、$d2$、$e1$、$e2$、m 均大于 0,m 比 $a1$、$b1$、$c1$、$d1$ 和 $a2$、$b2$、$c2$、$d2$ 充分小。$a1$、$a2$ 为双方选择信任和守信策略分别所得到的收益,$b1$、$b2$ 为双方选择信任和失信策略分别所遭到的损失,$c1$、$c2$ 为双方选择信任、一方守信另一方失信所得到的额外收益(相应地,$-e1$、$-e2$ 为此种情况下所得到的额外惩罚),$-d1$、$-d2$ 为双方选择信任、一方失信另一方守信所遭到的损失,$-m$ 表示 A、B 两个交易伙伴中一方选择信任策略,另一方选择不信任策略时,信任一方因为搜寻、游说失败等而付出的一个成本,此时不信任的一方无须付出这个成本,故收益为 0。

从图 7-1 中不难看出,在交易前,只有交易双方互信时,才能发生交易进入信用博弈。来自交易双方任何一方的不信任都会导致交易的终止。作为子博弈的信用博弈是一个典型的"囚徒困境"博弈。如果博弈只进行一次,则:

(1) 若 $d1>b1,d2>b2,c1-m-e1>0,c2-m-e2>0$,信用博弈的结果为双方失信,由逆推法不难得出此博弈的唯一纳什均衡是 A、B 双方互不信任,均衡结果是(0,0)。

(2) 若 $d1<b1,d2<b2,c1-m-e1>0,c2-m-e2>0$,信用博弈的结果为一方守信,一方失信,由逆推法同样可以得到博弈的唯一纳什均衡是 A、B 双方互不信任,均衡结果是(0,0)。

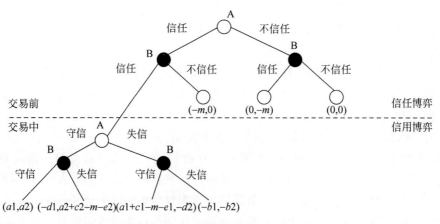

图 7-1　A、B 进行交易的博弈树

由(1)、(2)可知,交易双方只要有一方失去信用,博弈的结果必然是双方互不信任,最终形成"柠檬市场"。

(3) 如果在 A、B 双方信用博弈阶段,双方能够走出困境,都讲信用,在同时存在这样预期的情况下,显然双方在信任博弈阶段都会选择信任对方的策略。事实上,许多学者提出了很多方法可以促使 A、B 双方走出"囚徒"的困境,如重复交易、"团体"组织形式、签订合同、改变参与者的偏好。当信用博弈走出困境时,互信就会随之出现。

由此可见,信任和信用具有一致性。信用产生的机理也是信任产生的机理,交易一方的守信与另一方的信任总是相伴而生的。均衡意义下来讲,交易主体不讲信用,就不会有来自他人的信任。

进一步对图 7-1 博弈树进行分析:

若 B 信誉很好,使得 A 始终信任 B、B 始终守信,在此情况下,图 7-1 博弈树演变为图 7-2 所示的博弈树。

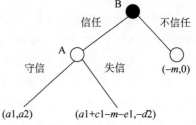

图 7-2　B 信誉很好时的博弈树

考虑信用等级的设置,令 i 为信用等级(i 值越大,表示信用越低),$A_k^i \in [0,1]$ 为博弈分析的参数因子(其值取决于信用等级划分的粒度和对安全要求的强度,i 值越小,A_k^i 值就越大,表明信用越高的主体失信时得到的损失和收益会越大,k 为影响信用的安全属性序号),得到的博弈矩阵如表 7-1 所示。其中,$-q$ 为 A 守信而 B 不信任 A 时,B 所遭受的潜在损失。

表 7-1　B 信誉很好时的博弈矩阵

		B	
		信任	不信任
A	守信	$[a1A_1^{i-1}, a2A_2^{i-1}]$	$[0, -qA_6^{i-1}]$
	失信	$[a1A_1^{i-1}+c1A_3^{i-1}-m-e1A_5^{i-1}, -d2A_4^{i-1}]$	$[-m, 0]$

假设 B 以 x 概率选择"信任",以 $1-x$ 概率选择"不信任",则 B 决策的混合策略为 $P_B=(x, 1-x)$;A 以 y 概率选择"失信",以 $1-y$ 概率选择"守信",则 A 决策的混合策略为 $P_A=(y, 1-y)$。下面来求取此博弈的混合纳什均衡。

对 A 来讲,其支付函数为

$$\Pi_A = P_A \begin{bmatrix} a1A_1^{i-1} + c1A_3^{i-1} - m - e1A_5^{i-1}, & -m \\ a1A_1^{i-1}, & 0 \end{bmatrix} P_B^{\mathrm{T}} = y[xc1A_3^{i-1} - xe1A_5^{i-1} - m] \tag{7-1}$$

对 Π_A 关于 y 求偏导,求得 A 策略最优化的一阶条件为

$$\frac{\partial \Pi_A}{\partial y} = xc1A_3^{i-1} - xe1A_5^{i-1} - m = 0 \tag{7-2}$$

得到

$$x^* = \frac{m}{c1A_3^{i-1} - e1A_5^{i-1}} \tag{7-3}$$

从式(7-3)可以看出,B 选择"信任"的概率只与 m、$c1$ 和 $e1$ 有关。若要 B 提高选择信任的概率(x),必须设法加大 A 失信的成本,加大对 A 失信的惩罚力度,减少 A 失信所获得的收益。在设计电子商务市场交易机制时,必须依据这一原理。

7.2 信任管理

7.2.1 信任管理含义和内容

信用是信任的基础。信任管理的目的是走出信用博弈困境,提高信用水平,增进不同主体之间的相互信任。M. Blaze(2003)等将信任管理定义为:采用一种统一的方法描述和解释安全策略(Security Policy)、安全凭证(Security Credential)以及用于直接授权关键性安全操作的信任关系(Trust Relationship)。基于该定义,信任管理主要解决 3 个问题,即制定安全策略、获取安全凭证、判断安全凭证集是否满足相关的安全策略。当安全凭证集满足相关的安全策略时,就可以对申请安全操作的主体进行授权或授权委托;否则,不仅不能授权,必要时还要进行惩罚。实际上,能否授权等价于一个一致性问题证明(Proof-of-Compliance),可表述为"安全凭证集 C 是否能够证明请求 r 满足本地策略集 P"。

对于信任管理,也有一些专家学者,从信任的定义出发,给出更具一般性的定义。他们认为,信任管理就是对信任意向进行获取、评估和实施。授权委托和安全凭证实际上是一种信任意向的具体表现,信任管理就是通过某种方法来描述、获取这些信任意向,并对其进行评估,然后才实施。在信任管理中,主要关注信任表述、信任度量和信任评估等问题。其中,在信任评估中,核心问题是对信用进行评估。

从信任管理的定义可以看出,信任管理的内容包括:信任策略制定与维护、信用监测与审计、身份认证、信用评估与行为预测、信任信息管理五方面。尽管如此,由于商业模式和网络环境不同,对信任管理的要求也不同,因而使用的信任管理模型和含有的信任管理内容也有所不同。通过对电子商务交易市场的交易流程进行梳理,不难看出,典型的信任管理模型中应该包含以下具体内容(以电子商务交易市场为例)。

首先,信任策略制定与维护。内容包括:建立和维护电子商务交易市场中加盟、经营、交易、支付、物流和评价等方面的规则。加盟规则用于认定交易者的身份和资格;经营规则用于规范交易者的经营行为,如商品发布、类目管理、价格设置和促销等;交易规则用于规

范交易者的交易行为,如交易方式、交易时间、交易对象等;支付规则用于对支付行为进行规范,如支付担保、支付促销等;物流规则主要是规范物流行为,如发货流程、物流管理等;评价规则是对交易的满意程度进行评价和规范,如评价内容、评价时限和频度、评价计分规则、惩罚措施等。

其次,行为监测与审计。内容包括:制定规则执行策略(如执行流程、执行方式和执行时间等),在交易流程各环节中监督规则执行、对规则执行进行评估与奖惩,重点是监督规则的执行。不同规则的执行效果,最终需要落实到规则评估与奖惩行为上。对违规行为,可以从违规处罚数、区域违规环比增长率等指标进行评估,并执行相应力度的惩罚;对投诉处理,可以从投诉渠道的使用率、投诉解决的速度、会员对投诉态度的满意度等出发,执行相应力度的奖励与惩罚。对规则执行进行评估与奖惩,是电子商务信任管理的核心和保证。

再次,征信服务。征信服务包括身份认证和行为信任评测。身份认证的内容包括对主体资格进行核查、对主体特征进行验证、对主体能力进行鉴定、确定授权范围、对主体进行授权等。行为信任评测主要是对商业服务(Provision Trust)、代理(Delegation Trust)、存取控制(Access Trust)、其他相关行为(Context Trust)进行信任评测,内容包括信任评估模型选取、声誉评价系统(Reputation Systems)与推荐系统(Recommendation System)建设等。

最后,信任信息管理。内容包括信任信息表达与发布、信任信息存储、信任信息计算与信任信息审核、信任信息发布等。

整个电子商务信任管理的内容如图 7-3 所示。

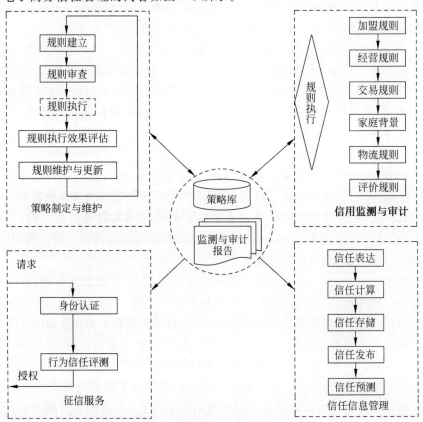

图 7-3　电子商务信任管理的内容

案例 7-1

全球速卖通网络交易平台规则

为确保信任与安全,全球速卖通(https://sell.aliexpress.com/)网络交易平台设置了若干种规则,如基础规则(包括卖家基本义务、交易、违规及处罚等)、知识产权规则、禁限售规则、营销规则、招商规则、卖家保护政策、搜索橱窗规则、特定国家规则等。

在基础的卖家基本义务中,规定了如下的一些要求:

第一条　卖家在平台的任何行为应遵守中国及其他国家可适用的法律、法规、规章、政令、判决等规范性文件。对任何涉嫌违法的行为,平台有权依照本规则进行处罚或处理。同时,速卖通对卖家的处理不免除其应尽的任何法律责任。

第二条　作为交易市场的卖方,卖家应就双方达成买卖交易自主对买家负责,切实履行卖家的信息披露、质量保证、发货与服务、售后及质保等义务。同时,卖家有义务了解并熟悉交易过程中的买家市场规定,遵守并提供善意、合理的配合。

第三条　遵守平台各类目的商品发布规则;禁止发布禁限售的商品或信息,详见全球速卖通禁限售商品目录。

第四条　尊重他人的知识产权,严禁未经授权发布、销售侵犯第三方知识产权的商品,包括但不限于商标、著作权、专利等,详见全球速卖通知识产权规则。

第五条　卖家应恪守诚信经营原则,及时履行订单要求,兑现服务承诺等,不得出现虚假交易、虚假发货、货不对版等不诚信行为,详见交易类规则。

第六条　保障消费者知情权,履行信息披露的义务。发布商品应如实描述义务,包括但不限于在商品描述页面、店铺页面、站内信、速卖通通信系统等所有平台提供的渠道中,向买家就自己提供的商品和服务进行真实、完整的描述,包括但不限于对物流、售后、保险等服务的方式、价格,商品的基本属性、功能、包装、成色、价格等,不应做出虚假或误导性陈述。

第七条　保证出售的商品在合理期限内可以正常使用,包括商品不存在危及人身财产安全的风险,具备商品应当具备的使用性能、符合商品或其包装上注明采用的标准等。

第八条　卖家不遵守本章约定,严重违反卖家基本义务,全球速卖通保留依照本规则进行市场管理的权利。基于维护市场良好持续、保障买家权益的目的,全球速卖通有权进行商品品质抽检及真假鉴定(包括但不限于通过自购或从消费者处获取,通过独立第三方质检机构或品牌权利人进行鉴定、指令合作物流公司协助抽检等);在速卖通不定时地检查卖家出售商品是否具有合法来源、是否为真时,卖家有义务保留并出示相关商品合法进货来源的凭证。对于速卖通有理由认为检查结果不良,或卖家无法提供相关凭证的,速卖通有权对卖家或店铺采取限制措施,包括但不限于扣分、删除商品、关闭店铺、限制其他技术服务等。

在基础的交易规则中,也做出了如下的一些规定:

第一节　注册

第九条　卖家在速卖通所使用的邮箱不得包含违反国家法律法规、涉嫌侵犯他人权利或干扰全球速卖通运营秩序的相关信息,否则速卖通有权要求卖家更换相关信息。

第十条　卖家在速卖通注册使用的邮箱、联系信息等必须属于卖家授权代表本人,速卖通有权对该邮箱进行验证;否则速卖通有权拒绝提供服务。

......

第二节 认证、准入及开通店铺

第十五条 速卖通平台接受依法注册并正常存续的个体工商户或公司开店,并有权对卖家的主体状态进行核查、认证,包括但不限于委托支付宝进行实名认证。通过支付宝实名认证进行认证的卖家,在对速卖通账号与支付宝账户绑定过程中,应提供真实有效的法定代表人姓名身份信息、联系地址、注册地址、营业执照等信息。

......

第三节 商标准入及经营

第二十四条 为保证消费者权益,卖家申请经营商标产品,需提供系统要求的商标注册证、授权书或进货发票,审核通过后方可发布商标商品。本规则下"商标"是指已获得法定商标管理部门颁发的商标注册证或商标受理通知书的商标。

......

第四节 发布商品

第二十七条 选择"标准销售计划"的店铺,店铺内在线商品数量上限为3000个;选择"基础销售计划"的店铺,店铺内在线商品数量上限为300个;特殊类目(Special Category)下每个类目在线商品数量上限为5个。平台保留为行业发展、消费者利益而不时调整可发布商品数的权利。

......

第五节 搜索排序

第三十一条 速卖通有权按照系统设定的统一算法进行平台商品的排序。商品在搜索页面的排序包含多种因素,包括但不限于商品的信息描述质量、商品与买家搜索需求的相关性、商品的交易转化能力、卖家的服务能力、搜索作弊的情况。详见《速卖通平台搜索排名规则解析》。

第六节 订单超时规定

第三十二条 订单关闭:就平台一般商品,自买家下订单起的20天内,买家未付款或者付款未到账的,订单将超时关闭。在闪购、限时抢购等特殊交易场景下,为维护卖家利益,买家未付款或付款未到账的订单会在平台认为的合理时限内(半小时起)关闭。

......

第七节 物流

第三十七条 发货物流方式

(一)基于平台的物流政策,卖家可自主选择发货采用的物流服务,包括但不限于菜鸟平台的线上物流服务商、菜鸟无忧物流或其他的线下物流方式。但向部分国家发货平台有特殊规定的,卖家应按照该规定进行。无论卖家选择线上或是线下的物流服务,卖家均应向买家准确、全面地披露物流服务的相关信息,包括但不限于卖家向买家收取的物流服务费、卖家指定的线下物流服务提供商向买家额外收取的物流费用(如物流服务费、关税、VAT等)等。如果卖家未按前述规定向买家准确披露物流服务的相关信息且买家提起纠纷,那么买家有权撤销交易,且卖家应承担未如实告知部分的全部费用。

(二)如买家自行选择物流方式,卖家发货所选用的物流方式必须是买家所选择的相关物流方式。未经买家同意,不得无故更改物流方式。

……

第八节 纠纷

第三十九条 卖家发货并填写发货通知后,买家如果没有收到货物或者对收到的货物不满意,最早可以在卖家全部发货 10 天后申请退款(若卖家设置的限时达时间小于 10 天或者是俄罗斯精品馆订单、本地仓服务订单,则买家最早可以在卖家全部发货后立即申请退款),买家提交退款申请时会在系统中生成争议流程("纠纷")。

……

第九节 售后宝服务

第四十六条 售后宝服务。为提升平台竞争力、保障买家体验,平台在综合消费者反馈和各行业情况下,就特定类目商品的订单在买家因特定货不对版提出纠纷情况下,对卖家提供赔付处理服务("售后宝服务")。该服务由平台出资免费为符合条件的卖家提供,具体权限开放条件、适用的货不对版纠纷情形以本规则为准。售后宝服务不免除任何卖家根据平台规则、与买家协议及法律法规规定下的义务或责任。

……

第十节 评价

第五十二条 平台的评价分为信用评价及店铺评分。其中"信用评价"包括"好评率"和"评论内容","评论内容"包括"文字评论"和"图片评论"。"店铺评分"是指买家在订单交易结束后以匿名的方式对卖家在交易中提供的商品描述的准确性、沟通质量及回应速度、物品运送时间合理性三方面服务做出的评价,是买家对卖家的单向评分。信用评价买卖双方均可以进行互评,但卖家分项评分只能由买家对卖家做出。

……

第十一节 放款

第六十一条 为确保速卖通平台交易安全、保障买卖双方合法权益,速卖通及其关联公司在满足规定的条件时,根据平台规则及本规则决定相应放款时间及放款规则

……

7.2.2 信任管理机制

在电子商务运作的过程中,不同参与主体具备不同的功能。他们相互作用,彼此交互,形成不同的运作过程和交互方式,从而构成了不同的信任管理机制。

1. 传统信任管理机制

在传统市场中,通常可以根据主体的声誉和过去的行为、家庭背景、种族信仰和价值观的不同,以及社会规范和相关制度的安排,给予主体不同的信任,并产生不同的信任管理机制。具体来说,传统市场上的信任管理机制主要分为 4 种类型,分别是家族式的信任管理机

制、知识性的信任管理机制、专家式的信任管理机制和规则式的信任管理机制。

家族式的信任管理机制以亲情为基础,以家、族为标准,赋予主体不同的信用等级、不同的管理权限和不同的管理职位。在这种管理机制中,参与主体能够以家族利益为核心,顾全大局,在法律不健全甚至没有法律的情况下,能够紧密团结合作,壮大企业。但是,随着组织的发展和壮大,囿于知识、能力和人性的限制,这种模式往往最后不能适应组织的发展需要。

知识性的信任管理机制,基于对主体长期交往和充分的了解,在掌握对方足够量的信息后,能够准确预测对方的行为。在这种前提下,主体可以获得相应的信用等级。在这种模式中,长期交往、行为一贯和少有劣迹特别重要。

专家式的信任管理机制,以业务领域中具有很高声望的专家评价意见作为信任的基础。在多位专家意见不一致的情况下,可以依据加权的结果,赋予相应的信任。

规则式的信任管理机制,以相关的契约或合同为基础,遵循一定的社会规则和规范,在参与主体互不相识的情况下,以违约受到惩罚并付出一定大小的代价,或守约得到一定的激励,作为信任的基础。

2. 电子商务信任管理机制

有别于传统市场中所有权与管理权相分离的信任管理机制,在电子商务(交易市场)信任管理过程中,各参与主体角色不同,承担的作用不同,彼此往往也互不相识,因此他们之间的信任管理机制主要采用基于规则的信任管理机制,具体分为多种模式,如中介信任模式、交托信任模式和担保信任模式。

在中介信任模式中,网站(或第三方服务商)作为中介人,在买卖双方达成交易协议后,买者将款项交给网站,当网站核对无误后,通知卖方向买方移交物品;当网站收到买方的收货通知后,再将款项交给卖方。这种模式是单边的,是以网站的信誉为基础的,存在着交易过程复杂化、交易成本高、适用范围小等缺陷。

在交托信任模式中,交易双方通过网站进行交易活动,在取得物品的交易权后,网站让买者将货款支付到网站指定的账户上,让卖者将货物交给网站设在各地的办事机构,当网站的办事机构核对无误后再将货款及货物交给对方。这种模式虽然能在一定程度上减少商业欺诈等商业信用风险,但需要网站有充足的资本设立众多的办事机构,因而降低了交易速度,增加了交易成本。

在担保信任模式中,网站为交易各方提供担保,试图通过提供担保来解决信用风险问题。这种模式一般只适用于具有特定组织性的行业,如在中国电子商务协会倡导下的中国电子商务诚信联盟。

上述信任模式基本上都是企业性规范,缺乏必要的稳定性和权威性,时不时会发生信任危机。为了提高彼此间的信任,众多电子商务企业采取了许多措施,主要有以下几种。

(1) 隐私保护与认证制度。在购物过程中,消费者需要向网站提供个人信息(姓名、住址、电话、E-mail 等)以便于配送,为防止消费者的个人隐私信息被盗用或买卖,通常网站需要使用隐私声明和隐私保护。隐私声明是在商户的信息中告知用户将收集哪些信息,如何存储、使用与保护信息。而隐私标识则是由独立的第三方隐私认证机构所颁发给那些通过其审查的网站的符号,表明网站的隐私保护操作能够有效地保护用户的信息隐私。

认证制度是解决信任问题、识别恶意对象(节点)、降低伪装攻击的最有效方法。它依赖于可信第三方,需要一个或多个可信服务中心来收集、管理交易对象的身份信息。目前,主要采取四种认证方式,即身份证认证、营业执照认证、地址认证、手机认证或二次认证。每一种认证方式都要求提供个人资料,通过第三方机构对个人资料进行确认,以保证交易者身份具有一定的可追溯性,以提高安全性和交易双方的信任度(Trustworthiness)。

(2) 角色信任。模型认为所有交易对象的"能力"是有限的,他在一个领域内受到某种程度的信任并不代表他在另一领域中也能得到这样的信任。因此,模型根据对象的"能力",将对象进行分组,不同分组在领域中的存取和交易权限各不一样。

(3) 信用(信誉)评价(Reputation System)与信用认证。用户在网站上交易成功后,在评价有效期内,就该交易互相做出评价。在线信誉系统通过收集评价信息,计算用户的信任度,为以后的交易提供极有价值的参照。

目前,一些信誉评价系统,如 BRS(Whitby,2004)、iCLUB(S. Liu,2011)、TRAVOS(W. Teacy,2006)和 Personalized(J. Zhang,2008)等,分别采用了不同的信誉评价算法模型,其鲁棒性(Robustness)和抵御各种外部攻击的能力各不一样(Lizi Zhang,2012)。

此外,为了提高消费者信任、促进成功交易,相关主体(如中国互联网信用评价中心)还主动开展了信用认证,提供信用图章服务。通过发放徽标或建立链接等方式,承担有限信用担保,减少了信息不对称性和相关的交易风险及成本。

案例 7-2

eBay 信用评价系统

在 eBay 上交易时,买卖双方都可以为对方留下信用评价,信用评价衡量了用户在 eBay 交易的情形,并能为其他用户提供参考。通过"My eBay"或透过 eBay 的"信用评价专区",就可为交易伙伴留下信用评价。信用评价一经留下,就会成为该会员信用评价档案的永久记录。

eBay 信用评价包括评级(好评、中评和差评)和简短的评语。好评会令信用度增加 1 分,中评不会改变信用度,差评会令信用度减少 1 分。若在不同的自然周成交,那么来自相同用户的重复信用评价将被计分(eBay 标准时间的一周为太平洋时间周一至周日)。例如,买家在周二赢得一件物品,然后在周四收到物品,并给予卖家一个好评。如果买家在同一星期从同一位卖家赢得另一件物品,那么买家再次留下的信用评价将不会计入信用度。但是,如果买家在下周二赢得另一件物品,那么他留下的信用评价将会计入卖家的信用度。

另外,在 eBay 信用评价体系中,还可以通过"卖家服务评级"进一步地说明卖家的服务质量。"卖家服务评级"包括以下四方面:

(1) 物品描述与实物之间的差异(Item as Described);
(2) 沟通质量及回应速度(Communication);
(3) 物品运送时间合理性(Shipping Time);
(4) 运费及处理费合理性(Shipping and Handling Charges)。

"卖家服务评级(Detailed Seller Ratings)"的四项指标不会计入卖家总体的信用度,但是会对"最佳匹配"的物品排序方式产生影响。分数高的卖家物品会被奖励更多的曝光。

> 另外"卖家服务评级/Detailed Seller Ratings"会以匿名的方式显示,这表示,卖家不会知道是哪一位买家留下的卖家服务评级,因此买家能够放心就事论事,就真实情况留下分数。

(4) 信用评级(Credit Rating)与外部推荐。网站根据用户累积的信用数据,对用户进行信用评级。在此基础上,结合外部推荐,模拟人类思维方式,通过收集外部的反馈信息,得出更加"理智"、更具说服力的结论。

常见的推荐方法有客户相似协同过滤(Collaborative Filtering,CF)、商品相似协同过滤(Item-to-Item Collaborative Filtering,在 amazon 中使用)、聚类分析(Cluster Models)、基于个人资料(Profile-Based)推荐等。

(5) 交易履约保障。网上许多应用,对时效性和记忆性要求各不相同,因而时间参数对信任的影响也有所不同。作为一个实例,在电子商务中不同交易对象可能会有意或无意地利用存在的时间差,过河拆桥,不履行自己的契约,这样就需要第三方作为交易资金或货品的保证人或担保人,通过第三方契约服务,来提高交易对象间的彼此信任。

在交易履约保障中,往往还会设定一段时间的犹豫期,只有在交易的某一方完成相关契约并越过犹豫期后,第三方才将资金或货品转交给另一方。

(6) 设立安全交易基金。安全交易基金是网站为增强用户进行网上交易的信心而提供的一种无偿赠送金额。目的是鼓励用户在网上交易过程中遵守诚实信用的交易原则,使买卖双方放心地进行在线交易。

(7) 在商业联盟方式中,许多参与主体,如一些中小商家,可以在交易平台上结成一个行业或区域联盟,这样不但可以降低物流成本和信息获取的成本,更重要的是可以获得联盟的整体信誉。

(8) 信用炒作惩罚措施。对于存在信用炒作情况的客户,网站一般会做出相应的惩罚措施,如取消恶意用户通过非正常交易获得的信任度;视情节严重情况冻结账户等。

(9) 综合评价。综合考虑几种不同的信任因素,得出更加真实的信任评价。例如,TrustCloud 组合了验证、行为检测、背书认可和交易等几方面的因素,如表 7-2 所示,这样得出的结果更加可信。

表 7-2 TrustCloud.com 信任评价

因素	数据来源	指标(Metrics)	权重(Weight)
验证(Verification)	基于安全认证的邮件、短消息	数量(Quantity),寿命(Longevity)	40%
行为检测(Behavior Detection)	社交网站	寿命(Longevity),联系(Connections),活动类型(Activity Type),频率(Frequency)	20%
背书认可(Endorsement)	TrustCloud+T 系统	深思(Considerate),可靠(Reliable),组织(Organized),有用(Helpful),准时(Punctual)	2%
交易(Transaction)	在线交易市场	反馈(Feedback),风险程度(Degree of Risk),寿命(Longevity),活动(Activity)	38%

(10) 其他。在分布式应用或云应用系统中，还存在其他的信任评价方法，如全局信任与局部信任、分布式 Hash 表信任与 P-Grid 机制信任等。

3. 基于区块链的信任管理机制

区块链是一种"信任机器"，最早出现于数字货币"比特币"(Bitcoin)中。它通过数字加密与分布式记账等技术手段，对社会关系、生产关系、产业关系进行架构，助力解决信任和信用问题，降低信用成本，确保信息安全。这既是区块链的"初心"，也是它的最大价值所在。

1) 比特币与区块链

(1) 比特币。比特币是一种由开源的 P2P(Peer to Peer,对等)软件产生的电子货币，又称"比特金"，是一种通用的网络虚拟货币，2009 年由中本聪(Satoshi Nakamoto)提出。与专用的网络虚拟货币不同，比特币不依靠特定的货币发行机构（去中心化），它通过特定算法进行大量计算（并发行货币），使用遍布整个 P2P 网络节点的分布式数据存储来确认、记录货币的交易，并使用密码学的设计来确保货币流通各个环节的安全性。换句话说，比特币是由加密算法、共识机制和 P2P 网络等技术组合而成的系统。它具有如下的一些特点。

① 去中心化。比特币是一种 P2P 形式的数字货币，点对点传输，是一个去中心化的分布式的数据存储系统，同时也是一个去中心化的信任管理、去中心化的货币发行和去中心化的货币交易与支付系统。这种去中心化的特性与算法本身，可以确保无法通过大量制造比特币来人为操控币值或者制造通货膨胀。

② 集体维护。比特币系统是由其中所有具有维护功能的节点共同维护，所有节点都可以通过公开的接口查询比特币账本数据。

③ 不可篡改。比特币使用工作量证明(PoW)的共识机制，同时交易账本采用最长链机制和数字签名等安全机制，因而比特币及账本难以篡改。

④ 数据透明。比特币账本（实际是区块链）是一个公开数据库，每个账户中的交易记录都是公开的。当然，这样的公开透明会带来隐私问题，即当用户把自己的账户地址告知交易对方时，对方就能通过区块链查询到这个账户中的所有资产和历史交易了。

⑤ 用户匿名。比特币在接收、发送和交易时，使用比特币钱包，一串 27~34 位的钱包地址就代表了用户的身份。

⑥ 专属所有权。操控比特币需要私钥，它可以被隔离保存在任何存储介质，除了用户自己，其他人无法获取私钥。

⑦ 使用 P2P 网络。P2P 网络是一种在对等者(Peer)之间分配任务和工作负载的分布式应用架构，是对等计算模型在应用层形成的一种组网或网络形式。在 P2P 网络中，网络的参与者通过网络既能提供部分资源、服务和内容（如处理能力、存储能力、网络连接能力、打印机等），又能直接获取这些资源。也就是说，在 P2P 网络环境中，彼此连接的多台计算机之间都处于对等的地位，各台计算机有相同的功能，无主从之分，一台计算机既可作为服务器，设定共享资源供网络中其他计算机所使用，又可作为工作站，整个网络不依赖专用的集中服务器。P2P 网络将传统客户/服务器(Client/Server)方式下的服务器负担分配到网络中的每一节点上，每一节点都将承担有限的存储与计算任务，加入网络中的节点越多，节点贡献的资源也就越多，其服务质量也就越高。

在 P2P 网络中，某个对等体若要访问共享的资源（例如某个数据库文件或多媒体文件），一般需要预先下载其对应的种子文件。种子文件是一个文本文件，保存了此文件的相关元数据,主要含有 Tracker 信息和索引信息。其中,Tracker 信息主要是指使用 BT 协议(BitTorrent 协议,一种在对等网络中下载大数据文件所遵循的协议)时所用到的 Tracker 服务器的地址和相应设置;索引信息是通过对文件内容进行计算,并根据 BT 协议中的 BenCode 编码规则进行编码所得到的信息。

在计算索引信息时,需要将文件虚拟分成若干大小相等的数据块,每块的大小为 2 的整数次方千字节(由于是虚拟分块,节点硬盘上并不产生各个文件块),然后将每个块的索引信息和对应的 Hash 验证码写入种子文件。因此,种子文件实际上就是被共享访问的资源文件(例如比特币账本文件)的"索引"。

(2)比特币的流通机制。比特币基于 P2P 网络、数字签名、交互式证明系统的零知识证明来发起和验证交易,并进行流通。在流通时,付款方需要在客户端软件上输入支付数量和接收方的比特币地址,并用付款方的密码签名之后,这个比特币才能付给对方。

在比特币流通之初,中本聪初创了 50 个比特币,并将之存放到比特币钱包中。比特币钱包是客户端软件的一个功能程序,专门用于收发比特币,内含若干比特币地址和一对密钥(公钥、私钥)。比特币地址是由公钥经过一系列的哈希及编码运算所得到的一个 33 位长度的字母、数字串,形如"1DwunA9otZZQyhkVvkLJ8DV1tuSwMF7r3v",总是由 1 或 3 开头。每个不同的比特币地址中可存放若干币值的比特币,在进行支付时需要使用相关的密钥进行验证或签名。

通过比特币钱包和 P2P 网络进行比特币流通的过程如下。

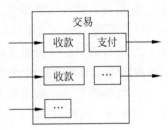

图 7-4 支付的表示

首先,付款方(甲)输入支付数量和接收方(乙)的比特币地址,通过比特币钱包生成此次需要的支付,此过程也称为一次交易(Transaction,Tx),内容包括:付款人地址、收款人地址、交易 ID 号、资金来源(例如挖矿所得或支付交易 ID 号)、资金去向(即付款金额)等,如图 7-4 所示。

然后,甲对"交易内容+乙的公钥"的散列值进行签名,得到带有签名的交易,通过 P2P 网络传给接收方(乙),如图 7-5 所示。

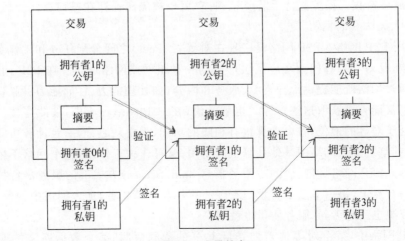

图 7-5 交易签名

从图 7-5 中可以看出,在比特币流通的过程中,甲将交易签名后付给乙,乙签名后再付给丙,以此类推,最后形成了一个完整的交易链。交易链的形成,意味着对等网络中的任何节点,随时都可以对交易链中的每个环节,使用付款方的公钥进行交易验证。同时,还意味着逆向交易变得不可能,由于交易链中各交易环环相扣,要想返还货币,就需要重新进行各个环节签名,这在现实中不仅不切实际,在计算量上也是不可能完成的。

实际上,在比特币的流通体系中,交易链数据是(通过区块链的形式)分布保存在对等网络的各个节点上,而不是集中在某一个节点上,大大方便了日常托管机制的实现。这样,既有利于保护交易中的客户,同时逆向交易的丧失,在某种程度上也保护了商家。

乙收到签名的交易信息后,首先验证比特币的真伪,以防止货币伪造,然后再解决双重支付问题。在无监管的 P2P 网络世界中,为了防止货币的重复使用,比特币流通机制采用了无中心节点的验证方式,需要将收到的交易信息广播到 P2P 网络上,这样对等网络上的所有(或大部分,包括乙)节点收到交易信息后,会将它放入一个区块中(一般 10 分钟创建一个区块,通过区块来公开记录所有交易及次序)。

在比特币行业中,区块的创建、计算及验证过程称为"挖矿"。创建一个区块后,需要完成"工作量证明",才能说明它是第一次收到的交易。所谓的"工作量证明",是指在区块内附加一个随机调整数(即 Nouce 值)后,计算区块的 SHA-256 哈希值,这通常由一个称为"矿工"(Worker)的软件来完成。矿工软件不断重复进行尝试,直到找到一个随机调整数使得产生的区块哈希值低于某个特定的目标数为止(此目标数在创建区块时自动产生)。由于哈希运算是不可逆的,寻找到符合要求的随机调整数非常困难,需要一个可以预计总次数的不断试错过程,每次试错需要耗费大约 10min。

在比特币的交易机制中,为了鼓励挖矿,激励大家参与工作量证明,通常系统对完成工作量证明的机器,会发行一定数量的比特币进行奖励(有时也会从交易中扣除一定比例的比特币来进行奖赏),这样就实现了比特币的发行。换句话说,比特币的交易机制,实际上也涵盖了比特币的发行机制功能。

这样,当 P2P 网络上的某个节点率先完成了工作量证明,就会率先将带有工作量证明完成标记的区块内容广播到 P2P 网络上,P2P 网络上的其他节点(包括乙)在收到后,就会对工作量证明的情况进行验证,然后进一步判断此块中是否存在双重支付:只需将区块中的交易与节点中保存的"区块链"中的数据进行比对,即可判断是否存在伪造或重复支付。若没有,则将此区块放入区块链(账本)的末端,形成一个增长的区块链,如图 7-6 所示,表示接受了此次交易;若存在伪造/重复支付,则节点拒绝此次交易,并报告全网。

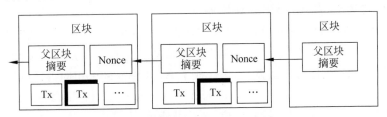

图 7-6 区块链的形成(Tx 代表交易,Nouce 为工作量证明完成的标记)

由此可见,区块链是一个去中心化的分布式账本,一个冗余的交易数据块链,构成了比特币交易系统的核心。在比特币系统中,采用区块链的目的,一是为了在 P2P 网络上实现分布式时间戳服务(分布式账本,表明交易内容及前后时间);二是为了解决代表"大多数"的意见决定及数据表示问题。这里,意见决定采用"一个 CPU 一票"而非传统的可做手脚的"一 IP 地址一票",这样,若某个黑客要想篡改区块中的交易内容,就需要完成区块链中此块后面所有区块的工作量证明及其标识设置,可以想象,这非常耗费 CPU 时间,实际上是不可能完成的任务。

在区块链中,各个区块中的前一区块摘要(Prev Hash)记录了所有交易及次序,Nouce 为工作量证明(Proof-of-Work)完成标记。对于诚实记录的节点,其区块链一般最长,也最能代表大多数。

另外,有时节点会先后收到同一交易的两个不同版本的工作量证明区块(例如 A 先后收到 B 和 C 用不同版本挖矿软件发送的工作量证明的同一区块),在这样的情况下,节点一般是将后收到的区块放到区块链的分支链中,然后再通过 P2P 机制,判断哪一个属于网中最长的链;留下最长的链,丢掉另外一个分支链,这样可防止重复支付。

需要指出的是,如前所述,在比特币系统中,每个区块都会允许发行一定数量的比特币(一般≤50 个),用来激励成功完成工作量证明的机器(即矿工)。比特币系统运行机制是会在大约 10 分钟确认一个区块。为了使数据块产生(完成工作量证明)的速度大体均匀,产生数据块的难度会做定期调整。如果数据块产生速度加快,就提高挖矿难度(即工作量证明的难度);如果数据块产生速度变慢,则降低难度。在最初的 4 年中会有 10 500 000 个比特币被制造出来,这个数值每 4 年减半,所以在第 4~8 年中会有 5 250 000 个比特币被制造出来,而在第 8~12 年中会有 2 625 000 个比特币被制造出来,以此类推。因此,比特币的数额会无限趋近于 2100 万个比特币,届时流通中比特币的总数将恒定维持在 209 999 999 769 个。

(3) 区块链。区块链是一个去中心化的分布式账本,或一个冗余的交易数据块链。简单地说,它是一个不断增长地含有特定种类数据的数据库。

区块链按照时间顺序将数据区块顺序相连,组成链式数据结构,并以密码学方式保证不可篡改和不可伪造。广义来讲,区块链是利用块链式数据结构来验证与存储数据,利用分布式节点共识算法来生成和更新数据,利用密码学的方式保证数据传输和访问的安全,利用智能合约来编程和操作数据,是一种分布式的基础架构与计算范式。

区块链具有如下特性:①分布账户、全网永久保存,一旦数据存储在区块链中,它就永远不会被修改或删除,区块链上的每一个记录都是永久保存的;②多人共同、对等维护的数据库,不是一个人或一个组织在维护这个数据库,而是成千上万的人在做这件事,每人都有自己的数据库副本;③多方共识交易,即去中心化的交易;④可防篡改的多方共识记账,可追溯的块的链式结构,去中心化的信任管理。

因此,区块链有很大的商业价值,主要体现在:对等主体之间的价值传递,数据遗失性的互认;业务协同的透明度,通过智能合约把交易的具体过程和规则透明可见;便于事中的监管、干预。例如,国际贸易链条长,信任成本高,区块链采用相同内容的账本,可降低信任成本,提高数据安全和隐私。此外,区块链还可用于版权确权存证,跨过司法链,进行数字信贷,做到数据可信、产权可信、授权可信、合约可信、法人可信。

(4) 区块链的类型。从效率角度,可将区块链分为公有链和许可链(包括联盟链和私有链),如图 7-7 所示。

公有链是指任何人都可以参加和退出,所有节点都可以投票、记账、建块。它具有中立、

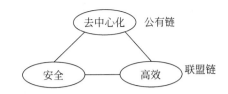

图 7-7　区块链类型划分（蒙代尔不可能三角）

开放的特点，主要使用 PoW（Proof of Work，工作量证明）和 PoS（Proof of Stake，股权证明）机制来确保数据的一致性，如第一代的比特币区块链、第二代的以太坊区块链（数据中含有智能合约）。

许可链是指只有被许可的节点才能参与投票、记账、建块，包括私有链（权利完全控制在一个组织中）、联盟链（加入和退出需要经过联盟授权）、企业链等。相比公有链，它具有交易速度快、不需要挖矿、交易成本低的特点，主要使用 PBFT（Practical Byzantine General Fault Tolerance，拜占庭共识协议）和 CBFT（Concurrent Byzantine Fault Tolerance，并发拜占庭共识协议）机制来确保数据一致性，如二代北航链、天德链、HyperLedger 系统等。

（5）区块链的共识机制。什么是共识机制呢？例如，学生社团需要一个团长带头组织协调工作，于是决定用投票的方式进行竞选，每人一票，学员可以选择投或不投。当大家达成共识，某个人得到大家的认可，就能成为合法有效的团长。整个投票过程和方法就是一种共识机制。

区块链的共识也是如此。区块链中每个节点都保存账本的完整信息，且节点可以在自己保存的链上增加新区块，但是，如果多个节点各自记账，就会产生混乱，系统无法保证统一合理，因此，多个节点所产生的新块，只有一个能得到所有人的认可。得到认可（称为拥有记账权）的节点产生出被认为是合法、有效的块，该块将被链接到之前合法的区块链上，其他节点产生的区块未拥有记账权，就不能加入区块链。

目前，经常使用的共识协议是基于拜占庭将军问题的 PBFT 协议。

拜占庭将军问题是一个协议问题，拜占庭帝国军队的将军们必须全体一致地决定是否攻击某一支敌军。问题是这些将军在地理上是分隔开的，而且将军中可能存在叛徒。当存在叛徒时，就会产生欺骗问题：欺骗某些将军采取进攻行动，促成一个不是所有将军都同意的决定（如当将军们不希望进攻时促成进攻行动），迷惑某些将军使他们无法做出决定等。如果叛徒达到了上述目的之一，则任何攻击行动注定都是要失败的，只有完全达成一致的努力才能获得胜利。

拜占庭将军问题的共识算法效力不高。为此，PBFT 协议（实用拜占庭容错）解决了这一问题，针对时间开销进行了优化，将算法复杂度由指数级别降低到多项式级别。

PBFT 算法的核心是三阶段共识流程：预准备（pre-prepare）、准备（prepare）和确认（commit）。

如图 7-8 所示，主要流程有 4 步：①客户端（Client）向主节点发送请求，调用服务操作；②主节点通过广播将请求发送给其他节点，节点执行 PBFT 的三阶段共识流程；③节点处理完三阶段共识流程后，返回消息给客户端；④客户端收到来自 $f+1$ 个节点的相同信息，代表共识已经完成。

根据上述流程，在 $N \geqslant 3F+1$ 的情况下可解决一致性，即 PBFT 能够容纳将近 1/3 的

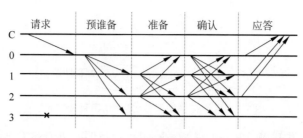

图 7-8　PBFT 算法流程

错误节点误差，如图 7-9 所示。这里，N 为总计算机数，F 为有问题的计算机总数。

	$N=4,F=0$ 时	
	得到数据	最终数据
A	1111	1
B	1111	1
C	1111	1
D	1111	1

	$N=4,F=1$ 时	
	得到数据	最终数据
A	1110	1
B	1101	1
C	1011	1
D	0111	1

	$N=4,F=2$ 时	
	得到数据	最终数据
A	1100	NA
B	1001	NA
C	0011	NA
D	0110	NA

图 7-9　PBFT 容错示例

PBFT 降低了原始 BFT 的算法复杂度，使得 PBFT 在实际应用中具有可行性，并且能够做到同时容纳故障节点和作恶节点，提供了安全性和鲁棒性。但是 PBFT 的算法复杂度仍然过高，可拓展性差，在节点数量变多时，系统性能将会下降得很快，带来更高的延迟。

（6）区块链数据。区块链中包含了交易数据，其数据结构如图 7-10 所示。其中，当交易类型为转账交易时，交易数据结构中包含发送者、接收者、转账的数量；当创建合约交易时，交易数据结构中包含发送者（即合约的创建人）和智能合约；当执行合约交易时，交易数据结构中包含发送者、合约地址和所要调用的方法与参数。

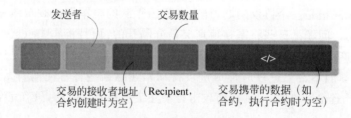

图 7-10　交易数据的结构

智能合约最早的形式是比特币中的扩展脚本，由于比特币设计之初并没有考虑智能合约，因此这种扩展脚本受到诸多限制，后来 Ethereum 平台设计了合约编程语言 solidity，提供了执行合约的虚拟机，进一步提高了智能合约的表述能力。而 fabric 的智能合约，直接采用 Java、GO 这些传统编程语言编写，功能和权限更加强大。智能合约的功能模型如图 7-11 所示。

目前，区块链智能合约在商业上的应用面临法律效力问题，因此，现有智能合约一般会在代码中存储一份相应的法律合同文本文件，以应对法律风险。直到今天，除了法律合同，智能合约已经应用到了更多的场景中，例如数字化交易所、供应链、物流等。

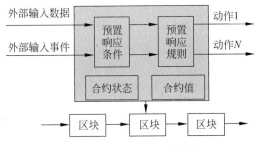

图 7-11　智能合约功能模型

（7）区块链的技术架构。区块链的基础技术架构从整体上可划分为数据层、网络层、共识层、激励层和应用层 5 个层次，如图 7-12 所示。

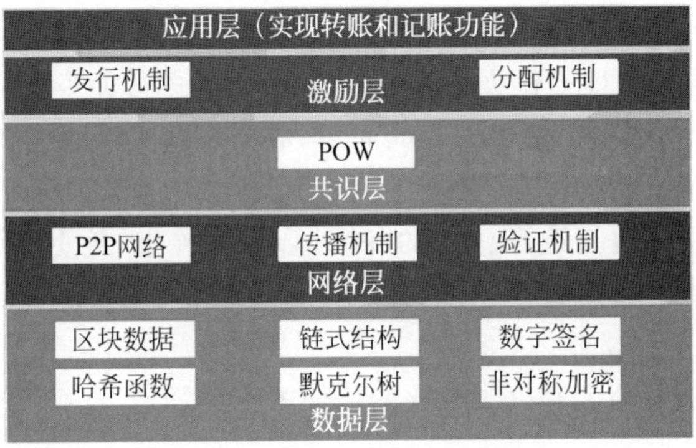

图 7-12　区块链基础技术架构

数据层采用合适的数据结构和底层数据库对交易、区块进行组织和存储管理，针对不同的需求提供更强的数据访问能力。例如，以太坊可以选用 LevelDB 或者 CouchDB。

网络层采用 P2P 协议完成节点间交易、区块数据的传输，处理节点之间相互发现。

共识层决定共识算法和激励机制，解决分布式一致性问题，通过一定的经济模型设计，提升参与者意愿，防止恶意攻击。

激励层通过一定的经济模型设计，构建合适的货币激励和收益分配机制，以提升参与者意愿，防止恶意攻击。

应用层提供用户可编程接口，允许用户自定义、发起和执行合约，允许其他系统能够和区块链进行交互，提供"区块链＋"的能力。

区块链通过使用基于 HTTP/2 的 P2P 协议来管理分布式账本，核心功能包括安全控制、共识服务、链上服务、治理服务、链上代码服务等。

安全控制：主要是进行隐私保护和权限控制。对于公有链，由于参与交易的各方未受到安全约束，出于安全考虑，往往需要一个与交易无关的第三方来对交易进行验证，为此需要将交易信息和交易者的身份信息分离，以匿名的方式来保护交易者的隐私。而对于像 Fabric 这样的许可链，由于各参与方预先受到安全控制，因而防范网络攻击的需求没有那么高，在共识机制上只需要在技术层面上确保一致和完备，对交易的验证可直接由交易相关方自己进行，其他无关方看不到交易内容。

共识服务：是区块链建立信任的基石。不同类型的区块链出于不同的考虑会在部署中使用和配置不同的共识算法或其组合算法,如 PBFT、Raft、PoW、PoS 等。共识的内容包括账本的规范化(例如如何组织区块、如何组织交易链等)、交易的确定性执行结果、交易的非双花唯一性、交易的顺序完备性(关键在于谁说了算),以及其他保证网络安全稳定运行的其他信息(如数据可用性)。此外,在其实现的过程中,应注重将账本的规范化和交易的唯一性验证分离,这样不仅有利于区块链平台整体的模块化、插件化、容器化,也有利于平台的横向扩展。

链上服务:主要包括合约流程服务、合约服务、公共技术服务等,对其的管理需要在遵循区块链治理体制和治理流程规则的前提下,完成例如合约流程(或服务)的建立、版本升级、排队、执行、挂起和退出等的管理。

治理服务(激励与惩罚机制):治理服务是为了让区块链能平稳安全地运行,并保证不同角色的参与者都能积极高效自觉地参与和维护区块链的生产、管理和治理。基本方法是,基于博弈经济模型,对符合区块链整体利益的行为进行激励,对正义行为进行奖励,对恶意行为进行惩罚,让攻击行为得不偿失;同时,也可对交易进行征税,并用于区块链平台的治理。当然,对于那些无法通过区块链解决的问题,或是一些无法预见的问题,需要设定链外治理的策略和机制,必要时还可以诉诸现实世界中的法律手段。

链上代码服务:主要包括链上代码的编写、合规性检查,链上代码的安装、实例化、执行、结果查询,智能合约模板的定制、智能合约的一致性检查等。

2) 基于区块链的信任机制

区块链的信任机制本质上是去中心化的信任中介。

人类社会维持协作最重要的机制是信任。尤其是双方平等的商业交易,没有信任,交易就不可能达成。这一点在熟人社会中问题不是很明显,但在陌生人社会中,情况就变得很棘手。这时候,就需要一个所有人都信任的东西作为信任中介。为此人类社会建立许多组织和制度,来维持信任系统的运行,如货币、法庭和银行。事实上,在互联网时代,一些电商平台也在提供着信任服务。人们在平台上买卖交易,通过平台允许的电子支付方式进行转账,平台因此也承担着信任担保的作用。

现代商业发达的重要表现就是信任扩展。各处天南海北的陌生人敢于进行交易,正是发达的信任中介在起作用。跨国公司、银行和互联网是商业世界的信任中心,它们可以连接无数的人,促成数量庞大的交易,创造巨大的信用价值。与此同时,这些信任中介也从中获益颇丰。

但中心化的信用中介存在明显的问题:成本巨大。菜市场要向摊位收取租金,才能维持环境整洁,秩序良好,确保市场内买卖公平;电商平台首页广告推广拥有巨大价值,它会向商家收取高额推广费;银行地处市中心的黄金地段,建筑富丽堂皇,一大作用就是赢得信任。为维持市场信任体系,无论是交易双方,还是信任中介,实际上都付出了庞大的信任成本。

而商业进步的表现之一就是信任成本降低。中心化的信任中介,实际上就是起到这个作用才得盈利颇丰。没有信任中介,很多交易就无法达成,成本便是无穷大。而现如今,越来越多的人发现,借助技术的力量,信用成本还可以继续降低。把中心化的信用中介取消,变成人和人的直接联系,这有可能极大地促进信任成本降低。

区块链的出现,实际上就是在解决这个问题。这也是绝大多数有关区块链的话题都会提及"去中心化""去信任中介"的原因。区块链是建立在互联网上的公共账本,由网络上所有用户共同记账与核账。每个人(每台计算机)都有同一个账本,数据公开透明,在这个账本上的任何交易,都将引起所有人的账本更新。从技术角度说,在这套公共账本上,可以最大限度地保证信息真实性和不可篡改性。

7.2.3 信任管理模型——Oauth 模型

在信任管理系统中,存在许多不同的信任管理模型,它们采用了不同的安全策略和信任评估算法,但信任意向数据的获取大多较为有限;为了减少复杂度,许多都是把公钥当作信任主体,直接对公钥进行授权,即采取以公钥为中心的授权机制。

为了增加信任数据来源的广度,提高安全性和公正性,使信任管理能够独立于特定的应用,在建设信任管理系统时,往往采用基于信任管理引擎的第三方信任管理模型,即 OAuth 模型。

1. OAuth 模型

OAuth(Open Authorization)协议为用户数据资源的授权提供了一个安全又简易的标准。与以往的授权方式不同的是,OAuth 的授权不会使第三方触及用户的账号信息(如用户名与密码),即第三方无须使用用户名与密码就可以申请获得该用户资源的授权,因此 OAuth 是安全的。

OAuth 本身不存在一个标准的实现,开发者可根据实际需求自行实现,但一般遵循如下步骤。

(1) 第三方要求用户给予授权。
(2) 用户同意授权。
(3) 根据上一步获得的授权,第三方向认证服务器请求令牌(token)。
(4) 认证服务器对授权进行认证,确认无误后发放令牌。
(5) 第三方使用令牌向资源服务器请求资源。
(6) 资源服务器使用令牌向认证服务器确认令牌的正确性,确认无误后提供资源。

2. OAuth 所要解决的问题

任何身份认证,本质上都是基于对请求方的不信任所产生的。同时,请求方是信任被请求方的,例如用户请求服务时,会信任服务方。所以,身份认证就是为了解决身份的可信任问题。

在 OAuth 模型中,涉及三个主体,即需要得到服务的用户、服务方(如微信、微博等)、第三方应用。其中,服务方不信任用户,所以需要用户提供密码或其他可信凭据;服务方不信任第三方应用,所以需要第三方应用提供自己交给它的凭据(如微信授权码、Apple ID 等);用户部分信任第三方应用,所以用户愿意把自己在服务方中的某些服务(或数据)交给第三方使用,但不愿意把自己在服务方的密码等交给第三方应用。

3. OAuth2.0 基本流程

OAuth2.0 基本流程包括以下 6 个步骤,如图 7-13 所示。

(1) 第三方应用向用户请求用户授权(Authorization Request)。
(2) 第三方在得到用户同意授权(Authorization Grant)后,会从服务方获取一次性用户授权凭据(如微信授权码)。

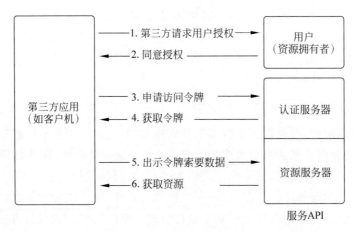

图 7-13　OAuth2.0 基本流程

（3）第三方把授权凭据及服务方给它的身份凭据（如微信小程序、Apple ID）一起交给服务方，向认证服务器申请访问令牌（Access Token）。

（4）认证服务器核对授权凭据等信息，确认无误后，向第三方发送访问令牌等信息。

（5）第三方通过这个访问令牌向资源服务器（Resource Server，如微信平台）索要数据。

（6）资源服务器使用令牌向认证服务器确认令牌的正确性，确认无误后再向第三方提供资源。

通过这样的流程，服务方不但可以确定第三方得到了用户对此次访问的授权（根据用户授权凭据），而且可以确定第三方的身份是可以信任的（根据身份凭据）。最终结果是，第三方顺利地从服务方获取到了此次所请求的服务，同时还完整地解决了用户、服务方、第三方应用之间的信任问题。

4. 授权模式

第三方应用必须得到用户的授权，才能获得令牌。OAuth 2.0 中定义了 4 种授权方式：授权码模式、简化模式、密码模式和客户端模式。

授权码模式是功能最完整、流程最严密的授权模式。它的特点是通过客户端的后台服务器与"服务提供商"的认证服务器进行互动。其具体步骤如下。

（1）用户访问第三方应用，并提供相关参数，后者将前者导向认证服务器。

例如，在微信应用中，用户需发送：

```
https://open.weixin.qq.com/connect/qrconnect?appid = APPID&redirect_uri = REDIRECT_URI&response_type = code&scope = SCOPE&state = STATE
```

来访问第三方应用，其中参数 response_type 表示授权类型，client_id 表示客户端的 ID（此处 ID 是 AppID），redirect_uri 表示重定向 URI，scope 表示申请的权限范围。

（2）用户选择是否给予第三方应用授权。若用户给予授权，则认证服务器附上一个授权码。

上例中，认证服务器返回（code 表示授权码）：

```
HTTP/1.1 302 Found
Location: https://client.example.com/cb?code = SplxlOBeZQQYbYS6WxSbIA&state = xyz
```

（3）第三方应用收到授权码后，附上早先的重定向 URI，向认证服务器申请令牌（这一步是在第三方应用的后台服务器上完成的，对用户不可见）。

上例中，微信应用将向认证服务器发送：

```
https://api.weixin.qq.com/sns/oauth2/access_token?appid=APPID&secret=SECRET&code=SplxlOBeZQQYbYS6WxSbIA &grant_type=authorization_code
```

（4）认证服务器核对授权码和重定向 URI，确认无误后，向客户端发送访问令牌（access token）和更新令牌（refresh token）等。

上例中，认证服务器将返回：

```
{ "access_token":"2YotnFZFEjr1zCsicMWpAA",
"expires_in":7200,
"refresh_token":"tGzv3JOkF0XG5Qx2TlKWIA",
"openid":"OPENID",
"scope":"SCOPE",
"unionid": "o6_bmasdasdsad6_2sgVt7hMZOPfL"
}
```

其中，access_token 为访问令牌，refresh_token 为更新令牌。

7.3 信用评估

7.3.1 信用评估特点

信用评估在发展的过程中，呈现出以下的一些特点。

1. 信用规范的民间化

电子商务作为近年来我国新兴发展的商业业态，对其监管一直处于探索阶段，尚缺乏体系性的操作，法律上还有许多空白。从政府角度而言，过早介入监管可能会束缚电子商务本身的发展，故而一直采用鼓励、引导的方式，本着"先发展后规范"的原则进行。目前，电子商务信用评价机制，基本是由市场主体制订运用的，依靠电子商务交易平台的经营者，进行标准、技术等层面的实际引导和操作，缺乏政府层面的监管。

2. 信用评价的双向化

尽管缺乏政府层面上完整的信用体系建设标准，但基于市场形成的信用规范方式却可圈可点。目前，电子商务信用评价不仅有网络买家对卖家的信用评价，也有卖家对买家的信用评价，这种信用互评机制是实体买卖所不具备的。当然，在强调保护消费者权益的声浪中，也出现了一些恶意买家，借着维护自身权益的幌子损害诚信经营者的利益。因此，互评的信用机制无疑是对网购模式下买卖双方关系的重新认识和定位，具有很强的实际意义。

3. 信用结果的直观化

区别于级别性的信用评价结果，当前的网购信用评价更具有宏观性直观感受，"好评、中评、差评"是当前网购中普遍的信用评价结果。该信用评价方式更有利于人们对商品的感受表达，通过设置文字描述功能，买家可以对网购过程进行评价，包括对商品使用的体验感受、卖家的服务态度、发货速度及物流速度等，能很好地反映网购体验。这能让网络卖家更详细了解自己的产品及客户的需求，同时也为后来买家提供借鉴。

7.3.2　信用评估体系不足

近年来，电子商务（交易市场）日益成为重要的消费方式，但同时也引发了大量的消费纠纷。电子商务中，顾客因差评而遭受店家骚扰报复事件屡见不鲜，甚至出现了基于网店信用评价而产生的"职业差评师""专业删中差评师"等灰色职业。所有这一切，无不凸显出现行电子商务信用评估体系的不足。

总体上，现行电子商务信用评估体系存在以下不足。

1. 缺乏对信用评估积累的本质把握

目前，电子商务信用评估标准，更侧重于量的积累，缺乏对信用本质的把握和诠释。成交量等成为网店信用积累的重要标准，而提高成交量却可以通过现行网络技术漏洞进行虚拟交易，即通过"刷钻"等方式提高信用度，以交易量为基础的网购信用评估制度为人为造假提供了有利机会。同时，对信用的测评标准尚显笼统，缺乏更为量化、细致、客观的评价依据。

2. 缺乏对信用评估真伪本身甄别的高效技术支持

尽管像淘宝网这样的大型交易平台，针对刷信用等造假行为，推出了一套安全稽查监控系统，但这并没能从根本上阻止复杂的信用造假行为。网络的开放性，为钻技术漏洞者提供了更大的可能，对信用评估真伪的甄别需要不断在"道高一尺，魔高一丈""魔高一丈，道高一尺"的博弈中探索前进。网络时代依靠有效的技术进行信用监管本身就是持久而艰巨的技术挑战。

3. 缺乏相对客观的信用评估氛围

在电子商务中，交易双方如何以相对客观的标准衡量对方在交易中的行为质量，是当前电子商务中相对欠缺而又不可忽视的重要因素。在网络买家心中，网上购物是能买到实惠商品的有效途径，因而对网络购物给予过高期望；但同时，网络卖家基于虚拟的网络世界，对网络经营需承担的诚信责任缺乏应有的重视。网络买卖双方对网络交易行为中对方的行为质量缺乏客观的预期，使得一旦交易不如期望，便加大失望指数，容易给出不客观的信用评估。

4. 缺乏对信用结果的高度信任

随着电子商务信用纠纷的日益增多，网购中买卖双方的信任度正在消减。网络买家对卖家店铺的评价内容将信将疑，更愿意将其归结为卖家自我营销的结果，而非真实交易的记录，在网购中更愿意抱着"碰运气"的心态购物；与此相对应，卖家对买家的真实评价，则更愿意相信是为获得退款或者降价等利益的"故意找碴"，或者是职业差评师的有意行为。

7.3.3　信用评估体系建设

电子商务信用评估体系存在许多不足，需要不断改进和完善。

1. 完善电子商务交易行为规则

从网络交易平台提供者入手，完善约束交易双方经营行为的信用规则。凡是进入交易平台的买卖双方，必须遵守信用规则，否则取消准入资格。基于网络交易平台提供者已制订的一些信用规则，工商部门需要通过对信用规则制订的引导、把关、细化，推动信用规则更合法、合理、合情，要最大限度地符合买卖双方的利益，以更客观正确的方法推进信用标准的规范。一方面,完善信用标准内容。在对卖家的评价内容上,应更侧重于商品质量、卖家履行承诺的表现及商品售后服务等方面,将其积累到信用积分上;而对买家的评价内容,应更侧重于其履行合同的情况,是否恶意评价等方面。另一方面,量化信用标准。可以在"好评、中评、差评"的基础上,对每个级别再进行细分,通过打分的方式对好中差情况评价一个分值,以分值的累计结果作为信用积分的依据。

2. 加大对网络经营者日常经营行为的监管力度

以网络交易平台提供者入手的信用规范,具有内部行业的自律性;而通过工商部门加强对网络经营者的日常经营行为监管,则体现外部监管的权威性。一要加大对网购市场的巡查力度,以网络智能搜索平台为基础,以日常实地无照检查和网络搜索相结合,查处依托网络开展违法经营的行为。二要加大区域性的合作力度,以网络为基础,加强不同地区间的监管合作;基于网购订单信息、买卖双方信息的有据可查,一旦买卖双方发生网购纠纷,可由双方所在地监管部门合作监管。三要加强对网购主体的信用累积,结合行业信用监管经验,将网络经营者纳入行业监管范畴,对经营者的不诚实经营行为进行信用累积,依托网络交易平台提供者,形成专门的工商监管信用记录,可以把经营者违规违纪、通过不良手段从事交易、消费投诉情况的多寡,作为信用考量的主要依据,为消费者提供官方的信用信息参考。

3. 加强对网络消费者进行客观信用评估的规范引导

对网络买卖双方权益的维护是一个硬币的两面,缺一不可。监管部门需要从法律层面上,对此类行为进行约束。要引导网络交易平台的提供者,加强对职业差评的技术检测;通过引导成立由网络经营者组成的网上检测队伍,对恶意信用诋毁的网络买家进行痕迹跟踪,并向网络交易平台提供者或监管部门举报,进而有效惩罚此种行为。

4. 建立物流行业的信用监管制度

电子商务的发展,需要有物流行业的配套支持。在近年来发生的电子商务纠纷中,因物流问题影响电子商务成效的占很大比例,"丢件、损坏、调包、难理赔"等已成为物流行业的主要问题。加强对快递物流行业的监管,是推进网购发展的重要保障。目前,在对网店动态评分中,虽然设置了"物流发货的速度"一栏,但该评价既不能全面反映物流服务水平,同时该评价结果的好坏对物流企业本身并没有约束力。工商部门要以该评价为基础,细分物流服务标准,如送货是否规范、是否存在霸王条款、寄件损坏率等。通过建立物流行业信用监管制度,公示物流企业信用状况,促进物流行业规范化经营,进而改善网购外部环境。

7.3.4 信用评价方法

信用评价是电子商务、电子金融和保险等领域的一项重要业务活动。它是指将待评价的主体分为守信和不守信两类。通过评估,第一,可以降低交易风险,避免可能出现的交易失误甚至重大的经济损失,保证投资回收率;第二,可以筛选出信用好的主体,采取优惠政策,保持以便继续交易,防止有价值的客户流失,从而提高投资回报率;第三,可以发现值得投资的新客户。

国外对信用评价研究已有 50 多年的历史,形成了统计评估和非统计评估(包括机器学习和数据挖掘等)两类方法。统计评估方法,主要包括判别分析、线性回归、非线性回归、

Logit 模型以及非参数统计中的 K-近邻判别分析等方法。非统计评估方法,主要包括线性规划、整数规划、人工神经网络、进化计算、专家系统等。由于客户评估问题本质上是一个非线性分类问题,因此,总体上线性回归评估模型效果不太理想;而非线性回归和其他非统计评估方法各有利弊,至今还没有一个公认的最优信用评价方法。

下面介绍两种信用评价方法及其实例,方法的信用评估效果优于传统方法。

1. GBDT 算法

GBDT,即梯度下降树,是通过采用加法模型(即基函数的线性组合),以及不断减小训练过程产生的残差来将数据进行分类或者回归的算法。GBDT 算法既可以用于分类也可以用于回归,同时可以筛选特征。

1) GBDT 算法流程

GBDT 算法训练过程如图 7-14 所示,经过多轮迭代,每轮迭代会产生一个弱分类器,使得每个分类器在上一轮分类器的残差基础上进行训练。

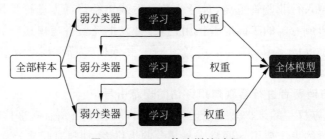

图 7-14 GBDT 算法训练过程

由于训练的过程是通过降低偏差来不断提高最终分类器的精度,所以对于弱分类器的一般要求是足够简单、低方差、高偏差。

弱分类器一般选择分类回归树(CART Tree)。由于要求高偏差和足够简单,因此每个分类回归树的深度不会很深。最终将每轮训练得到的弱分类器加权求和得到总分类器(即加法模型)。其最终模型为

$$F_m(x) = \sum_{m=1}^{M} T(x;\theta_m) \tag{7-4}$$

模型一共训练 M 轮,每轮产生一个弱分类器 $T(x;\theta_m)$。弱分类器的损失函数为

$$\hat{\theta}_m = \mathop{\text{argmin}}_{\theta_m} \sum_{i=1}^{N} L(y_i, F_{m-1}(x_i) + T(x_i;\theta_m)) \tag{7-5}$$

其中,$F_{m-1}(x)$ 为当前的模型,GBDT 算法通过经验风险极小化来确定下一个弱分类器的参数。具体到损失函数本身的选择也就是 L 的选择,有平方损失函数、0-1 损失函数、对数损失函数等。如果选择平方损失函数,那么这个差值其实就是平常所说的残差。

GBDT 算法的核心就是让损失函数沿着梯度方向下降。在每轮迭代时,都去拟合损失函数在当前模型下的负梯度。在每轮训练时都要让损失函数尽可能快地减小,尽快收敛达到局部最优解或者全局最优解。

2) GBDT 算法用于分类

GBDT 分类的过程就是嵌套生成 CART Tree 的过程。一个 CART Tree,代表的就是一个弱分类器。

对于 CART Tree,其生成过程如下。

第一步,需要从样本中选择出一个特征 j,并对特征 j 的值选择一个切分点 m,如果一个样本的特征 j 的值小于或等于 m,则分为一类,如果大于 m,则分为另外一类,与所有样本的实际分类相比,这样的分类必定会产生一定的损失。在所有特征和所有可能的切分点中找一个损失最小的,作为二叉树的第一个结点。如此便构建了 CART tree 的一个结点。

第二步,对生成的 CART Tree 的左右子结点中的样本,按第一步的方式继续构建下去,直到达到一定的深度为止。这样就产生了一颗 CART Tree。

对于 GBDT 分类,其过程如下。

假设样本 X 总共有 K 类。若有一个样本 x,需要使用 GBDT 算法来判断 x 属于样本的哪一类,其算法过程如图 7-15 所示。

```
F_k0(x)=0, k=1,···,K                    #这里假设共有 K 个类别(对应 K 个 CART 弱分类树)
For m=1 to M do:                         #这里假设一共需要训练 M 轮次
    p_k(x) = exp(F_k(x))/∑_{i=1}^{k} exp(F_i(x)) , k = 1, K
                                          #计算样本 x 属于第 k 类的可能性
    For k=1 to K do:
        ȳ_ik = y_ik − p_k(x_i) , i = 1, N   #计算样本属于第 k 类的可能性误差(残差)
        {R_kim}_{i=1}^{L} = L − terminal node tree({ȳ_lk, x_i}_1^N)
                                          #划分叶子结点
        γ_kim = (K−1)/K · (∑_{x_i∈R_kim} ȳ_ik)/(∑_{x_i∈R_kim}|ȳ_ik|(1−|ȳ_ik|)) , i = 1, L
                                          #计算第 k 类的拟合残差
        F_km(x)=F_km−1(x)+γ_km I(x∈R_kim)  #调整弱分类树输出
    endFor
endFor
end Algorithm
```

图 7-15 GBDT 分类算法流程

(1) 在训练的时候,首先针对样本 X 每个可能的类训练一个分类回归树。

举例说明,若目前样本有三类,即 $K=3$,样本 x 属于第二类,那么针对该样本 x 的分类结果,可以用一个三维向量 $[0,1,0]$ 来表示。0 表示样本不属于该类,1 表示样本属于该类。由于样本已经属于第二类,所以第二类对应的向量维度为 1,其他位置为 0。

针对样本有三类的情况,实质上是在每轮训练时,同时训练三棵 CART Tree。第一棵树针对样本 x 的第一类,输入为 $(x,0)$;第二棵树输入针对样本 x 的第二类,输入为 $(x,1)$;第三棵树针对样本 x 的第三类,输入为 $(x,0)$。若三棵树对 x 类别的预测值分别为 $f_1(x)$,$f_2(x),f_3(x)$。那么在此类训练中,通过仿照多分类的 Logistic 回归,使用 softmax 来产生概率,则属于第一类的概率为 $p_1=\exp(f_1(x))/\sum_{k=1}^{3}\exp(f_k(x))$。并且可以针对第一类求出残差 $y_{11}(x)=0-p_1(x)$,针对第二类求出残差 $y_{22}(x)=0-p_2(x)$,针对第三类求出残差 $y_{33}(x)=0-p_3(x)$。

(2) 开始第二轮训练。针对第一类,输入为 $(x,y_{11}(x))$;针对第二类,输入为 $(x,y_{22}(x))$;针对第三类,输入为 $(x,y_{33}(x))$。继续训练出三棵树。一直迭代 M 轮。每轮构建三棵树。

所以当 $K=3$,有

$$F_{1M}(x)=\sum_{m=1}^{M}\hat{C}_{1m}I(x\in R_{1m}) \qquad (7\text{-}6)$$

$$F_{2M}(x)=\sum_{m=1}^{M}\hat{C}_{2m}I(x\in R_{2m}) \tag{7-7}$$

$$F_{3M}(x)=\sum_{m=1}^{M}\hat{C}_{3m}I(x\in R_{3m}) \tag{7-8}$$

当训练完毕以后,当新来一个样本 x_1,需要预测该样本的类别的时候,便可以由式(7-6)、式(7-7)、式(7-8)产生三个值,$f_1(x),f_2(x),f_3(x)$。样本属于某个类别 c 的概率为

$$p_c=\exp(f_c(x))/\sum_{k=1}^{3}\exp(f_k(x))$$

3) GBDT 多分类算法实例

下面将运用 Iris 数据集中的 6 个样本数据进行三分类作为例子,来展示 GBDT 多分类的过程。数据如表 7-3 所示。

表 7-3 Iris 数据集

样本编号	花萼长度/cm	花萼宽度/cm	花瓣长度/cm	花瓣宽度	花的种类
1	5.1	3.5	1.4	0.2	山鸢尾
2	4.9	3.0	1.4	0.2	山鸢尾
3	7.0	3.2	4.7	1.4	杂色鸢尾
4	6.4	3.2	4.5	1.5	杂色鸢尾
5	6.3	3.3	6.0	2.5	维吉尼亚鸢尾
6	5.8	2.7	5.1	1.9	维吉尼亚鸢尾

通过应用 GBDT 多分类算法来判断花的品种属于哪一类别。

(1) 利用三维向量来标志样本的 label:[1,0,0]表示样本属于山鸢尾,[0,1,0]表示样本属于杂色鸢尾,[0,0,1]表示样本属于维吉尼亚鸢尾。

由于 GBDT 的多分类是针对每个类都独立训练一个 CART Tree,所以将针对山鸢尾类别训练一个 CART Tree 1,针对杂色鸢尾类别训练一个 CART Tree 2,针对维吉尼亚鸢尾类别训练一个 CART Tree 3。这三棵树相互独立。

以样本 1 为例,针对 CART Tree1 的训练样本是[5.1,3.5,1.4,0.2],label 是 1,最终输入模型为[5.1,3.5,1.4,0.2,1];针对 CART Tree2 的训练样本也是[5.1,3.5,1.4,0.2],label 为 0,最终输入模型为[5.1,3.5,1.4,0.2,0];同理,CART Tree 3 最终输入模型为[5.1,3.5,1.4,0.2,0]。

(2) 下面看 CART Tree1 的生成方式(其他树 CART Tree2、CART Tree 3 的生成方式与 CART Tree1 是相同的)。CART Tree 的生成过程是从这四个特征中找一个特征作为 CART Tree1 的结点。如将花萼长度作为结点,6 个样本中花萼长度大于 5.1cm 的就是 A 类,小于或等于 5.1cm 的是 B 类。

(3) 遍历所有的可能性,找到一个最好的特征和它对应的最优特征值可以让式(7-9)的值最小。

$$\min_{j,s}\left[\min_{c_1}\sum_{x_i\in R_1(j,s)}(y_i-c_1)^2+\min_{c_2}\sum_{x_i\in R_2(j,s)}(y_i-c_2)^2\right] \tag{7-9}$$

以特征 1 的第一个特征值为例,如图 7-16 所示。R_1 为所有样本中花萼长度小于

5.1cm 的样本集合，R_2 为所有样本中花萼长度大于或等于 5.1cm 的样本集合。所以 $R_1=\{2\}$，$R_2=\{1,3,4,5,6\}$。这样，y_1 为 R_1 所有样本的 label 的均值 $1/1=1$，y_2 为 R_2 所有样本的 label 的均值 $(1+0+0+0+0)/5=0.2$。下面针对所有样本计算式(7-9)的值。

损失函数值：$(1-0.2)^2+(1-1)^2+4\times(0-0.2)^2=0.8$

图 7-16 结点分裂示意图

样本 1 属于 R_2，计算的值为 $(1-0.2)^2$，样本 2 属于 R_1，计算的值为 $(1-1)^2$，样本 3、4、5、6 同理都是属于 R_2 的，所以值是 $(0-0.2)^2$。把这六个值加起来就是山鸢尾类型在特征 1 的第一个特征值的损失值，这里算出来等于 0.8。

接着计算特征 1 的第二个特征值，计算方式同上。R_1 为所有样本中花萼长度小于 4.9cm 的样本集合，R_2 为所有样本中花萼长度大于或等于 4.9cm 的样本集合。所以 $R_1=\{\}$，$R_2=\{1,2,3,4,5,6\}$。y_1 为 R_1 所有样本的 label 的均值等于 0，y_2 为 R_2 所有样本的 label 的均值 $(1+1+0+0+0+0)/6=0.3333$。

针对所有的样本，样本 1 属于 R_2，计算的值为 $(1-0.333)^2$，样本 2 属于 R_2，计算的值为 $(1-0.333)^2$，样本 3、4、5、6 同理都是属于 R_2 的，所以值是 $(0-0.333)^2$。把这六个值加起来就是山鸢尾类型在特征 1 的第二个特征值的损失值，如图 7-17 所示。这里算出来等于 2.1333，但是大于特征 1 的第一个特征值的损失值，所以不取这个特征的特征值。

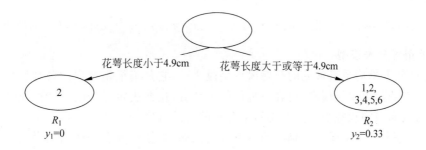

损失函数值：$2\times(1-0.333)^2+4\times(0-0.333)^2=2.1333$

图 7-17 特征 1 的第二个特征值的结点分裂示意图

这样遍历所有特征及其特征值，找到让式(7-9)最小的特征及其对应的特征值，一共有 24 种情况（4 个特征×每个特征有 6 个特征值），如图 7-18 所示。这里算出来让式(7-9)最小的特征花萼长度的特征值为 5.1cm。此时损失函数最小为 0.8。

图 7-18　所有情况说明（共有 24 种情况）

此时可得预测函数为 $f(x) = \sum_{x \in R_1} y_1 \times I(x \in R_1) + \sum_{x \in R_2} y_2 \times I(x \in R_2)$，此处 $R_1 = \{2\}$，$R_2 = \{1,3,4,5,6\}$，$y_1 = 1$，$y_2 = 0.2$。

训练完以后的最终公式为

$$f_1(x) = \sum_{x \in R_1} 1 \times I(x \in R_1) + \sum_{x \in R_2} 0.2 \times I(x \in R_2) \tag{7-10}$$

借由式(7-10)，得到对样本属于类别 1 的预测值 $f_1(x) = 1 + 0.2 \times 5 = 2$。同理可以得到对样本属于类别 2，3 的预测值 $f_2(x)$，$f_3(x)$。

（4）最终，样本属于类别 1 的概率为 $p_1 = \exp(f_1(x)) / \sum_{k=1}^{3} \exp(f_k(x))$。

2. 信用评分卡模型

信用评分卡模型是最常见的金融风控手段之一，它是指根据客户的各种属性和行为数据，利用一定的信用评分模型，对客户进行信用评分，据此决定是否给予授信以及授信的额度和利率，从而识别和减少在金融交易中存在的交易风险。

信用评分本质上是模式识别中的一类分类问题，将企业或者个体消费者划分为能够按期还本付息（即"好"客户）和违约（即"坏"客户）两类。具体做法是根据历史数据中的样本，从已知的数据中找出违约及不违约客户的特征，从而总结出分类的规则，建立数学模型，用于测量违约风险（或者违约概率），为消费信贷决策提供依据。

1) 信用评分卡分类

评分卡模型在金融领域不同的业务阶段体现的方式和功能也不一样。按照借贷用户的借贷时间，评分卡模型可以划分为以下 3 种。

（1）贷前：申请评分卡（Application Score Card），又称为 A 卡，用于评估借款人的风险水平,从而决定是否放款。

(2) 贷中:行为评分卡(Behavior Score Card),又称为 B 卡,根据借款人的还款行为来预测借款人的风险变化;

(3) 贷后:催收评分卡(Collection Score Card),又称为 C 卡,针对已经出现不良的贷款,评估其回收的可能性。

这三种评分卡在算法上区别不大,主要区别在于数据方面。其中 A 卡和另外两者的区别会更大一些,因为构建 A 卡时无法使用借款人的还款行为数据(因为贷款尚未发放),因此 A 卡相对于后两者更简单一些,相应的准确性也会差一些。

2) 信用评分卡模型开发——基于逻辑回归

由逻辑回归的基本原理,将客户违约的概率表示为 p,则正常的概率为 $1-p$。因此,可得 $\text{Odds} = \dfrac{p}{1-p}$。此时,客户违约的概率 p 可表示为 $p = \dfrac{\text{Odds}}{1+\text{Odds}}$。

评分卡设定的分值刻度可以通过将分值表示为比率对数的线性表达式来定义,即

$$\text{Score} = A - B\log(\text{Odds}) \tag{7-11}$$

其中,A 和 B 是常数。式(7-11)中的负号可以使得违约概率越低,得分越高。通常情况下,这是分值的理想变动方向,即高分值代表低风险,低分值代表高风险。

逻辑回归模型计算比率为

$$\log(\text{Odds}) = \beta_0 + \beta_1 x_1 + \cdots + \beta_n x_n \tag{7-12}$$

其中,用建模参数拟合模型可以得到模型参数 $\beta_0, \beta_1, \cdots, \beta_n$。式(7-12)中的常数 A、B 的值可以通过将两个已知或假设的分值代入计算得到。通常情况下,需要设定两个假设:①给某个特定的比率设定特定的预期分值;②确定比率翻番的分数(PDO)。

根据以上分析,首先假设比率为 x 的特定点的分值为 P。则比率为 $2x$ 的点的分值应该为 P+PDO。代入式(7-11)中,可以得到如下两个等式:

$$P = A - B\log(x) \tag{7-13}$$

$$P - \text{PDO} = A - B\log(2x) \tag{7-14}$$

假设设定评分卡刻度使得比率为{1:20}(违约正常比)时的分值为 50 分,PDO 为 10 分,代入式(7-13)、式(7-14)中求得 B=14.43,A=6.78;则分值的计算公式可表示为

$$\text{Score} = 6.78 - 14.43\log(\text{Odds})$$

评分卡刻度参数 A 和 B 确定以后,就可以计算比率和违约概率,以及对应的分值。

通常将常数 A 称为补偿,常数 B 称为刻度,则评分卡的分值可表达为 $\text{Score} = A - B\{\beta_0 + \beta_1 x_1 + \cdots + \beta_n x_n\}$。其中,变量 $x_1, x_2, \cdots, x_n$ 是出现在最终模型中的自变量,即为入模指标。

若所有变量都用 WOE(Weight of Evidence)进行了转换,则可将这些自变量中的每一个都写成 $(\beta_i \omega_{ij}) \delta_{ij}$ 的形式:

$$\begin{aligned}\text{Score} = A - B\{&\beta_0 + (\beta_1 \omega_{11})\delta_{11} + (\beta_1 \omega_{12})\delta_{12} + \cdots + \\ &(\beta_2 \omega_{21})\delta_{21} + (\beta_2 \omega_{22})\delta_{22} + (\beta_2 \omega_{23})\delta_{23} + \cdots + \\ &(\beta_x \omega_{x1})\delta_{x1} + (\beta_x \omega_{x2})\delta_{x2} + \cdots\}\end{aligned} \tag{7-15}$$

式(7-15)中 ω_{ij} 为第 i 行第 j 个变量的 WOE 值,为已知变量;β_i 为逻辑回归方程中的系数,为已知变量;δ_{ij} 为二元变量,表示变量 i 是否取第 j 个值。这样,式(7-15)可重新表示为

$$\text{Score} = (A - B\beta_0) - (B\beta_1\omega_{11})\delta_{11} - (B\beta_1\omega_{12})\delta_{12} - \cdots -$$
$$(B\beta_x\omega_{x1})\delta_{x1} - (B\beta_1\omega_{x2})\delta_{x2} - \cdots \tag{7-16}$$

式(7-16)即为最终评分卡公式。

如果 $x_1, x_2, \cdots, x_n$ 变量取不同行并计算其 WOE 值,如表 7-4 所示。其中,变量 x_1 有 k_1 行,变量 x_2 有 k_2 行,以此类推,基础分值等于 $(A - B\beta_0)$。由于分值分配公式中的负号,因此模型参数 $\beta_0, \beta_1, \cdots, \beta_n$ 也应该是负值。同时还可看出,变量 x_i 的第 j 行的分值取决于以下 3 个数值:

(1) 刻度因子 B;
(2) 逻辑回归方程的参数 β_i;
(3) 该行的 WOE 值 ω_{ij}。

表 7-4 评分卡分值计算

变 量	行数(分段或降维结果)	分 值
基准点	—	$(A - B\beta_0)$
x_1	1	$-(B\beta_1\omega_{11})$
	2	$-(B\beta_1\omega_{12})$
	$\cdots$	$\cdots$
	k_1	$-(B\beta_1\omega_{1k_1})$
x_2	1	$-(B\beta_2\omega_{21})$
	2	$-(B\beta_2\omega_{22})$
	$\cdots$	$\cdots$
	k_2	$-(B\beta_2\omega_{2k_2})$
$\cdots$	$\cdots$	$\cdots$
x_n	1	$-(B\beta_n\omega_{n1})$
	2	$-(B\beta_n\omega_{n2})$
	$\cdots$	$\cdots$
	k_n	$-(B\beta_n\omega_{nk_n})$

7.4 隐私保护

7.4.1 隐私保护概述

对于隐私这个词,科学研究上普遍接受的定义是"单个用户的某一些属性",只要符合这一定义都可以被看作是隐私。人们在提"隐私"的时候,更加强调的是"单个用户"。那么,一群用户的某一些属性,可以认为不是隐私。从隐私保护的角度来说,隐私是针对单个用户的概念,公开群体用户的信息不算是隐私泄露,但是如果能从数据中准确推测出个体的信息,那么就算是隐私泄露。

关于隐私保护的研究从信息时代就开始了。随着数据不断地增长,人们对隐私越来越重视。例如,在医疗卫生领域,医生采集患者信息时,需要保护患者的身份隐私和采集的体征敏感数据隐私等;在环境保护领域,需要保护采集对象(如珍贵野生动物)等的位置隐私、数据隐私、数量隐私等;在智能家居领域,需要保护家中人员的相关信息隐私和家庭生活习惯隐私等；在智能交通领域，需要保护车主的身份信息隐私和位置隐私等。

人们在讨论隐私保护的时候包括两种情况。第一种情况是公司为了学术研究和数据交流开放用户数据，学术机构或者个人可以向数据库发起查询请求，公司返回对应的数据时需要保证用户的隐私。第二种情况是公司作为服务提供商，为了提高服务质量，主动收集用户的数据，这些在客户端上收集的数据也需要保证隐私性。

学术界提出了多种保护隐私的方法和测量隐私是否泄露的工具，例如 k-匿名化(k-anonymity)、l-多样化(l-diversity)、t-接近(t-closeness)、差分隐私(ε-differentialprivacy)、同态加密(homomorphic encryption)、零知识证明(zero-knowledge proof)等。这些方法先是从直观的角度去衡量一个公开数据的隐私性，再到使用密码学、统计学等工具来保证数据的隐私性。

7.4.2 位置隐私威胁

1. 相关概念

位置隐私指的是防止他人以任何方式获知对象过去、现在的位置；而位置隐私威胁是指攻击者在未经授权的情况下，通过定位位置传输设备、窃听位置信息传输通道等方式访问原始的位置数据，并计算推理获取的与位置信息相关的个人隐私信息。

位置信息的泄露会给用户隐私带来很大威胁，攻击者可以通过非法获取用户位置信息，向用户散播一些恶意广告，可以从用户位置信息中推知用户的医疗条件、生活方式或是政治观点，也可以通过用户访问过的地点推知用户去过哪所医院看病、在哪家银行取钱、在哪个娱乐中心消遣等。攻击者也可能通过获取RFID的位置数据，了解重要物品的位置，对之实施窃取、调包或破坏。

位置隐私泄露的途径有三种：第一，直接交流，指攻击者从位置设备或者从位置服务器中直接获取用户的位置信息；第二，观察，指攻击者通过观察被攻击者行为直接获取位置信息；第三，连接泄露，指攻击者可以通过"位置"连接外部的数据源（或者背景知识），从而确定在该位置发送消息的用户。

2. 基于 RFID 的位置隐私威胁

1) RFID 系统组成及工作原理

RFID(Radio Frequency Identification)是一种无线射频识别技术，也就是我们俗称的电子标签技术。这种技术可以通过读写器和标签之间的双向数据传输来进行目标识别和数据交换。RFID 技术中包含标签、天线和阅读器。

(1) 标签(Tag)。由耦合元件及芯片组成，包含一个用于存储其 ID 号码的微小芯片，每个标签具有唯一的 ID 号码。标签一般内嵌在物体上，用来标识目标对象，标签中还可以根据需要写入目标对象的相关信息，如物品的型号、出厂日期等，通过无线电波可以把存储在RFID标签中的唯一标识码传送给RFID阅读器，以便对被标识的物体实现远距离的、非直接接触的识别。

(2) 阅读器(Reader)。也称读写器，是具有读写标签信息功能的设备，阅读器分为手持式和固定式，读写距离根据厂家以及型号的不同有很大差异，从几米到几百米不等。

(3) 天线(Antenna)。是一种通过无线电波传递射频信号的设备，通常在标签和阅读器端各有一个，有的天线是外置的，有的则可以内置在阅读器中。

2) RFID 应用中的隐私威胁

在 RFID 广泛应用于人们的日常生活及重要工作中时，承载 RFID 的用户或物品面临着许多隐私威胁，下面是几种常见的 RFID 应用中的隐私威胁。

(1) 个人跟踪。用户自身携带 RFID 标签，或者用户在商场或超市购买带有标签的商品时，可能会因为被攻击者监视而泄露个人信息或暴露所在位置。

(2) 喜好威胁。一些商品的标签可能会标明产品的类型、制造商或其他特征，在顾客购买商品时，攻击者对用户所买的商品进行分析就可能暴露顾客的偏好和个性特征，从而使得用户的喜好遭受泄露。

(3) 泄密。在 RFID 系统对供应链中所有商品进行扫描时，就可以获取商品信息和跟踪商品路径，这样攻击者就会利用 RFID 的传输过程来获得商品信息以窃取商业机密。

3. 无线传感器网络的位置隐私威胁

随着传感器和无线网络技术的发展，无线传感器网络的隐私保护成为人们日益关注的问题。无线传感器网络和传统网络相比有其自身的特点：链路脆弱，网络拓扑结构多变，计算能力有限。因此，针对无线传感器网络的以上特征，按照攻击者实施思路，存在以下隐私威胁模型。

(1) 内部攻击。攻击者在监视区域部署众多传感器节点，直接感知被监视物体传来的数据包，通过分析数据包内容而获取相关位置信息，这类攻击需要攻击者熟悉数据包的交换格式和语义。内部攻击又分为节点级(Sinkhole)攻击、隧道攻击、Sybil 攻击和信任欺骗。

节点级(Sinkhole)攻击是指攻击者在网络中重新制作一个高效的路由，让周围其他节点选择这个高效路由传送信息，再截留下所有或部分经过它的数据包，获取数据包信息。具体如图 7-19 所示，M 是攻击者控制的恶意伪造路由，数据从源节点 S1、S2 传到目的节点 D1、D2 时，M 就截获由中间节点 A、B 发来的数据包。

隧道攻击是指创建一个双节点的路由隧道来进行路由欺骗，假设 M1、M2 为攻击节点，在建立路由阶段，路由请求信息传送到 M1 时，它对这个请求进行封装，然后通过{M1→A→B→C→M2}传送到另外一个攻击节点 M2。源节点会认为{S→M1→M2→D}这个路径是最短的，这样 M1、M2 就伪造了一条隧道，所有数据包就通过攻击节点传送到目的节点，攻击节点可以不转发或部分转发收到的数据包，如图 7-20 所示。

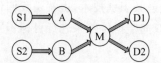

图 7-19 节点级(Sinkhole)攻击示意图

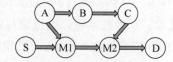

图 7-20 双节点隧道攻击示意图

Sybil 攻击是指单个攻击节点伪造多个身份对网络进行攻击，Sybil 攻击有两种实现方式：一是通过伪造假节点来实现多个身份，二是通过偷窃其他节点的 ID 来实现多个身份。这两种实现方式的实质都是给虚化节点一个身份(ID)，使得其他节点相信虚化节点是真实存在的，这样恶意节点 M 独自完成了路由，正常节点 N 被忽略而接收不到真正的数据包，Sybil 攻击前和攻击后示意图如图 7-21 和图 7-22 所示。

信任欺骗是指攻击节点通过窃听链路通信，并传送假的信号来欺骗源节点，让其认为链路上已经失效的节点还可用或者造成弱链路是强链路的假象。假设{S→A→B→C→D}是

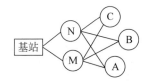
图 7-21　Sybil 攻击前示意图

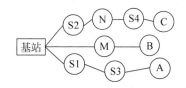
图 7-22　Sybil 攻击后示意图

正在使用中的路由，{S→E→F→G→D}是备选的路由，如果节点 B 即将耗尽能量，则它返回的 ACK 不能传送到节点 A，正常情况认为 A→B 的链路失效，但是攻击节点 M 会伪装成 B 把 ACK 传给 A，导致 A 认为这条链路是好的，而放弃备选链路，这样就造成整条链路瘫痪。

（2）外部攻击。它是指攻击者监听网络，跟踪传感器传输数据包的路径或者对全局流量分析，来推断源节点的位置，以获得被监视物体和数据采集节点的位置信息。

外部攻击存在两种方式：一是干扰无线链路信道，恶意节点被设置为和无线传感器网络在同一频段工作，发起攻击时，可以利用 Sniffer 的原理截获数据包，并对数据包进行分析和篡改，从而达到攻击网络的目的；二是创建路由环，这种攻击方法通过改变网络中相关节点的 ID 信息，例如改变头文件中传输分组的地址来实现外部攻击。

（3）服务器攻击。攻击者直接攻击服务器，常见的方法有 DDOS 攻击、CC(Challenge Collapsar)攻击、SYN(Synchronize)攻击、UDP(User Datagram Protocol)攻击以及局域网中的 ARP(Address Resolution Protocol)攻击等。目前在互联网中最常见的是 DDOS 攻击和 CC 攻击。

DDOS 攻击，即分布式拒绝服务攻击，也就是常说的带宽流量攻击。攻击的原理是利用带宽流量来堵塞该服务器的正常应用，使其无法正常访问。

CC 攻击则是以占用服务器连接数为目的来干扰正常用户的访问。CC 攻击可以模仿不同的用户，在同一时间内对某个服务器进行大量访问，从而使其他正常用户无法访问。

SYN 攻击和 UDP 攻击目前已比较少见，SYN 攻击属于 DOS 攻击的一种，它会向服务器发送很多半连接请求，耗费服务器的 CPU 和内存资源。SYN 攻击不仅可以影响服务器性能，还会危害到路由器、防火墙等网络系统。UDP 攻击会导致主机拒绝服务，UDP 协议是一种无连接的协议，它在传输数据之前不需要建立任何连接，当攻击者向被攻击的服务器端口发送随机 UDP 数据包的时候，就可能由于大量的数据包而发生 UDP 淹没攻击。为了防御这两种攻击，一是靠硬件防火墙，二是通过屏蔽 UDP 端口以及做安全策略等。

ARP 攻击就是伪造 IP 地址和 MAC 地址，在局域网中实现 ARP 欺骗，从而在网络中产生大量的 ARP 通信量，造成网络阻塞。可以通过安装防火墙来有效地抑制 ARP 攻击。

7.4.3　位置隐私保护技术分析

目前，主流的位置隐私技术包括位置匿名技术、数据加密技术、位置保护路由协议、伪造汇聚节点协议和 RFID 隐私保护方法。

1. 位置匿名技术

匿名方法关注的是将用户的隐私信息（如位置信息）与用户的真实 ID 信息分开。常见的位置匿名技术包括假名匿名、空间匿名、时空匿名、位置 K-匿名等。

1) 假名匿名

假名是指用户通过使用一个假名来隐藏自己的真实 ID,假名也是匿名的一种。恶意的攻击者虽然有时可能从服务器端得到用户的准确位置信息,但是利用假名,攻击者就无法准确地将自己所获得的位置信息与用户的真实 ID 联系起来,这样就会增加定位某个具体用户位置的难度,从而保护了用户的位置隐私。图 7-23 中实心圆点表示真实用户的位置,空心圆点表示假名的位置,A、B、C 分别表示被查询的物体,查询的准确性是由真实用户位置和假名用户位置间的距离决定的。距离越近,查询准确性越高;距离越远,查询准确性越低。

2) 位置 K-匿名

位置 K-匿名技术是由 Marco Gruteser 等最早提出的解决位置隐私保护问题的方法,其主要思想是使某个位置区域至少有 K 个用户,把 K 个用户的 ID 属性匿名,使它们之间不能通过 ID 来相互区别。这样,即使攻击者获得了某一用户的位置信息,他也无法从 K 个用户中准确找到这个用户。K-匿名模型中每一组数据以一个三元组表示$([x1,x2],[y1,y2],[t1,t2])$,其中$([x1,x2],[y1,y2])$描述了对象所处的位置区域,$[t1,t2]$表示一个时间段。$K$-匿名表示在某一时间段内,至少有$(k-1)$个用户出现在$([x1,x2],[y1,y2])$的二维空间内,这样的用户集合满足位置 K-匿名,图 7-24 是位置 K-匿名示意图。

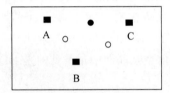

图 7-23 假名匿名示意图

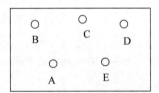

图 7-24 位置 K-匿名示意图

3) 空间匿名

空间匿名本质上是降低对象空间粒度,是把用户的真实准确的位置信息用一个空间区域来表示。用户在发送请求时,并不给服务器发送自己精确的位置信息,而是把包括自己所在位置的某一区域发给位置服务器。这个区域根据实际情况可以是任意形状,称为匿名框,具体如图 7-25 所示。

4) 时空匿名

时空匿名比空间匿名增加一个时间轴,是在时空匿名的基础上延迟响应时间,使得在这段时间中可以出现更多的用户,提出更多的查询,从而更好地提高了隐私度。图 7-26 中的实心点表示物体实际位置,整个长方体区域表示物体的不确定区域在某段时间内被发送到服务器,在这个时间段中同时还有其他用户发送的请求信息,这样可以达到程度更高的匿名效果。

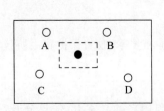

图 7-25 空间匿名示意图

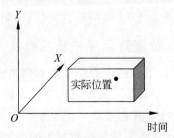

图 7-26 时空匿名示意图

2. 数据加密技术

数据加密技术一般用于数据隐私的保护,在位置隐私保护中也可应用加密技术来保护用户敏感数据。目前主要的加密技术有对称和非对称加密、同态加密技术、Hash 加密和安全多方计算等。

其中,同态加密由 Rivest 等于 1978 年提出,基于数学难题的计算复杂性理论,对经过同态加密的数据进行处理得到一个输出,将这一输出进行解密,其结果与用同一方法处理未加密的原始数据得到的输出结果是一样的。2009 年 9 月,IBM 研究员 Craig Gentry 在 STOC 上发表论文,提出一种基于理想格(Ideal Lattice)的全同态加密算法,成为一种能够实现全同态加密所有属性的解决方案,这一方案实现了全同态加密领域的重大突破。

利用同态加密技术,用户可以将需要处理的数据以密文的形式交给服务器,服务器可以直接对密文数据进行处理而不需要用户解密数据,这样用户的真实数据就不会出现在服务器中,处理后服务器再以密文的形式将处理结果返回给用户,用户收到结果后在客户端对其进行同态解密,得到已经处理好的明文数据。同态加密技术还可以应用到数据挖掘的隐私保护上,在基于各类隐私保护数据挖掘算法的基础上,如分类挖掘算法、关联规则挖掘算法、聚类挖掘算法等,应用同态加密技术,使得各类数据挖掘算法的隐私得以保护。

而安全多方计算是指拥有秘密输入的 n 方,希望用各自的秘密输入共同计算一个函数,计算结束,要求每方都能接收到正确的输出,并且每方只能了解他们自己的输出。安全多方协议的特点是:两方或更多方参与基于他们各自私密输入的计算,而且他们都不想其他方知道自己的输入信息。实际上,安全多方计算是一种分布式协议,在这个协议中,n 个成员 $p_1, p_2, \cdots, p_n$ 分别持有秘密的输入 $x_1, x_2, \cdots, x_n$,试图计算函数值 $f(x_1, x_2, \cdots, x_n)$,其中,f 为给定的函数,在此过程中,每个成员 i 仅知道自己的输入数据 x_i,最后的计算结果 $f(x_1, x_2, \cdots, x_n)$ 返回给每个成员。安全的含义是指既要保证函数值的正确性,又不暴露任何有关各自秘密输入的信息。

安全多方计算遍布许多应用领域,也可以应用到位置隐私的保护中。例如手机用户通过手机查询远程数据库,寻找离用户最近的火车站、加油站等,这项业务依赖当时用户所处的位置,但是使用手机查询的客户却不希望泄露自己的地理位置。Frikken K 等分析了位置以及 2G/3G 移动系统的身份隐私问题,提出使用安全多方计算解决空间控制和地点隐私的方案。在近距离通信环境中,RFID 标签和 RFID 阅读器之间进行通信时通常距离较近,RFID 阅读器的位置无法隐藏,往往会造成用户位置信息的泄露,保护使用者的位置信息的有效方法之一便是使用安全多方计算的临时密码组合来保护并隐藏 RFID 的标识。

3. 位置保护路由协议

位置保护路由协议是一种用于无线传感器网络中节点位置隐私保护的技术,最著名的是 Kamat Pandurang 等提出的幻影路由协议。该协议的思想是不把数据包直接传输给汇聚节点,而是分两步进行:第一步是将数据包直接随机漫步到网络中的一个假的源节点,第二步再将数据包从假的源节点路由到汇聚节点,这样有效地保护了节点的位置信息。

4. 伪造汇聚节点协议

无线传感器网络中汇聚节点周围的流量总高于其他区域,攻击者可以通过流量分析确定汇聚节点的位置。伪造汇聚节点协议是一种无线传感器网络中的汇聚节点位置隐私保护协议,其基本思想是利用数据融合来保护汇聚节点位置。

在伪造汇聚节点协议中，网络中设置多个假汇聚节点，传感器采集到数据信息后先进行一次数据融合再传递给假汇聚节点，假汇聚节点对数据进行第二次融合并将两次融合后的结果传送给汇聚节点。网络中的假汇聚节点分担了数据包传向真汇聚节点的流量，并且由于数据融合的作用，流向真汇聚节点的实际流量减少了。这样，在一段时间内，真汇聚节点和假汇聚节点接收的数据包数量相当，攻击者就无法利用流量分析的方法来定位真数据节点的位置信息。

5. RFID 隐私保护方法

隐私保护在 RFID 系统中是一个重要的方面，也是 RFID 系统需要向用户提供的一个基本服务。针对 RFID 的隐私保护，方法包括以下几种。

1）自毁与休眠

用户在购买商品以后，已被购买商品的标签在经过阅读器时会从阅读器那里接收到 kill 命令，然后标签永久失效。但在一些特殊的场合，例如图书馆或租赁店等，标签只是在一定时期内失效，这样称作休眠，休眠不同于自毁，其标签可以通过 wake up 激活后再次使用。

2）加密

在标签传送数据到阅读器时，数据并不受到任何保护，因此加密成为 RFID 保护数据隐私的一个很好的手段，但是传统的加密手段会引入密钥管理，这样就很难应用到低成本的标签中。

3）移动 RFID

不用公共 RFID 阅读器而是使用具有 RFID 阅读器功能的移动终端来获取或修改标签数据，可以降低标签被跟踪的危险。然而移动的阅读器本身也会被跟踪，同样会带来安全隐患，此时的隐私威胁不仅涉及标签携带者，还关系到阅读器携带者。

4）Hash Lock

阅读器向标签发送请求时收到标签返回的一个 Hash 值，这时阅读器需要向标签发送逆向 Hash 值，如果发送的逆向 Hash 值正确，则标签返回其标识符。该方案需要对后台的标签和密钥管理应用单向 Hash 函数。

7.4.4 大数据时代的隐私保护

1. 大数据时代隐私保护的问题

近年来，数据泄露事件层出不穷，屡禁不止。例如，Facebook 6 亿用户数据被泄露，万豪旗下酒店喜达屋 5 亿房客信息被泄露，社交平台陌陌 3000 万用户数据在暗网被销售等。一起又一起的数据泄露事件，背后是一个逐渐成形的盗卖个人隐私的黑色产业链，给个人、企业乃至国家造成了巨大的安全威胁。

数据泄露具体是指"受保护或机密数据可能被未经授权的人查看、偷窃或使用"，在如今的数字时代，似乎有无数双眼睛在"窥探"着人们的数据隐私，数据泄露便成为一个必然事件，已经渗透到社会的各行各业。那么，为什么数据泄露事件会频频发生、屡禁不止呢？

根据 IBM 公司发布的研究报告显示，大部分数据泄露是由于恶意攻击和病毒木马窃取，恶意和犯罪攻击造成的数据泄露占 48%。此外，企业员工或承包商的疏忽、系统故障、个人安全防范意识不足、数据自身的局限性等原因也会造成数据泄露。

然而,在犹如"皇帝穿新衣"般透明的大数据时代,数据泄露无孔不入,存在问题层出不穷,未知的漏洞隐患、安全边界的模糊、新的网络攻击手段、个人隐私的无处藏身等一系列问题不断出现。因此,如何保护隐私数据的安全是一个巨大的挑战,也是人们不得不面对的现实问题。

2. 大数据时代隐私保护的策略

1) 个人角度

(1) 使用手机的时候,关闭一些不必要的功能。例如"附近的人""常去地点""允许搜索""允许查看"等功能。

(2) 不直接使用手机浏览器进行购物,应用程序退出要彻底,不下载来历不明的山寨软件。

(3) 不要随意连接公共 WIFI,出门关闭 WIFI 连接功能,家庭网络开启防火墙功能,以免自家网络被蹭,让病毒或恶意攻击乘虚而入。

(4) 网购谨防钓鱼软件,坚持使用第三方支付平台。

(5) 不要随意丢弃含有大量个人隐私数据的旧手机。

(6) 浏览网站等进行身份匿名、属性匿名、关系匿名和位置匿名。

(7) 防止计算机中毒,不随意打开陌生电子邮件及钓鱼网站。

(8) 经常更改密码,不使用简单密码。

(9) 多了解导致数据泄露的手段和方式,增强自身个人隐私数据安全防范意识。

2) 企业角度

(1) 增强管控措施,增强内部员工的防范意识,加强对 IT 人员的操作监管、操作审计和事前严格控制。

(2) 从技术上防止数据泄露,例如企业邮箱应部署邮件加密证书全程加密传输,全面保障数据安全;为官网部署 SSL 证书,进行 HTTPS 加密,防止数据在传送过程中被窃取、篡改,保证数据的完整性;防止运营商的流量劫持、网页广告植入现象。

(3) 实时进行网络监控,发现可疑问题或者恶意攻击及时处理和解决,防患于未然。

(4) 选择安全、稳定、可靠、防御系数高的数据托管服务提供商。

总之,有互联网的地方就有数据泄露的风险,隐私数据安全保护是一场没有硝烟的战争,如何运用好"大数据"这把双刃剑,更好地造福人类社会,需要各行各业的共同努力。

3. 机器学习过程中的大数据隐私保护

机器学习是人工智能的主要方法之一,但需要数据特别是大数据的训练才能形成有效的模型。为了解决数据孤岛、隐私保护和数据安全难题,在训练过程中需要借助多方安全计算框架,才能较好地实现大数据隐私保护。联邦学习就是这样一种多方安全计算框架。

案例 7-3

联邦学习(Federated Learning)

1. 联邦学习的概念

联邦学习(Federated Learning)是一种新兴的人工智能基础技术,在 2016 年由谷歌最先提出,原本用于解决安卓手机终端用户在本地更新模型的问题,其设计目标是在保障大数据交换时的信息安全、保护终端数据和个人隐私数据合法合规使用的前提下,在多参与方或多计算节点之间开展高效率的机器学习。其使用的机器学习算法不局限于神经网络,还包括随机森林等重要算法。

根据多参与方之间数据分布的不同,可以把联邦学习分为三类:横向联邦学习、纵向联邦学习和联邦迁移学习。

横向联邦学习的本质是样本的联合,适用于参与者间业态相同但触达客户不同,即特征重叠多,用户重叠少时的场景,例如不同地区的银行间业务相似(特征相似),但用户不同(样本不同)。

纵向联邦学习的本质是特征的联合,适用于用户重叠多,特征重叠少的场景,例如同一地区的商超和银行,触达的用户都为该地区的居民(样本相同),但业务不同(特征不同)。

当参与者间特征和样本重叠都很少时可以考虑使用联邦迁移学习,如不同地区的银行和商超间的联合。主要适用于以深度神经网络为基本模型的场景。

2. 系统架构

以包含两个数据拥有方(即企业 A 和 B)的纵向联邦学习场景为例。

假设企业 A 和 B 要联合训练一个机器学习模型,它们的业务系统分别拥有各自用户的相关数据。除此之外,企业 B 还拥有模型需要预测的标签数据。出于数据隐私保护和安全考虑,A 和 B 无法直接进行数据交换,在这样的情况下,可以使用联邦学习系统建立模型。

联邦学习系统构架由三部分构成,分别是加密样本对齐、加密模型训练和效果激励,如图 7-27 所示。

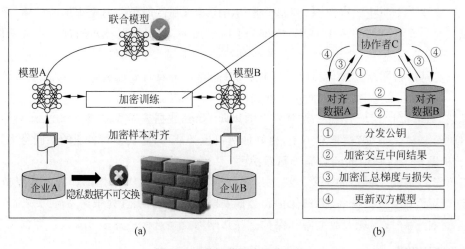

图 7-27 联邦学习的系统架构

1)加密样本对齐

由于两家企业的用户群体并非完全重合,系统利用基于加密的用户样本对齐技术,在 A 和 B 不公开各自数据的前提下确认双方的共有用户,并且不暴露不互相重叠的用户,以便联合这些用户的特征进行建模。

2）加密模型训练

在确定共有用户群体后,就可以利用这些数据训练机器学习模型。为了保证训练过程中数据的保密性,需要借助第三方协作者 C 进行加密训练。以线性回归模型为例,训练过程可分为以下 4 步。

（1）A、B 分别对参数 Θ 进行初始化,协作者 C 把公钥分发给 A 和 B,用于对训练过程中需要交换的数据进行加密。

（2）A 和 B 之间以加密形式交换用于计算梯度的中间结果（$[\![u_i^A]\!]$、$[\![u_i^B]\!]$、$[\![L_A]\!]$、$[\![L_B]\!]$ 分别表示 A、B 加密的输出和损失,$[\![L]\!]$ 表示加密的损失）。

（3）A 和 B 分别基于加密的梯度值进行计算,同时 B 根据其标签数据计算损失,并把这些结果汇总给 C。C 通过汇总结果计算总梯度值并将其解密。

（4）C 将解密后的梯度分别回传给 A 和 B,A 和 B 根据梯度更新各自模型的参数。

迭代上述步骤直至损失函数收敛,这样就完成了整个训练过程。在样本对齐及模型训练过程中,A 和 B 各自的数据均保留在本地,且训练中的数据交互也不会导致数据隐私泄露。因此,双方在联邦学习的帮助下得以实现合作训练模型。

相关的加密模型训练过程如表 7-5 所示,具体算法如下:

假设存在数据集 $\{x_i^A\}, i \in D_A \{x_i^B, y_i^B\}, i \in D_B$,A 和 B 两方分别初始化模型参数 Θ_A、Θ_B,其目标函数为

$$\min_{\Theta_A, \Theta_B} \sum_i \| \Theta_A x_i^A + \Theta_B x_i^B - y_i \|^2 + \frac{\lambda}{2}(\| \Theta_A \|^2 + \| \Theta_B \|^2)$$

令 $u_i^A = \Theta_A x_i^A, u_i^B = \Theta_B x_i^B$,对原目标函数同态加密后的损失可表示为（其中 $[\![\cdot]\!]$ 表示同态加密）

$$[\![L]\!] = [\![\left(\sum_i (u_i^A + u_i^B - y_i)^2\right) + \frac{\lambda}{2}(\| \Theta_A \|^2 + \| \Theta_B \|^2)]\!]$$

$$[\![L_A]\!] = [\![\sum_i (u_i^A)^2 + \frac{\lambda}{2} \| \Theta_A \|^2]\!]$$

$$[\![L_B]\!] = [\![\sum_i (u_i^B - y_i)^2 + \frac{\lambda}{2} \| \Theta_B \|^2]\!]$$

$$[\![L_{AB}]\!] = 2 \sum_i ([\![u_i^A (u_i^B - y_i)]\!])$$

因此有 $[\![L]\!] = [\![L_A]\!] + [\![L_B]\!] + [\![L_{AB}]\!]$。同理令 $[\![d_i]\!] = 2([\![u_i^A]\!] + [\![u_i^B - y_i]\!])$,则梯度可表示为

$$\left[\!\!\left[\frac{\partial L}{\partial \Theta_A}\right]\!\!\right] = \sum_i [\![d_i]\!] x_i^A + [\![\lambda \Theta_A]\!]$$

$$\left[\!\!\left[\frac{\partial L}{\partial \Theta_B}\right]\!\!\right] = \sum_i [\![d_i]\!] x_i^B + [\![\lambda \Theta_B]\!]$$

表 7-5　加密模型训练过程

步　骤	A 方（Party A）	B 方（Party B）	C 方（Party C）
第 1 步	初始化参数 Θ_A	初始化参数 Θ_B	建立不对称加密密钥对，并将公钥发送给 A 和 B
第 2 步	计算〚u_i^A〛，〚L_A〛，并发送给 B	计算〚u_i^B〛，〚d_i^B〛，〚L〛并将〚d_i^B〛发送给 A，将〚L〛发送给 C	
第 3 步	初始化 R_A，计算〚$\frac{\partial L}{\partial \Theta_A}$〛+〚$R_A$〛，并发送给 C	初始化 R_B，计算〚$\frac{\partial L}{\partial \Theta_B}$〛+〚$R_B$〛，并发送给 C	C 解密 L，并将 $\frac{\partial L}{\partial \Theta_A}+R_A$ 发送给 A，将 $\frac{\partial L}{\partial \Theta_B}+R_B$ 发送给 B
第 4 步	更新 Θ_A	更新 Θ_B	
得到结果	Θ_A	Θ_B	

3）效果激励

联邦学习的一大特点就是解决了为什么不同机构要加入联邦共同建模的问题，即建立模型以后模型的效果会在实际应用中表现出来，并记录在永久数据记录机制（如区块链）上。提供的数据多的机构，模型的效果也更好，这取决于数据提供方对自己和他人的贡献。这些模型的效果在联邦机制上会分发给各个机构作为反馈，并继续激励更多机构加入这一数据联邦。

以上三个步骤的实施，既考虑了在多个机构间共同建模的隐私保护和效果，又考虑了如何奖励数据贡献多的机构，以一个共识机制来实现。所以，联邦学习是一个"闭环"的学习机制。

习题与思考

1. 信任与信用有何区别和联系？
2. 何谓信任管理？包含哪些内容？
3. 举例说明电子商务信用管理模式有哪些？有何优点和缺点？
4. 搜寻电子商务平台的交易数据，试用信用评价方法对其做信用评价。
5. 何谓隐私保护？隐私保护有哪些方法？

第 8 章 支付管理

随着电子商务的发展,出现了各类新型网络支付工具、支付方式,如微信支付、二维码支付、近端支付等概念,无卡支付方式不断代替传统的现金及持卡支付,形成了以柜面服务为基础,以 ATM、POS 等机具为补充,以移动互联网为主体,线上线下一体化的多元化支付渠道。

8.1 网络支付系统

8.1.1 中国现代化支付系统

中国现代化支付系统(China National Advanced Payment System,CNAPS)由中国人民银行主导,是建立在中国国家金融信息网(China National Financial Network,CNFN)之上的,由 CNFN 提供应用软件开发平台、标准接口及联机事务处理(OLTP)环境等的综合应用系统,能够高效、安全地处理各银行办理的异地、同城各种资金汇划业务及其资金清算和货币市场交易资金清算。为便于展开国际金融业务,CNAPS 的信息格式基本上采用 SWIFT(Society for Worldwide Inter-bank Financial Telecommunication,环球同业银行金融电信协会)的报文格式标准。

2002 年 10 月 8 日大额实时支付系统成功投产试运行,经过近 8 年的建设发展,中国现代化支付系统已建成了包括第一代人民币跨行大额实时支付系统、小额批量支付系统、支票影像交换系统、境内外币支付系统、电子商业汇票系统以及中央银行会计集中核算系统,形成了比较完整的跨行支付清算服务体系,为各银行业金融机构及金融市场提供了安全高效的支付清算平台,对经济金融和社会发展的促进作用日益显现。

为适应新兴电子支付业务的发展,降低商业银行清算账户管理风险,完善金融市场功能,2009 年,中国人民银行启动了第二代支付系统的建设。第二代支付系统在继承了第一代各业务系统功能的同时,引入了先进的支付清算管理理念和技术标准,采用了金融业通用报文方案(ISO 20022 标准),提供了全面的流动性管理及连接第三方支付组织的接口,能更好地支持新兴电子支付业务的发展,目前已成为国内各商业银行办理跨行支付业务的核心和主要渠道。

1. CNAPS 应用系统构成

我国现行的支付结算系统 CNAPS 主要包括中央银行支付清算系统、第三方服务组织支付清算系统、银行业金融机构支付清算系统和金融市场支付清算系统(如图 8-1 所示)。

2. 中央银行支付清算系统

中央银行支付清算系统包括大额实时支付系统、小额批量支付系统、同城票据交换系统、境内外币支付系统、全国支票影像交换系统、中央银行会计集中核算系统。

1) 大额实时支付系统

大额实时支付系统(High-Value Payment System,HVPS)是中国现代化支付系统的

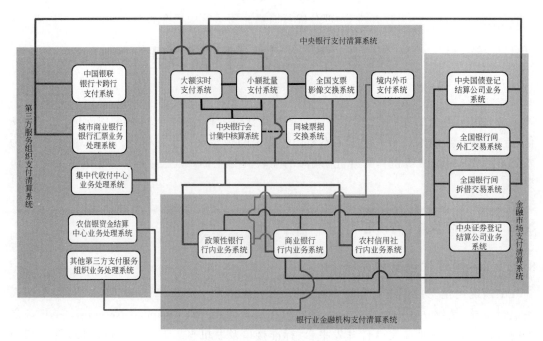

图 8-1 CNAPS 应用系统构成

主要业务应用系统之一,采取逐笔实时方式处理同城和异地、商业银行跨行之间和行内的各种金额在规定起点以上的大额资金汇划业务。2005 年 6 月大额支付系统在全国推广使用后,成功取代了全国电子联行系统,解决了"天上三秒,地下三天"资金汇划速度较慢的窘境。

在现代支付体系中,大额实时支付系统是金融基础设施的核心系统,是连接社会经济活动及其资金运行的"大动脉""金融高速公路";在加速社会资金周转、畅通货币政策传导、密切各金融市场有机联系、促进金融市场发展、防范支付风险、维护金融稳定等方面发挥重要作用,已成为"央行支付、中流砥柱"。其最大特点是支付指令逐笔实时发送,全额资金实时清算、零在途。

目前,大额实时支付系统处理的业务包括:①规定金额起点以上的跨行贷记支付业务,如汇兑、委托收款、托收承付、定期贷记等;②规定金额起点以下的紧急跨行贷记支付业务;③各银行行内需要通过大额支付系统处理的贷记支付业务;④特许参与者发起的即时转账业务;⑤城市商业银行银行汇票资金的移存和兑付资金的汇划业务;⑥中国人民银行会计营业部门和国库部门发起的贷记业务及内部转账业务;⑦中国人民银行规定的其他支付清算业务。

2) 小额批量支付系统

作为大额支付系统的补充,小额批量支付系统(Bulk Electronic Payment System,BEPS)在功能上支持 7×24 小时连续不间断运行,批量处理业务,实时发送支付指令,轧差净额清算资金,支持多种支付工具,满足了社会多样化的支付清算需求,为社会提供了低成本、大业务量和便利的支付清算服务。

小额批量支付系统主要处理跨行同城、异地纸质凭证截留的借记支付业务(如银行汇票、国内信用证、银行本票、支票、旅行支票、定期借记)以及金额在规定起点以下的小额贷记支付业务,以满足组织和居民日常汇兑、委托收款、托收承付、网银支付、代付工资及养老金、代收水电费等事项。

在小额批量支付系统上线前,部分银行已经开通了行内通存通兑业务,客户使用本行存折可以在同一银行的任一营业网点办理存取款业务。但对于跨行通存通兑业务,由于缺乏相应的系统支撑,公众无法通过存折办理跨行存取款业务,如遇购车、买房等大宗跨行消费性支付,客户通常要携带大量现金,既不方便,也不安全。小额批量支付系统的开通,实现了各银行业金融机构营业网点的共享,客户可以在任意一家银行业金融机构的营业网点办理实时存取款业务。

3) 全国支票影像交换系统

全国支票影像交换系统(Cheque Image System,CIS)综合运用影像、支付密码等技术,实现支票全国通用,使支票用途更加广泛,携带更加方便,结算更加便捷。该系统 7×24 小时连续不间断运行。全国支票影像交换系统对于促进信用支付工具的使用和社会信用的发展具有重要作用,是央行改善金融服务环境和承担社会责任的重要体现。

在全国支票影像交换系统上线之前,支票基本只限在同城范围内使用,即所签发的支票只能用于同一城市范围内的支付活动。为支持支票全国通用,进行异地使用支票的清算,中国人民银行在借鉴国际经验的基础上,建设了全国统一的支票影像交换系统,基于影像技术进行票据交换。持票人开户行收到异地支票后,对实物支票进行截流,将实物支票的影像信息通过支票影像交换系统传递到出票人开户行,出票人开户行经审查复核后,再通过中国人民银行小额支付系统将资金划拨至持票人开户行。

目前,异地使用支票的金额不能超过中国人民银行规定的金额上限,该上限目前暂定为 50 万元。当委托开户银行收款时,由于开户银行需要将支票的相关信息通过中国人民银行的支票影像交换系统提交给异地的出票人开户银行,相关信息传递过程所需的时间可能因银行采用的业务处理模式有所不同。最早可在 2~3 小时之内收到款项,一般最长在 $T+2$ 日,即银行受理支票之日起 3 个工作日内可收到异地支票款项。

4) 境内外币支付系统

境内外币支付系统(China Foreign Exchange Payment System,CFXPS)于 2008 年 4 月 28 日投产。该系统由中国人民银行牵头建设,由清算总中心集中运营,由直接参与机构等单一法人集中接入,采用"Y"型信息流结构。其中,清算处理中心负责外币支付指令的接收、存储、清分、转发,并将参与者支付指令逐笔实时清算后,分币种、分场次将结算指令提交代理结算银行结算。

代理结算银行是中国人民银行指定或授权的商业银行,资格实行期限管理,3 年一届,为直接参与机构开立外币结算账户,负责直接参与机构之间的外币资金结算。首届开通了港币、英镑、欧元、日元、加拿大元、澳大利亚元、瑞士法郎和美元 8 种货币支付业务,满足了国内对多种币种支付的需求,提高了结算效率和信息安全性,如表 8-1 所示。

表 8-1 首届代理结算银行及承担结算币种

结算银行	结算银行在 SWIFT 系统中的代码	结 算 币 种
工商银行	ICBKCNBJ	欧元(EUR)、日元(JPY)
中国银行	BKCHCNBJ	美元(USD)
建设银行	PCBCCNBJ	港元(HKD)
浦发银行	SPDBCNSH	澳元(AUD)、加元(CAD)、英镑(CHF)、瑞士法郎(GBP)

境内外币支付系统运行按时序划分为营业准备、日间运行、业务截止、清算窗口和日终处理五个阶段。日间运行开始时间为9:00,业务截止时间为17:00。

5) 网上支付跨行清算系统

网上支付跨行清算系统(Internet Banking Payment System,IBPS)作为第二代支付系统的核心业务子系统,已于2010年8月30日先期投产运行,并于2011年1月24日推广至全国,主要支持网上支付等新兴电子支付业务的跨行(同行)资金汇划处理。网上支付跨行清算系统采取实时传输及回应机制,可处理跨行支付、跨行账户信息查询以及在线签约等业务。客户通过商业银行的网上银行可以足不出户办理多项跨行业务,并可及时了解业务的最终处理结果。

3. 第三方服务组织支付清算系统

第三方服务组织支付清算系统包括中国银联银行卡跨行支付系统(银行卡跨行支付系统)、集中代收付中心业务处理系统、城市商业银行汇票业务处理系统、农信银资金结算中心业务处理系统、其他第三方支付组织业务处理系统。

利用中国银联银行卡跨行支付系统,能实现银行卡的跨行支付。其支付流程如图8-2所示。

其中,银联的清算包括清分和资金划拨两个重要环节。清分是在银联清算系统内部,对交易日志中记录的成功交易,逐笔计算交易本金及交易费用,然后按清算对象汇总轧差形成应收或应付金额。资金划拨是指通过央行的大额支付清算系统、小额支付清算系统或同城票据交换系统,完成应收应付资金的实际转移。

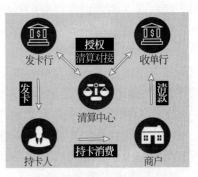

图8-2 银行卡交易流程

一般,中国银联在中国人民银行开立境内业务清算账户,在代理清算银行(中行和汇丰)开立跨境业务清算账户;境内成员机构(发卡行、收单行)在中国人民银行也开立准备金账户和备付金账户,境内商户和第三方机构在商业银行开立结算账户。因此,在中国银联银行卡跨行支付系统中,收单行和发卡行的资金划拨(跨行清算)最终需要通过央行大额支付清算系统来完成,而商户和收单专业化服务机构的清算(收单清算)仅需通过央行小额支付清算系统或同城票据交换系统就可完成。

需要说明的是,一直以来,中国银联是我国唯一一家运营银行卡人民币交易处理和资金清算系统的专营性机构。其在促进银行卡服务的标准化、居间协调各方利益,实现银行卡的规模发行与广泛受理,提高银行卡交易处理和资金清算效率等方面发挥了很大作用。然而,随着我国银行卡市场的发展,市场对银行卡清算服务提出的要求也更加多样化和差异化。根据《中国支付清算行业运行报告(2016)》,目前我国已拥有各类银行卡54.42亿张,2015年业务金额已达到669.82万亿元。若按照现有规则"刷卡一次,商家需要支付0.5%~2%的手续费,然后按7:2:1的比例进行分配"的机制,中国银联每年的利益相当可观。为了鼓励竞争,提高效率,分散风险,降低交易成本,规范银行卡支付清算业务,满足WTO组织要求,国务院已于2015年4月颁发了《关于实施银行卡清算机构准入管理的决定》,开放了银行卡清算相关业务;2016年6月7日,人民银行又正式发布了《银行卡清算机构管理办法》,进一步公布了相关的实施细则。

8.1.2 跨境人民币清算模式

CNAPS下人民币跨境清算可以自由选择三种模式：①通过香港、澳门地区人民币清算业务进行人民币资金的跨境清算和结算，即清算行模式；②通过境内商业银行代理境外商业银行进行人民币资金的跨境清算和结算，即代理行模式；③通过境内银行清算系统或人民银行跨行支付系统进行人民币资金的跨境清算和结算，即非居民人民币账户模式。

1. 清算行模式

清算行模式下，经中国人民银行和香港金融管理局、澳门金融管理局认可，已加入中国人民银行大额支付系统并进行港澳人民币清算业务的商业银行，可以作为港澳人民币清算银行（以下简称港澳清算行），提供跨境人民币结算和清算服务。目前，香港地区的人民币清算行为中国银行（香港）有限公司，澳门地区为中国银行澳门分行。

清算行模式的基本做法是：港澳清算行在中国人民银行开立清算账户，以直接参与者身份接入大额支付系统，具备与内地银行机构办理人民币资金汇划业务的能力。港澳清算行与境外商业银行（即境外参加银行）签订清算及结算协议，为境外参加银行开立人民币同业往来账户，并为其提供人民币服务。

进口贸易下，境内企业首先将资金汇入境内结算银行，由境内结算银行通过大额支付系统将资金划至港澳清算行，港澳清算行贷记境外参加银行的同业往来账户并发出入账通知，最终由境外参加银行将资金（人民币或兑付为其他货币）解付给境外企业（如图 8-3 所示）。

图 8-3 清算行模式下进口贸易汇出资金

出口贸易下，人民币资金汇划按上述流程反向处理，如图 8-4 所示。

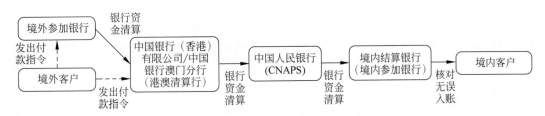

图 8-4 清算行模式下出口贸易汇入资金

人民币跨境流动信息由银行报送人民币跨境支付信息管理系统。

2. 代理行模式

代理行模式基本做法是：试点地区具备国际结算业务能力的商业银行（即境内代理行）与境外参加银行签订人民币代理结算协议，为其开立人民币同业往来账户，并可提供人民币购售、账户融资等服务。境内代理银行可以同时作为境内结算银行，为境内企业开立结算账户。

进口贸易下，境内企业首先将资金汇入境内代理银行，境内代理银行将支付指令通过

SWIFT 系统发送至境外参加银行,然后由境外参加银行将资金(人民币或兑换为其他货币)解付给境外企业,如图 8-5 所示。

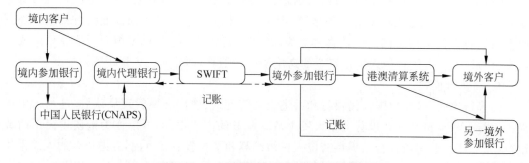

图 8-5　代理行模式下进口贸易汇出资金

出口贸易下,人民币资金汇划按上述流程反向处理,如图 8-6 所示。

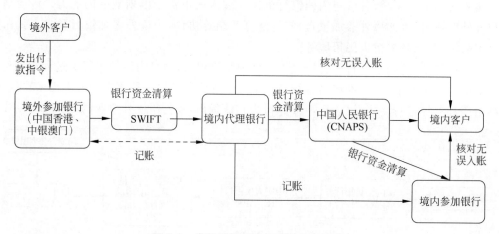

图 8-6　代理行模式出口贸易汇入资金

人民币跨境流动信息由代理银行或境内结算银行报送人民币跨境收付信息管理系统。

3. 非居民人民币账户模式

境内非居民账户(Non-Resident Account,以下简称 NRA 账户),经中国人民银行当地分支机构核准,境外企业可申请在境内银行开立非居民银行人民币结算账户,直接通过境内银行清算系统或中国人民银行跨行支付系统进行人民币资金的跨境清算和结算(如图 8-7 所示)。这一清算模式的主要特点是:境外客户跨境在境内银行开立人民币账户,而整个银行间清算链条完全处于境内,清算环节少,手续简便,如境内客户与境外客户在同一家境内结算银行开户,在该行系统内转账即可完成清算。

图 8-7　NRA 模式下的人民币跨境清算

4. CNAPS 的局限性

CNAPS 建立的初衷主要是为了满足国内银行间人民币支付清算的需求,并未考虑日后跨境人民币清算量日渐增加的情况。用 CNAPS 进行跨境人民币清算主要有以下局限性。

(1) 运行时间过短,不适合跨时区清算。CNAPS 的运行时间为 8:30 开启,16:30 关闭,一天运行 8 小时。相对我国有六七小时时差的地区,根本没有充足的时间来处理清算业务。

(2) CNAPS 与国际清算系统接口无法完全匹配。在代理行和境外清算行模式下都必须通过 SWIFT 报文系统传递跨境清算信息。但 SWIFT 不支持中文报文,且一些字段与大额支付系统报文不兼容,影响了清算效率。

(3) 部分业务无法实现实时跨境结算。CNAPS 尚未与 CFXPS、证券清算系统互连互通,难以实现跨境清算所需的人民币和外币同步支付结算以及人民币证券券款对付结算。

鉴于以上 CNAPS 的局限性,同时考虑随着人民币国际化的不断推进和资本项目的不断开放,未来跨境支付结算量将稳步增加,现有的清算体系将不具备可持续性。

8.1.3 CIPS 支付结算

我国跨境人民币支付系统(Cross-border Interbank Payment System, CIPS)一期于 2015 年 10 月 8 日上午正式启动。该系统上线运行后,大大提高了人民币跨境清算效率,标志着人民币国内支付和国际支付统筹兼顾的现代化支付体系取得重要进展。

1. CIPS 总体架构

CIPS 所涉及的关系人包括直接参与者、间接参与者、境外直接参与者资金托管银行(以下简称资金托管行),具体流程如图 8-8 所示。

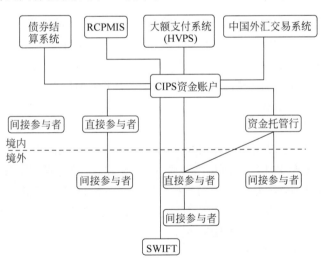

图 8-8 CIPS 具体流程

(1) 直接参与者是指在 CIPS 开立资金账户,拥有 CIPS 行号,通过 CIPS 办理人民币跨境支付业务的境内外银行机构、清算机构和结算机构。直接参与者的行内业务系统或专用前置系统与 CIPS 连接,通过 CIPS 发送和接收指令,指令通过专用网络或通用网络传输(境内直接参与者采用专用网络,境外直接参与者可采用专用网络线或 SWIFT 等通用网络接入)。其中境外直接参与者接入 CIPS 的功能在 2015 年 9 月投产的一期中暂未实现。

(2) 间接参与者是指未在 CIPS 开立资金账户,拥有 CIPS 行号,必须委托直接参与者办理人民币跨境支付业务的境内外银行机构等。间接参与者通过直接参与者向 CIPS 发送和接收指令。

（3）资金托管行是指与 CIPS 境外直接参与者签订结算服务协议，负责为 CIPS 境外直接参与者开立资金存管账户并提供相关服务的境内商业银行。

（4）大额支付系统（HVPS）与 CIPS 相连，支持境内直接参与者的资金调拨等业务。

（5）债券结算系统（包括中央债券综合业务系统、银行间市场清算所股份有限公司业务系统）与 CIPS 相连，支持质押融资、质押担保等业务。

（6）中国外汇交易系统与 CIPS 相连，支持银行间外汇市场的人民币资金结算业务。

（7）RCPMIS 与 CIPS 相连，接收 CIPS 每日处理的业务信息。

（8）SWIFT 网络为采用 SWIFT 方式接入 CIPS 的境外机构提供通信业务。

CIPS 的系统结构和互相通信的系统涵盖了目前主流的人民币跨境支付的业务渠道，提供了一条便捷安全的资金清算高速公路。

2. CIPS 业务类型

CIPS 支持的业务有两类：第一类为支付业务，主要包括客户汇款和头寸调拨等进行资金结算的业务；第二类为信息业务，主要包括保函、托收、信用证等不进行资金结算的业务。随着人民币国际化的深入，业务处理种类也会随之增多。

3. CIPS 主要功能

CIPS 的主要功能是为满足客户汇款、头寸调拨、信息传递等业务需要，CIPS 应提供的主要功能包括支付结算、流动性管理、信息业务处理、运行维护和参与者管理。

4. CIPS（一期）的优势与不足

CIPS（一期）优势表现为：采用实时全额结算方式，报文标准采用 ISO 20022 报文标准，使用规范的中国四角码，支持中英文传输，充分考虑了与现行 SWIFT MT 报文的转换要求。CIPS（一期）按照北京时间和中国法定工作日运行，每天运行时序分为营业准备、日间处理、业务截止和日终处理 4 个阶段，日间处理支付业务的时间为 9:00—20:00。

CIPS（一期）的不足如下。

1）覆盖面不足

首批直接参与者只包括境内的中外资银行机构 19 家，间接参与者一共 176 家，覆盖了 47 个国家和地区。截至 2019 年，直接参与者为 31 家，间接参与者 847 家，累计处理业务超过 400 万笔，金额超过 60 万亿元。但与美国 SWIFT 系统每日结算高达 5 万亿～6 万亿美元相比，业务量还远远不够，业务种类也较为单一，还没有起到主渠道的作用，代理行和清算行的模式在相当长一段时间还会与 CIPS 并行。

2）存在系统运行时间限制

目前 CIPS（一期）的日间处理业务时间为 9:00—20:00 共 11 小时，大额支付系统业务处理时间为 8:30—17:00 共 8.5 小时。相比美国 Fedwire 长达 21.5 小时和 CHIPS 长达 20 小时的工作时间，未来为了更好地满足其他时区的人民币清算需求，CIPS 和大额支付系统的业务处理时间都必须进一步延长，为人民币跨境支付提供更便捷、高效的服务。

3）资金使用效率低

CIPS（一期）上线仍采用实时全额结算方式，在净额结算方面仍然有待完善。CIPS 应尽快推出净额结算方式，开发高效的轧差算法，提高系统对业务队列的处理能力和对资金头寸的利用效率,降低参与者的流动性成本。在净额结算方式下,虽然对直接参与者的业务队列进行轧差能够降低清算业务占用的资金量,但要进一步减少清算业务所占用的资金,必须给直接参与者提供双边、多边的信用透支额度,使直接参与者提供的头寸能够支撑更多的清算业务。

4)业务种类单一

CIPS(一期)主要进行客户汇款、资金调拨等清算业务,种类单一。CIPS应该增加其他业务种类,将保函、托收、信用证等信息业务纳入系统内。另外,CIPS还可以与债券结算系统相连,支持质押融资、质押担保等业务。

8.2 网上银行

8.2.1 网上银行概述

网上银行(也称为网络银行、在线银行)指的是采用网络通信技术,以互联网、无线网等作为基础的交易平台和服务渠道,在线为公众提供办理结算、信贷服务等创新业务。

欧洲银行标准委员会认为,网上银行是指那些利用网络为通过使用计算机、网络电视、机顶盒及其他一些个人数字设备连接上网的消费者和中小企业提供银行服务的银行。这里,网上银行被认为是利用Internet、Intranet及相关技术处理传统的银行业务及支持电子商务网上支付的新型商业银行或金融机构。它实现了银行与客户之间安全、方便、友好、实时的连接,可向客户提供开户、销户、查询、对账、行内转账、跨行转账、信贷、网上证券、投资理财以及其他贸易或非贸易的全方位银行业务服务。可以说,网上银行是在Internet上的虚拟银行柜台。

截至2019年末,中国银行业金融机构网点总数达到22.8万个。2019年银行业金融机构网上银行交易笔数1637.84亿笔,交易金额1657.75万亿元;手机银行交易笔数1214.51亿笔,交易金额335.63万亿元;电商平台交易笔数0.83亿笔,交易金额1.64万亿元。

目前,网上银行发展的模式分为两种。

一是完全依赖于互联网的无形的电子银行,也叫"虚拟银行"。所谓虚拟银行,是指没有实际的物理柜台作为支持的网上银行,这种网上银行一般只有一个办公地址,没有分支机构,也没有营业网点,采用国际互联网等高科技服务手段与客户建立密切的联系,提供全方位的金融服务。以美国安全第一网络银行(Security First Network Bank,SFNB)为例,它诞生于1995年10月,是在美国成立的第一家无营业网点的虚拟网上银行,它的营业厅就是网页界面,当时银行的员工只有19人,主要的工作就是对网络的维护和管理。

二是在现有的传统银行的基础上,利用互联网开展传统的银行业务交易服务,即传统银行利用互联网作为新的服务手段为客户提供在线服务,这种方式实际上是传统银行服务在互联网上的延伸,也是目前网上银行存在的主要形式,绝大多数商业银行都采取了这种发展模式。事实上,我国还没有真正意义上的网上银行,也就是"虚拟银行",国内现有的网上银行基本都属于第二种模式。

网上银行在中国的发展经过了4个阶段:萌芽阶段、起步阶段、发展阶段和成熟阶段,如表8-2所示。

表 8-2 网上银行的发展阶段

时 间	特 征	主 要 事 件
萌芽阶段： 1996—1997 年	网上银行服务开发和探索之中	1996 年，中国银行(BOC)投入网上银行的开发 1997 年，中国银行建立网页，"网上银行服务系统"搭建，招商银行开通招商银行网站
起步阶段： 1998—2002 年	各大银行纷纷推出网上银行服务	1998 年 4 月，招商银行在深圳地区推出网上银行服务，"一网通"品牌正式推出 1999 年 4 月，招商银行在北京推出网上银行服务 1999 年 8 月，中国银行推出网上银行，提供网上信息服务、账务查询、银证转账、网上支付、代收代付服务 1999 年 8 月，中国建设银行推出网上银行服务，首批开通城市为北京和广州 2000 年，中国工商银行在北京、上海、天津、广州等 4 个城市正式开通网上银行 2001 年，中国农业银行推出 95599 在线银行；2002 年 4 月推出网上银行； 2002 年底，国有银行和股份制银行全部建立了网上银行，开展交易型网上银行业务的商业银行达 21 家
发展阶段： 2003—2010 年	网上银行品牌建设加强，产品和服务改善成为重点； 重点业务发展带动各大网上银行业务快速发展	2003 年，中国工业银行推出"金融@家"个人网上银行 2005 年，中国交通银行创立"金融快线"品牌 2006 年，中国农业银行推出"金 e 顺"电子银行品牌 2007 年，个人理财市场火热带动网上基金业务猛增，直接拉动个人网上银行业务的大幅增长 2008 年，网银产品、服务持续升级，各银行在客户管理、网银收费等方面积极探索
成熟阶段： 2010 年至今	网上银行相关法律逐步完善，网上银行业务稳步发展，网上银行进入"超级网银"和银行业互联网化的开放银行状态	

1. 萌芽阶段

萌芽阶段开始于 1996 年，以中国银行投入网上银行的开发、建立自己的网站作为标志，实现了银行上网。在此阶段，银行上网不从事实际的银行业务服务，只是利用自己的企业网站进行形象宣传和信息发布。

2. 起步阶段

1998—2002 年，各大银行纷纷建立起自己的网上银行业务服务，网上银行进入起步阶段，标志着网上银行的形成。

3. 发展阶段

2003—2010 年，网上银行进入发展阶段，各大银行重视并加强自己的网上银行品牌建设，将改善产品和服务作为建设的重点，为此，中国工商银行推出了"金融@家"，中国交通银行创立了"金融快线"，中国农业银行推出了"金 e 顺"等电子银行品牌，标志着网上银行的真正形成。

4. 成熟阶段

从 2010 年开始，网上银行进入成熟阶段。有关网上银行的相关法律逐步完善，"第二代支付系统"也已建成,网上银行的相关业务步入稳定发展阶段,网上银行进入"超级网银"、银行业互联网化和开放银行的状态。在"超级网银"下,用户登录一家网上银行,可以管理多家银行开立的结算账户,进行跨行查询、跨行支付和跨行转账等操作。在银行业互联网化的状态下,银行业信息化程度和流动性风险管理手段得到全面提升。在基于银行内核业务的基础上,利用互联网技术为客户提供新型差异化银行业服务得到了普遍认同。在开放银行下,以客户需求为导向、以生态场景为出发点,通过 API 或 SDK 等技术手段与第三方在数据、算法和业务流程等方面实现融合,驱动银行整体架构转型升级。

表 8-3 列出了深圳发展银行互联网化的演进过程。

表 8-3 深圳发展银行互联网化的演进过程

------官僚式------>			------主动式---------->		------------互动式------------>	
						开放银行
						直销网银
				个人网银		个人/企业网银
				企业网银		银行网站
			个人网银	银行网站		网上证券
			企业网银	网上证券		托管银行
			银行网站	网上外汇		网上黄金
			网上证券	房贷直通车		网上外汇
				网上商城		房贷直通车
						网上商城
						电子客票
			电子客票	电子客票		在线供应链
		电子客票	手机银行	在线供应链		手机银行
		个人网银	手机银行	掌上银行	手机银行	私人银行
	客户终端	企业网银				
		银行网站	网点银行	网点银行	网点银行	网点银行
网点银行	网点银行	网点银行	核心银行	核心银行	核心银行	核心银行
1987—1995 年	1995 年	2000 年	2001 年	2002 年	2005 年	2009 年至今

与传统银行业务相比,网上银行有许多优势,网上银行对银行的服务支撑、业务分流与结构改善等方面起着决定性作用。网上银行拓宽了银行传统业务与客户的接触面,为各项业务快速发展提供了一条便捷的"高速公路",客户能以最简便的方式,7×24 小时在线安全办理银行业务;网上银行将银行从"加网点,加人"的传统业务发展模式,转变成高科技与高效益的发展模式,极大地降低了银行日常营运成本,使人工柜面能更多地服务于高端客户,从事理财等高附加值服务;另外,网上银行的分流能力、创新能力、新兴市场渗透能力、客户体验持续改善能力,大大提升了银行的核心竞争能力,拓宽了银行的中间业务收益来源与负债渠道,降低了经营成本。网上银行通过服务创新,可以较为容易地向客户提供多种类型的个性化服务;通过低成本的信息咨询服务,也可以较容易地将银行业务渗透到营业网点难以销售的保险、证券和基金等金融产品领域,满足部分客户咨询、购买和交易多种金融产品的需求。网上银行所具有的 3A 特色,即能在任何时候(Anytime)、任何地方(Anywhere)、

以任何方式(Anyhow)为客户提供金融服务,成为银行吸引和保留优质客户,扩大客户群体,开辟新的利润来源的动力源泉。

网上银行业务的快速发展主要与四方面的因素有关。第一,网络技术水平突飞猛进。包括计算机、网络、手机在内的 IT 技术发展迅速,高速网络已全面取代拨号为主的上网模式。第二,客户群体发生了很大变化,网上银行发展的客户基础逐渐成熟。受过高等教育的人数大幅度上升,成为社会创造财富的主流群体,他们接受网上银行的能力非常强。第三,从银行来说,提供信息服务的能力今非昔比。银行是我国信息化水平最高的行业,所有的全国性银行现在都已经实现了系统的升级换代和改造,实现了全国性的大集中,能够一点接入完成所有的业务。第四,从整个社会角度来说,各种各样的安全技术手段逐渐成熟,为客户创造安全条件的技术手段也已经具备。

8.2.2 网上银行功能与经营管理

1. 网上银行功能

网上银行功能分为基础服务和衍生服务。基础服务既包括传统的零售业务,也包括传统的批发业务;而衍生服务包括网上支付、网上信用卡业务、网上投资理财服务、网上消费贷款服务等。总体上也可分为个人网上银行业务和企业网上银行业务。

个人网上银行业务,以中国建设银行为例,主要功能如下。

(1) 账户管理,包括我的网银、账户查询、追加新账户、账户注销、账户挂失、个性化设置、E 家亲账户、其他账户服务等。

(2) 转账汇款,包括活期转账汇款、向企业转账、跨行转账、预约转账、批量转账、外汇汇款、结果查询等。

(3) 缴费支付,包括缴费支付、批量缴费、预约缴费、缴费支付记录查询、E 付通、银行卡网上小额支付等。

(4) 信用卡,包括信用卡开卡、信用卡查询、信用卡还款、购汇还款和信用卡管理等。

(5) 个人贷款,包括我的贷款、归还贷款、贷款维护和贷款试算等。

(6) 投资理财,包括基金业务、外汇买卖、黄金业务、债券业务、银证业务、银行存管、理财产品、证券管理和保险业务等。

(7) 其他,如客户服务、安全中心等。

企业网上银行业务,以中国工商银行为例,主要功能如下。

(1) 账户查询。可以查询本企业在银行开立的所有账户的余额、历史明细、当日明细,还可以把数据下载打印出来,动账情况一目了然。

(2) 网上结算。企业可以通过网上银行把资金从其账户中转出,实现与其他单位或者个人之间的同城或异地资金结算。企业可以选择向任意账号付款,也可以约定向几个固定的账户付款。企业发生的一切网上交易在银行的计算机中都有详尽的记录,并且每一笔网上交易都会触发银行的打印机自动打印出交易凭证。

(3) 集团理财。集团总公司可随时查看各分公司账户的详细信息,还可主动向分公司下拨或上收资金,实现资金的双向调拨,达到监控各分公司资金运作情况、整个集团资金统一调度管理的目的。

(4) 网上收费站。企业可以通过网上银行主动收取其授权的企业或个人各类应缴的费用,即收费单位可以主动扣收企业或个人应缴的费用。

(5) 贵宾室服务。可以为集团企业管理本部及下属分支机构账户提供方便,对设定的账户进行单笔余额超限提醒;可提供现金预约、收款预约、付款预约、票据查询预约等服务;可根据客户设置的参数,每日按照客户选择的时间、收付账号、额度选择自动发起转账指令;可以实现网上代报销、代发工资等业务。

(6) 贷款查询。企业可对注册的所有总公司和分公司的贷款账户进行贷款主账户查询以及利随本清贷款、贷款表内欠息、贷款表外欠息和贷款借据账的查询。

(7) 基金业务。企业可在网上进行基金认购、申购以及基金基本信息查询。

(8) 国债业务。客户可利用网上银行进行国债账户查询,进行网上即时交易,对债券价格及债市信息也可查询。

(9) 代理行业务。这是为其他政策性银行、股份制银行、商业银行等银行机构提供的一项服务,包括代签汇票和代理汇兑。代签汇票指代理银行用本银行汇票为其客户签发汇票后,登录本银行的网上银行系统,录入签发汇票的信息进行记账(汇票资金移存)。代理汇兑指代理银行通过本银行的网上银行系统为其客户办理汇兑的业务。

(10) 特约商城服务。可以为在互联网上销售商品或提供服务的商城提供网上资金结算服务,这为网上商城及企业提供了一条安全、快捷、方便的资金结算途径。

2. 网上银行的经营与管理

网上银行的经营与管理的任务,主要是对网上银行的产品和服务进行设计、开发、测试和营销。不同类型的网上银行,有着不同的经营理念,经营着不同的产品和服务。对于像美国印第安纳州第一网络银行(First Internet Bank of Indiana,FIBI)和 WingspanBank 之类的虚拟银行,其不认为虚拟银行具有局限性,而认为随着科技的发展和网络的进一步完善,纯网络银行完全可以取代传统银行,故其秉承全方位的发展模式,业务类型遍及传统银行的一切服务,如 FIBI 通过推出所谓的"中小企业贷款服务",改变了虚拟银行没有企业贷款服务的历史。

WingspanBank 是美国第一银行创建的纯互联网的金融服务信息媒介,它发现一些客户必须通过单独的网站进行各种交易活动,这些客户希望在线处理一系列金融交易,例如证券抵押、贷款、投资、申请信用卡、支付账单等,从而意识到在线银行应该给个人提供他们能使用的所有金融服务。因此,它提出自己作为虚拟银行的定位将是"第一个大型的、包含广泛、充实且有大量不同产品的纯网络银行及金融服务网站"。WingspanBank 为了实现它的全方位发展模式,首先建立了 4 个即期目标:开发新客户、交叉销售产品、维护网站一致性、提供美妙的客户体验。另外,公司通过广泛地和微软、美国在线、IBM 等公司合作,培养并建立关系网,获得有关互联网的经验,因此它能提供一个方便、集中的地点,让客户获得所有的金融服务。

大多数的虚拟银行意识到网上银行存在局限性,由于没有分支机构,它们无法为中小企业提供现金管理服务,也不能为客户提供在线存款服务。与传统型银行相比,虚拟银行提供现金服务要少得多。因此,虚拟银行应该秉承特色化发展模式的经营理念,专注于具有核心竞争力的业务。例如,在 CompuBank 的高级管理人员看来,纯网络银行若想在竞争中获取生存,必须提供特色化的服务,其他的业务则可以让客户在别的银行获得。对于耐特银行(即 Net Bank)来说,它曾经是仅次于 SFNB 的虚拟银行,在 1999 年一季度末,它的存款已经达到 3.327 亿美元,在 SFNB 被收购以后,它成为虚拟银行的领头羊,它的服务特色在于以较高的利息吸引更多的客户。

在我国,由于受到金融监管的限制,目前还没有一家纯虚拟银行,所有网络银行都属于混合型网络银行。其经营理念是在原有银行的基础上,建立网上业务渠道,以巩固客户基础,降低服务成本,提供经营效益,延伸银行原有的品牌优势。通过网络渠道来优化自身形象,改善客户关系,扩大产品的市场占有率,最终实现传统业务与网上银行的协调发展。

网上银行作为现代技术应用产物,其产品技术开发战略十分重要,就目前网上银行系统的开发建设形式而言,无论是混合型网络银行还是新兴的虚拟银行一般有外包型、独立开发和合作开发 3 种开发模式。

(1) 外包型,即选购现成的软件包。这种方式直接先用 IT 厂商推出的各种现成的网络银行解决方案。美国的许多网络银行系统采用的就是这种方式。如 Wells Fargo 的一部分个人银行业务,选用的就是 Microsoft 的 Money 和 Intuit 的 Quicken 等个人银行系统。这种模式的优势是开发周期短、速度快、经济和方便;其缺点是受 IT 厂商的制约太大,这种捆绑对于网上银行业务的长远发展是不利的。由于这种捆绑效果,使银行无法迅速和灵活地适应变化了的客户需求,无法显示自己的服务特色,无法完全按照自己的意图开发新产品,更无法在网上建立自己的品牌。它的另一个缺点是,这些商用软件公司(如 Intuit 和微软)会成为供应链上的控制者,制约银行自主选择商户。也就是说,软件公司将决定银行对于供应链上合作伙伴的选择。根据 1994 年美国莱斯利·威尔科克斯等的《信息技术外包指南》报告可知,从他们对 76 个组织的 223 个信息技术外包合同成本的研究中发现,隐蔽成本造成了信息技术外包业务中最大的问题。在每一个供应商撰写的合同中都存在隐蔽成本,这些隐蔽成本加起来有的甚至高达 100 多万美元。这是我国网络银行推行外包战略时应充分考虑的问题,要加强对合同细节的审查和修改,通过合同附件或参考条款等明确细节内容。

美国大陆银行采取的是完全的技术外包战略。它一反商业银行恪守的保持对信息技术完全控制的传统,在美国 IBM 的系统集成公司(ISSC)签订了为期 10 年、金额达数百亿美元的信息技术外包合同。它将银行资源集中起来营造其核心业务——掌握客户的需求并与客户建立良好的关系。美国大陆银行认为,执行这种几乎完全放弃对信息技术控制的战略,是它服务于客户的经营理念和宗旨的自然体现。信息技术外包后,商业银行面临的两个关键问题同样出现在美国大陆银行面前,即维护现有系统的软件和开发新应用程序。网上银行项目外包失败通常出现在这两个问题上,但美国大陆银行与 ISSC 的合作每年能节省 1000 万美元的开支。

美国大陆银行的成功经验可以概括为以下 5 点:①商业银行应关注核心业务,而不是信息技术;②商业银行要适当控制信息,当外包计划还不成熟时,为了保持职员的效率和士气,应适当控制这种计划信息;③尽早确定与外包供应商的关系;④保证实现对业务单元的控制权,外包不是将包袱外抛,业务单元的决策权还在银行方面;⑤选择外包供应商不是单纯选择一个卖主的问题,也不能仅仅听卖主的推销意见,银行方面应尽量获得各种管理咨询的意见,以确定从多角度客观评价外包供应商长期合作的能力和意愿,并从法律规则角度确定双方的权利和义务。

(2) 独立开发,即银行自己组织技术力量,完全自主地开发建设网上银行项目。这种模式的优势是由于了解业务,开发出来的系统有较强的灵活性,且可以依据业务的变化随时调整系统；不足之处在于信息技术更迭较快，银行一般并不擅长软件开发，而且它没有软件公司那样拥有持续的资源来支持以后的开发和升级服务。

我国的招商银行采取的就是这种完全独立的开发战略，它的开发经验是"四个统一"，即统一开发、统一硬件、统一软件和统一使用。招商银行在国内金融软件公司没有成长起来时，在深圳总部成立了计算机中心统一进行技术开发，然后再将产品向各分行推广。到2000年，招商银行计算机中心有200多人。可以说，在网上银行的纯技术上，招商银行并不比国有大银行有很大的优势。招商银行处于领先地位的基础，一是具有先行者优势，二是在相当程度上依靠其全国统一的系统装备基础，如统一的柜台联网、ATM联网和POS联网等。

（3）合作开发，即混合型开发。它依靠自己的技术力量和决策主动权，在IT厂商的帮助下合作开发银行系统。为了克服第一种开发模式造成的捆绑效应，又充分考虑技术的发展，许多银行在网上银行系统的开发上采取了与IT厂商合作的开发模式。具体做法一是投入前所未有的大额资金建设信息架构、技术基础架构和在线银行产品服务，以对付来自非银行界的威胁，并且彻底改变银行对零售客户的服务。二是将不是自己核心能力的相关技术方案与软件开发商合作，自己的业务人员积极配合。由于软件开发商始终关注信息技术的快速变动，且它不局限于本项目的应用，从而能以规模经济的低成本提供更好的软件产品。三是寻找可以直接连接客户、中间人、银行和第三方服务的在线金融供应商。这些金融供应商的目标就是提供给终端客户最佳的服务品质和最便宜的售价。通过这种通力合作的模式，产生规模效益和正反馈效益，即这样做的目标就是借助提供越来越便利的服务，以获取客户的忠诚度。

中外网络银行多采用这种与IT厂商合作开发的混合战略。国外如1990年，美国第一诚信银行集团就将部分信息技术业务外包。我国目前的网上银行系统基本上采用的就是这种模式，如中国建设银行总行网上银行项目与惠普公司合作，中国建设银行广东分行网上银行项目与信雅达公司合作等。这种模式的优势是开发出的系统具有较强的灵活性，且可以随时应付技术环境和用户需求的变化。

3. 网上银行业务互联网化创新

网上银行的优势主要表现为成本优势和模式创新。网上银行业务互联网化的创新，主要在于以下几方面。

一是传统模式创新。该模式是将由银行业务转化而来的服务或产品，进行网络推广或销售。该创新思路简单直接，能够快速将服务或产品推向互联网领域。传统模式创新对业务或服务本身并未利用互联网技术进行替换或优化，也并未降低成本，但该模式使用简单，营销推广效果明显，因而使用频率较多。具有代表性的应用为深圳发展银行理财产品的线上销售。

二是技术模式创新。该模式是将由银行业务转化而来的服务或产品，采用互联网技术替换、优化或创新出互联网化的新产品或新服务。目前，此模式在银行业内应用广泛。银行业务通过互联网技术转化后，不仅能有效降低产品或服务的成本，而且还能提供差异化的产品，提升客户体验，增加客户黏性。具有代表性的应用有深圳发展银行网上银行、电子银行等创新服务渠道。

三是产业模式创新。该模式的出现主要集中在银行业与产业发生业务关联时，是将银行业务与产业链中的相应业务相融合,利用互联网技术进行优化、替代或创新,产生出新产品、新服务连带新商业模式。具有代表性的应用有深圳发展银行与电子商务网站联手搭建支付体系、与航空公司共同推出电子客票等。

四是客户模式创新。该模式是将银行业自身业务与多年累积的数据和经验相结合,利用商务智能技术,对客户行为形成预判断,为客户提供相应建议乃至自动操作,并对客户反馈进行处理。该创新模式,其价值在于最大限度为客户提供差异化服务、满足客户需求,从而提高单个客户的利润率、深入发掘客户资源。目前,银行业由于技术等限制,对该创新模式的使用均处于萌芽期,有待发掘。深圳发展银行网上银行提供的基于客户行为的分析报告具有客户创新模式意识,但仍过于简单,尚待提高。

8.2.3 网上银行面临的挑战

网上银行尤其是开放银行,面临的挑战主要在于以下六方面。

(1) 信息安全的木桶效应。传统模式中商业银行是一个环系统,商业银行仅需保障自身的信息安全,具备相应的风险防控能力。然而,开放银行促使商业银行与诸多合作伙伴建立连接,风险易在信息安全技术及风险防控能力较弱的节点暴露,安全挑战随之而来。对此,商业银行应对合作伙伴进行端到端的严格检测,并帮助薄弱企业提升风险防控能力,由此确保合作联盟能够抵御网络攻击,保障数据安全,同时也能使合作联盟中各机构免受资产资金、商业机密、声誉口碑、信息安全等方面的损失。

(2) 合作伙伴的连接效率。在开放银行的模式中,商业银行与合作伙伴共同为客户创造价值,合作伙伴的连接效率成为开放银行运行效率的关键。当商业银行合作伙伴数量增多时,合作的实施进度难免因企业文化和技术水平上的差异而滞后,影响合作的效率。对此,一方面商业银行可在开放过程中将接口标准化,使产品能够规模化地快速复制;另一方面,商业银行可通过创新技术,提高连接效率。

(3) 业务连续性风险。商业银行在与合作伙伴联合开展业务时,各环节的推进及最终的成果都依赖于双方的共同协作。因此,当合作伙伴经营出现问题或因故终止业务合作时,容易引发业务连续性风险,不仅影响商业银行整体的业务发展,还可能因业务终止损害消费者的利益。对此,商业银行应严格控制合作伙伴的准入,确保其满足业务合作的标准;同时执行业务连续性管理,制订应对业务连续性风险的恢复计划,提高商业银行的危机管理与风险防范能力。

(4) 数据的隐私保护。数据安全是开放银行合规发展的大前提,商业银行的数据相较于其他行业来说更加敏感,面临的相关挑战也更多样化,例如潜在的第三方欺诈、数字入侵及客户隐私泄露等问题,因此在隐私保护方面有着更严格的要求。对此,商业银行应合理运用新兴技术有效保护数据隐私,在用户授权认可的前提下,探索发展开放银行。

(5) 组织文化的适配性。目前,由于不少商业银行受制于集中化的技术架构和层级复杂的组织架构,使得其业务创新的投入成本居高不下、决策流程冗长拖沓。开放银行模式要求商业银行摈弃中心化的思想,在技术和组织上有所革新,如采用扩展性更高的技术系统架构及更具敏捷性的扁平化组织架构管理,由此加速产品创新、迭代的过程,避免因陈旧系统所产生的内耗而错失市场的好时机。

(6) 行业标准的缺失。国外开放银行大多由政府推动,商业银行、政府、第三方合作伙伴各负其责，数据通过 API 接口等方式，在有标准、有约束的前提下有序对外开放，参与机构接受监管机构的严格监管。

目前国内开放银行则由市场驱动，注重理念开放、场景开放与平台开放。为有序合规发展开放银行，应建立完善相关标准体系及机制。同时，应制定统一的技术和数据标准，在合规可控的前提下，减少商业银行、第三方合作伙伴等参与机构的对接等额外成本，实现互联互通。

8.2.4 网上银行的安全

1. 安全的系统架构

网上银行系统采用多层的安全架构，整个系统分成了四个安全区域：外部区域、安全区域一、安全区域二和银行内部区域，如图 8-9 所示。外部区域包括网上银行的用户、安装了网上银行客户端硬件和软件设施，通过外部区域中的互联网，就能访问网上银行业务系统；安全区域一由网上银行访问子网组成，主要提供给客户进行 Web 访问；安全区域二由网上银行业务系统组成，主要进行网上银行的业务处理；银行内部区域包含了银行处理系统，主要对银行内部的数据进行处理。

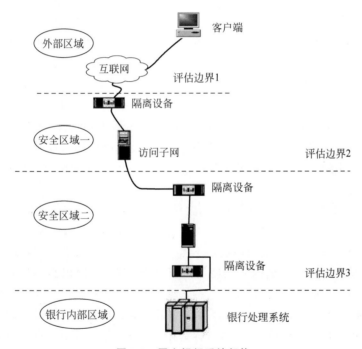

图 8-9　网上银行系统架构

2. 身份识别和 CA 认证

网上交易不是面对面的，客户可以在任何时间、任何地点发出请求，传统的身份识别方法通常是靠用户名和登录密码对用户的身份进行认证。但是，用户的密码在登录时以明文的方式在网络上传输，很容易被攻击者截获，进而假冒用户的身份，身份认证机制就会被攻破。

在网上银行系统中，用户的身份认证依靠基于"RSA 公钥密码体制"的加密机制、数字签名机制和用户登录密码的多重保证。银行对用户的数字签名和登录密码进行检验，全部通过后才能确认该用户的身份。用户的唯一身份标识就是银行签发的"数字证书"。用户的登录密码以密文的方式进行传输,确保了身份认证的安全可靠性。数字证书的引入,同时实现了用户对银行交易网站的身份认证,以保证访问的是真实的银行网站,另外还确保了客户提交的交易指令的不可否认性。由于数字证书的唯一性和重要性,各家银行为开展网上业务都成立了CA认证机构,专门负责签发和管理数字证书,并进行网上身份审核。2000年6月,由中国人民银行牵头,12家商业银行联合共建的中国金融认证中心(CFCA)正式挂牌运营。这标志着中国电子商务进入了银行安全支付的新阶段。中国金融认证中心作为一个权威的、可信赖的、公正的第三方信任机构,为今后实现跨行交易提供了身份认证基础。

3. 网上银行个人身份认证介质

目前,网上银行个人身份认证介质常用的有密码、文件数字证书(将数字证书直接存放在一个文件中)、动态口令卡、动态手机口令、移动口令牌、移动数字证书等。

密码是每一个网上银行必备的认证介质,使用密码进行身份认证,尽管方便,但密码在输入、传输、保存的过程中容易被木马病毒盗取或被他人偷窥,安全性较低。

动态口令卡类似游戏的密保卡,卡面上有一个表格,表格内有几十个数字。当进行网上交易时,银行会随机询问某行某列的数字,如果能正确地输入对应格内的数字便可以成功交易;反之则不能。动态口令卡可以随身携带、轻便、无须驱动、使用方便,但是如果木马长期停留在计算机中,可以渐渐地获取口令卡上的很多数字,当获知的数字达到一定数量时,交易资金便不再安全,而且如果在外使用,也容易被人拍照。目前,中国工商银行和中国农业银行等提供这种认证介质。

动态手机口令是指在进行网上交易时,银行会向交易者的手机发送短信,如果能正确地输入收到的短信,则可以成功付款;反之则不能。动态手机口令的特点是在进行身份认证时,不需要安装任何驱动程序,只需要随身携带手机即可,不怕偷窥,不怕木马,相对安全。但是必须随身带手机,手机不能停机,不能丢失,有时会因通信运营商服务质量的低下而导致短信迟迟没到,影响效率。目前,招商银行、中国工商银行、光大银行和邮政储蓄银行等提供这种认证介质。

移动口令牌类似将军令,一定时间换一次号码。付款时只需按移动口令牌上的键,就会出现当前的代码。一分钟内在网上银行支付时可以输入这个编码,如果无法获得该编码,则无法进行支付。移动口令牌的使用特点是不需要驱动,不需要安装,只要随身携带就行,不怕偷窥,不怕木马。口令牌的编码一旦使用过就立即失效,不用担心支付时编码被他人偷窥,安全系数较高。目前,中国银行使用这种认证方式。

移动数字证书,不同银行有不同的称呼。中国工商银行称为U盾,中国农业银行称为K宝,中国建设银行称为网银盾,光大银行称为阳光网盾,在支付宝中称为支付盾。它存放着个人的数字证书,并不可读取,另外在银行中也有一份相同的数字证书。当进行网上支付时,银行会向支付者发送由时间字串、地址字串、交易信息字串、防重放攻击字符串组合在一起并进行加密后的字符串A,支付者的U盾将根据个人证书对字符串A进行不可逆运算,从而得到字符串B,并将字符串B发送给银行,银行端也同时进行着相同的不可逆运算。如果银行的运算结果和支付者的运算结果一致便认为合法,支付便可以完成,如果不一致便认为不合法,支付便会失败。目前中国工商银行、中国农业银行、中国建设银行、招商银行、光大银行和民生银行等都提供这种认证介质。

总之,具体使用时,可基于安全性和便捷性的原则,选择不同的工具。

8.3 第三方支付

随着电子商务的发展,网上支付需求日益强烈,第三方支付的出现,大大提升了购物时的交易效率和资金流动效率,有效降低了资金流动成本,已成为当今中国网民使用比例最高的一种支付方式。

8.3.1 第三方支付含义

作为央行电子支付体系的重要组成部分,第三方支付,是指具备一定实力和信誉保障的独立机构,采用与各大银行签约的方式,通过与银行支付结算系统接口对接而促成交易双方进行交易的网络支付模式。从事第三方支付的非金融机构被称为第三方支付厂商,其业务系统称为第三方支付平台。

第三方支付,实际上就是买卖双方交易过程中的"中间件",也可以说是一种"技术插件",是在银行的监管下保障交易双方利益的一种新的支付模式。它的主要目的就是通过一定手段对交易双方的信用提供担保,化解网上交易风险的不确定性,增加网上交易成交的可能性,并为后续可能出现的问题提供相应的其他服务。

第三方支付是电子支付产业链中重要的纽带,一方面连接银行,处理资金结算、客户服务、差错处理等一系列工作;另一方面又连接着非常多的商户和客户,使客户的支付交易能顺利接入,如图8-10所示。由于拥有款项收付的便利性、功能的可拓展性、信用中介的信誉保证等优势,第三方支付较好地解决了长期困扰电子商务的诚信、物流、现金流问题,在电子商务中发挥着重要作用,成为金融支付体系中重要的组成部分。

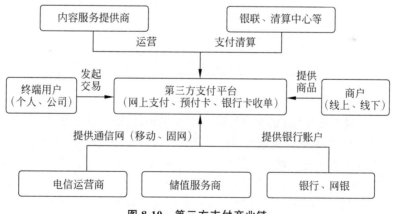

图 8-10　第三方支付产业链

第三方支付在支付领域中具有特殊的地位,表现出许多优点:第一,不参与买卖双方的具体业务,具有公信度,不会因触及客户商业利益而失去服务机会;第二,把众多的银行和银行卡整合到一个页面,方便网上客户,也降低了网民的交易成本;第三,可进行"多业务、多银行、多渠道"的服务创新;第四,对商家和消费者有双向财产保护能力,有效地限制了电子交易中的欺诈行为。

当然,第三方支付为现代交易带来了许多方便,但也存在一些需要关注的问题:第一,第三方支付作为电子商务与电子金融产业链融合的环节,地位特殊,提供了两个价值——营销价值和信用价值,失去这两个价值,也就无存在的必要;第二,部分支付厂商之间的恶性竞争、整体产业链的不完善以及存在的网络钓鱼、网银欺诈、非法套现等问题,需要更多合作方甚至相关主管部门的无隙合作;第三,随着支付用户数的日益增加,交易额的日益提高,如何为庞大的用户群提供最佳的用户体验,如何进一步推动第三方支付的扩展,成为第三方支付面临的又一问题。

8.3.2 第三方支付发展

中国第三方支付从 2004 年开始进入加速发展阶段,在 2008 年和 2009 年呈现爆发式增长,特别是 2010 年中国人民银行《非金融机构支付服务管理办法》及《非金融机构支付服务管理办法实施细则(征求意见稿)》的出台(如表 8-4 所示),标志着第三方支付行业结束了原始成长期,被正式纳入国家监管体系,拥有合法的身份。截至 2019 年 2 月,拥有央行发放的第三方支付牌照,也就是第三方支付许可证的企业共有 240 多家。

表 8-4 中国第三方支付相关法律法规

时间	部门	名称
2012 年 9 月	中国人民银行	《支付机构预付卡业务管理办法》
2012 年 1 月	中国人民银行	《支付机构互联网支付业务管理办法(征求意见稿)》
2011 年 6 月	中国人民银行	《支付机构反洗钱和反恐怖融资管理办法(征求意见稿)》
2011 年 5 月	中国人民银行、监察部、财政部等	《关于规范商业预付款管理的意见》
2011 年 12 月	中国人民银行	《银行卡收单业务管理办法》
2011 年 11 月	中国人民银行	《支付机构客户备付金存管暂行办法(征求意见稿)》
2011 年 1 月	中国人民银行	《支付机构预付卡业务管理办法(征求意见稿)》
2017 年 5 月	中国人民银行	《关于加强开户管理及可疑交易报告后续控制措施的通知》
2017 年 12 月	中国人民银行	《条码支付业务规范(试行)》
2017 年 12 月	中国人民银行	《关于规范支付创新业务的通知》

2009 年以来,第三方支付市场的交易规模在保持 50% 以上的年均增速的基础上迅速扩大,并在 2013 年成功突破 17 万亿元,达到 17.2 万亿元,同比增长 38.71%;2014 年交易规模为 23.3 万亿元,2015 年交易规模为 31.2 万亿元,2018 年交易规模为 191 万亿元,2019 年交易规模达 226.1 万亿元。此外,就第三方互联网支付(指通过台式机、笔记本,依托网络发起支付指令,实现货币资金转移的行为)而言,2015 年交易规模为 11.8 万亿元,2019 年交易规模达到 27 万亿元左右,其中支付宝与财付通的交易市场份额占比 94.1%,支付宝市场份额占比为 63.1%,以微信支付和 QQ 钱包为代表的财付通则占有 40.3%。

在这期间,其发展过程可分为以下 3 个阶段:①2013—2017 年的线上场景驱动阶段,电商、互金、转账的先后爆发持续推动了移动支付的快速增长;②2017—2019 年的线下场景驱动阶段,2017 年开始线下扫码支付规模全面爆发式增长,线下场景支付的增速远高于线上场景支付的增速,引领移动支付经历了由线上驱动阶段到线下驱动阶段的转变;③从 2019 年开始的产业支付驱动阶段,以 C 端驱动的线上、线下支付因 C 端流量见顶都进入了平稳增长期,而产业支付伴随着产业互联网的快速崛起正逐渐成为我国移动支付新的增长点。

8.3.3 第三方支付清算方式

商业银行为其客户提供同一银行不同账户之间和不同银行间的资金转移服务,如果付款方和收款方都在同一银行开户,则资金转移可以简单地通过银行记账方式实现。但如果两者在不同银行开户,资金转移就要涉及多个金融机构,引起商业银行之间债务关系的变化,计算并清偿这种债务关系形成了银行同业之间的资金清算。

银行同业之间的资金清算,需要以中央银行为对手,分为两种形式:全额实时清算和差额批量清算。全额实时清算与每一笔跨行支付同时进行,一般用于大额支付;而差额批量清算,清算与支付不同步,这样可提高工作效率,节约处理成本。因为任何银行的跨行支付都是有来有往,银行之间的债务关系可以通过日终(或一日几次)将多笔支付交易实行借贷轧差,算出差额,最后统一划拨资金偿还。不管是哪种形式,都要通过中国人民银行现代化支付系统进行。各银行在现代化支付系统国家处理中心(NPC)开设清算账户,中国人民银行自己也开设一个清算账户,跨行清算通过中国人民银行账户转发。

对于第三方支付来说,其支付清算采用了"二次结算"的方式,今后还可采用"网联结算"的方式。

(1) 二次结算。尽管"支付宝""PayPal""易支付"等一批第三方支付平台也具有跨行支付的功能,但它却采用"二次结算"的方式,回避了跨行支付时引起付款行和收款行债务关系发生变化而需要清算的问题。具体做法是:支付平台在 A 行和 B 行均开设中间账户,并存入一定的结算备付金。当购货人向商家付款时,平台通知 A 行将购货人账户上的货款扣除(借记)并在平台的中间账户上增加(贷记)同样金额;然后通知 B 行将平台中间账户扣除(借记)同样金额并在商家账户上增加(贷记)同样金额。这样,平台就分别通过与付款方和收款方的两次结算实现了一笔跨行支付。这种模式的优点是避免了去央行清算的麻烦,另外,平台可以借此监控买卖双方的履约情况。但缺点也是有的,平台要在各家参与行都开设中间账户,并存入备付金,如果参与的银行很多,备付金总量会很大,使平台不堪重负。平台还需要时时监视和调拨资金,以维持中间账户的足够头寸。

(2) 网联结算。在"二次结算"模式中,客户可以使用快捷支付方式将银行卡内的资金转到第三方支付系统中,前提是第三方支付机构需要预先接入银行接口,为此需要向银行缴纳一定的接口费用。目前,每家银行的接口费用千差万别,银行会根据第三方支付公司规模等多项因素定价,因此对于小规模的公司要么对接价格高昂,要么根本接不上。同时,第三方支付机构除了需要在备付金存管银行开立账户之外,还需要在多家备付金合作银行开立账户。这些都对第三方支付公司的运营成本和竞争力产生了很大影响。

此外,在支付交易的过程中,支付与资金流转信息隐藏在此第三方支付机构内部,监管机构只能看到支付机构内部轧差之后银行账户金额的变动情况,看不到资金流转的详细信息。这为违法违规留下了隐患。

为此,2016 年 8 月,由央行牵头成立了线上支付统一清算平台(简称网联),提出了相应方案。目的是将原先由第三方支付机构与银行多头连接开展的业务迁移到网联平台上处理,实现第三方支付机构内部的跨行资金流动必须经由网联平台清算(如图 8-11

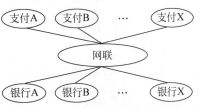

图 8-11 第三方支付网联清算模式

所示),以改变"二次清算"的状况。这样,网联可以准确地掌握第三方支付机构资金流向的详细信息,这对规范第三方支付业务,防范和处理诈骗、洗钱、钓鱼以及违规等风险,降低支付机构成本,提高支付效率,具有重要作用。

8.4 跨境电商网络支付

2014年2月中国人民银行上海总部宣布,在中国(上海)自由贸易试验区启动支付机构跨境人民币支付业务,银联电子支付、通联、东方电子支付、快钱、盛付通、汇付天下等第三方支付机构取得了首批跨境人民币支付业务资格。中国银行上海分行与快钱公司、中国工商银行上海分行与盛付通、中国建设银行上海分行与银联电子支付、招商银行上海分行与通联、中国民生银行上海分行与东方电子支付在现场签订相关合作协议,正式启动自贸区内的跨境人民币结算业务。然而,直至今日,第三方支付机构的跨境人民币支付仍建立在CNAPS上,并没有在CIPS(一期)中实现对接。

从2007年国家外汇总局首次批准第三方支付机构试点跨境支付业务以来,第三方支付机构在跨境支付业务方面经历了两大模式:一种是获得外管局跨境外汇支付牌照后进行的跨境支付业务,另一种是获得跨境人民币支付牌照后进行的跨境人民币支付业务。

8.4.1 跨境外汇支付业务试点

2013年2月,国家外汇管理局制定了《支付机构跨境电子商务外汇支付业务试点指导意见》,在上海、北京、重庆、浙江、深圳等地区开展试点,允许参加试点的支付机构集中为电子商务客户办理跨境收付汇和结售汇业务。

国家外汇管理局在2013年9月底下发第一批跨境支付牌照,支付宝、财付通、快钱、汇付天下等17家支付企业获得,2014年下发第二批跨境支付牌照,共有5家支付企业获得,2015年国家外汇管理局正式发布了《国家外汇管理局关于开展支付机构跨境外汇支付业务试点的通知》和《支付机构跨境外汇支付业务试点指导意见》,开始在全国范围内开展部分支付机构跨境外汇支付业务试点,允许支付机构为跨境电商交易双方提供外汇资金收付及结售汇服务,拥有支付牌照的互联网支付企业都可以申请。截至2016年3月,共发放28张跨境支付许可,区域主要集中在北京、上海、深圳和杭州等,跨境支付机构名单如表8-5所示。

表8-5 跨境支付机构名单

批次	公司名称	业务范围	地区
第一批17家	汇付天下	货物贸易、留学教育、航空机票及酒店住宿	上海
	通联	货物贸易、留学教育、航空机票及酒店住宿	上海
	银联电子支付	货物贸易、留学教育、航空机票及酒店住宿	上海
	东方电子支付	货物贸易	上海
	快钱	货物贸易、留学教育、航空机票及酒店住宿	上海
	盛付通	货物贸易、留学教育、航空机票及酒店住宿	上海
	环迅支付	货物贸易、留学教育、航空机票及酒店住宿	上海
	富友支付	货物贸易、留学教育、航空机票及酒店住宿	上海
	财付通	货物贸易、留学教育、航空机票及酒店住宿	深圳
	钱包科技	货物贸易	深圳

续表

批次	公司名称	业务范围	地区
第一批 17 家	易极付	货物贸易、服务贸易、软件服务及旅游服务	重庆
	支付宝	货物贸易、留学教育、航空机票及酒店住宿	杭州
	贝付科技	货物贸易、留学教育	杭州
	通融通(易宝支付)	货物贸易、留学教育、航空机票、酒店住宿、国际运输、旅游服务及国际展览	北京
	钱袋宝	货物贸易、留学教育、航空机票及酒店住宿	北京
	银盈通	货物贸易、航空机票及酒店住宿	北京
	爱农驿站	货物贸易、留学教育、航空机票、酒店住宿、国际运输、旅游服务、国际会议、国际展览及软件服务	北京
第二批 5 家	首信易支付	货物贸易、留学教育、航空机票、酒店住宿、旅游服务及国际展览	北京
	北京银联商务	货物贸易、留学教育及酒店住宿	北京
	网银在线	货物贸易、留学教育、航空机票及酒店住宿	北京
	拉卡拉	货物贸易、留学教育、航空机票、酒店住宿、旅游服务及国际展览	北京
	资和信	货物贸易、留学教育、航空机票及酒店住宿	北京
第三批 6 家	联动优势	货物贸易、留学教育、航空机票、酒店住宿、国际运输、旅游服务、国际展览、软件服务及通信服务	北京
	连连支付	货物贸易、留学教育、航空机票、酒店住宿及旅游服务	浙江
	网易宝	货物贸易、留学教育、航空机票及酒店住宿	浙江
	易付宝	货物贸易、留学教育、航空机票及酒店住宿	江苏
	海南新生	货物贸易、留学教育、航空机票、酒店住宿、国际贸易物流、旅游服务及国际会议会展	海南
	魔宝支付	货物贸易	四川

备注:货物贸易及服务贸易项下单笔交易金额不得超过等值 5 万美元;留学教育、航空机票和酒店项下单笔交易金额不得超过等值 5 万美元。

首批试点公司在跨境支付业务方面仍有着支付业务领域和单笔支付限额方面的限制。外管局批准的业务领域目前还仅限于货物贸易、出国教育、航空机票及酒店住宿等方面,有的第三方支付公司获得的是首批试点领域的"全牌照",而有的第三方支付机构则只获批了一两个业务领域。例如,汇付天下、银联电子支付等公司获得的是"全牌照"资格,也就是可以开展货物贸易、出国教育、航空机票及酒店住宿各方面的跨境支付业务,而东方电子支付和总部设在重庆的易极付公司等第三方支付机构的业务范围仅限于货物贸易。

在第三方支付机构获得跨境外汇支付牌照下,其支付结算仍然存在弊端。

(1) 跨境外汇交易资金监管难。首先,跨境网络交易均通过第三方支付平台完成资金划转,难以获取真实交易性质、交易对方等方面的资料,成为外汇收支非现场监测的难点。其次,部分第三方支付平台目前提供即时支付服务,不仅限于网上交易平台,还适用于买卖双方达成的其他线下交易。从某种意义上讲,这种实际未发生交易的线下交易模式,无法详细记录该笔跨境资金的交易背景、资金来源与用途以及收付款人之间的资金往来关系,会造成国际收支数据统计缺口以及外汇监管漏洞。最后,第三方支付平台也有可能成为异常资金跨境流入的渠道从而增加外汇监管风险。

(2) 第三方支付机构风险控制难。在跨境网络交易中,第三方支付平台为交易双方提供了"代收代付的中介服务"或"第三方担保",交易前后暂存在第三方支付平台的外汇资金大量沉淀,成为其主要利润来源。第三方支付平台可直接支配交易款项,有可能出现越权调用交易资金的情况。同时,针对第三方支付平台资金监管方面的法律法规尚未建立,第三方支付平台在电子支付方面存在监管真空,对跨境网络交易中大量沉淀外汇资金可能引发的流动性风险、信用风险、操作风险等都未能明确监管主体。

因此,为促进支付机构跨境人民币支付业务的开展,2014年2月中国人民银行上海总部宣布,在中国(上海)自由贸易试验区启动支付机构跨境人民币支付业务,这是金融支持上海自贸区实体经济发展、便利跨境贸易、扩大人民币跨境使用的又一项重要举措。遵循上海自贸区简政放权的改革思路,中国人民银行上海总部将对支付机构开展跨境人民币支付业务实行事后备案和负面清单管理。

中国人民银行上海总部制定了《关于上海市支付机构开展跨境人民币支付业务的实施意见》。同时,要求支付机构在开展跨境人民币支付业务时严格遵守现行规章制度中有关客户备付金监管与风险管理的要求,严格建立并落实客户实名制、客户风险评级管理、风险准备金与交易赔付、交易和信息安全管理等制度。

8.4.2 跨境电商第三方支付流程

第三方支付机构只有获得外管局有关跨境电商支付业务试点许可,才能从事小额跨境电商网络支付业务,主要涉及外汇"购付汇"和"收结汇"服务,业务模式如图8-12所示。购付汇主要是当消费者通过电商平台购买货品时,由第三方支付机构为消费者提供购汇及跨境付汇业务;收结汇是第三方支付机构帮助境内卖家收取外汇并兑换、结算人民币。

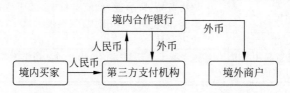

图 8-12 第三方支付"购付汇"和"收结汇"业务模式

1. 第三方支付机构"购付汇"业务流程

第三方支付机构获得支付牌照后,利用上线的人民币跨境支付系统,即可为跨境电商进口用户提供"购付汇"业务。在跨境电商进口业务中,购物流程与境内购物流程基本一致,仅在资金方面增加了换汇的步骤,在此情况下,第三方支付机构"购付汇"业务流程①如图8-13所示。

由图8-13可以看出,境内第三方支付机构与境外卖家,需要依靠签约的合作银行,通过境内外汇支付系统进行资金清算。

若境外也存在第三方支付机构,则其业务流程与一般跨境电商进口业务流程并无实质性的差异,境外卖家仅需通过境外第三方支付机构来与银行进行合作,如图8-14所示。

2. 第三方支付机构"收结汇"业务流程

在跨境电商出口业务中,第三方支付机构主要负责"收结汇"业务。也就是,当外汇资金

---

① 境内外币支付系统由中国人民银行牵头建设,由清算总中心集中运营,由直接参与机构等单一法人集中接入,采用"Y"型信息流结构,由外币清算处理中心负责对支付指令进行接收、清算和转发,由代理结算银行负责对支付指令进行结算。日间运行开始时间为9:00,业务截止时间为17:00,对支付指令逐笔实时全额结算,从发起清算行发出到接收清算行收到通常在1min以内。

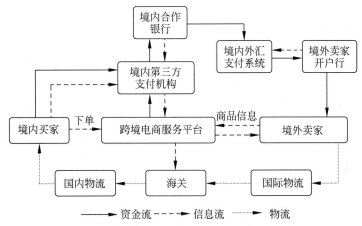

图 8-13 跨境电商进口第三方支付机构"购付汇"业务流程

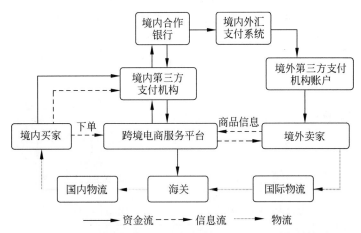

图 8-14 通过境外第三方支付机构进行"购付汇"业务流程

抵达境内时,由境内第三方支付机构通过合作银行为客户进行汇兑,并在约定时间及时为客户进行人民币结算。当然,也有部分机构还可为跨境电商平台提供支付通道业务,具体流程如图 8-15 所示。

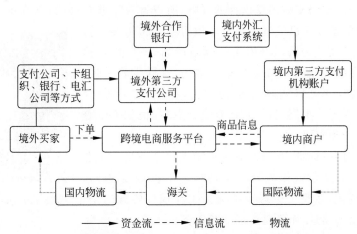

图 8-15 跨境电商出口第三方支付机构"收结汇"业务流程

8.5 移动网络支付

伴随移动互联网技术的逐步成熟和移动电子商务市场的迅速成长,移动支付正逐步摆脱技术层面的束缚,进入高速成长期。如果几年前还在谈论移动支付是什么,那么,今天移动支付已经深入到我们的生活中。从 2016 年 4 月 1 日开始,通过网点柜台提供账户开户服务的银行可以支持Ⅱ类、Ⅲ类账户的远程开户,这样,Apple Pay、Samsung Pay、Huawei Pay 等支付服务也就接踵而来。

目前,移动支付领域主要包括 NFC 支付、扫码支付和卡机支付(即直接在 POS 机上刷卡)三种模式。以支付宝、微信支付为代表的第三方支付,通过手机扫码技术,迅速抢占了大批移动端用户,被称为"扫码派"或"软"派。NFC 支付属于"硬"派支付,消费者在购买商品或服务时,需要即时采用近场 NFC(Near Field Communication)射频通信技术来与 POS 收款机或自动售货机等设备进行通信并完成支付,如图 8-16 所示。"硬"派支付在移动设备上需要安装一块名为 SE(Secure Element,安全模块)的芯片,以保证移动支付的安全,同时需要在集成芯片中圈存一定数额的资金以用于支付。目前,"扫码派"占优势地位。

图 8-16 两种网络支付模式

8.5.1 扫码支付

扫码支付通过扫描二维码来进行支付,属于远程支付,需要借助无线移动网络和线下条码技术才能实现。扫码支付不受硬件的局限,所以普及率非常高,目前在杭州、深圳这些城市,二维码支付的普及率已经远远超过了银行卡。2016 年 4 月底,中钞智能卡研究院为腾讯开发了一款新产品——Qkey,这款产品通过可穿戴设备可以直接显示二维码,这样带着手环,不需要通过手机,就可以实现二维码支付,如图 8-17 所示。Qkey 不只是实现了二维码支付,它还有支付鉴权,例如 QQ 登录,不再需要口令和密码。

如今,先支付、后场景的模式,对于传统支付公司是一个非常致命的挑战。当支付仅作为躲在后面的一种手段、渠道时,就会越来越末端化,在整个生态圈中失去主导权。要做的是,由支付串联起整个场景,而不是由场景带来支付。

图 8-17 Qkey 二维码支付

案例 7-1

微 信 支 付

微信支付,是由腾讯微信(微信 5.0 版)及财付通联合推出的移动支付产品,2013 年 8 月 5 日正式上线,由财付通负责实现其中的支付和安全系统,可实现公众号支付、扫描二维码支付和 App 支付等快捷支付功能。

微信支付通过绑定银行卡,实现了扫描二维码、App 和公众账号的一键支付,可支持来自中国建设银行、中国银行、招商银行、中信银行等国内 11 家银行发行的借记卡和信用卡交易,也可支持微团购、麦当劳、QQ 充值等微信公众号支付方式。首批商户涵盖了机票预订、网购、电影票团购、交通卡充值等多个领域,业务暂未覆盖海外地区。微信支付目前可以用于手机充值、网上订餐、微信团购等。用户只需关注特定的企业账号,就能从中获取自己想要的商品和服务,并完成付款;其强大的扫一扫功能,可以将微信线上与线下联通起来,用户通过扫描商品二维码或条形码,就能实现对商品的线上比价和购买。

微信支付表现出的特点如下:

(1) 财付通为微信支付提供技术支持和安全保障,避免了在交易过程中接入支付宝等第三方工具;

(2) 资金都在银行账号中,最终接口也还是通过银行获取,财付通会支付相应银行成本,用户为银行和财付通共同拥有。这一模式或将赢得银行的支持,对于银行来说,用户是最重要的资源,相比之下,支付宝的快捷支付则试图绕开银行,让银行受到威胁;

(3) 微信用户可以通过绑定财付通账号或银行卡,在微信公众号内进行购买并完成支付环节,进行支付时可在财付通和银行卡二者之中选一;

(4) 微信上可用于销售更多金融产品,可与基金公司和银行推出类似支付宝"余额宝"的产品,以及货币、债券等风险可控的固定收益类的银行理财产品。

在安全性上,微信支付实行实名认证,严格审核开通微信支付的商户账号,只对经过认证的企业开放支付功能;用户在对商户进行付款时,经过认证的商户,其支付页面上会显示"微信安全支付"字样,这样能在一定程度上避免有风险和不健康的交易。同时,微信支付设计了整套的安全机制和手段,包括硬件锁、支付密码验证、终端异常判断、交易异常实时监控、交易紧急冻结等。当用户忘记密码时,需要同时验证卡号、有效期、姓名、身份证并使用银行预留手机号、验证码,才能找回密码;为防止微信支付泄露用户隐私,还对其所有用户信息做了加密;微信支付未来还将加入保险,为微信支付用户提供赔付支持。

尽管如此,微信支付在安全性上并不能保证万无一失。虽然微信好友大多是通过手机和 QQ 导入的熟人,但微信支付未来将推出 C2C 交易,如何防范层出不穷的网络诈骗和好友账号被冒用的情况,依然是个难题。

8.5.2 闪付支付

闪付支付又称近端支付。2016 年 2 月 18 日,包括广发银行、兴业银行、中国银行、中国工商银行等在内的19家银行宣布成为Apple Pay支持银行,全面上线Apple Pay移动支付。通过iPhone、iPad及Apple Watch绑定上述银行的银行卡(使用Wallet应用下的Apple Pay),都可使用Apple Pay。借助Apple Pay的推出,以"云闪付"为代表的银行系移动支付将开启新的发展阶段。

相较于远程支付,近端支付的顺畅度要高得多。"闪付派"不需要"解锁、亮屏、打开App"等步骤,直接亮屏输密码即可"刷手机"付款;而扫码支付则需要打开App,启用摄像头和对应的扫码功能,联网确认后才能完成交易。例如,支付宝和微信钱包的支付顺畅度容易受到网络环境影响,而Apple Pay则没有这方面的限制,只要商家有支持NFC的POS终端机就行。Apple Pay支付时无须解锁或进入任何应用,在锁屏状态下碰触POS机然后按一下Touch ID就可以直接支付,整个过程一秒搞定。在iPad上的支付操作与iPhone类似,即使在Apple Watch上操作也很简单,只需双击侧边按钮即可完成支付。

同时,从安全性上来说,"闪付"凭借创新技术带来了动态密钥、云端验证等多重安全保障,支付时不显示真实卡号,可有效保护持卡人隐私及支付敏感信息,加上300元以下的小额免密支付,相对近年频发安全问题的二维码付款具有一定的优势。例如,对于Apple Pay,从添加卡片开始,就不会使用客户的实际信用卡及借记卡卡号,而是分配一个唯一的"设备账号号码",该号码经过加密后安全存储在iPhone、iPad和Apple Watch的专用安全芯片Secure Element中。在支付交易过程中,商家不会获取使用者的卡号,而是用该项交易对应的特定动态安全码来处理付款。同时,由于每次支付都必须使用Touch ID或密码,可有效确保是本人才能完成Apple Pay支付。此外,即使发生丢失iPhone、iPad或者Apple Watch的情况,用户可使用"查找我的iPhone"迅速将它们设置为"丢失模式",便可停止这些设备上的Apple Pay功能,或者完全删除这些设备上的信息。

不过,从开通来说,"闪付"要麻烦一些。对于安卓手机,若要支持此功能,需要使用银行借记卡或者信用卡自助签约手机银行,并在线注册和激活云闪付卡。并且,它要求必须同时具备带有NFC近场支付功能的手机和具有"闪付"功能的POS机,而支付宝、微信支付对硬件要求就没有这么多。

总体上,移动近端支付技术打破了移动运营商对手机支付渠道的垄断,第三方支付公司、商业银行、银联、移动运营商、终端设备制造商将各显神通,纷纷加入对手机支付产业链的争夺之中。面对庞大的市场前景,产业链上各参与者各自选择阵营,争相推出自己的产品,不可避免会带来更激烈的竞争。

未来,移动支付可能会向场景化、O2O、便捷结合安全这三方面发展。

习题与思考

1. 现行支付方式有哪些?举例说明。
2. 中国现代化支付系统具有哪些业务功能?
3. 中国银联银行卡跨行支付系统具有哪些功能?
4. 网上银行有何优势?如何对其进行业务创新?
5. 何谓第三方支付?具有哪些类型?
6. 移动支付有哪些类型?今后发展趋势如何?

图书资源支持

感谢您一直以来对清华版图书的支持和爱护。为了配合本书的使用,本书提供配套的资源,有需求的读者请扫描下方的"书圈"微信公众号二维码,在图书专区下载,也可以拨打电话或发送电子邮件咨询。

如果您在使用本书的过程中遇到了什么问题,或者有相关图书出版计划,也请您发邮件告诉我们,以便我们更好地为您服务。

我们的联系方式:

地　　址: 北京市海淀区双清路学研大厦 A 座 714

邮　　编: 100084

电　　话: 010-83470236　010-83470237

客服邮箱: 2301891038@qq.com

QQ: 2301891038(请写明您的单位和姓名)

资源下载: 关注公众号"书圈"下载配套资源。

资源下载、样书申请

书圈

图书案例

清华计算机学堂

观看课程直播